道家與古之道術

杨儒宾 著

杨儒宾著作集

上海古籍出版社

图书在版编目(CIP)数据

道家与古之道术 / 杨儒宾著. —上海: 上海古籍出版社,2023.9
ISBN 978-7-5732-0838-5

Ⅰ. ①道… Ⅱ. ①杨… Ⅲ. ①道家思想—研究—中国—先秦时代 Ⅳ. ①B223.05

中国国家版本馆CIP数据核字(2023)第169611号

杨儒宾著作集
道家与古之道术
杨儒宾 著
上海古籍出版社出版发行
(上海市闵行区号景路159弄1-5号A座5F 邮政编码201101)
(1)网址: www.guji.com.cn
(2)E-mail: guji1@guji.com.cn
(3)易文网网址: www.ewen.co
江阴市机关印刷服务有限公司印刷
开本 890×1240 1/32 印张 16.25 插页 5 字数 322,000
2023年9月第1版 2023年9月第1次印刷
印数: 1—2,100
ISBN 978-7-5732-0838-5
B·1335 定价: 85.00元
如有质量问题,请与承印公司联系

大陆版前言

我的著作能以简体字版的方式在内地出版，倍感高兴。关键不在字体，而是透过简体字可以和内地的同好交流。

《儒家身体观》是我壮年的一部著作，出版至今已逾二十三年，此书大概是中文学界从身体观进入中国哲学较早的一部著作。港台一位我所素所尊敬的前辈学者生前在一个场合介绍青壮辈的新儒家时，曾提及贱名，并说及《儒家身体观》与现象学，尤其是梅露-庞帝的关系。我当时听了非常惶恐，唐君毅先生及牟宗三先生当然是我的师长，我上他们的课，读他们的书，受益极大。我与港台儒学代表团体《鹅湖》诸君子也多有交流，彼此切磋。但我实在不敢以唐先生、牟先生的学生自居，也不敢妄攀学派之门。我对现象学与梅露-庞帝哲学了解相当有限，曾耳食其言，但未窥门径，遑论进入堂奥。当日撰写《儒家身体观》时，提出“形—气—神”的身体图式与践形的工夫论，纯是依中国“心—气”的主体概念引申而来，闭门觅句。“形—气—神”的身体观也就是气化的身体观，气化的身体观即是气化的主体观，气是连接形与神（心）的纽带。这些依传统文献发展出来的观念如与并世哲人有相应之处，应当只是心同理同，即使像“身体”这种看似较独特的进路，东西方哲人都有不谋而合的论述。

“形—气—神”的身体图式是我思考许多中国哲学问题的起点，因有“形—气—神”的图式所以有气化的世界观，也有转化“形—气—神”构造以进入圣境的转型工夫论，也有心气主体蕴含的人与人之间的相偶论构造，以及主体与世界互渗同化的共在结构。我的《从〈五经〉到〈新五经〉》强调宋代后儒家圣经的性命之学内涵；《异议的意义——近世东亚的反理学思潮》替东亚反理学思潮争制度论及相偶论的地位；《儒门内的庄子》力辩庄子的语言论、技艺论、天均论指向了一种深刻的人文精神。这些书的论点多与《儒家身体观》的论点相涉。

《五行原论——先秦思想的太初存有论》和《道家与古之道术》两书探讨儒、道两家的神话源头，稍微涉猎过神话理论的同好从这两书中，不难找到卡西勒（E. Cassirer）、耶律亚德（M. Eliade）神话思想的痕迹。但二十世纪下半叶中国惊人的考古发现可能提供了笔者更大的刺激，面对“满天星斗”（这是考古学家苏秉崎用的形容词）的新石器时代文化遗址，我们很难想像它如何演变为三代论述，它又如何刺激了孔、老思想的兴起，这种考古挖掘引发的知识兴趣，神秘之至，也是对学者的想像力极大的挑战，这种知识的幸运不是每个时代都可碰上的。

书籍出版，亦有因缘。拙著能在蹉跎多年之后，得以和内地同好交流，不能不感到无上的光荣。我首先感谢台湾“中央研究院”中国文哲研究所、台湾大学出版中心、联经出版公司及台湾清华大学出版社的简体字版授权，以及上海古籍出版社的耐心交涉，多方帮忙，刘海滨先生费神尤多。中国艺术院中国文化研究所秦燕春教授对拙作多所错爱，才能缔结出书胜缘。铭感在心，谨此致谢。

己亥年深秋作者识于清华大学（新竹）哲学所研究室

序　言

本书书名的“古之道术”一词出自《庄子·天下》。庄子在此篇探讨当时中国的学术（他称为“天下”的“方术”）的起源时，将起源追溯到渺邈悠远的上古，那个非时间性的上古、伪历史的上古，那个传说中的时代有各种的知识系统，这些知识被称作“古之道术”，它们是春秋战国时期诸子百家的源头。春秋战国时期是中国学术史上的黄金岁月，学派蜂起，圣哲辈出，思想极具原创性。但庄子认为这些有原创性的哲人的思想是有本的，其本在“古之道术”。“古之道术”落实到庄子生活的世界，即成了“方术”。

本书以“古之道术”一词命名道家，乃是依循荀子所说“有本”于旧名的正当命名方式，而且反映了一种另类的思考模式。在近代之前的中国思维模式中，“古”常常指的不是时间的意义，而是本体的向度。但这样的书名虽然古意盎然，却不能没有阳春白雪、曲高和寡之虞。从权之计，如果扶正本书第一章的标题，以“道家与神话”命名，全书旨趣似乎可以更加分明。“从神话到哲学”乃是普见于各文明初期的思想规律，而且笔者想探讨的焦点之一本来就在道家从神话时期到诸子百家兴起时期的思想演变。以“神话”“道家”两词定名本书，似乎是理从文顺。

上述这个曾被我严肃考虑过的书名——“道家与神话”看起来很务实，老少咸解，学界同仁也很容易理解本书处理的议题，但事实不必然，这个书名并非如乍看之下那般建立于铁铸般的基盘之上，反而有可能根基更不稳。首先是“神话”一词的语义并没有那么确定的共识，其价值的评估更是难免见仁见智。当代学界使用的“神话”一词，基本上是20世纪才开始使用的词汇，有可能是日本学界普遍使用过后，再回流汉字母国的产物，是汉字外来语，其内涵自然不能不受源头的西方传统影响。虽然外来语用久了，也会驯化，但目前中文学术界吸收西方神话学的复杂内涵仍不充足，还没达到“化”的成熟阶段。

其次，由于工夫论与主流中国哲学的关系极密切，老庄事实上是中国性命学说主要的来源。我们探讨道家的源头时，不可能只着眼理论面的神话，而不注意实践面的转俗入圣之工夫。宗教通常包含叙述面与实践面，叙述面是神话，实践面则是转化现实的工夫。宗教的实践面见于形形色色的积极礼仪与消极礼仪，这些礼仪连结了作为宗教人的初民对神圣的渴望。从转俗成圣的实际效应考量，“神话”一词不见得比“古之道术”一词方便使用。“道术”一词既涵言说之“道”，也涵实践之“术”，其涵盖面反而更周全。

如果“神话”一词传达的内容不够明确，本书书名使用的

“道家”一词看似天经地义，其实误导的成分不会更少，但两者误导的性质不一样。我们目前使用“道家”一词，乃是沿用两汉以来史官建立的分类，沿用既久，基本上也就成了共识。但仔细辨识这共识的内涵，虽然不见得会导致政治人物喜欢说的“天摇地撼”的结果，却不难发现“道家”一词的基础其实没那么稳固。随着新材料的出土，如马王堆出土的黄帝学派的帛书，我们才真正明了汉代所说的道家是黄老道家，而不是庄列道家。先秦时期也没有“道家”之名，只有老子、庄子、列子、文子等一系列各自独立的诸子。庄子这位道家系谱中的宗师喜借孔子之名发声，庄子到底该属儒或属道？即颇暧昧。老子这位曾被孔子问过“礼”义的哲人，曾与“黄帝”结合，成了“黄老”学派始祖的神秘长老，他到底是什么类型的道家？不见得没有争议。黄老道家的黄帝之思想为何？也费人猜疑。历史上有关道家诸子的种种成说，几乎无一不可翻案。若要另立新的学派分类，兹事体大，笔者也无此能力，因此本书所说的道家人物大体沿用目前学界的用法，以老子、庄子、“黄帝”为主，不特别再拣别。

屈原是中国第一位大诗人，也是中国诗史上属一属二的伟大诗人，他不必以思想名家。晚近中国哲学史或中国思想史之著作或将他列入，如冯友兰的《中国哲学史新编》即是，也足以成说。虽然屈原是否该列入“道家”的名号下，依然需要打个问号，但屈原的《离骚》《九歌》等作品影响了后世的游仙诗，《远游》也有资格和后世的《周易参同契》争万古丹经王的美誉，他的作品充满了可以和《庄子》相呼应的萨满教题材，却也是事实。庄、屈两人都是活在哲学大兴的年代，却缅怀上古神巫的流风余韵。他们如并称为战国时代的“巫风双璧”，当无不可。将屈原研究的专文收入本书，更可看出先秦精神史上“从神话到哲学”的鸿猷巨业。

本书的九篇文章，除第壹章《导论》、第陆章《双面黄老》外，已先后刊于各学术期刊或会议论文集中，此次集结成书，笔者又稍加整饬重修，以期风格一致。感谢刊出这些文章的各期刊编委会、评审者，感谢“国科会”（台湾科技主管部门前身）支援的前后几任助理。也感谢在各相关学术会议及在笔者所授道家课程上相互激荡的学界朋友及学生。

戊戌四月天作者识于竹堑台湾清华大学研究室

目 次

壹　导论：道家的起源与神话的类型

一　诸子起源三说

道家是深刻影响秦汉后中国文化发展的大学派，此学派起源的解释通常和其他诸子百家的起源说一齐呈现，这些学派的兴起往往被视为同一种历史原因所致。追究诸子百家缘起的热门时段有二：一是秦汉时期，一是辛亥革命以后。前者处于战国结束，大帝国兴起的阶段，秦汉帝国的学者对前代的学术作总整理的企图心很强。后者则处于新学术典范建立的时期，学术是建构新国家概念重要的一个环节。学者对中国文明灿烂时期的学派该如何归属，兴趣浓厚，时代对建立新学术论述的要求也很强，诸子起源说的讨论于是兴起。

晚周秦汉学者诠释诸子的起源时，主要的论点有三：一是《淮南子·要略》所说的，诸子的兴起，主要是为了“救世之弊”，也就是为了救世应时而起；二是《汉书·艺文志》提出的“诸子出于王官说”，此说主张诸子的来源皆可追溯到上古的各种王官，私学出自官学；第三种说法是《庄子·天下》的解释，庄子主张天下的学术都源自“一”，“一”加上形容词

"太"，则可称作"太一"，[1]天由一中分造化，道术下降为方术，遂有诸子百家。"救世之弊"是政治学的解读，"王官说"是历史学的解读，"太一说"是形上学的解读。此三说分别从空间的、时间的、超越的角度切入，着眼不同，各得其解。

《淮南子》的应时之说是将学术放在时代的脉络底下作解，这种观点下的先秦诸子的学问可以说都是广义的政治学。我们如从知识社会学的角度下看，一个时代的思潮不可能不反映时代的因素，从语气、思维、提问题的方式以及给予的答案，莫不如此。何况，先秦诸子就像后世中国主流的学术一样，带有很强的政教意图，法家、纵横家、农家这些带有职业导向的学派固然如此，显学的儒家、墨家也是如此，即使道家、阴阳家这些看似玄味很浓的学派，我们观察邹衍或汉初黄老学者的作风，不难发现他们依然带有很浓的政治情怀。胡适所以特别标举《淮南子》的解释，[2]认为其说鞭辟入里，是可以理解的。和大约同一时期的希腊或印度文明比起来，先秦诸子的人间性格

[1] 《庄子·天下》说老聃关尹之道乃"建之以常无有，主之以太一"，"常无有"出自《老子·第一章》："常无欲以观其妙，常有欲以观其徼。""太一"一词当出自"一"之说，《老子·第三十九章》："天得一以清，地得一以宁，神得一以灵，谷得一以盈，万物得一以生，侯王得一以为天下贞。"至于"太一"变为神祇，如《楚辞·九歌》或汉代祭典所说的"太一"神，则是另一个脉络下的叙述。见郭庆藩：《庄子集释》（台北：河洛图书，1974），页 1093。陈鼓应注释：《老子今注今译及评介》（台北：台湾商务印书馆，1970），页 47、149。本书所引之《老子》《庄子》，除另行注明者，其余皆依陈本、郭本，不再一一注明。

[2] 胡适：《诸子不出于王官论》，《胡适文存》，收入欧阳哲生编：《胡适文集》（北京：北京大学出版社，1998），册 2，卷 2，页 184—185。

特别强，其学会被视为回应时代问题而作，自有理路可寻。

《汉书·艺文志》的“诸子出于王官”之说，出自正史。班固总揽皇家文献，承继前贤刘向等人的见解，其视野特显宏阔。“王官”是职官的概念，“诸子出于王官”之说是从职业的角度所作的探讨。这种假说对诸子百家中专职性质特强的一些学派有解释力，如纵横家出于行人之官、农家出于农稷之官、法家出于理官、阴阳家出于羲和之官等等，都足以自圆其说。此说的影响极大，在前代各种解释当中，也较具说服力。“王官”可以说即是“古之道术”所在，在封建制度尚未解体，知识尚未平民化的时代，朝廷垄断了所有的知识。知识世袭，王官主持各有专业。一旦天子失权、百官失职以后，“学”才会散在四野，这些走出封建体制范围的知识很可能就是尔后大部分学派发展出的义理之源头。

上述两说皆起源甚早，对不少学派的解释也有说服力，在民国以来的学派溯源工作中，这两种说法也得到较多的回响。但两说如果没有再加上有力的补充说明，它们对于哲学内涵特强的学派如儒家、道家，其解释效力就相对地较为薄弱。如就“王官”假说而言，儒家重视教育固是事实，儒家与司徒之官的关系似乎可牵引得上；但作为儒门核心价值的“仁”之体系，总有道德意识的觉醒这个内核，这个内核却很难说一定是从教育的职业中衍生出来的。同样地，道家（尤其是老子）对于世事之阴阳消息不能说没有兴趣，《韩非子·喻老》对老子所作的世故精熟之诠释，虽然可说是误解，却不是没有理路；

然而，作为道家核心概念的“道”之形上学意涵，或遮拨路线“为道日损”的工夫论主张，如何由史官的职业推论出来，此事终不可解。如要连结上关系，至少要再加以曲折地诠释，曲折诠释的效果通常也就不再有多强的说服力。

至于这些儒道诸子所提出的心性论或形上学的理论如何处理乱世中具体的人生问题，依救世说，其连结同样地不见得看得出来。如《易经》的“穷理尽性以至于命”或“《易》有太极，是生两仪”云云，到底如何从世变的关怀中衍生出来？“大哉乾元，万物资始，乃统天”，除非作隐喻用，否则，这段话如何淑世？《老子》首章的“无，名天地之始；有，名万物之母”，同样论及形上原理，形上原理自然可以运用到政治领域上去，经验界事物的存在意义需要形上原理的保障，“圣幕”可以起连结的作用。[3] 然而，前人所说的救世说多少带有反应说的意味，智不周圆，像老子那般有无双彰的形上学主张与救世的理念如何衔接？这个问题同样相当神秘，救世说依然无解。

庄子的“诸子百家源于太一”之说作的也是某种知识考古学的工作，战国时期的每个学派几乎都相信，也都被认为其学派前有所承。无疑地，相对于“救世说”及“王官说”，庄子的主张较特别，他的“太一”一词乃是自形上学的观点立

---

[3] 圣幕或称圣所（Tabernacle），摩西率领希伯来族抵达迦南前用以崇拜上帝而立，可搬运、移动之犹太教圣所有时也叫会幕。

论。严格说来，“太一”不是时间向度内的概念，因此，自无“古”“今”可言，也不存在某一历史阶段内发生过的源流或影响关系。庄子将历史发生学的概念转换成本体论生成的概念，着眼点甚高，在战国秦汉的各种溯源的学说中，《天下》篇能赋予文化现象以精神发展的意义，哲学内涵特别丰富。以形上学的视野取代历史的解释，这种置换不易为经验科学导向的学科所接受。像“道家”这种具有高度心性论、形上学兴趣的学派是很难在一般的经验性学科里找到源头的，庄子从心性论、形上学内涵的角度切入，提出太一说以解释之，反而切题。庄子的胆识不但远远超越了战国秦汉的时代，即使放在后世玄学大兴的年代考量，《庄子 · 天下》解释学术兴起的洞见仍是戛戛独造，难以企及的。

然而，哲学的洞见不一定是历史的洞见，到底“道家”一词的名与实都是历史的产物，“道家”一词的内涵不管再怎么玄，它的性格不能不带上浓厚的文化风土色泽。历史的问题回到历史里解决，我们讨论道家起源的视角不能不放在文化史的角度下观察，身为战国学术主轴之一的“道家”的性格才可突显出来。学术史论先秦诸子百家的起源时，有各种的提法，经验的解释与非经验的解释皆有。救世说和王官说解释了部分学派兴起的背景因素，但无法进入哲学体系内的层面，太一说可以逻辑地解释战国道术的分化，无奈其解释不是历史的解释，所以和“有效”“无效”的标准也就不太相干。

战国秦汉时期的诸子起源说显然都有部分的解释力，但都不够切题，它们面对共同的问题，却没提出较周延的解答。救世说与王官说太经验性质了，无法解释思想深刻的儒、道学派其深刻思想是如何起来的。相对之下，太一说又太非经验性质了，它具有很深的哲学洞见，辽阔地飞翔于形上学的苍穹，却没有落实到大地上来。但我们应该同意它们提出的问题都是合理的，诸子百家不可能没有前身，此身与前身总有些牵牵扯扯的关联。与世界各文明所出现的状况类似，哲学的兴起总有哲学之前的阶段，我们不能不进入这个浑沌的沼泽摸索探险。

二　哲学之前的哲学：古之道术

在“哲学”兴起之前而又带有原始的心性、形上学内涵的文化因素到底为何？我们很容易想到“原始宗教”。19 世纪，孔德（A. Comte）论人类历史的发展时，有宗教—哲学—科学的历史阶段发展说，他的历史阶段发展说带有很强的价值判断的内涵，后出阶段者转精，宗教代表愚昧，科学代表文明，历史一步步走向透明的理性世界。孔德的历史阶段发展说代表科学理性说的观点，当代学者恐怕很少人会接受这种启蒙时期以来的偏见。如果他能平视宗教、哲学、科学的价值，视为文明内具的不同符号形式之发展，每个时代都有此需要，再下判断说文明初阶的主导力量是宗教，那么，这样的观察应该还是可以接受的。因为在文明初期的阶段，宗教垄断了各种知识的体系，离开了宗教，政治、历史、艺术、文学皆无法解释，宗教可说是文明之母。

现代学界使用的“宗教”一词虽然是中国古老的词语，[4]不是外来语，但历史上更常见的用法是“宗”“教”分别使用，三教是三教，教下的各宗派是各宗各派，两不相混，两词合构成复合名词的用法大抵还是受到西洋语汇“religion”的译语的影响。但无其名不表示无其实，诸子百家前的“原始宗教”阶段说并不特别，战国秦汉时期的文献多已道及。但由于现代意义的“宗教学”概念成立较晚，它要形成一个有效的解读概念不能不迟至民国，其内涵才逐渐成形。现代的诸子百家的起源之说与宗教学、人类学、社会学等新兴学科的建制，乃是同一段思潮下涌现的两种文化现象。

辛亥革命以后，新的学术机制形成，新的学术论述大量涌入中国，有关先秦诸子起源的问题再度形成讨论的焦点，“道家与原始宗教关系”的假说即是在这样的历史背景下出现的。由于这一时期学术规模以及视野的扩大，学者对诸子源头的解释更形多元，管见所及，“巫史说”“职业说”“礼说”“图腾说”“一心说”“周文疲弊说”诸说纷纷被提出来过。“职业说”可视为“王官说”的修正版，“周文疲弊说”则是“救世说”的精进版，“一心说”则是“形上之道”（太一）说的另一种体验形上学的修改版。除了继承前修之言再行改进外，其

[4] 参见彭国翔：“导论”，《儒家传统：宗教与人文主义之间》（北京：北京大学出版社，2007），页5—6。

中“礼说”“图腾说”可视为建立在原始宗教的实践面上的解释；“巫史说”主张的面向则是原始宗教的组织面或职官面；其余诸说之于原始宗教，也是“概乎皆尝有闻者也”。不同的作者所下的解释竟然有殊途同归之势，这是新时代学风形成的优势。19 世纪纷纷兴起的人类学、宗教学、考古学、神话学等新兴科学，透过了西学东渐，汇入中国，适时地提供了当时士子新的知识养分，这些新兴科学的新说已变成知识界的有机成分。

“原始宗教”是个笼统的语言，用在古代中国的情况，或可称为“巫教”或“巫风”。许慎释“巫”云：“祝也。女能事无形，以舞降神者也。”[5] 祝的工作以口告神，传递讯息，是沟通阴阳两界的媒介，上古最早的知识人之一。“巫”“祝”连用，“祝”也可视为“巫”，巫、祝皆是鬼神世界与人间世界的中介人。鬼神幽渺，作为中介人的巫、祝也需有幽渺精爽的体质，巫、无、舞三字同音，音同义亦秘响旁通，在有无之间、人鬼之间、身（舞）心之间的诸种转换，有巫存焉。[6] 巫所体现的精神表现模式可名为巫教，巫教是今人塑造出的语词，闻一多则称之为“古道教”。[7] 古道教的实践面即为其时之仪式，

[5] 许慎：《说文解字》（台北：台湾商务印书馆，1965，四部丛刊初编缩本），卷 5 上，页 4。

[6] 参见庞朴：《说“无”》，收入《稂莠集——中国文化与哲学论集》（上海：上海人民出版社，1988），页 321—336。

[7] 参见闻一多：《道教的精神》，《神话与诗》，收入朱自清等编：《闻一多全集》（台北：里仁书局，2000），册 1，页 143—152。

仪式有机会演化为仪礼及各种工夫论（如斋戒）；其理论面即为神话，神话是原始版的神学，也可以说是原始版的哲学。

巫教说对我们了解道家思想的起源有极大的帮助，其解释效力远大于泛泛而论的原始宗教说或理性化的哲学解释。论及原始宗教与中国哲学的关系，1949 年后，在海外的中国哲学研究学者中，唐君毅当是最能正视中国哲学的宗教价值者，也较能注意到中国哲学的宗教源头。然而，唐先生所重者毕竟在儒教的义理，他重视祭祀的功能，重视礼有三本的意义，这是依成熟期的儒教概念所作的推演。他自然也有溯源之说，如在《中国哲学原论·原道篇》所说的：中国哲学源于古代的宗教崇拜，天神的信仰后来自然地转成了天道的观念，[8] 说到底，他所重者仍是在孔子立教以后的框架内之重构，由今溯古，未及从“古愁莽莽不可说”[9] 的年代立论，唐先生的学术兴趣应该也不会落在古愁年代的精神表现。

比起梁漱溟、熊十力等先贤对“宗教”一词的恶感，唐先生反身拥抱此词，毋宁是值得肯定也是值得注目的转变。然而，如论及“哲学之前的哲学”之说的研究，哲学领域外的人文学者，尤其是人类学家的贡献可能更为重大。早在中国

[8] 关于原始天神之信仰转成哲学的天道之观点，参见他的另一长文《论中国原始宗教信仰与儒家天道观之关系兼释中国哲学之起源》，《中华人文与当今世界补编》，收入《唐君毅全集》（台北：台湾学生书局，1988），册上，卷 9，页 150—181。

[9] 龚自珍：《己亥杂诗三百十五首》，收入龚自珍著，刘麒子整理：《龚自珍全集》（杭州：浙江古籍出版社，2014），卷 9，页 453。

考古学专业在中国建立，“长城之外”的文明已被视为和中国文明有极密切的关系，李济先生生前一直呼吁不可为秦始皇的一道长城所误，中国文明的线索不能局限于后世的中国疆域。[10]“长城之外”的早期文明因素影响中土者应当不少，陶器、青铜、小麦等皆有可能受惠于西方文明，但个人窃以为影响中土精神文明之大宗，当即是我们当代学术社群较为陌生的宗教因素（如萨满教），或许这些宗教因素不见得是西来的，却可以说是不能以地域、族群归类的。现代重要的人文学者不少受西来假说之影响，闻一多即是其中著名的一位。“华胄来自昆仑巅”，早期的帝国国歌反映了当时知识界跨越地理与历史的双重界限，解放桎梏，寻求文明源头的思潮。

然而，我们今日如论及宗教生活的内在面，思考“宗教生活与精神活动”的关系，就笔者浅见所知，或许也受限于自己的阅读范围，1949 年后渡海来台的凌纯声[11]、苏雪林[12]、张光直[13]等人提供的思考可能更值得注意。他们继承了前辈学者跨

[10] 李济：《〈记小屯出土之青铜器（中篇）〉后记》，收入张光直主编：《李济文集》（上海：上海人民出版社，2006），卷 5，页 133—134。

[11] 凌纯声为人类学家，学术地位崇高。他是较早注意到中国上古文明与域外文明关系的学者，论述自成一家。见凌纯声《中国古代海洋文化与亚洲地中海》《太平洋上的中国远古文化》《台湾土著族的宗庙与社稷》《中国祖庙的起源》诸文，收入《中国边疆民族与环太平洋文化》（台北：联经出版事业公司，1979），册上，页 335—344、409—415，册下，页 1117—1191、1193—1242。

[12] 苏雪林：《屈赋论丛》（台北：“国立”编译馆，1980）。

[13] 张光直：《中国青铜时代》（台北：联经出版事业公司，1983）、《中国青铜时代（第二集）》（台北：联经出版事业公司，1990）。

迈旧知识典范的遗风，接受了更广阔的新兴思潮的刺激，形塑了重要的学术范式。在他们的研究中，提供了“象征”“精神变形”此种精神价值的理念，视野从中国拉长到西亚或中南美洲，材料从文献延伸到文物，而焦点多汇注到“巫教”此一板块。学术想像力丰富，领域又踏入史前时期，自然难免碰到征实困难的窘境，也不可能达到一锤定音的效果，但另类视野的解放效果是很明显的。

“从神话到哲学”是普见于各古文明的历史行程，本文的着眼点也在此处。但笔者接受《庄子·天下》的提示，对于哲学之前的神话或原始宗教阶段，称作“古道术”的年代，“古道术”的内涵和闻一多所说的“古道教”相当，其语改写自“古之道术”一词。庄子论战国诸子的源头时，都溯源到“古之道术”。“古之道术”一源多相，“一源”意指诸子百家的起源皆可溯至“一”（或称“太一”），这是形上学的主张，不同的学说分享了共同的精神价值，都是“道”的某种层次的展现。“多相”则意指庄子论及个别哲人的渊源时，却又主张他们的思想源自不同种类的“古之道术”，这些不同的道术可泛称为“方术”。庄子的“古之道术”说的内涵很复杂，但我们顾名思义，有理由将此词语的内容改换成遂古时期的神话。庄子非常娴熟神话题材，虽然他使用“古之道术”一词时，是否意识到“神话”的存在，固难言也。当“神话”一词还没出现时，我们很难期望其时的哲人会拥有“神话”一词所指涉的神话事实。然而，“道术将为天下裂”的时代毕竟离神话当道的年代仍相对地不那么远，齐谐之言仍在，《山海经》经旨可征，庄子不可能不知个中内涵，我们使用后出的新名解释原已存在的文化现象，不见得就没有更强而有力的解释力道。透过词义的重组，本文将“古之道术”视为遂古时期道家几个重要的神话类型，并没有说不过去之处。

庄子论天下学问的源头时，他立下总体义的“太一”，以作为学问的总源头。这种总源头的“太一”不是经验述语，它是无从印证的。能印证的，也就是可以成为经验性论证题材的，只能是各种类型的神话，所以他一一溯源到遥远时代的神秘模型。当时的天下有多少学术，遥远的上古即有多少相应的学术模型，《天下》篇的解释神秘难解。如果依费尔巴哈式（L. Feuerbach）的理解，也许可以说上古学术模式乃是现世学术的异化所致。但这种模式的理解虽可备一说，庄子的意思却不容许如此理解。和费尔巴哈的假设相反，庄子是实实在在地主张上古乃现今的原型，古之道术引导当代学术发展，两者的关系就像宗教领域中，天界常常成为尘世的原型一样，宗教圈内的理解和圈外左派学者的理解着眼点大不相同。宗教人的原型总是在时空格局之外的，乐园常处于此世之外的神山仙岛，一种非人间性的空间是此世愿望的对口单位，中国古地理传说中的昆仑仙山与蓬莱仙岛即是著名的案例。相同的投射机制也发生在时间的向度上，对应于当下尘世的存在，历史源头的阶段常被视为天人一体同春的乐园时期。在古希腊与古印度文明，历史的黎明期常被视为“黄金”时期，尔后即逐渐沦为白银、铁器时代云云。[14] 时间语汇的“上古”和空间语汇的“天界”之功能是相同的，它们是更基源也是更圆满的存在，就学术领域而论，上古时期的这些或这个模型即称作“古之道术”。

“道术”的“道”字常见，各家各有解说，莫衷一是，韩愈所谓“虚义”者也。[15] 这种词汇的哲学内涵或许不易了解，难以取得共识，但“道”字的语词意义却不难理解，“道”就是道途之意。“术”字也常见，它在后世哲学史上因为没有占据太重要的地位，所以容易被忽视。然而，我们如果将此字限定在战国学术史的脉络来看，“术”字还是蛮重要的。此字有一批家族成员，如“心术”“方术”“治术”等等，这些词语在战国时期曾经扮演过重要的角色。这些家族语汇中的“术”字几乎都可用“道”字代替，如“心术”即为“心之道”、“治术”即为“治理之道”云云。事实上，根据《说文解字》的解释，“術”是“邑中道也。从行，术声”。所以它的本义也是“道”。“道”“术”两字连用，作为统名的“道”与作为别名的“术”组合而成“道术”一词，它作为遵行的途径之意更明显了。比起“方术”限于一“方”，“心术”只行之于“心”之

---

[14] 参见耶律亚德（M. Eliade）著，拙译：《宇宙与历史：永恒回归的神话》（台北：联经出版事业公司，2000），页 102。（编者按：耶律亚德，又译“伊利亚德”。今书中两种译名并存。）

[15] 韩愈《原道》云“道与德为虚位”，《昌黎先生文集》（上海：上海古籍出版社，1994），册 2，卷 11，页 281。

作用，“治术”唯辨析政治上的治理之术，“道术”可以说是超越一切分殊表现之上的道本身的轨范，它具有“总摄”或“母体”的地位。

如果道术具有“总摄”或“母体”的意义的话，那么，它与其他各分支的学问的关系，应该就和“母”与“子”或“总”与“别”的关系一样。在《庄子·天下》中，“道术”与“方术”的关系，正是这种母—子或总—别的关系。方术者，一方之术也，“方以类聚”的分殊化之学术也。庄子在这篇综论战国学术的鸿文中，将当时的诸子学说皆归源于“古之道术”。就个别的学派的源头来看，每位哲人所承袭的“古之道术”有别，各有方术。“古之道术”因此像是集合名词，它由各种内涵不同的方术汇聚而成，不存在单一的古之道术。事实不必然，《天下》篇论及学术源流时，它是从形上学的观点立论，就像万物出于道一样，天下的学术也出于道。《天下》篇特别称呼此道为“一”，“道生一”，“道”与“一”为同位异义之指涉。庄子所说的“道术”只能是“道”，是“一”，其相固有多面向，所以对应于各派学说而有各种“古之道术”，也就是各有方术，但各种古之道术其本质只是一种道术，原则上，各种方术皆可相通，庄子借此批判当时画地自限的学派风气，[16]《天下》篇的学术格局特别广阔开明。庄子论道术与方术的关系，很容易令我们联想到后世体用论所述及的体—用关系。

[16] 庄子的用语是“不该不遍”的“一曲之士”。

民国以来的学风讨厌“古之道术”的溯源方式，不管就政治思潮、学术观点或就社会风气的演变来说，溯古常被视为保守、封建、停滞的病征或是病症，20 世纪的主流思潮可说是线性的前进史观，更精确地说，也可以说是进化史观，严复、胡适在近代中国思想史上的位置，多少可从此一观点切入。庄子的观点恰好相反，广义来说，也许近现代之前的史观都不作线性的进化史观想。他们毋宁认为：创造力是和“古之道术”的认定捆绑在一起的。溯古所以创新，逆返所以开源。耶律亚德（M. Eliade）认为线性时间的创新性是现代文明，恰当的说法是现代西方文明才有的观念，古代、东方或初民的时间观都是永恒回归的创新，因为“古”提供了人世间活动依循的“原型”，其说大抵可从。[17]

庄子的“古之道术”就是东周学术的“原型”，诸子百家的知识类型不同，所以“原型”也不一样。诸子百家有多少的流派，原则上即相应地有多少的原型。庄子对每一学术流派的古之道术都有具体的描述，但没有给予特定的标签。如果从我们今日的观点来看，“古之道术”应指哲学之前的原始宗教，笼统地称呼，可称作巫教。巫教的实践面是仪式，或可以旧名“礼仪”称呼之。它的叙述面也就是教义面，可称作神话。从

---

[17] 参见耶律亚德著，拙译：《宇宙与历史：永恒回归的神话》，页 101—102。他的“永恒回归”说如用以解释儒教文明的史观，未必合适，儒教确实主张对“尧天舜日”的永恒回归，但《易经》的翕辟说与《公羊传》的三世说未必可用“永恒的回归”说加以解释。“永恒回归”与“永恒创造”的张力或许更接近儒家的历史观。

“古之道术”到东周时期的“天下方术”，可以简化地说即是从神话到哲学的历程，也可以说是从前哲学到哲学的历程。

“从神话到哲学”是条直通的路途，各大文明的历史大概都依循这条途径演进，哲学的理论胚胎乃得发展。印度与希腊的情况固然如此，“道家”恐也不例外。先秦诸子百家中，后世所谓的“道家”[18]当是运用巫教神话题材极娴熟、实践工夫也深受巫教传统影响的学派。它与巫教的关系当然不是片面的继承关系，而是断裂的继承。它在继承中批判，也在批判中继承，透过了复杂的历史过程，形成了后世所谓的“道家”的团体，至少体现了某种内部理论相互支持的学派。本文透过解析“道家之前的道家”，借以了解“道家”一词的建构及发展。

三　黄老庄三子的双面性格

“道家与神话”的关系似乎是理所当然，落实下来，却无法那么视为当然，甚至于连该如何落实，都很困难。关键点在于“道家”此一议题，连题目名称都很暧昧，须费斟酌。“道家”一词是两汉之后由史官建构而成的，先秦无此学派，因此，何人属于道家的问题就不能不出现。道家如果是一个学派，它成为学派的系谱学的条件——创立者、人格典范、核心

[18]“道家”一词在汉代以后才出现，前此未闻，此学派之名与实恐怕都是后世建构成的，所以笔者在此用了“所谓的”这个形容词。

教义、学派经典、学脉传承等，应当要有更明确的规定。但由于后世归纳出来的道家诸子对上述系谱学的要素极少有自觉的要求，至少构成后世道家主要意象来源的黄帝、老子、庄子、列子这几位人物及其代表的思想，我们不太知道他们所宗何经？所师何圣？所传何徒？如果比较儒、墨两家，彼此的差异就非常突显。儒者与墨者所原何道，所宗何经，所征何圣，心目中有没有明确的归属意识，一一清晰明了。这些指标在所谓道家诸子上都看不出来，我们不容易确定他们有明显的学派意识。

“道家”一词是后世追溯出来的，先秦无此名称，后世所谓的道家诸子根本不知道自己属于道家，这是我们进入道家与神话的关系时，首先会碰到的第一道难题。其次，纵使我们接受了秦汉后建构出来的道家系谱，我们还是会碰到比第一道难题还要困难，至少是同等困难的难题，因为我们不知道“道家”一词的核心要义。我们且看最早提出道家之名，并勾勒其思想特色的《论六家要旨》里是如何说的：

> 道家使人精神专一，动合无形，赡足万物。其为术也，因阴阳之大顺，采儒墨之善，撮名法之要，与时迁移，应物变化，立俗施事，无所不宜，指约而易操，事少而功多。[19]

---

[19] 司马谈：《论六家要旨》，收入司马迁：《史记》（台北：鼎文书局，1979），页3289。本书之《史记》引文皆依此本，不一一注明。

司马谈眼中的道家集阴阳、儒、墨、名、法各家之善，实质上乃是取得战国学派竞争最后胜利的集大成者。但司马谈的话语能否成立，关键还是要看我们如何界定集大成的意义。大学派之所以为大，关键不在内容之多而杂，而是在这些杂多的内容能否成为显露实相的系统。一个综合各家的大学派通常需要有好的配套条件相互支撑，其学说才可以深刻。如黑格尔（G. W. F. Hegel）使用辩证法，或朱子使用体用论，辩证法与体用论可消纳各种异质的思想因素于连续的运动中，异质思想因而可以统之有宗，会之有元，一一化为有机的整体中不可分割的成分。如果缺少了类似的理论利器，任何伟大的学派都不免博而寡要，劳而少功，沦为没有统绪的杂家。

秦汉史家建构出来的道家纵览诸子，纠合群说，无疑地与西汉早期黄老道家成为官方主要的治国理念有关。一个扫平动荡的新兴帝国需要一个统合百家竞鸣的新兴学说与之配合，“道家”之名因此而起。“道”作为一个最高位阶的原理，在先秦时期已酝酿了许久，它成了诸子的共法，儒家诸子以及后来归纳出来的道家诸子对此概念的贡献尤大。这个概念成为“道家”的私产，那是后代历史的事。“道家”的成立和帝国的兴起有关，统一各分割势力而成立以“汉”为领导的郡县体制的大一统天下，和整编天下学问、成立九流十家的谱系而统一以“道家”为首的学术版图，乃是同一桩事件的两种工程。

“道家”一词既然是秦汉后才追溯出来的，其组成人物与思想不必然是依学派内部的理路发展而成，而是相当程度由帝国的史家依政治需要综合而成的，这样的组合要组成一组核心而有机的体系，无疑地是桩高难度的工程。我们看《汉书·艺文志》“道家”名下所列的典籍，即可见出其内涵之复杂。但就对后世深远的影响而言，《老子》《庄子》《列子》《文子》当是其中的佼佼者，这四部被唐人视为圣经的经典如再整合，《庄子》《列子》可列为一组，因为《列子》文字与思想颇多承袭《庄子》思想处，所以《庄子》可以统合《列子》；《老子》《文子》可编成一组，文子为老子的学生，所以《老子》可以统合《文子》。后世老庄并称，确实有文献学的依据。在老庄并列的基础上，再加上上世纪马王堆出土《黄帝四经》，“黄老”并称的黄帝一系的经典有了着落，“黄老”学派的宗旨大体就此明朗，“道家”的结构从此有了较为明晰的面貌。由“黄老”“老庄”这两组流行的词汇看来，黄帝、老子、庄子三人连用，他们可视为“道家”一词的核心因素。不管黄、老、庄这三位宗师与其名下的经典是怎么样的关系，但三者当作道家人物的象征，应该是合理的。我们讨论“道家与神话”的关系，因此，可集中在这三位道家人物身上。

论道家思想，首先不可能不谈到老子，老子是后世道家或道教系谱学建立的总枢纽，却也是道家思想歧义特多的主要因素之一。道教与老子的关系姑且不论，即使仅放在学术史的角度下衡量，“如何理解老子”即是桩费力的艰巨工程。因为老子放在政治领域定位，尤其如与“黄帝”结合，成了“黄老”一词，这种“黄老”连用的老子即是位政治思想家。而且“黄老”还不仅是空想的政治理论，它曾经在汉初的帝国建制中，发挥很大的影响。但老子如放在中国后世常见的性命之学的领域下定位，尤其他的思想如与庄子连结，而有“老庄”一词，这种“老庄”名目下的老子即一变而为体证有得的高道，他为了人的自我救赎而发声。“老庄”连用下的老子常被视为反体制的，脱离政治的，恰与“黄老”的老子之旨意大异其趣。“黄老”与“老庄”的“老”同名而异出，两者必有分矣！

我们目前所知最早对老子作综合评价者当是庄子，庄子在《天下》篇中说老子的学风如下：（一）“建之以常无有，主之以太一。”（二）“以本为精，以物为粗，以有积为不足，澹然独与神明居。”（三）“以濡弱谦下为表。”根据以上的描述，我们理解的老子是位以心性—形上学为思想核心并影响了整体生活方式的学界巨子，他提出了太一—无—有这组具高度笼括性的概念，也提出了遮拨的工夫论进路以及相应的心境，另外，当然也提出日常行事当谦冲柔弱的道德法则。庄子眼中的老子是位典型的遮拨型（或读作“消极型”）的哲人，这样的哲人透过遮拨感性、智性的历程，最后可呈现某种形上境界，此即太一—无—有的层次，这是未分化的“天地之根”。[20]

---

[20] 《老子·第六章》：“谷神不死，是谓玄牝，玄牝之门，是谓天地根。绵绵若存，用之不勤。”郭店出土《老子》两种，“天地根”皆作“天地之根”。笔者认为“天地之根”即是神话学所说的“宇宙轴”（axis mundi）。

相应于这种遮拨型的进路，我们发现“老庄”并称的老子的政治哲学也相应地被诠释为一种回归自然的、反文化建构的、原始的素朴主义之思想。从东汉末的张衡到正始、中朝名士的何晏、王弼、阮籍、嵇康，他们都从《老子》书中找到一种抗衡当时社会价值体系的理论因子，这样的理论基本上是当时主流的礼乐文明之反命题，它反礼义、反社会组织、反自我规范的体系等，这样的诠释间接地指向了针对当时的统治集团的批判。当代研究中国政治思想史之学者，大体亦认为老子的政治哲学是种遮拨性、抗议性的哲学，是无政府主义的滥觞，这样的思潮推到底即出现无君论、无世界主义、彻底的素朴主义之解释。[21]

“消极哲学”的老子固然有文本上的依据，也有源远流长而且强而有力的研究史之支持。然而，另一种以“积极哲学”眼光看待老子的观点也很早就出现。早在两千多年前，司马迁作《史记》，为老子立传时，已提出其学有君人南面之术的内涵，法家诸子如慎到、尹文、韩非都受到他的影响。司马迁后，班固作《汉书·艺文志》，他将道家思想的起源推到远古的“史官”传统，因为史官娴熟历史的兴衰起伏、政治的良窳变化，对客观情势有较恰当的理解，因此，他们可以掌握一种

[21] 无君论为鲍敬言所提出。无世界主义见阮籍的《大人先生传》：“天地解兮六合开，星辰霣兮日月隤，我腾而上将何怀！衣弗袭而服美，佩弗饰而自章，上下徘徊兮谁识吾常。”阮籍：《大人先生传》，收入陈伯君校注：《阮籍集校注》（北京：中华书局，1987），页177。

超越现实状态之上但又可加以规范的“道”。班固的着眼点虽然和司马迁不同，但他们同样认定老子思想的核心是政治哲学，而且是一种积极的政治哲学。

司马迁、班固是史家，他们的论点远有所承，至少可上溯至先秦。在战国晚期，类似《韩非子》《文子》这类持积极哲学的老子观的哲人并非少数，而是相当流行的说法，我们在《鹖冠子》《尹文子》《慎子》诸书上，都可看到类似的语句。所谓黄老道家的流行和“法家”人物，或者裘锡圭先生所说的“道法家”人物的推动，[22] 有相当密切的关联。而这样的老子观经过晚周、秦、汉之际的思潮的推移，到了两汉，它居然成了大宗。我们看到在政治上可以发挥很大的影响力的老子，他早已不是“自隐无名为务”，僻处朝廷一隅的柱下史，而是规划未来天下大势的国师，更直接地说，是另外的一位“素王”。

一位老子，两种面貌，这样奇特的现象却是思想史的事实。也许我们现在应该严肃思考王利器的判断是否合理。他说战国时期有两位老子，一位是关尹、老聃的老子，一位是黄老的老子。[23] 王利器的“关尹”乃依据《庄子·天下》的“关

[22] 参见裘锡圭：《马王堆〈老子〉甲乙本卷前后佚书与“道法家”——兼论〈心术上〉〈白心〉为慎到田骈学派作品》，《文史丛稿：上古思想、民俗与古文字学史》（上海：上海远东出版社，2011），页 59—80。

[23] 参见王利器：《汉代的黄老思想》，《晓传书斋文史论集》（香港：中文大学出版社，1989），页 159—166。另见王葆玹：《黄老与老庄》（北京：中国人民大学出版社，2012）。

尹、老聃”的学风而来，与今日传世的《关尹子》无关，[24]关尹其人，其学绝传已久，在后世几无影响。笔者认为他所说的“关尹、老聃”的老子不妨改换成“老庄”并称的老子，老、庄在魏晋后乃三玄之二，特畅玄风。“黄老”与“老庄”，两位老子虽然依据同一文本而生，但一位是消极哲学的老子，一位是积极哲学的老子。两位老子除了票面价值相同外，根本的价值取向是有相当差异的。

“君人南面之术”的老子和黄帝的形象结合，落在物质的文本上来讲，也就是《道德经》五千言和《黄帝四经》的结合，此结合是中国学术史上的一桩奇特的事件。“黄帝”是战国时期出现频率极高的古圣王，司马迁《史记》的《五帝本纪》起于黄帝，黄帝被视为中国历史之祖。中国文明的诸多发明都被归类到以黄帝为核心的群体之下，这组群体包含发明蚕丝的妻子嫘祖，发明音乐的伶伦，发扬医药的岐伯，还有发明指南车的黄帝本人，黄帝君臣发明器物之多，不及备载，“黄帝制器”成了中国史上关键性的事件，黄帝其实也是中国文明之祖。在《易经》中，黄帝也以“垂衣裳而天下治”的形象出现于历史舞台，黄帝成了治世圣君的符号，黄帝和儒家的圣王道统也有些“断续寒砧断续风”的牵扯。

作为20世纪最显赫的政治符号的“黄帝”在儒家传统的

---

[24] 今日传世的《关尹子》当是伪书，参见张心澂编著：《伪书通考》（上海：商务印书馆，1939），页690—694。

文本中确实面目模糊，儒家的经典除了《易经》等少数经典外，先秦儒家主要人物孔、孟、思、荀的著作中，黄帝的形象几乎无迹可寻，相较于“黄帝”形象在当时思想界活跃的盛况，儒家人物对黄帝的缄默不语，毋宁是相当独特的。笔者认为这种难得的缄默和战国时期“黄帝”奇特的政治性格有关，所谓奇特，意指黄帝形象带有浓厚的暴力及非理性的内涵。无疑地，战国时期的黄帝确实也可以是位文明的、道德的人君，否则，他的意象不会出现在《易经》此部圣经中。但作为国族整合象征的君王，黄帝对权力意志的运用——尤其运用战争，也是很在行的，而且面目更清楚。黄帝征蚩尤，征炎帝，征四帝，文明的黄帝居然也是位兵神。除了兵神的形象外，黄帝的权力意志还显现于对生命的经营，“长生”说往往和黄帝之名连结在一起，医经多挂黄帝之名，《黄帝内经》至今仍是中国医药的圣典；炼丹术也多挂黄帝之名，《黄帝阴符经》此部怪书也是中国炼丹术的要籍，“且战且学仙”甚至成了黄帝重要的公共形象。黄帝既是摧毁生命的兵神，也是拯救生命的医神，这种矛盾的性格是“黄帝”一词极突显的公共形象。

老子与黄帝结合，主要的因素之一在于两者拥有共通的“虚”“无”的思想。除此之外，笔者认为关键性的因素在于政治的权力意志。黄帝是权力意志的象征，我们由马王堆出土的《黄帝四经》看得极为清楚。如果没有这批出土的帛书，我们对曾盛极一时的“黄老思想”，其实了解得相当有限。至于《道德经》五千言为何会带有权力的基因，直接从《老子》文本推演，不见得可以解得出来。但我们可以确定至少在战国时期，《道德经》一书已被作了强势的政治的解读，它是性命之书，但也是另类的治世宝典，是道家版的《资治通鉴》。老子的虚无之形上学主张正好补足了太过刚强的黄帝思想之不足，黄帝思想可操纵性的法天、尚刑名、重刑德之论则可引导柔弱谦下的老子脱胎换骨，进入政治领域。黄老联手，刚柔相济，一种具有独特形上之学的权力意志哲学即现于世。

如果一位黄帝既可以化身为文明的、救人的圣王，也可以化身为摧残生命的战神；一位老子可以化身为帝国的政治设计师，也可以化身为追求深根宁极的解脱之道的隐士哲人。两者排列组合的模式不同，呈现出的思想面貌即会迥然相异。道家的“黄老”概念极暧昧，带给后世读者颇大的困扰。很不幸地，同样的一位庄子也可以化身为面貌相去悬隔的两种哲人：一位是消极哲学的庄子，他是老庄并称的那位哲人，竹林七贤爱戴的南华老仙；一位是积极哲学的庄子，他是可以和孔子连结为“孔庄”的哲人，晚明道盛、方以智师徒特别表彰的那位儒门内的庄子。消极意义的庄子乃是《史记》记载的那位哲人，这位哲人要不就弃世绝俗，游方之外，成为体制外的疏离者；要不就对构造儒家思想核心的礼乐刑名持着抨击否定的态度，成为体制外的异议者。至于积极哲学的庄子，我们也可称作天均哲学的庄子，或是“乘物游心”的庄子，他是位胜义的“游方之内”的哲人。他以独特的哲学语言与生命之姿，曲折地活化了孔门大义，树立了另类的人文精神之旗帜。[25]

庄子与孔子连结为“孔庄”和与老子连结为“老庄”，两者的性格自然大不相同。关于孔庄连结的内涵，笔者已另有专书《儒门内的庄子》探讨其义，而且其内涵与本文关系较遥远，可以搁置不论。至于“老庄”并称的庄子与老子自然仍有显著的差异，老子神志内藏，幽远无名，庄子的气化论思想则是动态的哲学，游于日新之途，两者的差异那么显著！这么显著的差异使得“老庄”并称之奇特，其特殊不下于“黄老”并称。问题是气化日出，不断超越以后的庄子如何走？是走向永远的气化之流，不涉及人文领域的逍遥者？还是走向一种保全此世未异化的价值的具体的逍遥？[26]不管走向如何，“老庄”连用的庄子毕竟和老子共同分享内潜神明，立于不测之渊的修行境地。两人共享的性命之学的成分是相当浓厚的。

后世传颂的黄帝、老子、庄子三位道家宗师都有两种形象，这种暧昧的情况显示“道家”一词充满了其他学派少见的内部的矛盾性格。本文尝试建构黄帝、老子、庄子著作中反映的神话类型，并追溯作为诸子的黄、老、庄三子与这些神话间的关系。笔者相信连结的关系是可以找到的，黄、老、庄的意象的矛盾性也可以从不同的神话类型中寻得轨迹的。

---

[25] 参见拙著：《儒门内的庄子》（台北：联经出版事业公司，2016）。

[26] 前者是道家美学的提法，从嵇康到当代的叶维廉皆持此义。后者是儒家具体哲学的提法，“逍遥”预设着此世内的“体知”，即世界以逍遥。

四　道家三子三神话

道隐无名，但黄、老、庄三子的著作现在都可看到，而且都发挥过历史的影响，其学说非隐，亦非无名。如果从语言表达的意象着眼，上述这些道家大师的著作无疑地都有神话的因素，就叙述的观点看，庄子提供了最丰富的神话题材，出土的《黄帝四经》次之，老子又次之。但如果从意象的神话象征着眼，老子提供的线索却特别丰富，也特别凝聚，远非黄、庄所能到。就整体的神话含量而言，老子不逊于黄、庄二子。不管是从叙述的情节着眼，或是从意象的象征着眼，道家诸子这些著作的神话主轴并不难爬梳出来。简单地说，笔者认为老子书显现出大母神神话，黄帝书显现出天子神话，庄子书显现出升天神话，三子书显现的这三种神话都很典型。这三种神话在中国其他典籍中也可找到痕迹，如《列子》之于升天神话，《尚书·尧典》之于天子神话，《易经》的《坤卦》系列之于大母神神话，这些典籍也有类似的神话结构。因此，我们挖掘出黄、老、庄三子的深层结构，解读其神话意义，其效用不会仅止于道家的范围，它会外溢到更广阔的中国文化史的领域。

黄、老、庄三子中，《老子》一书出现的年代应当最早，此书的表达方式非常特别，充满了女性的意象，这样的阴性书写之风是非常清楚的。此书中论及“道”的意象时，常用女性的意象比拟之，如言“雌”（“知其雄，守其雌”），“牝”（“玄牝之门，是谓天地根”)，“母”(“无名，天地之始，有名，万物之母”，“既得其母，以知其子。既知其子，复守其母”)云云。在各种阴性的印象中，老子喜欢以母—子关系比喻道与万物的关系，尤其值得注意的是，相对于许多宗教以“父”的形象比拟上帝，老子的选择显现了深层的用心。

《老子》一书不仅用女性意象形容玄之又玄之道，它还运用了一系列来自女性意象或其衍生意象的词汇，用以形容人间的道德或世界的法则。在阴性的自然意象中，最重要的当是“水”的意象(“江海能为百谷王”“上善若水”)，或为山谷的意象(“为天下溪”“谷神不死”)云云。女性—水—山谷这些意象联手，老子揭露了女性法则构成的世界图像，这是平远的或深凹的广漠之野。《道德经》中显性的道德如谦冲、忍让、和平、俭啬、慈爱云云，也可以说都是女性的道德的化身。这些自然与人文意象联手，一种神秘的玄牝哲学恍惚现于世，老子建构了中国经典中最富阴性书写意义的著作。

《老子》一书的女性意象是那么突显，这些意象的来源不能不成为学者注意的焦点，如就社会史的进路而言，老子与母权社会的关系就被提升到议事台上来；如就神话渊源而言——笔者认为神话的解释是较为合理的，大母神神话很可能是老子的道的论述的前身。自从 19 世纪巴霍芬(J. J. Bachofen)的《母权论》问世以来，大母神与早期文明的关系即成为神话领域的重要议题，这个理论还深刻地影响到 20 世纪、21 世纪的女性文学、精神分析学。大母神的形象以硕乳、巨腹、丰臀著称于世，中国辽宁的红山文化也出土过女神塑像。大母神神话中的创造者多以女性形象呈现出来，她常是大地之神，母神即地母。她是创造神，母神创造万物就像母生子，土地孕育植物。在老子诠释史上，他的道到底是实义还是虚义？“道生一”的“生”究竟是否有创化义，抑或只是“不生之生”？直至今日，这样的争议仍是有学术意义的。如果我们从神话母型观察，也就是从“大母神”的功能考察，或许可以得到较恰当的理解线索。

从“老子与神话”的观点介入老子哲学的理解，不只对我们了解老子的道到底是实有形态，或是境界形态，可以有个便利的介入点。它对我们了解《老子》到底是慈让之书，或是阴谋之书，也可以提供有利的观察点。在大母神神话中，母神常是慈悲的，但不会永远是慈悲的，恰好相反，母神也是两面的，她既慈悲，也残酷；她既吐出万物，也吞噬万物；她是生命之神，但也是死亡之神。因为死亡是自然的本质成分，其重要性和生命不相上下，就像春天与冬天在天道中的地位一样。母神具有女性优美的特质：谦冲、不争、忍让、厚重……但母神也具有女性残酷的面向：多疑、忌妒、贪婪、凶暴云云。大母神意象所具有的暧昧德性，我们大概都可在《道德经》一书中找到相应的叙述。此书会偶尔被视为蔼然仁者之言，偶尔会被视为阴谋之书，母神神话已揭露了此双面性的源头所在。

相对于老子以阴性哲人的形象出现于历史舞台，黄帝的形象则带有浓厚的父权上帝的因素。由于和传说中的三皇五帝的系谱相结合，而且年代还被摆在五帝中的第一位，因此，在战国时期形成以“黄帝”之名为核心的学派时，黄帝即以“秩序原理的总设计者”“规范的提供者”的形象显现出来。[27] 黄帝作为秩序原理的显现，他首先显现为文明的建构者，黄帝集团是器物的发明者，器物的出现和文明的曙光共显，他掀开了历史的第一页；其次，他显现为民族的先祖，中国境内有多少民族，原则上，黄帝都可成为这些民族的共祖。所有民族的脉搏中都流动着黄帝传下的血液，黄帝是一统论的象征，是国族及种族的缔造者。由于黄帝兼具文明与国族意识的意义，不可能时常温良恭俭让，所以实质上不能不做整编政治秩序的工作，也就是不能不做些排除非文明的因素的工作，他自然地成了夷夏秩序的制定者。由于夷夏秩序的制定与维持不能不预设暴力介入的前提，所以我们看到黄帝意象另一个明显的特征，在于他是战争之神，是兵神。在上古的神话传说以及兵家或阴阳家的领域中，黄帝是以兵神的面貌出现于世的。在钦明文思安安的五帝系统中，黄帝是唯一的战争英雄。

黄帝作为秩序的制定者，在遂古的时代，他不能不介入神魔之际，也就是文明与野蛮转化的暧昧地带。他之成为文明之祖，又是战神，这种矛盾共生的性格，大约是“黄帝”一词最费人猜疑之谜。但对黄帝学派而言，这种矛盾的性格原本是

---

[27] 汉代画像中，黄帝偶尔会和一边持规、一边持矩的男女（可能是伏羲、女娲）一起出现。天圆地方，没有规矩不能成方圆，黄帝擘划天地的性格皎然可见。

世界的实相，是个不必再解释的现量。因为天道的规则即是如此，天道运行有春生秋杀，月亮的变化有生霸死霸，世间的运作有兴衰起伏，人间的秩序即不能没有春仁（德）秋义（刑），这就是刑德之论。天道是人道的准则，暴力是天道内在正面的因素，不是歧出的现象。黄帝依天道以行事，战争是文明的另一面貌，秋霜不杀，即无来春之生意；社会缺少斗争，即无文明之汰弱存强。黄帝是天子的原型，秉天意而生，他是天—地—人宇宙观的体现者，他行经之处，三界中都晃动着刀光剑影。

黄帝是传说中的遂古时期的君王，出身极早，却是在中国变动最激烈时期的战国时代才大显于世，这种时代错位的现象反映了黄帝意象独特的消息。“神话是人格化的集体欲望”，[28]卡西勒这句话恰好突显了黄帝神话的重要意义，神话常被视为是非历史性的，但神话也可以是特别历史性的。神话作为内在于人的思维构造本身的生命形式（荣格）或符号形式（卡西勒），它是始终存在的，与天无极，不与时兴废。秩序如果是生命最深沉的一种渴望，它是一切价值依托的前提，秩序建构的神话即不可能不出现。在最混乱的时期，经由文明、历史长期的酝酿，作为秩序原理的最高表现者之上帝即适时地出现于中国的历史舞台上，黄帝则是上帝的历史显像——天子的原

[28] 卡西勒（E. Cassirer）著，黄汉青、陈卫平译：《国家的神话》（台北：成均出版社，1983），页346。（编者按：卡西勒，又译“卡西尔”。今书中两种译名并存。）

型。黄帝是负责总体秩序的，破坏本来就是总体秩序中不可或缺的一环。

庄子与老子、黄帝相比，他的著作更多的是叙述的情节，神话的结构更完整，《庄子》是先秦典籍中少数神话含量极丰富的典籍之一。《庄子》书中的神话类型不少，但论其主要特色，笔者认为不能不首推升天远游的神话。《庄子》书中的至人、神人常以升天远游的形式展开，更恰当地说，《庄子》书中的至人、神人常带有升天远游、变形、不惧水火的能量，升天远游、变形、不惧水火三个项目可以说是庄子至人形象最显著的特征。《庄子》书中的黄帝是升天的，列子是御风飞行的，子桑扈是登天游雾的。升天远游神话和《山海经》所见羽人神话、昆仑神话有密切关系，和经书中所见的“登中于天”也分享了共通的传统。昆仑山是《山海经》著名的宇宙山，它位于天地的中央，群巫自此升天下地。升天下地之群巫自有各种的法术，所以可在重黎绝地天通之后，接续前代之神巫，飞翔于天。“宇宙山—宇宙轴之中—飞翔升天”这组神话主题的传播极广，遍布好几州，昆仑神话是《庄子》书中的一个主要神话议题，酝酿这组神话的文化土壤是萨满教。

飞天神话和“中”的象征分不开，但神话地理学的“中”不一定是现代科学知识下的空间地理学的“中”。对前大一统帝国的人民或各民族而言，他们的知识所及，或者说他们的经验所及，决定了“中”的方位。“中”的象征是唯一的，但“中”的地理指涉却是多元的。散居各地的古民族多认为自家

图 1-1
日本泉屋博古馆收录名为“乳虎卣”的青铜器，器形为虎状异兽，胸前抱一男子，此件玉器形态与之相近。三代艺术宗教性强，常表现同样的主题，本玉器同样表现神兽载人升天之题材。

居于天地之中，该民族所居地区之高山也常被视为通天的宇宙山，东岳泰山、中岳嵩山、祁连山等等，都具有通天的宇宙山之资格。《庄子》书中的升天远游神话主题除了和昆仑山有关外，我们看到另一组足以与之抗衡的神话地点乃是东方的姑射山神话。西方神山与东方仙岛虽然一东一西，广漠相望，却又都被认为位在天地之中，皆有通天管道。

升天远游神话是重要的神话主题，但不见得是最核心的神话主题。如果神话的基本特征乃是对生命坚持的肯定，对死亡坚决的否定的话，一种克服死亡、强烈维系生命连续性的变形神话应当更基本，传播得更广。《庄子》一书中含藏的变形神话的题材确实也颇为丰富，“庄周梦蝴蝶”此则有名的寓言即为一例，此书的变形主题之多，中国典籍中少见。除了变形神话外，我们还可想到肯定生之欲望的创生神话。创生（创造）可说是神话题材中形上学内涵最丰富者，它扮演了从神话到形上学的转化者的催媒剂，庄子提供的浑沌寓言就是中国的创造神话母题。《应帝王》篇言及南海帝倏、北海帝忽要报答无面目的中央帝浑沌之盛情，日凿一窍，结果七日而浑沌死。此故事和《天地》篇的汉阴丈人因修浑沌氏之术，为保心地纯白，不入心机，所以宁愿费神费力地抱瓮灌溉的故事的内涵，正可以相互发挥。两者的旨义特别深刻复杂，刻划了由神话浑沌转到道家浑沌的轨迹。但《庄子》书中的神话题材虽然很多，重要者也不少，笔者仍然认为升天远游神话和《庄子》一书的哲学思想及其来源性质，关系特别密切，也可以说是"庄子与神话"这个议题的核心词目。

升天远游神话的重要性，我们可以以《庄子》第一篇《逍遥游》作为窥伺的窗口。有关"逍遥"义的争辩，曾是玄学的一大辩难。笔者以"逍遥"为庄子的一大义，也是上承魏晋名士的判断。昔日名士从佛老义理进入，我们今日转从神话入手，其重要性不减。我们看到此篇颇多飞翔的题材，姑射神人、鲲化为鹏、列子御风等都是脍炙后世的飞翔的神话，这些神话构成了"逍遥"义的叙事结构。姑射神人与鲲化为鹏明显地是海洋神话，也有变形神话的内涵，《逍遥游》篇的场地设定在荒远幽邈的海洋中，这种设定可能传达了某种被庄子不经意地掩盖的史实。[29]

"道家与神话"的议题所以重要，乃因在核心的道家议题

---

[29] 庄子是宋人，宋为殷商民族于武王伐纣后所设立之邦国。殷商民族源自何处，史家多有争议。傅斯年、徐中舒、张光直等人皆主张出于东方，可能来自燕齐海滨，也就是环渤海湾一带。《庄子》一书特多海洋神话，可能源于此段悠远的民族的历史。

与其来源的神话类型之间，我们可以找到起承转合的关系，既有连续，也有突破。如就上述道家三子的神话意义而论，老子的大母神原型关心的是创生的问题，黄帝的天子原型关心的是秩序的问题，庄子的升天远游原型关心的是自由的问题。创生的哲学后裔是“有—无”的形上学问题，天子原型的哲学后裔是治国平天下的政治哲学问题，升天远游原型的哲学内涵则是精神逍遥如何可能的问题，这是工夫论的问题。这三种神话类型与相应的哲学议题当然是相当理想类型的，我们如仔细检查三子的文本，当然可以发现不少犬牙交错之处，未必只有一种显眼的神话主题，庄子的情况更明显，他的表述常借助于各种神话的题材。然而，我们如观其大，上述的构造却也不难看出来。

天道创生、政治秩序、精神自由的议题都极重要，可以说它们构成了人类文明的关怀核心。这些议题当然不是互斥的，一个哲学家有可能可以同时关心这三个议题，但毕竟三项哲学命题关怀者不同。大母神、天子、升天远游的神话主题也不是互斥的，哲学家可能在不同的脉络里分别使用它们。问题是上述这几位哲人被归到“道家”门下，“道家”被视为拥有共同核心关怀的学派，学派则是文化史上出现过的文化现象，而何以这些被归纳出来隶属于同一个学派的道家人物却拥有不同的神话类型，而且其类型又是那么典型，也就是彼此之间是那么典型的差异？这样特殊的现象不能不令人感到疑惑。我们不妨再落实到具体的历史阶段考察，看看是否可以得到一些线索。

时常被认为反历史的神话也是有历史的，三子神话来源的类型以及所代表的历史文明的阶段相当不同，庄子的升天远游神话应当来自于遥远的萨满教传统，萨满教是亚美狩猎文明代表性的宗教，耶律亚德在其名著《萨满教》(*Shamanism: Archaic Techniques of Ecstasy*）一书中，曾特别彰显萨满教对人类早期文明的贡献。可惜他对中国文献的理解受到不懂中文的限制，否则，庄子、屈原当会被列入萨满教传统中数一数二的代表。老子的大母神神话则应当和早期农业文明的土地崇拜有关，这种神话的精神绵延流长，理论上讲，它是构成黄

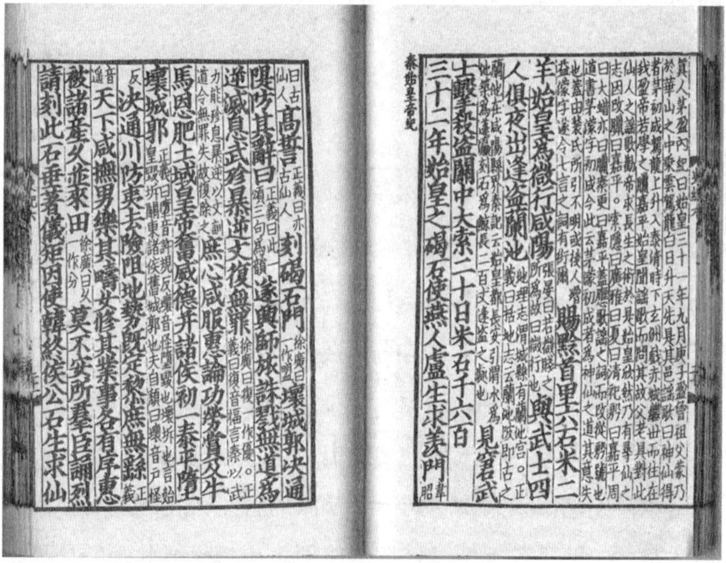
秦始皇本紀
賜黔首里六石米二羊始皇爲微行咸陽與武士四人俱夜出逢盜蘭池見窘武士擊殺盜關中大索二十日米石千六百三十二年始皇之碣石使燕人盧生求羨門
高誓刻碣石門壞城郭決通隄防其辭曰遂興師旅誅戮無道爲逆滅息武殄暴逆文復無罪庶心咸服惠論功勞賞及牛馬恩肥土域皇帝奮威德并諸侯初一泰平墮壞城郭決通川防夷去險阻地勢既定黎庶無繇天下咸撫男樂其疇女修其業事各有序惠被諸產久並來田莫不安所羣臣誦烈請刻此石垂著儀矩因使韓終侯公石生求仙

图 1-2
萨满（Shaman）一词来自通古斯语，它在中国文献早期出现的纪录当是《史记》所记载的“羡门”。图为宋黄善夫版《史记》出现“羡门”一词的页面书影。

土文明的重要理念。老子曾被认为代表楚文化的哲人，但就其书呈现的神话类型而论，老子和农业文明所在的中原地区，关系可能更密切。自上世纪以来，学者论及性别议题、环保议题时，老子几乎是最常被列举的盟军哲学家，他被视为可以和儒家精神对照的哲人。但我们如果观察其哲学所出之神话，却发现它和农耕文明的地母神话之关联颇为密切。

黄帝神话的依据属于不同的范畴，它代表的不是游牧、农业这种产业发展期的概念，它属于社会神话或政治神话。它的内涵是文化英雄神话，也是始祖神话，更重要的是与整体秩序的渴望有关的天子神话，这种渴望统一原理的神话与文明的建构有关，天子原型的政治神话当属于政治神学的范畴。神话话语在 20 世纪中国人文科学领域的出现，常用于对照过度人文化的儒家价值体系，它指向了非人文化的方外之域。但神话其实不只扣问自然界的起源问题，它也扣问社会的核心议题。政治神话是神话千面中极重要的一面，中国又是“普遍王权”（universal kingship）极浓的文明，天与天子的纽结既紧且远，[30] 黄帝此天子神话是解释集体欲望与文明建创关系极有指标性的案例。我们有理由相信黄帝神话出现的时期应当是中土政经局势进入统合的阶段，战国时期的动荡不安恰好提供了大一统思想的温床。

---

[30] 参见林毓生著，穆善培译：《中国意识的危机：“五四”时期激烈的反传统主义》（贵阳：贵州人民出版社，1988），页 17—25。

老子的大母神神话，黄帝的天子神话，庄子的升天远游神话，这三种神话如果分别指涉农业时期、帝国建制时期、狩猎时期，这三种神话出现的时期是否可以依历史时间的序列排序而下？它们与三子在历史阶段的意义是否同构？它们彼此之间的源异何以最后竟得同流？何以黄老—老庄竟可连结成道家学派？我们爬梳了道家诸子的神话源头，但这些神话似乎带给我们更大的困惑。

五 虚静与斋戒

如果神话的类型有发展的关系，它与社会型态相呼应，那么，我们透过历史发展的顺序，上述三组看似孤立孑遗的神话或许有条贯穿的线索。庄子所出的升天远游神话代表最原始的萨满教类型，老子所出的大母神神话代表早期农耕文明，黄帝神话则不能不预设文明发展到国家甚至帝国的建构。但三子出现在历史舞台的年代和地区，似乎与其思想所出的神话类型之年代与地区不合，如庄子年代在老子之后，其神话型态却相当古老；黄帝被设定为文明之祖，年代远在老、庄之前，思想的定型则在老子之后。我们至今仍找不到较有说服力的知识社会学的材料，足以建构出他们何以被归为道家的社会学依据，比如老子与母权社会的关系，或庄子与狩猎文化的关系。所以他们何以能够合为道家？这个困扰人的问题依然存在。

由“黄老”与“老庄”得名的情况判断，我们有理由认定“道家”的构成是分两阶段形成的。在前身阶段，“黄老”与“老庄”两者分别在不同的脉络里各自成形，各有主张；到了秦汉以后，再统一在“道家”名目下的。在战国晚期，我们已看到一种名为黄老的政治哲学，此学有帝王的心性修养之术，有建立在天道运行上的宇宙论，也有务实的政治技术，[31] 这支学问甚至还得到了一支更重政治功能的学者——如慎到、商鞅、韩非等人的支持。但约在同一个时期，也有支学问将老子和关尹之学结合在一起，在某种程度里，也可以说将老子和庄周结合在一起，这样的结合形成了一种关心性命之学的学风。“黄老”在战国晚期显然是显学，很可能在儒、墨之外，此学可以另立一宗。关老（老庄）之学不那么显著，但观《庄子・天下》所述，关尹—老聃—庄周依序排列，他们也构成一个系谱。

在战国晚期，上述这两股学术论述都是存在的，老子是交集，但有老子交集在内的两股学术主张却似乎是平行发展，黄老自黄老，关老自关老，偶有奇特的交集（如《庄子・在宥》提到的“黄帝问道于广成子”），其交集却非决定性的。黄、老、关、庄四子没有被绾结在一起，成为一个有名称的学派。“道家”学派之名要到秦汉大一统政权成立后，司马谈、司马迁、刘向、班固等人才将他们结合在一起的。他们当时所理解的道家基本上是黄老道家，庄子是黄老道家的教外别传，依司

[31] 参见陈丽桂：《战国时期的黄老思想》（台北：联经出版事业公司，1991）。

马迁所述，他扮演的是政治哲学领域内的体制批判者，“老庄”连用的玄学形象在两汉时期是相当薄弱的。

被后世扭结在一起的道家之学不免芜杂拼凑，其连结力是外加的，恍若汉家刚一统天下分割势力时的政治场景。然而，如果我们从精神的发展着眼，或许可以找到另一种理解的切入点。就老、黄、庄的显性主张而言，三子所代表的精神层次是不同的。老子的大母神类型意指深层意识的自我同一，庄子称作“淡然独与神明居”，能指与所指同化，世界进入无差别的浑茫中。黄帝意识代表的则是理性的升起与强化，理性收编了非理性意识的蛮性力量，再与权力结合，进入文明世界，与群魔争雄。庄子的气化意识也是从深层意识的自我同一中走出，但其走向乃非权力的，或是去权力中心的。他的主体是脱个体性中心的，它参与了气化的流行，游化世界。神话发展的历史系列和精神代表的阶段，其逻辑构造并不一致，我们似乎找不到三者的连结点。但黄帝的天子神话出自蛮性的无之主体，庄子的游化意识自浑沌意识中升起，老子的大母神意识更是常居未分化的浑一之中，他们的显性表现是否可以从无之意识而出，各自发展？或者是他们的思想始终立足于此不测深渊之基磐上？

我们看黄、老、庄三子的神话所代表的意识构造模式，它们露出于此一世界的面向诚然不同。但司马谈说道家“使人精神专一，动合无形，赡足万物”，这样的定位却仿佛可以提供我们一些有用的线索。如果转换成更专业的术语，我们或许可以转译道："精神专一"或有"守一"之功，"动合无形"或有"体无"之意，"赡足万物"未必没有形上创生之想。老子"为道日损""致虚极，守静笃"的工夫在后世道家学者的身心体证上，居有重要的地位，类似的思想在《庄子》也是很有名的。但庄子比起老子这位前行的修行宗师，其虚静之术更显精粹，我们观《庄子》内七篇有名的工夫论文句，如坐忘论的"堕肢体，黜聪明，离形去知，同于大通"；心斋论的"无听之以耳而听之以心，无听之以心而听之以气。听止于耳，心止于符。气也者，虚而待物者也。唯道集虚，虚者心斋也"，所说的也都是虚静之术，虚静之术意指意识深沉到存在底层的修行方式。老子、庄子后来之所以能结合成"老庄"，能成为"道家"一词的核心人物，很关键性的因素，甚至是最关键性的因素，当在两子提供的身心修行之术，以及奠基在此修行之术之上所展开的形上理论。

老、庄两子如何结合成诸子百家中道家的核心人物，又如何成为道教系谱中的中坚人物，乃是中国文化史上的一大公案。但不管放在道家或道教的脉络内，身心修行的虚静之术及形上理境都是两者交集的因素。黄帝因为署其名的经书在后代散佚了，作为诸子百家的"黄帝"的内涵自此淡出历史。然而，由于马王堆出土的《黄帝四经》的协助，我们现在可以看到黄、老的结合，原来还有很深层的性命之学的内涵。

《黄帝四经》论及君王的修行之术时，不断说道："抱凡守一，与天地同极"（《十大经·成法》）；"通天地之精，通同而无间，周袭而不盈”（《道原》）。这些语言很可能不是为一般人说的，而是为帝王说的，但抽离潜存的读者的因素不论，黄老结合形成的君人南面之术带有中国政治论中很重要的主体修养之术，这是黄老之学的一大特色。黄、老的君王也是要修养的，要“守一”，要“通天地之精”。这种修养也要深入到人的存在的依据，若此种种，黄、老与儒家的政治设计并没有两样。若论君王心术深入到心性论——形上学的层面，黄、老可谓开了后世心性主体政治学的先河。

如果虚静之术是黄、老、庄三子共享的因素的话，道家结盟的理论依据就有了着落。大体说来，诸子工夫论的前身是宗教的工夫论，准此，我们不妨追溯黄、老、庄这套工夫论语言源自何处。虚静之术主要指的不是一套神话的话语结构，而是一套身心实践的技术语言。论及早期的身心实践，我们通常会想到仪式的作用，仪式与神话不一定永远相连，有的宗教重仪式，轻神话；有的宗教重神话，少仪式，但两者常是同一桩上古宗教的两面，亦即叙述的神话面以及实践的仪式面。仪式之重者为斋戒，斋戒乃有斋有戒，学者透过净化身心的各种方法，转化人格的构造，以期契近神明。在《庄子》以及与之相关的《列子》书中，我们都看到“斋戒”的叙述，庄子的“心斋”说更将“斋戒”与“心斋”作对照，“心斋”与其说是“斋戒”的否定版，不如说是“斋戒”的进化版。心斋的“无听之以耳而听之以心，无听之以心而听之以气。听止于耳，心止于符。气也者，虚而待物者也。唯道集虚，虚者心斋也”，此叙述与其说是“不茹荤，不饮酒”的斋戒规律的否定版，不如说是此工夫的升华。同样地，《列子·黄帝》所述黄帝“斋心服形三月”，乃得神游到华胥氏之国的叙述，[32] 我们也有理由认为这种叙述不只是寓言，而是别有隐喻之言，它指引了从“斋戒”到“神游之斋”的过程。事实上，我们观“斋心服形”一词也可联想其说与庄子“心斋论”的关系。

《列子》的黄帝之斋不是孤例，因为《庄子·在宥》有名的中国神仙之说的重要叙述“黄帝见广成子于倥侗之山”，所述故事的结构也大体类似。这则成了后世神仙说鼻祖的故事不太可能是凭空制造出来的，因为倥侗山位于北斗星下，[33] 它很可能是昆仑山，黄帝“筑特室，席白茅，闲居三月”，指的也是斋戒以通神明之事。神仙之说是中国的密教教义，此一难以证实的学说自有它流传的法脉，在其学圈中流传。在庄子稍后的屈原撰写《远游》时，即特别将神仙之道与虚静、无为之术连结在一起，而这种神仙之术又可追溯到赤松子、王子乔等传说中的至人，这是另类的道家传承。

道家文本中不时可见到的斋戒体道之叙述，虽然其叙述通常是九天之中垂龙爪，难窥全貌，但我们落实到历史脉络考察，还是可以看到斋戒工夫与早期宗教的关系。《汉书·郊祀志》追溯前代祭祀的起源时，说道：“使先圣之后，能知山川，

[32] 杨伯峻：《列子集释》（北京：中华书局，1979），页 40—41。本书所引《列子》皆依此本，不一一注明。

[33] 《释文》云：“当北斗下山也。”《尔雅》云：“北戴斗极为空桐。”

敬于礼仪，明神之事者，以为祝。”吕思勉以为“所谓先圣，盖即巫觋，此古巫觋之世其官者也”，[34] 此断言可从。我们现在看到的黄、老、庄的虚静之术，其细节虽多不可考，但其前身有可能都是出自巫官的斋戒经验。我们观《管子·内业》，不时可看到此文将斋戒经验和“鬼神之力”“鬼神莫知”之事连结在一起，亦可略知一二。屈原所说的赤松子、王子乔，我们有理由相信这种至人即是远古时代的大巫。

斋戒的宗教实践在道家转化神话思维的过程中，扮演重要的角色。如果说原初的神话思维是巫教的一元性，也是咒术的一元性，整体世界的结构乃是一种无名之力的永恒的自我转化，我们可借人类学之名的玛纳（mana）称呼之，无名之力依变形法则，穿越了各种区别，包含死生疆域的障碍。这种原初的一元性中没有区别，没有冲突，但也没有文明。斋戒的存在意味圣俗二元对立的存在，斋戒的功能使得圣俗二元相对之下的俗之成立，它可经由意识的努力，或者说意识的损之又损，脱胎换骨为另类的圣之存在。黄、老、庄三子的“一”的工夫论与境界论即脱胎于斋戒论，但又赋予“一”深层的存有论的意义。“道家的一”是“神话的一”的进化版。

如果虚静之术是绾结黄、老、庄三者的思想要素，其前身出自巫教的斋戒的话，“黄老”与“老庄”的分歧那么大而居然可以同入道家，即非不可解。因为在汉代被建构的这支道

---

[34] 吕思勉：《先秦史》（上海：上海古籍出版社，2005），页 413。

家学派中，其虚静的心境是没有内容的，纯粹的一也就是纯粹的无，它既缺乏孟子学所主张的道德意识，也缺乏荀子学派着重的虚静之术中的知识之功能，也缺少程朱学派的虚静心灵中的“心具众理”之存有论性格。正因一无规定，而又要涉世，所以它的内容的决定反而不能不依赖使用者的意向而定。黄老学派学者从虚静心出发，其虚静之术是君人南面之术的重要成分。“主道利明不利幽，利宣不利周”，[35] 这是儒家的君道，不是黄老学派的君道。黄老学派的国君利幽不利明，利周不利宣，君王的虚静心灵成了窥伺万物起心动念之机的利器，极虚静者反而极阴杀。相反的，如老庄学派学者使用了虚静之术，他与万物即处于游化（庄子）或静观（老子）的处境，主与客不黏不滞，过而不留。这种虚静心的游化意识或静观意识接近于美学意识，道家与后世美学的紧密关联即是由老庄（尤其是庄子）提供。

神话不总是逍遥的，逍遥、自由这些概念是精神的概念，精神的发展要有动力，要有克服。在神话原始的一元性中，物化代换，连绵一片，没有任何区别是不可以打破的，性别、人兽之别、各种分类之别，甚至包含死生之别，都不存在。但“没有任何区别是不可以打破的”这句话也可以反面读，由于这种无区别并没有带动精神的突破，所以“没有任何区别是不

---

[35] 李涤生撰：《荀子集释》（台北：台湾学生书局，1979），卷 18，页 385。本书所引之《荀子》皆依此本，不一一注明。

可以打破的”实质上却是“没有任何区别是可以打破的”。古史上传说的“绝地天通”的时代，也就是前颛顼的时代，指的大概就是这种原始的统体一元性的时代。

原始的一元性需要决裂，理性需要发动，文明才有进展，圣凡的分别即是关键的决裂点。宗教的圣凡之别兴起，哲人透过斋戒等修行工夫的体证，使得咒术的一元性不得不加速分化，分化后的圣与俗透过了种种仪式的帮助，转俗为圣，产生了圣显的辩证，现象更新，世界重新获得安顿。没有原初一元性的分化，圣与俗的对立与辩证法则，即没有精神世界可言。黄、老、庄诸子所以不时会运用到斋戒的隐喻，正因这种遥远的追忆指向了宗教发展史上的关键期。

神话思维的转化是精神发展的巨大工程，不是一蹴可几的，神话思维的一元性的转化是工程的第一个阶段。神话思维中隐含的一元性的暴力因素则是下一步要转化的目标，我们在黄、老、庄三子——至少是黄、老的著作中，几乎同时见到道德与非道德并存的因素，神话也可以是很残酷的，老子的大母神既慈祥也恶煞，黄帝的天子原型既创造文明也毁坏文明。黄老并称，无异母神携手战神，莅临人间。神话的两面性显示了神话亟需批判并加以超越的面向，神话的价值不宜过度浪漫化，它不总是带来解放的。

黄、老、庄三子的思想发生在中国文明大变革的年代，他们无疑地都继承了神话的智慧，但也都作了神话的批判，他们思想中呈现的虚静之一的理念及实践之术，对后世各家各派的工夫论都有相当的影响，其范围还不仅止于道家或道教。追溯道家思想的起源，笔者认为三子的结合就理念而言，有部分的偶然，但也有学术的理由可以勾连。三子的神话叙述之暧昧性格加上斋戒仪式所呈现的虚静之术，道家的性格基本上就定了下来，黄、老走上了虚静之术的政治学，老、庄走上了虚静之术的性命之学。

六　结论："道家"的神话

"道家"是先秦各学派中思想脉络最难澄清的一个学派，这个在后世被称为可以和儒家并列的先秦两个大学派之一，其传承、核心教义都很暧昧，笔者相信后世所谓的道家在战国时期是以"黄—老"与"老—庄"这两支不同目的导向的学说分别存在，入汉以后，它们才又和一些诸子合在一起，被命名为"道家"。道家的内涵之所以难以澄清，乃因这个学派是后溯出来的，被汉代史家整理出来的，它缺少儒、墨两家内部的团体成员因共享的经典、人格典范、思想目标、集体行动而形成共同的集体意识。先秦诸子没有道家的意识，自然没有道家，所以我们也很难追问先秦时期的道家的内容为何。

"道家的本质"不好谈，即使我们用"家族的类似性"界定道家的内涵，也很勉强。因为"黄老"的政治哲学（君人南面之术）的导向与老庄的复性逍遥的导向差距过大，"家族"之义很难建构起来。勉强说来，我们如果从"虚静之术"，也就是司马谈所说的“使人精神专一，动合无形，赡足万物”的观点着眼，倒是可以找到一条贯穿的线索。因为不管“黄老”或“老庄”都有修行至虚极神灵的“一”之层次的工夫，这种虚静而一的心灵因没有特定的道德意识、存有论意义或认知的内容，而是意识处在其深层的流动的同一状态中，没有决定相，所以可以容纳“黄老”或“老庄”学者各以不同的思想版图按入其中。笔者相信黄老或老庄的虚静之术可能都来自于原始巫教的礼仪传统，也就是来自实践面的“斋戒”工夫，虽然我们不太知道他们的与斋戒相关的工夫的细节，也就不知其异同，但他们确实都有转化现实意识至于“道”的层次的法门，这些法门很可能承自遂古的工夫论。

如果我们追溯道家的实践面，可以找到共同因素的话，我们对道家三子的思想的理论因素溯其源头，也就是溯其神话来源，发现三子的神话源头各不相同，老子可能源自大母神神话，黄帝可能源自天子神话，庄子则源自萨满教的升天远游神话。酝酿这三种神话的历史风土不同，三种神话要解释的文化现象或想达成的目标也不一样，换言之，三则神话缺乏坚固的共同基磐，它们之所以被结合在一起，就像历史上一些草原民族建立起的帝国一样，统合的基础并不稳固。但学术到底不是政治，道家一词自汉代形成后，相沿既久，传统自成，学者也就将就着使用这个词汇。

因为将就着用，所以汉代以后到底有没有明确的道家学派或道家学者，答案便很暧昧，不容易讲得清。相较于佛教或儒教，差别就很明显。历史上的佛教徒或儒教徒虽然也有持融合说或“三教合一”说者，但他们的身分的自我认同还是清清楚楚的。这种清晰的学派意识不见于学术意义中的道家人士，对老庄有精神认同现象的人倒是见于道教人士。说到道教，作为学派的传承的道家与作为宗教的道教之间的关系，又是个棘手的问题，其异同很难一刀两断。道家与道教两者应有差别，也不可能没有差别，我们很难将张鲁或后代的张天师划归为庄周类的人物。但因为两者都具备了与老庄思想相关联的因素，也具备了转化现实的身心状态的工夫论，所以雷同之处也不少。道家的内涵本来即驳杂，道教的内涵也驳杂，道家与道教的关系更是一个纠缠难明的区域，历史上出现的现象就是如此，兹不细论。

本文追溯道家的神话源头，虽可厘清一些头绪，但也不能不同意这个汉代以后才出生的学派之血缘与传承都很特别。卡西勒曾引密尔顿（J. Milton）之诗“一个深不可测的海洋，无边无际，苍苍茫茫，在这里长度、宽度、高度和时间、空间都消逝不见”，[36] 借以说明神话之浑沌难明，难有理路。“道家”一词是在文明兴盛的汉帝国时期形成的概念，但此词语却多少也将我们带进类似“长度、宽度、高度和时间、空间都消逝不见”的困地，这个学派的内涵同样难以澄清。“道家”源头不只可追溯到神话，或许连“道家”一词都像是出神话。

---

[36] 卡西勒（E. Cassirer）著，刘述先译：《神话与宗教》，《论人：人类文化哲学导论》（台中：东海大学出版社，1959），页 85。

贰　道与玄牝[1]

老子思想的起源不是新鲜的议题，早在战国、秦汉时期，学者对这个国史上的神秘人物之思想源头，已提出了不同的看法。到了 20 世纪，新的学术机制与新的学术论述方式形成后，对老子，或广义而言，对道家的起源有更进一步的讨论。本文的重点不在全面检讨老子与道家思想起源的各种假说，但因为老子的“道”之解释极为纷歧，我们透过发生学的“起源”之认识，不无可能可以从另外一种观点诠释老子的思想。

笔者所说的“另外一种观点”，意指女性或阴性书写的观点。“玄牝”一词出自《老子·第六章》，“玄”意指深黑悠远，“牝”指女性，老子用“玄牝”之语描绘最高存有的道，在众多思想家当中，老子运用女性意象的比例特高。本文从“女性”隐喻的角度介入，突显另一种理解《道德经》的模式。底下，笔者将触及“老子思想之源头”的各种解释，进而厘清“原始宗教—神话”假说的内涵，并触及其起源与核心思想间的系连。

[1] 《道与玄牝》初稿发表于《台湾哲学研究》，第 2 期（1999），页 163—195。

一 道家的起源诸说

探索老子或道家思想起源的热门时期有二：一是战国晚期至东汉初期，一是从 20 世纪初叶直到现在。前者所以兴盛，乃因秦汉大一统帝国形成，百家齐鸣的思想盛世已趋尾声，这时期的学术光谱必须要作全面的整理。后者所以兴盛，则因历史意识介入，新的学术典范兴起，学者对于两千多年前的学术源流，往往能提出新而有意义的论点。

第一个阶段出现了三种对老子思想源流的解释，其中最著名的，当然是《汉书·艺文志》本于刘歆《七略》提出的“诸子出于王官说”。班固、刘歆这种论点有种理路，我们可以理解他们的主张之依据：古代学术被公家垄断，知识只能藏于官府，知识阶层只能为官府服务，这是学官一致的时代。时入东周，封建解体，礼坏乐崩，贵族沦为平民，贵族掌握的知识遂一变而为诸子之学。不同的王官即导致了相应的不同学派，如儒家之于司徒之官，墨家之于清庙之守，两者是一对一的，诸子百家中的道家即出于史官。

第二种解释我们称之为“救世说”，《淮南子·要略》为此说之代表。刘安的主张也有种理路：因为先秦诸子百家的思想不是凭空生起，它有很强的时代背景。东周是个乱世，这个乱世的乱还不仅在于政治组织的瓦解，它牵连到最基础的经济、社会、礼俗秩序的全面崩盘，并由此引发思想界的全面混乱。诸子百家是时代的产物，他们是当代的精英，他们都想“淑世”“救世”，思求致君尧舜上，再造新三代。《要略》篇分别讨论儒、墨、法、形名、纵横诸家的社会渊源，但没提到道家。不过，我们如果了解刘安将《淮南子》一书视为道家思想的巅峰之作，我们对此即可释怀。

第三种解释，笔者称之为“形上之道流出说”，此说的代表作是《庄子·天下》。庄子主张：天下的学术都来自超越的“道”，诸子百家都各得此“道”之成分以立宗，只是有的学派得到的多，有的学派得到的少；有的学派得到的全，有的学派得到的偏，但原则上它们都是“道”的分殊性展现。诸子百家除去庄子本人不算外，老子的造诣最高。因为他得到的不是道之遗绪，他提出的“建之以常无有，主之以太一”，乃是“道”之核心义。《天下》篇这种解释当然是非社会性、非历史性的，但我们也不能说这是幻想的产物，这种理论明显的与庄子追求一种统一的原理——具体的统一原理——有关。

以上三种假说提出后，历代虽间有反响，但掌声或嘘声大抵稀稀落落。到了 20 世纪，各种异议之声纷纷响起。庄子“形上之道流出说”最难实证，除了少数人外，学界中人似乎不太将它视为一种严格的论证看待。[2]

“救世说”的情况大不相同，支持或部分支持此说的人不

[2] 据笔者所知，对庄子此理论感兴趣的学者有马一浮、方东美，这两位恰好都是形上学倾向特强的哲学家，不太关心“历史意识”。

少。胡适《诸子不出于王官论》一文明白地反对刘歆、班固的论点，[3] 他主张诸子的问题意识当落在当时的时代背景才能理解，道家的反战、柔弱诸说与当时的政治局势有相当密切的关联。胡适此说与刘安论点颇有桴鼓相应之处。牟宗三《中国哲学之重点以及先秦诸子之起源问题》一文没有明言“叔世”此词，[4] 而且，他还批判胡适“救世”之说太松。他认为诸子百家的兴起乃是针对“周文疲弊”而发，周朝的建国原则是礼乐文化，尊尊亲亲。到了东周，这套理想的政治秩序构想却和现实脱节了，所以诸子不得不正视此事，努力解决此问题。儒家是正面立教，它指出了礼乐文明的价值根源。道家则将礼乐看成是外在而虚伪的，它另辟蹊径，讲逍遥、齐物一套。

牟先生认为他自己这种解释是“本质性”的，比“诸子出于王官说”“救世说”切题。确实，我们看到儒家的起源是继承文、武、周公的礼乐精神而来，制度的精神被儒者融入道德意识之中；墨、法诸家对此则或拒或迎，态度不同。道家对礼乐亦多批判，因此，我们如说道家对“周文疲弊”有所反应，这自然可以说得通。不过，我们如比较牟宗三与胡适、刘安所说，我们发现：他们基本上还是站在“叔世—救世”的论点说话的，而且，他们的论述模式依然带有“挑战—回应”之说的

---

[3] 胡适：《诸子不出于王官论》，《胡适文存》，收入欧阳哲生编：《胡适文集》（北京：北京大学出版社，1998），册 2，卷 2，页 184—185。

[4] 此文收入牟宗三：《中国哲学十九讲》（台北：台湾学生书局，1997），页 45—68。

框架。只是相比之下，牟先生对“世”的内容有个更明确的规定，他是从“精神发展”的角度看待礼乐教化对诸子百家的意义。

“诸子出于王官说”引起的回响最多，其中大部分的回响都是负面的，我们不难想到它的名声为什么会这么坏。我们如果比较儒家与司徒、道家与史官、墨家与清庙之守、法家与理官等等，然后说两者有种松散的关系，这样的论述是比较站得住脚的，只要我们不把这种关系讲得太死。但我们如果说前者自后者“出”，而且是一种本质性的、逻辑性的“出”，那么，我们非得确定某某王官的“体制性格”与某某家的“核心理论”间有种本质性的对应关系不可。可惜，这样的对应线很难拉得起来。现在多数的学者都相信，大概除了阴阳家等少数特例外，[5]“诸子出于王官说”的论证是相当松散的。

“诸子出于王官说”“救世说”“形上之道流出说”虽然提法都不免过度宽松，但至少我们看到这些说法都想努力找出诸子兴起的“源头”，而且，他们还盼望这样的“源流”关系是本质性的。论“本质性的关系”，庄子的“形上之道流出说”当然最本质，但这是种形上学的提法，它对解决“历史事件”，并没有太大的帮助。“叔世”“救世”这是个“社会学”或“社会心理学”的讲法，它可以解释诸子提出学说的“心理动机”，

---

[5] 参见戴君仁：《阴阳五行学说究原》，《梅园论学集》（台北：开明书店，1970），页 345—364。学者当中，戴君仁是少数同情“诸子出于王官说”的人士，他甚至认为刘歆、班固对儒家起源的解释，也是恰当的。

也可以解释此“心理动机”的社会因缘，但对于心性论、形上学倾向较显著的学派，它就无能为力了。“诸子出于王官说”无疑地有合理的一面，这是个“历史的”“制度的”论述。既然谈到“起源”，历史的向度是绝不能少的。所以我们如将诸子源头往上推，这个方向基本上是不会错的。问题是推到哪里？刘歆、班固推到了王官，虽说其来有自，但“王官”的性质是怎么和“诸子”的性格挂钩起来的，他们老是说得含含糊糊。

上世纪的溯源思潮最大的特色，乃是它溯得更远，溯得更具有说服力。笼统地说，这当中的种种说法皆可归到“原始宗教—神话”说的纲领下。其纲目大致有四：一是巫史说，一是仪式说，一是宗教经验说，一是神话说。

“巫史”是宗教型的人物，学者追溯先秦诸子思想追溯到此类人物，其实质意涵即无异主张：先秦哲学的前驱是原始宗教。持此说者不少，但个人以为最重要的代表人物当是闻一多。闻一多在《道教的精神》一文中，[6]很敏锐地指出：道家思想有个前身，这个前身就是巫教，或称古道教。古道教的巫可以入水不濡，入火不烧，长生久视。闻一多可能是少数注意到《列仙传》与《庄子》寓言人物有关的学者。张光直继起，他虽然没有直接提出道家与萨满的关系，但他的著作的基本精神

[6] 闻一多：《道教的精神》，《神话与诗》，收入朱自清等编：《闻一多全集》（台北：里仁书局，2000），册1，页143—152。

是顺着闻一多的观点踵事发挥的。

从“仪式”观点讨论道家起源者，近代学者不乏其人。陈钟凡《诸子通谊》即主张：礼事起于火化，礼文昭于祭祀，祭礼行于明堂，礼乐政教即由此开出，诸子百家的学问也由此流出。如果说陈钟凡的观点稍嫌笼统，那么，藤堂明保提出来的“巫—无—舞一体”说，它的内容就具体多了。藤堂明保认为：《老子》书中多“m”型声母的哲学语汇，这些语汇彼此间有密切的关联。其中“无”是“道”的另称，此字与“舞”“巫”声近。老子所重视的“无”这个概念，乃是巫者实行祭典时，歌之舞之，其人进入恍惚状态时的一种状词。换言之，“无”不是思辨理智的语汇，它是祭典场合下的衍生品。[7]

“巫—无—舞”的理论已跨入“宗教经验”的领域，但我们如论及原始宗教经验与道家思想关系，不能不首先想到赤塚忠一系列对于道家思想的解释。赤塚忠有种奇特的观点，他认为所谓《管子》四篇的“虚静说”是道家思想的母胎。“虚静”是种独特的宗教体验，宗教人物在孤绝的氛围中，体证某种超凡的心理真实。老子谈“神”、谈“虚”、谈“静”，皆起源于初民的“虚静”之经验。[8]“宗教经验”当然不必一定顺着赤塚忠的讲法，比如：如果我们从“冥契主义”的观点看，未尝不

[7] 藤堂明保：《“无”という思想の本质——そのコトバの派生法から》，《东京支那学报》，第 12 号（1966），页 44—54。

[8] 赤塚忠：《“老子”中における虚静说の展开》，《东京支那学报》，第 9 号（1963），页 59—84。

可见出另外一种更纯粹的宗教心理事实。[9]

另外一种追溯的方法是从“神话”的观点探索，闻一多在《神话与诗》中对此多所着墨，但密集地探讨则是近三十年来的事。三十年来，不管海峡两岸或是日、美，皆有相关文章探讨老子思想与神话的关系。其中，“浑沌”与“中”的神话与老子的“道”“无”概念之关联，学者讨论得尤多。吉瑞德（N. J. Girardot）、中钵雅量、罗梦册、张亨先生等人的论述皆具深意。[10] 我们探讨老子思想的起源时，不能不正视他们的业绩。

此外，从图腾、从玛纳（mana）、从原始祀天等观点讨论老子思想起源者亦大有人在。[11] 然而，宗教有理论面，有实践面，我们既已探讨过理论面的神话因素，简略论及仪式说及内在体证面的宗教经验因素，也探触了体现原始宗教的“巫史”

---

[9] 从“冥契主义”观点论老子思想的文章时常可见，比较集中的探讨参见山县三千雄：《神秘主义者としての老子の新解釈》，《神秘家と神秘思想》（东京：创文社，1981），第 2 章，页 87—127。

[10] 参见 N. J. Girardot, *Myth and Meaning in Early Taoism: The Theme of Chaos* (Berkeley: University of California Press, 1983)；中钵雅量：《神话、祭祀と老庄》，《中国の祭祀と文学》（东京：创文社，1989），页 297—316；罗梦册：《说浑沌与诸子经传之言大象》（上、下），《东方文化》，第 9 卷第 1、2 期（1971），页 15—56、230—305；张亨：《庄子哲学与神话思想——道家思想溯源》，《思文之际论集：儒道思想的现代诠释》（台北：允晨文化实业公司，1997），页 101—149。

[11] 黄文山主张道的概念出自图腾；裘锡圭认为精气理论出自初民的玛纳观念；唐君毅力主中国哲学有个宗教的源头，此源头来自祭天与祭祖。

人物，因此，对于“老子思想源自原始宗教”此一假说，我们探触的范围虽不全面，但照顾面应当是具体而微了。

如果我们不认为哲学是人类精神发展的初阶，如果我们不认为老子的思想是凭空生起，那么，类似“古道教”“巫教”“萨满教”“原始宗教”这类前老子思想的概念是必然会出现的——差别只在如何称呼它而已。因为老子的道主要是“心性论—形上学”的语汇，它的始祖不太可能是出自社会学、政治学的胚胎，它当出自人类精神自足发展的初次总结——宗教。正如古希腊自然哲学家的形上语汇不是无中生有，而是出自更早的神话传统，亦如古印度吠陀哲学不是无中生有，它更早地存于雅利安（Aryan）族及原始部落的宗教信仰中，老子的“心性—形上”思想最大的可能是从原始宗教那边衍化来的，原始宗教的体验与论述提供了后世哲人思索的母型。他们别无选择，因为初民当时唯一能用来普遍解释一切自然或超自然现象的理论，都是出自宗教。

笔者相信原始宗教经验与老子思想的关系极深，老子的道是种体验之道。凡对冥契主义稍感兴趣的学者，几乎无人不对《老子》书中的体验语留下深刻印象。对“道”（“神”“天”“帝”）的体验，无疑地构成《老子》一书的主轴。但话说回来，如果道不可见、不可思议、说是一物即不中，那么，学者如何将它表现出来，这就是个极大的问题——不管就理论或就实际来说，“道的表达”总是费人猜疑。老子要表达“道”，他就不能不利用意象语言，这些意象语言无疑地是出自

“原始宗教”。问题是，什么类型的原始宗教？它提供了什么样的论述架构，老子才放心地用它表达微妙玄通的“道”？

二　玄牝一族：从江海到橐籥

各家对老子或道家与原始宗教、神话的关系皆言之成理，他们的论点成了后人理解老子思想时不可或缺的参考。如果说上世纪初的老子学研究有超越前人的地方，那么，老子思想的起源研究应当是其中最重要的一项。问题是：原始宗教的范围那么广，什么叫原始？在组织型的世界性宗教兴起前，其间的宗教型态分布极广，我们如何从中挑选老子思想的直系远祖？

假如我们站在男性封建社会的观点追索老子思想的“直系远祖”，这是不容易找到的。因为“祖”字可能出自男根，它用以象征以男性意识为中心的一种血缘伦理。我们溯源老子思想，不当追求远祖，而当求其母型。“老子思想具有很浓厚的女性意识”，这不是很隐晦的现象，很多人都看到了这个特色。科学史家看到了，他借用此现象证明道家更人性化，更不会陷入僵硬的意识形态；[12] 七〇年代反体制运动时期的文化批判论者看到了，她借用这个理论来证明红色中国有可能造

---

[12] 李约瑟（J. Needham）始终这样认定道家的民主性格，他的论点散见他论中国科技史的各篇文章。见李约瑟著，陈立夫译：《中国之科学与文明》（台北：台湾商务印书馆，1980），册 2，第 10 章，页 49—255。

就一个更公平、更人性、更去教条化、更符合女权运动标准的乌托邦；[13] 宗教史家看到了，他用以证明道家比儒家更尊重女性。[14]

但论者虽多，真正使这个问题显题化，并将它带到论坛中央来的典籍，却较晚出现。加藤常贤《中国の修験道：翻訳老子原义》一书颇值得注意。[15] 加藤常贤认为思想史里所谓的“解释”，不外解释其起源。他宣称老子的道的胚胎，乃是从桑林信仰产生，此信仰连带衍生出女神概念、男女好合等宗教事实。道家无为自然的政治观、柔弱处世的人生观，都是这种信仰必然会导出的结果。而老子的道所以得用玄牝解释，亦可由此得到理解的钥匙。加藤常贤对《老子》的解释，和他“古代圣者是佝偻人、柔弱人”的假说一脉相承。但我们即使不接受他的“佝偻人”假说，他的“女性—道”之论述仍可独立成说。

中文著作也有触及到《老子》与女性的文章，但 1993 年萧兵与叶舒宪合著的《老子的文化解读——性与神话学之研究》无疑地是集大成之作。在这部厚达一千两百页的著作，萧、叶两人以他们惯有的江河荡荡、挟泥沙俱下的风格，全面

---

[13] J. Kristeva, *About Chinese Women,* A. Barrows trans. (London: Marion Boyars, 1977). 此书提供了老子与马克思结合的有趣观察。克莉斯蒂娃和李约瑟两人都是重量级的学者，他们两人观察儒道两家的历史影响，观点也都很特别。

[14] 参见詹石窗：《道教与女性》（上海：上海古籍出版社，1990）。

[15] 此书原题为《老子原义の研究》，东京明德出版社 1966 年出版。后改为今名，他的学生水上静夫再加补充，1982 年转让给东京雄山阁出版。

地解析老子思想中的女性因素。他们的战线拉得极长，触及的领域极广，事实上，其规模已接近小型的中国女性神话之百科全书。[16]

加藤与萧、叶的著作提供了许多可贵的线索，但因为这两书分别有它们的关怀，加藤氏想用它证成“圣者佝偻人”的假说，萧、叶两人则是要揭穿《老子》文字背后的人类学意义。笔者认为老子的女性论述可用者不少，我们如将此假说运用到“道”的基本性格，将神话理论带到哲学论争的场合，可能也会有帮助。笔者相信：老子强调的“玄牝”（黑女人）会给我们捎来讯息，笔者底下将试图证明此点。

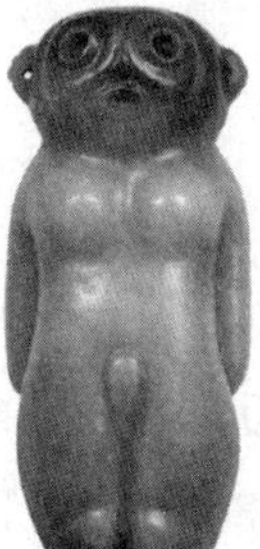

图 2-1
图为中国早期玉人雕像，抛光精致，可能是齐家文化玉器。胸部与腹部的女性特质明显，可作为母神崇拜的见证。

前人溯源老子，其途颇多曲折，好像老子思想的远祖真的不好找，但《老子》分明用女性意象形容“道”，其言斑斑有据，如言：

---

[16] 萧兵、叶舒宪：《老子的文化解读——性与神话之研究》（武汉：湖北人民出版社，1993）。

> 谷神不死，是谓玄牝。玄牝之门，是谓天地根。绵绵若存，用之不勤。(《第六章》)

> 众人皆有以，而我独顽且鄙。我独异于人，而贵食母。(《第二十章》)

> 有物混成，先天地生。寂兮寥兮，独立不改，周行而不殆，可以为天下母。吾不知其名，强字之曰“道”，强为之名曰“大”。(《第二十五章》)

> 天下有始，以为天下母。既得其母，以知其子；既知其子，复守其母，没身不殆。(《第五十二章》)

“玄牝”一词造语奇特，这是《老子》一书特有的语汇，老子无疑地借用此语来形容“道”。“道”与万物，其关系就像“玄牝”与众多所生之物；道生生不息，其模态正如女性之创生力量一般；道玄之又玄，老子用来比喻道的女性意象遂不得不变为“玄牝”。

“玄牝”用语奇特，“食母”一词亦然。先秦时期，“食母”之语或许仅见于《老子》，但它的旨义却不难索解。王弼注云“食母，生之本也”；河上公注云“食，用也。母，道也”；范应元云“食者，养人之物，人之所不可无者也。母者，指道而言也”。这几个注家的解释大体相近，他们都认为“食母”的

图 2–2
初民的世界中，生殖是大事件，也是神秘的事件，此件新石器时代石器作花瓣造型，也象征女性的生殖力，是“玄牝”。

实质内涵即是“道”。而此种“道”的真正内涵又在于“生命”，所以说它是“生之本”，“养人之物”。“食母”的意象其实不符合老子工夫论一再强调的祛除感性之途径，[17] 但老子所以结合“母”与“食”两语，用意很清楚，他要强调道之始源、创生，万物不但由它而出，生出之后，它还不断地供养万物。

道与万物的关系是生与被生，类比来讲，即是“母”与“子”，所以说“天下有始，以为天下母”。但生物界的母子关系其实还不足以穷尽本体论意义的“道—物”关系，因为前者的生成是一次性的，其依存也是受限于特定的生命周期。动物长大了，总是要离开母亲的。然而，“道—物”关系不然，

[17]《第十二章》云“五味令人口爽”；《第二十九章》云“是以圣人去甚，去奢，去泰”；《第三十五章》云“道之出口，淡乎其无味”；《第六十三章》云“味无味”。老子这些话语都指出味觉之存在价值在于味觉之自我否定，至少是彻底的平淡化。

至少在人的位阶上，人与道是永恒的依存。人要终身“保其母”“守其母”，换言之，道是存在的本根，人唯有洞见此本根，且扎根于此本根，人才可以圆满地（本体论意义的圆满）立足于此世。老子用“母—子”比喻“道—物”，此时的“母”已不仅是“创生”的意义，它还蕴含了“依据”“底层”“根源”的意义在内。

老子用女性意象形容道，其叙述平铺直截，“食母”“玄牝”“母子”诸语的意图极清楚，无庸再论。但老子连结女性与道，其范围犹不仅于此。老子事实上运用了一连串的象征比喻，彼此环构成一组完整的“女—道”之意象世界。论规模之大，旨趣之精，前代著作中罕见其匹。老子喜欢用水喻道，这是显而易见的。“上善若水，水善利万物而不争，处众人之所恶，故几于道”(《第八章》)，此章从“不争”“处恶”的德行论道与水之共同美德。“江海之所以能为百谷王者，以其善下之，故能为百谷王”(《第六十六章》)，此章所说意思略同，也是借水比喻谦德。但更重要的，老子直接将道的创生与水的功能连结起来，他说“大道泛兮，其可左右。万物恃之以生而不辞，功成而不有”(《第三十四章》)。道与物的关系就像水与物的关系，也像前文所说母与子的关系，道、水、母都是柔性的，它们生养万物，但不强加宰制。它们是“存在”的源头，是“律则”的母体，它们创造万物后，同时也带出了柔弱、谦下、处恶、不争的美德。它们甚至带出了循环轮转的规律：

水泉东流，日夜不休。上不竭，下不满。小为大，重为轻，圜道也。[18]

圜就像中一样，都是原型象征，也都是道的原型图像。水无相无形，但它运转的轨道却是圆的。

水为什么可以代表圜道？此事有点费人猜疑，我们不妨假借弗莱（N. Frye）的话稍进一解："水的象征性循环：由雨水到泉水，由泉水到溪流与江河，再由江河到海水（或冬雪），海水蒸发又化为雨水，如此往复不已。"[19] 圜道是从"循环"的概念来的。静态的水本身无所谓圆不圆，但我们只要动态地、全程地观看水的展现过程，即可发现它的循环轨道。[20] 不但如此，我们从其循环中，还可看到它的创生的功能，因为雨水所以产生，它不是那么"自然"的。依照神话的思维，雨水乃是天地好合的产物。"云雨""雨露"在后世所以会成为性的象征，这也是很清楚的，因为它们都是天地或阴阳"交合"的结果。

汉儒有一套"祈雨—止雨"的巫术仪式，它背后反映的其实是农业民族根深柢固的泛性信仰。宋玉《高唐赋》描述的浪

---

[18] 吕不韦：《吕氏春秋 · 圜道》（台北：台湾商务印书馆，1965，四部丛刊初编缩本），卷 3，页 10。本书所引《吕氏春秋》皆依此本。

[19] 引自叶舒宪选编：《神话——原型批评》（西安：陕西师范大学出版社，1987），页 212。

[20] 道家思想中水与道的关系，参见萧兵、叶舒宪：《老子的文化解读——性与神话学之研究》，页 88—94。

漫故事，底层结构无疑地也是母神信仰的生殖意义。[21] 但《高唐赋》最关键的性之隐喻当在神女自荐枕席后所说：“妾在巫山之阳，高丘之岨。旦为朝云，暮为行雨。朝朝暮暮，阳台之下。”阴阳初聚始有云，阴阳深交即有雨，闻一多对此未曾细论，不免可惜。《老子》一书虽然未曾逐句逐字，照翻云雨之交合、循环意义，但我们不妨看看《第三十二章》所说何事：

> 天地相合，以降甘露，民莫之令而自均……譬道之在天下，犹川谷之于江海。

“甘露”实即“雨露”，雨露均沾，被化天下，这段话语背后用的是“性—创生”的隐喻。由“天地相合—甘露—江海—道”连用，我们不能不联想到其间不无循环的圜道之意。老子不是告诉过我们“大曰逝，逝曰远，远曰反”（《第二十五章》）吗？圆正是道之轨迹。

水、女性与道（原始初有、太初物质、万物本质等等）关系密切，这并非老子首创，这样的三位一体是普见于各民族文化的共相，古巴比伦、埃及、犹太的神话皆有万物起源于水之说；古希腊、印度及中国的哲学，亦有万物生于水的理论。古埃及的神话指出世界的原初是个无边无际的浑沌之水，它或人

[21] 参见闻一多：《高唐神女传说之分析》，《神话与诗》，收入朱自清等编：《闻一多全集》，册 1，页 81—116。

格化为女神梅齐尔（Methyer）；或形象化为滋润一切的乳牛，“将乳牛看成浑沌之水，或视它为第一个从洪荒大洪水中出现的生物，这是创世的女神之实质象征”。[22] 谈到女性、水与道的关系，我们几乎忘了“乳”和“水”发挥了类似的创生、维系生存的功能，“水”“乳”真是交融的。因此，乳牛如果被视为创世女神的分身，这事似乎不太会令人感到意外。

我们且再举一则印第安的神话传说为例。如果“玛雅—中华文化”假说可以成立的话，印第安人的神话不无可能会折射他们祖先在亚洲时期的世界观。印第安的休伦人认为原初的世界除了广阔的海水外，其余一无所有。后来一位妇女偶尔从空中掉落，掉落的妇女成了庄严的“原始的事件”，许多生物为抢救这位发生于神话历史初期的原初人物，费尽精力，终得将她救活。这位被救活的母亲不知怎地，无缘无故地怀了双胞胎。双胞胎在母亲怀里不合，时常冲突，最后竟冲肚而出，母亲因而受伤而死。“她被埋葬，从她的身躯里长出各种植物，这些植物是新的大地所需要的，为的是使人们适于在其上居住。从她的头上长出了南瓜种子，从她的胸部长出了玉米，从她的四肢长出了豆子和其他有用的食用蔬菜。”[23] 环绕母亲被救活及怀孕、生产而死，另有些相关的创造神话环节，兹不赘

[22] E. Neumann, *The Great Mother: An Analysis of the Archetype* (New Jersey: Princeton University Press, 1974), p.218.

[23] 引自奥弗（Raymond van Over）编，毛天祐译：《太阳之歌：世界各地创世神话》（北京：中国人民大学出版社，1989），页 48。

述。这样的神话描述得已够清楚了。水与女性的身体是万物的起源。

《老子》一书多用意象，其中大多与女性形象相关，它除了直接谈及女性意象及使用水的象征外，我们发现它还运用了下列的意象：橐籥（《第五章》），谷神（《第六章》），天门（《第十章》），车毂、陶器、户牖（《第十一章》），溪谷（《第二十八章》）。“天门”这个意象我们姑且搁置不论，其余这些意象几乎都具有圆（或椭圆）及纵深这两种特色。“车毂”及“户牖”本身或许纵深不足，但车毂连着车轴，车轴连着车厢，因此“有车之用”；户牖连着墙壁，墙壁连着房室，因此“有室之用”。两者之“无”，都是纵深之中空之象。为什么老子要使用陶器、溪谷、户牖、橐籥这类深圆器物的意象？

用深圆器物形容道，此意象极美，但这种表现手法并不特别，因为深圆意象是人的女性因素的外在投影，女性因素是种原型象征，它普现于各种神话的图像及艺术的表现。

女性因素或所谓的“大母神”崇拜的最根源象征，乃是“大圆”（The Great Round）。大圆是种玄之又玄之圆，它是未分化的整体，它包含万物于其内。一种包含万物于其内的意象，最显著的即是容器，或是身体。一种蕴含着生命力的图像，最显著的即是圆深的女人之身体。论及创生的意象，哪还有比女人身体中的子宫意象更清楚的？子宫充满液体，子宫包含胎盘，子宫怀孕婴孩，生命及希望蕴含在不可见的、圆滚滚的身体之内。我们发现到新石器时代的女神崇拜，其造型大体都是

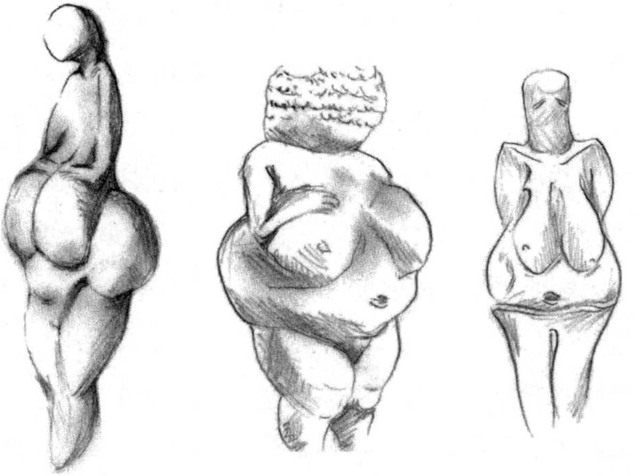

图 2-3
“大母神”器物在新石器时代的欧亚大陆常见，这三张手绘图显示丰乳巨腹肥臀的女神造像，生殖力之象征不言可喻。此手绘图之大母神参考自 E. Neumann, *The Great Mother: An Analysis of the Archetype* (New Jersey: Princeton University Press, 1974) 一书插图第 1 页的大母神石雕图片。（方圣平绘）

腹圆、奶圆、身体圆，各种圆的连续体串连成生生不已的意象。

圆深容器正是大母神意象最典型的描述，陶器更是典型中的典型。老子说“埏埴以为器”，庄子说“休乎天钧”，道家诸子用陶器形容道，绝非一二见。我们如将此圆深器物还原到大母神的世界里去，我们立刻发现“身体＝容器＝世界”这种公式还是适用的。陶器往往是以土盛水，圆形的土包容无形的水。土本来即有生命象征之意。[24] 土器盛着象征创造力之

[24] 参见 M. Eliade, *Patterns in Comparative Religion* (New York: Sheed & Wavd, 1958), pp.239–264.

水，这当然更是生命力之无限盈满，溪谷意象的意义亦源自此处。就浑圆的形象而言，溪谷无疑地不如陶器，但就深远及流水之象征而言，其贴切似尤过之。看到“溪谷”一词，我们很容易联想女人腹部底层的意象，或联想到神话思维所说的世界腹部的生命之水之泉源，[25] 它们丰沛的创造力是无庸置疑的。道无疑地是路，但道也是溪谷，它到底象征何物，难道还不清楚吗?

橐籥的意象与陶器、溪谷相通，两者皆重“中空”。但中空所纳之物不同，后者纳水，前者纳气。“水”具“生命”，这是普遍性的神话母题。但中国思想的脉络中，“气”也扮演了相同的——甚至更重要的——角色。至迟在春秋时期，气已是重要的哲学术语，它用以解释自然及人世的生成变化。老子言气之语不多，但意义极为重要。“万物负阴而抱阳，冲气以为和”，此语更指涉“气”为万物之构成因素。“橐籥”之意义极易明白:“天地间犹橐籥者，橐象太虚，包含周遍之体；籥象元气，絪缊流行之用。不屈，谓其动也直。愈出，谓其生不穷。”[26] 橐籥用以描述创生，此语背后当是运用了“冶金—火炉”的创造故事。战国时期，铁器盛行，冶金的技术往往夹杂着创造的神话，甚至包含着萨满教渊源的神话。老子的橐籥之说，其来有自。

从玄牝到江海，从溪谷到陶器到橐籥，老子使用的意象非

---

[25] E. Neumann，前揭书，页 44。

[26] 参见吴澄著，严灵峰辑:《道德真经注》，卷 1，页 8。

常一致，它们无疑地绕着母性的意象展开，“母性”是老子思想的喻根（root metaphor），这是确切无疑的。

三　浑沌与归根

谈到老子思想的大母神起源，我们不能忽略母性意识与浑沌的关系。老子没有直接引用到浑沌二字，但浑沌的意义却是有的。老子论及圣人之行事风格时说道：

> 众人皆有余，而我独若遗。我愚人之心也哉！沌沌兮！（《第二十章》）

> 圣人在天下，歙歙焉，为天下浑其心。（《第四十九章》）

> 其政闷闷，其民淳淳。（《第五十八章》）

意识的无分别与愚暗，可称为无意识，它显然与理智的功能相反，日常语言所说的“浑沌”正是此种状态。事实上，早有学者雄辩地指出：老子此处说的沌沌、淳淳，其语义背景正是“浑沌”的神话。

“浑沌”的神话内涵极复杂，笔者另撰有专文处理此事。[27]

---

[27] 拙作：《浑沌与创造》，《五行原论：先秦思想的太初存有论》（台北：联经出版事业公司，2018），页65—101。

我们在此仅想指出：母性意识既已有“性别”之分，它当然不会是彻底的浑沌，它预设着“男性”或“儿子”的对照系统。但因为它是生殖的、原始的母体，所以它与浑沌关系极为密切。从象征的角度看，两者的意义是连续性的。论及它们的关系，我们当然要先从“浑沌”的神话谈起：

> 有神焉，其状如黄囊，赤如丹火，六足四翼，浑敦无面目，是识歌舞，实为帝江也。[28]

“帝江”即是“浑沌”。[29] 浑沌是原始怪物，它的真面目乃在它茫无面目，其形如圆囊，但内部又具备了一种原生的和谐之动能（识歌舞）。我们当然不会忘掉《庄子·应帝王》说到的中央帝浑沌的故事，此帝浑沌无面目，一如《山海经》中的帝江，但前者立足在“中央”。“中”是沟通天人唯一的媒介，它是永恒回归的轨道，它就是“宇宙轴”（axis mundi）。结合圆、中、无面目、机体和谐诸义，我们有很强的证据主张：浑沌是中国的创造神话，它是中土早期文明的“道”，它与普现于东夷、阿尔泰族、环太平洋地区的宇宙卵神话，有相当密切的关系。

被神话意识置放在时间起源前的宇宙论概念，其实质内涵

---

[28] 袁珂校注：《山海经校注》（台北：里仁书局，1981），页 55。本书所引之《山海经》，皆依此本，不一一注明。

[29] 参见毕沅、袁珂的解释，袁珂校注：《山海经校注》，页 55—56。

往往指涉的是意识底层的无意识状态。初民不自觉地投射到外界的圆、中、女性、和谐、机体等质性，其真正的家宅是在人的无意识底层（荣格所谓的集体无意识庶几近之），它是理智之光照耀不及之禁区。从神话的角度看，人要永恒地回归到时间未开展的原始和谐；从分析心理学的角度看，人要逆觉返本到原型的集体无意识；从精神分析的角度看，人要回到子宫的原始保护膜里。“浑沌—无意识—子宫”乃是三位一体，大母神的腹部是浑沌，是无意识，又是子宫的安宅。

老子使用了许多来自大母神崇拜的意象，他的意图当然不在架构神谱，他是利用大母神的叙事结构，展现出道的光谱。大母神神话与首咬尾自成圆圈的乌洛波鲁斯（Uroboros）神话一体难分，老子的道之玄牝意象与浑沌意象也是重叠一起，难以割裂。“大母神—乌洛波鲁斯”生出万物，但又要并吞万物，或者要求万物再向他们回归，老子的形上之道的创生轨迹，也正是如此。老子论体道的过程或人格成长的历程，也是由浑沌始，复归于浑沌；老子论政治社会结构的发展，也强调回归到文明未分化的素朴世界，他的政治理论显然是道论、心性论的翻版，而这些理论的母体叙述都建立在“浑沌—大母神”的神话叙述上面，兹分别论述其义。

老子论道的发展轨迹，我们一再看到永恒回归的模式：

有物混成，先天地生。寂兮寥兮，独立不改，周行而不殆，可以为天下母。吾不知其名，强字之曰“道”，强为

之名曰“大”。大曰逝，逝曰远，远曰反。(《第二十五章》)

致虚极，守静笃。万物并作，吾以观复。夫物芸芸，各复归其根。归根曰静，静曰复命。(《第十六章》)

“反”兼具“对反”“逆返”二义，而“逆返”之说影响尤大。“返”“复”后来成了佛学与理学常用的语汇，“返本”“复初”则成了唐宋许多思想家的重要命题。老子或许不是后世“返本”“复初”说的直接始祖，[30] 但老子几乎可以确定是中国第一位有完整形上学体系的哲学家，他的形上学对后世曾经发生过很大的影响，“老子首倡复性说”这样的论点应当是合理的。

老子论及道的作用，显然是运用了“得母知子，知子守母”及“回归母胎”的隐喻。道是活动，是生命，它依循的是“大曰逝，逝曰远”的轨道。但道是本根，是存有之依据，所以它自然又是万物之所归。就本体宇宙论的观点而言，道与物原本未曾片刻脱离，道也没有运动相。但就扎根于道之上的万物而言，“冲气以为和”而成的万物，自然有变化，有运动的轨道。所以圆融地来看，这个挟着气化流行的道的轨道是始

[30] 赤塚忠认为，首先提倡复初说的哲人可能是庄子，参见赤塚忠：《庄子·上》(东京：集英社，1974)，页 439—441。但赤塚忠同意《老子·第十六章》也表现了类似的旨趣，甚至于旨趣更明显。那么，为什么首创者不是老子，而是庄子？赤塚忠接受当时流行的论点，认为《老子》一书可能是战国晚期才集结成册。

终无端、旷代不停的循环，万物不断地生出又返源，返源又生出。大至气化之道、小至道德与存在之规律，莫不无穷地返回原初状态，老子说：

> 天下皆知美之为美，斯恶已；皆知善之为善，斯不善已。(《第二章》)

> 曲则全，枉则直，洼则盈，敝则新，少则得，多则惑。(《第二十二章》)

《老子》之书，类此之言不少。这些语言表达的是“物极必反”之意。“反”自然可作“对反”解，但就像《老子》书中“反”常兼“反”“返”二义一样，《老子》书中标举的“物极必反”之例，其所“反”之方所多是柔弱、谦下、寡少。换言之，它们就是“道”的安宅，“由反而返”实际上是大道之行的不二法门。所以不管就语言层或就思想层来看，我们都有理由宣称：这些存在法则、伦理法则的“反者，道之动”，它们的实质内涵也是“返者，道之动”。[31]

老子的“道”与“体道”是不可分的。“道”的客观性需要“体道”的主观境界加以证成。“反者，道之动”的真正旨

[31] 陈鼓应认为“道”有“规律性的道”此义，它显现为：(1) 对立转化的规律；(2) 循环运动的规律。参见《老子今注今译及评介》(台北：台湾商务印书馆，1970)，页6—11。

义，其实就是意识不断地逆觉、归根、返源。

为学日益，为道日损。损之又损，以至于无为。（《第四十八章》）

绝圣弃智，民利百倍；绝仁弃义，民复孝慈；绝巧弃利，盗贼无有……见素抱朴，少私寡欲。（《第十九章》）[32]

塞其兑，闭其门，终身不勤。开其兑，济其事，终身不救。（《第五十二章》）

塞其兑，闭其门，挫其锐；解其分，和其光，同其尘，是谓玄同。（《第五十六章》）

依照中国体道的传统，除了孟子一系的儒家外，大体走的是逆觉复性的路子。意识的本源是个茫无涯岸的母体，这是分别未起的幽玄泉源。意识的开展就像道一样，它要由原始的和谐中走出，开始分裂、远游，终至浪子回头，重回家园。但重回母体性海的意识已不是原初尚未分化、未曾自觉的意识。因

[32] “绝学无忧”一词，通行本冠于《第二十章》首句，马王堆出土《老子》写本后，学者或认为此句当移至《第十九章》末，与“见素抱朴，少私寡欲”相连。参见《帛书老子研究》，收入河洛图书出版社编辑部编：《帛书老子》（台北：河洛图书出版社，1975），页96。

为前者虽又重回母体自己，再入浑沌之圆相中，但其时的意识因已经历意识分化、自觉反思，并且已彻底逆返感性外感的自然倾向，所以回归后的浑沌、子宫不再是原始昏暗的乌洛波鲁斯，而是既明且暗，方圆双摄的曼荼罗。[33] 他的人格虽然像婴儿，[34] 但这种婴儿已不是初离母体的无知生命。且看老子的夫子自道：

> 众人熙熙，如享太牢，如春登台。我独泊兮，其未兆，如婴儿之未孩；儽儽兮，若无所归。众人皆有余，而我独若遗。我愚人之心也哉！沌沌兮！俗人昭昭，我独昏昏。俗人察察，我独闷闷。淡兮其若海，飂兮若无止。众人皆有以，而我独顽且鄙。我独异于人，而贵食母。(《第二十章》)

“沌沌”的实质内涵，甚至语言本身，都可能来自“浑沌”一词。在这篇如同诗歌的简短韵文中，我们看到他将“未孩之婴儿”的人格状态和“浑沌”“食母”的意象紧密相连。我们看到一位宽厚如同大地的智慧长者，他深入到意识底层，昏昏闷闷，不依理智之光而行。他似无意图（“泊兮其未兆”）、无方向（“无所归”）、无历史（“独若遗”）、无动能（“顽且鄙”），

[33] 参见 E. Neumann, *The Origins and History of Consciousness* (New Jersey: Princeton University Press, 1973), pp.416–418.

[34] 我们不会忘了：胎息一直是后世修炼之士想要达成的目标。

但他却可得大自在，无处不自得，因为他进入了道的母体当中。我们不妨说：《老子·第二十章》是曼荼罗人格的极佳写照。

老子希望自己的意识能像未脱离母体的婴儿一般，紧紧地扎根于无意识的底层，他理想中的政治也是一样。我们都知道老子的理想国是个原始的素朴社会，那是小国寡民、抛弃文明、民至老死不相往来的宁静世界。但这种世界的宁静是不可能长久存在的，它总要发展。依照一般文明理论的设准，社会的分化是必然的，它是历史行程的内在机制。但依照老子本人的价值判断，这样的发展却会带来异化，因为历史背叛了本质，杂多谋杀了原始的浑沌。老子说：此时需要有好的“圣人”出来，驱使异化的政治社会钝化，再退回原点：

> 道常无为而无不为，侯王若能守之，万物将自化。化而欲作，吾将镇之以无名之朴。无名之朴，夫亦将不欲。不欲以静，天下将自正。(《第三十七章》)

> 圣人在天下，歙歙焉，为天下浑其心，百姓皆注其耳目，圣人皆孩之。(《第四十九章》)

老子知道寡民的小国很难真正地维持静止不变，但圣人在社会“化而欲作”时，他要“镇之以无名之朴”，要天下百姓都“浑其心”，使他们回到如同婴儿之年代。依老子思想，政治不是个独立的领域，它要法道。它必须不断地回归到文明尚未起程的黄金岁月，所以百姓要"愚"（不管是自愚，或是"圣人"愚民），知识要"反"（不管是自己绝圣弃智，或是"圣人"为之），甚至连愚民、反智之"圣人"也要自愚、自反。小国境内，上上下下，皆遁入一种若有似幻、历史似断未断的阶段，那是个"婴儿"与"母亲"分而未离、两者的自觉之主体性都尚未明朗化的无区别世界。

回归母体，这是个本体的呼声。老子使用"浑沌—母神"的隐喻，它适用的范围是无限制的。道、意识、政治的解释固然如是，语言、艺术也是如此。[35] 如果老子有机会将一些文化部门显题化，加以讨论的话，笔者相信老子还是会不改其衷，他会再度对着这些部门的人士大声呼吁："归根曰静，静曰复命，复命曰常，知常曰明。"（《第十六章》）

四　永恒回归的创生

"玄牝"是老子思想中的根本喻根，它上通浑沌，下通"母—子"的意象。道带着母性成分，它不断地以"反—返"

[35] 庄子认为理想的语言是"卮言"，这是种浑圆、无定向的言语。他谈论创作时，引用制轮的轮扁、制陶的陶均作为创作人物的典范，这种选择是有意的。参见拙作：《庄子的卮言论》，《儒门内的庄子》，页225—264。老子的语言没有像庄子那般清楚，但他在《老子·第十一章》也运用过陶均与车轮的隐喻，他们的旨趣是相同的。

的循环方式，驱使万物由道之母体生出，最后又回归于道之母体。环绕着“玄牝—母子—浑沌”的核心喻根，我们看到水、溪谷、车轮、橐籥、陶器、大海等意象也都是母性象征的变形。这一连串的象征组成了一个意义互相指涉的玄牝世界，而且，我们看到玄牝这位伟大的女性所体现的循环之道，其施用范围，不仅见于道、意识之开显，我们看到政治、历史、语言的展开，亦依回归循环的方式进行。

老子为什么要使用玄牝的意象？这位伟大的母神到底带给我们什么讯息？玄牝就像各文明初期的大母神一样，她最大的功能就是用以象征生命，她不断地生殖，她是丰饶自身，她连着水、土、树、空气，环构成一个生机洋溢的园地。事实上，自然界凡足以引发生命跃起的元素都与她相关，甚至都是她的变形的象征之化身。

就神话的象征而言，土与水最重要的象征意义也是生命，这两者结合的产物如陶器、溪谷等，其义亦同。神话学者耶律亚德（M. Eliade）分辨这两者象征的生命之差别何在：

> 水孕育万物种子，土也孕育万物种子。但在土中，万物种子成长结实比较迅速。潜能与种子在水中也许要经历多少周期以后，才可贲然成形。但在土中，潜能与种子从来不曾停止活动。土永恒不停地创生，它赋给回归到土中的死寂之物生命与形式。职是之故，水可视为位于每一宇宙周期之始，同时也位于其终；土则是位于每一个体生命

之始及其终。任何事物只有冒出水面后，才能纷纭成形，但一旦历史灾难（如洪水）或宇宙灾难降临，它们仍旧要回归浑沌。任何生命的展现皆因大地丰饶所致，它在土地中出生、成长，有朝一日生机已尽，它会再度回归。……水“先于”任何创造、任何形式，土则“产生”活生生的形式。神话学上水的命运是开展宇宙周期，同时也终结宇宙周期；土则是位于任何生物形式或任何立足于历史位置形式的开端与结尾。[36]

水是生命，土也是生命，差别在前者的周期长，后者的周期短。水土时常并列使用，所以周期孰长孰短，有时真不好讲。《管子·水地》即混合两者，说道：“地者，万物之本原，诸生之根菀也，美恶贤不肖愚俊之所生也。水者，地之血气，如筋脉之通流者也，故曰水具材也。”[37] 管子的解释很清楚，地是首出的，水是它的一部分。两者共生，而且还共同创生，其差别并非在周期之长短。《管子》此篇的内容非常深刻，但篇中的话语却有些语病，如果将首句改为“水与地者，万物之本原，诸生之根菀也”，《水地》一篇的阐释就更周延了。

如果老子使用的这些核心意象都在表达创生之意，那么，我们讨论老子道的性质时，即不宜跳过“创生”的面向不

---

[36] 参见 M. Eliade, *Patterns in Comparative Religion*, p.207。

[37] 王云五等编：《管子》（台北：台湾商务印书馆，1979，四部丛刊初编缩本），卷 14，页 1。本书所引《管子》皆依此本，不一一注明。

谈。相反的，我们该严肃地正面处理。因为我们既然认为“玄牝”是个根本喻根，环绕这些喻根的相关象征又都蕴含“创生”之义，而且，《老子》本文都明言“道生之，德畜之”“天下万物生于有，有生于无”“大道泛兮，其可左右”“无，名天地之始；有，名万物之母”，那么，根据节约原则（law of parsimony），我们似乎没有必要绕道曲折地解释。我们不妨向奥肯（A. M. Okun）借精省之刀，砍掉曲折的解释。面对本文，我们肯定老子所说的道具有创生义，而且，这还是道的第一义。

老子的道到底是纯粹境界型态的？还是实有型态的？这是当代老子学研究一个关键性的问题，也是争执已久的老问题。[38] 牟宗三是炒爆这个议题的关键人物，他所提供的“境界型态说”的理据，据笔者所知，大体仍为支持“境界型态说”的人所采用。

笔者认为牟先生的“道家境界型态说”，乃是他判教思想的副产物。简单地说，他认为西方的形上学大体是思辨型态的，没有工夫作支柱，如果依照康德的形上学检证标准，这些形上学的合法性是有问题的。东方的儒释道形上学是实践的，

[38] 与此相关的最新文章是刘笑敢的《关于老子之道的新解释与新诠释》以及袁保新《再论老子之道的义理定位》，两文参见《中国文哲研究通讯》，第7卷2期（1997），页1—40、页145—159。袁教授的论点与拙作间有异同，但我们大概都同意：中国的气化宇宙论与西洋外在论的宇宙论不同，其内涵则有待更进一步的澄清。

或是体验的，因为他们都肯定人有智的直觉可以契入道体。然而，同样主体的、纵贯的形上学型态，佛教因为缘起性空的基本规定，它不能肯定一种创造的实体或本心——即使如来藏心系统的天台、华严、禅宗也不行。儒家则是纵贯纵讲，客观面与主观面兼备，三教之中，最是大中至正。

道家呢？道家最麻烦。牟先生将“道家”思想视为一种同质性的系统，系统内的各种思想因素虽然不见得充分地展现在此系统的思想家身上，但“本质上”来讲，它是早就潜伏的——牟先生判教儒、佛，大概亦同此预设。依据这种非发展性的学派自我同一之预设，牟先生认定：老子的“道”看起来虽有创生的涵义，但从老子发展到庄子，我们看到后者虽也谈体道，比如心斋、坐忘、丧我云云，但内七篇绝少提到客观的道体。这种去实体化、去客观化、内在境界化的倾向演变到了魏晋的王弼、郭象，其特征更是明显。牟先生解释道家的“道”的性格如下：“它是永远停在主观之用，而永不能实体地建立其自己，挺立其自己，客观化其自己之境，亦而永远是偏面的主观状态之主体。”[39] 可以预期的，在可以反映全体的单子式心灵之照耀下，道之生变成了“不生之生”（王弼），道与物的关系变成了“自造独化”（郭象）。实体的道不见了，道家的自由精神就彻底显现了。哲学史上老庄的造诣与地位当然高于王弼、郭象，但依牟先生的判教，道家思想事实上演变到魏

[39] 牟宗三：《才性与玄理》（台北：台湾学生书局，1975），页 375。

晋，其核心义才揭露出来。

牟先生的判教理路严谨，而且有个客观的系统作参照。但我们如果不接受“老—庄—魏晋玄学家”是种同一本质由隐至显的发展，我们未尝不可作另外的考量。“老—庄—魏晋玄学家”并列，尤其是老庄并列，当然其来有自。但我们不宜忘了：老庄并列，此词语可取其“同”义，也可以取其“异”义。事实上，先秦典籍似乎无一本书将两者并列为道家中人，我们看到《庄子·天下》《荀子·非十二子》等重要学术史篇章，它们都是将老庄分列，视为各别独立的思想家。道家之所以成为一个系统，恐怕是秦汉以后史家反省前代学术、整理归纳所得之事。先秦时期，老自老，庄自庄，两者关系密切，但庄之于老不像孟、荀之于孔，庄子除了接受老子思想外，他的思想恐另有源头。[40] 反过来讲，老子思想的定位最好还是诉诸《老子》本文，老子与庄子或与魏晋玄学的同一化，其间的得失固不易言。

我们如果将王弼的“不生之生”还给王弼，郭象的“自造独化”还给郭象，回过头来看老子，我们认为《老子》一书中论道的语言，不管是直接叙述或是运用譬喻、象征，它们都明确地表达了创生之义，道是客观的实有。《中庸》《易传》论“道”，它们既重视客观面之创生，又重主体之体证、证体，主

---

[40] 参见张亨：《庄子哲学与神话思想——道家思想溯源》，《思文之际论集：儒道思想的现代诠释》，页 101—149；拙作：《升天、变形与不惧水火：论庄子思想中与原始宗教相关的三个主题》，收入本书第柒章。

客双向相合，其合法性才得建立。老子亦重体道——他当是最早明确地建立“逆”“复”“返”路线的思想家，体证至极，他亦可证成道体。如果说他对证成道体此境界上的理解是纯粹的境界型态，那么，他何以要用这些“生”字语感极强的字汇？他论道的“客观面”“实体性”之强，远超过明代大多数的理学家（包括王阳明）。如果“良知”为“乾坤万有基”，其客观义在诠释学层次上无误的话，老子的“道”之客观面似乎更无需怀疑——因为不管就语义层或就体系层来看，《老子》本文提供了更丰富而一致的叙述。事实上，大部分的《老子》研究者也都承认《老子》的道具有创生义或客观义。

比较是最容易突显问题的，底下，我们不妨将“道生之”，“天下万物生于有，有生于无”诸句和郭象下列语句对照看看：

> 无既无矣，则不能生有；有之未生，又不能为生。然则生生者谁哉？块然而自生耳。自生耳，非我生也。我既不能生物，物亦不能生我，则我自然矣。自己而然，则谓之天然。天然耳，非为也，故以天言之。［以天言之］所以明其自然也，岂苍苍之谓哉！而或者谓天籁役物使从己也。夫天且不能自有，况能有物哉！故天者，万物之总名也，莫适为天，谁主役物乎？故物各自生而无所出焉，此天道也。[41]

[41] 郭庆藩辑：《庄子集释》，页50。

“道生之”与“物自生”，其间的差异悬殊，非常地显著。老子的“道生之”就像郭象的“物自生”一样，不管就文献的观点，或就思想体系的观点，其说皆持之有故。老子追求一种超越的本根性，郭象则要拔掉此本根，让万物现象论自生自化。

再换个角度看，我们为什么一定要将老子学的系谱从老子直接连到王弼、郭象呢？比如说：我们为什么不连结“老子—文子”呢？文子论“道”曰：

> 老子曰：“有物混成，先天地生，惟象无形，窈窈冥冥，寂寥淡漠，不闻其声，吾强为之名，字之曰道”。夫道者，高不可极，深不可测，苞裹天地，禀受无形，原流泏泏，冲而不盈，浊以静之徐清，施之无穷，无所朝夕，表之不盈一握，约而能张，幽而能明，柔而能刚，含阴吐阳，而章三光；山以之高，渊以之深，兽以之走，鸟以之飞，麟以之游，凤以之翔，星历以之行；以亡取存，以卑取尊，以退取先。[42]

笔者所以引用这段文字，乃因这段文字明确地说出对《老子》的“道”之阐释。引文的文字虽与现行的《老子》版本

[42] 李定生、徐慧君校注：《文子要诠》（上海：复旦大学出版社，1988），页 30—31。本书以下《文子》引文，皆依此本，不一一注明。

文字有些出入，但无疑地，它改写自第《第二十五章》此篇名文。何况，此篇又是《文子》一书之首章《道原》之开宗明义篇，它的重要性不言可喻。文子据说是老子的弟子，[43]《文子》这本书的“真伪”，虽曾被人指指点点，但自 1973 年河北定县出土《文子》残篇后，此书之“真伪”已不当像以前那种论法。[44] 不管怎么说，《文子》一书很明显地是在发挥老子的学说。文子论“道”，它既有境界型态，亦有客观型态，它能生成，又是亘古自如。文子的“道”充满了实体的性格，颇有秦汉道家的身影，但这些观念被认为是从老子那边来的，我们也没有理由怀疑文子不是“接着”老子的话讲的。

文子这种解释是否为孤例呢？绝非如此。我们且看最早的注家，也是先秦时期直接以《解老》名篇的作品怎么说：

> 道者，万物之所然也，万理之所稽也。理者，成物之文也；道者，万物之所以成也。故曰：“道，理之者

---

[43]《文子》九篇，班固注云“老子弟子，与孔子并时。而称周平王问，似依托者也”，参见《汉书·艺文志》（台北：鼎文书局，1978），卷 30，总页 1729。

[44] 关于《文子》的真伪，参见以下诸文。徐慧君、李定生：《论文子》，《文子要诠》，页 1—11。江世荣：《先秦道家言论集、〈老子〉古注之一——〈文子〉述略》，《文史》，第 18 辑（1983），页 247—259。西川靖二：《“文子”略攷》，《东方宗教》，第 61 辑（1983），页 49—64。李定生：《〈文子〉非伪书考》，《道家文化研究》，第 5 辑（1994），页 462—473。李学勤：《试论八角廊简〈文子〉》《〈老子〉与八角廊简〈文子〉》，两文收入《古文献丛论》（上海：远东出版社，1996），页 146—154、155—161。

> 也。”……稽万物之理，故不得不化；不得不化，故无常操；无常操，是以死生气禀焉，万智斟酌焉，万事废兴焉。天得之以高，地得之以藏，维斗得之以成其威，日月得之以恒其光，五常得之以常其位，列星得之以端其行，四时得之以御其变气……而功成天地，和化雷霆，宇内之物，恃之以成。[45]

韩非子在“道”与“物”之间加上了中介的“理”，在他看来，道不是虚无缥缈的东西。相反的，它是万物分化成形的依据。韩非子用“理”定位“道”，这个解释无疑地是新的诠释，它增添了老学的内容。[46] 但韩非子释“道”，它的客观性是很明显的，这个“客观性”却不是韩非子添加的，他只是申论老子的话而已。境界型态的道要“功成天地，和化雷霆，宇内之物，恃之以成”，恐怕不太容易，此问题无庸再论。

由于老子论道，就字义直接解释，它很明显地具有客观义，所以后世注家如果将“道”往创生义解，这种结果应该是可以预期的。事实正是如此，释道为客观实体者，不只文子、韩非等人而已，汉代道家著作如《淮南子》、汉代以下注家如严遵、河上公、成玄英、李荣等人，无一不这样解释。更值得

[45] 陈奇猷：《韩非子集释》（台北：河洛图书出版社，1974），页 365。本书所引《韩非子》皆依此本，不一一注明。

[46] 参见陈荣捷编著，拙译：《中国哲学文献选编》（台北：巨流图书公司，1993），页 351。

注意的是：连严分儒佛最力的程颐、朱子都主张老子的玄牝之道甚妙，具有生生之意。“生生”是理学的核心观念，理学家竟然认为此概念“有取”于老子，这当中的涵义不言可喻。[47]王弼是位天才的哲学家，他的本体论的转折终结了汉儒气化宇宙论的气焰，[48]就哲学创造而言，他确实给老子的道增添了新的解释。但就注释的忠实程度考量，他的老子注与其他人士的解释，其长短得失，或许仍待商量。

笔者认为老子的道有创生义，这个提法既符合语义的解释，也与老子的整体思想一致，在诠释史上也颇多先行者，此一假说应当是不成问题的。既然老子的“道”不是摆客观型的“姿态”，[49]也不可化约为单子论的主观体证的境界语汇。笔者

[47] 《朱子语类》记载朱子答门生话语云：“谷之虚也，声达焉，则响应之，乃神化之自然也。‘是谓玄牝’。玄，妙也；牝，是有所受而能生物者也。至妙之理，有生生之意焉，程子所以取老氏之说也。”黎靖德编，王星贤点校：《朱子语类》（北京：中华书局，1986），卷125，册8，页2995。关于老子玄牝之道的解释及此说与理学的关系，参见陈荣捷：《朱子评老子与论其与“生生”观念之关系》，《朱学论集》（台北：台湾学生书局，1982），页99—121。儒门中人释老子之道具生生之意者绝不止于程朱两人，吴澄《道德真经注》始终就是这样解释。

[48] 参见汤用彤：《魏晋玄学论稿》（台北：庐山出版社，1972），页76—93。

[49] 《老子》书中的“道”有实体性、客观性、实现性，因此，它似可为一积极而建构之形上学，牟宗三先生同意表面上有此可能，但其实这只是“姿态”。既然是“姿态”，实质上当然就不是这么回事，庄子、王弼、郭象就将它拆穿了。牟先生对老子的判教始终一致，但《才性与玄理》书中，他用了许多“似乎”字眼，这是很慎重的用法。牟先生论点参见《才性与玄理》，页177—180。

认为：老子的道如果需要特别注意，焦点不在它的主、客观型态的问题，而是它的客观型态之创生有何特色？我们如何划清它与《中庸》《易传》形上学之界线？

老子的“玄牝”喻根给我们很大的启示。老子和《中庸》《易传》的形上学颇有近似之处，但两者不管在内容或文字风格上，都有相当大的歧异，这也是很清楚的。我们看到儒家形上学一再强调道体带着气化的历程，直生、广生、翕辟不断。而且道体还下贯到万物，成为贞定个体的性命原则。“永恒创生的气化历程”及“万物之性上承天道而生生不已”，这两点是儒家形上学极显著的特征，但却是《老子》一书的苍白，如果不是空白的话，至少也是相当忽视。因为《老子》的道不是动能的，它与万物的关系不是永恒前进的直生、广生，恰好相反，它是“永恒的回归”。道就像神话中的大母神一样，她创造万物，但又没有赋予万物自主性，她老是担忧万物离她太远以后，会丧失掉它们的“本根”。所以她不断向万物呼吁：其出弥远，其知弥少，赶快回归。简言之，“道—玄牝”同时具备了“吐出”与“消纳”两种功能。万物对着她，永远有种原始的依恋（primary narcissus）。万物是无法彻底地自母体中分离的，因为母体之道没有落实到它们身上成为创造的内在法则。

老子“永恒回归”的创生模式反映在“反—返”的自然律则，反映在“致虚、守静、不使气”的工夫论，反映在政治领域的“小国寡民”之原始生命共同体，反映在历史领域的文明历程即异化历程，反映在“卮言—无言”的理论，反映在一切的文化领域。模式是普遍的，因为“玄牝”是基本的喻根，她“吐出万物，消纳万物”的性格始终一致。老子说“道—物”的关系就像“母—子”的关系一样，但这种母子是永恒的片面的依存，她的“子”永远无法长大成熟，她的“民”永远无法成为政治的主体，她创生的“人”永远无法下真正的历史判断，她创生的“物”永远处于存在与本质同一的“自然”状态。玄牝深不可测，她无限地流出能量，但她又具有致命的吸引力，她不会让“个体”和她断了线。当这些“个体”刚要形成反思的判断时，玄牝已命定地要召回它们，浑之沌之，使个体再入母体，使它们再度回到她丰饶的怀抱或子宫里。

叁　道家的原始乐园思想[1]

“原始乐园”是普遍见于许多文明的神话主题，在许多民族的神圣经典的开天辟地章或万物起源章，总会有“美好往日”的追述：当时宇宙太和，万物祥煦，人含中气，年寿无疆。其后，人因故犯了宇宙或神的戒律，一切都改变了。人走入了历史，天地分裂，灾难相生，一切不幸接踵而来。乐园既已失去，人唯有透过各种的努力，祈求逆返时间之流，重得太初和谐。乐园好像都要预设着原始，只有原始才有乐园。

两汉史家归纳出来的道家思想是公元前500年左右轴心时代形成的哲学思潮，其时的华夏社会距离所谓的原始时代已远，迤逦至战国时代，战争的规模与残酷更是空前地巨大与惨烈。道家诸子使用的哲学术语不是神话式的联想，而是已具有高度的思辨性质。然而，神话主题是否在他们的著作中即已蒸发殆尽，毫无作用？笔者不认为如此，恰恰好相反，由于“原始乐园”常被安置于历史时空之外，它与现实形成强烈的反差

[1]《道家的原始乐园思想》原稿收入李亦园、王秋桂主编：《中国神话与传说学术研讨会论文集》（台北：汉学研究中心，1996），册上，页125—170。

图 3-1
原始乐园的体验和幻游有关，“羽人骑神兽”是战国、汉代铜镜、玉器、画像石中常见的题材，人与兽皆带羽毛，《山海经》也有羽民国。羽人、飞天神兽这些概念皆植根于萨满教文化，显示其时人对他界乐园的渴望。

效果，所以道家诸子表达理念中的人之秩序，或对现实政治有所批判之时，即很容易用到“原始乐园”的主题。由于“原始乐园”的主题常会遇到神话思维的主体，所以这个文化理念与道家的心性论、形上学之间，遂有秘径之旁通，“原始乐园”提供我们一条值得细思的线索。

一　至德之世：历史或是神话？

一讲到先秦诸子与神话的关系，最容易联想到的人物非庄子莫属。在“原始乐园”这个神话母题上，情况也是如此。庄子活的时代不是个令人愉快的岁月，据说那是个“争地以战，杀人盈野；争城以战，杀人盈城”（《孟子·离娄上》）的武力对决时代；那也是一个规范体系颠倒的荒谬时代：道德成了非道德，文明成了野蛮，伦理成了压迫，价值成了虚伪。我们都听说：庄子在这样的残酷现实压力下，开始缅怀一个原始的“至德之世”，在这样的时代里，人民的生活像“野鹿”，不知仁义忠信。世界仍是自然的，文明尚未介入。庄子说及此时的人与自然的关系极为和谐。他说道:“禽兽可系羁而游，鸟鹊之巢可攀援而窥。夫至德之世，同与禽兽居，族与万物并。”(《庄子·马蹄》)这就是所谓的“至德之世”。“至德之世”的人处在一种人性尚未分化、纯粹在其自体的境界，就是所谓的“素朴”状态。孔子说:鸟兽不可与同群，这是种无所逃于天地间的事实。但“至德之世”的人却是与禽兽同群、同游，两者浑然无别。“至德之世”是庄子政治思想中的理想世界，“素朴”是它的真实内涵。我们如用“素朴”翻译思想史上常见的“primitivism”一词，这样的选择似乎颇为恰当。学者大体同意庄子的政治思想确实具有浓厚的复古倾向，而且，他所复的古是一个文明尚未启动前的素朴世界，是世人尚未与自然分离、主体意识仍融于自然韵律的时代。

庄子具有复古思想，这是个事实。既是复古，因此，如说他有“退化”思想，或是个“懒惰的哲学家”，[2]也未尝不可。然而，庄子为什么这么着迷于“退化”?而且，一个原始的、尚未被文明污染过的世界，为什么就是“至德之世”?如果“道”只能存在于人类历史的源头，或存在于前历史的年代，那么，逝者如斯，永不再来，一种与当下搭不上边的“道”还有什么好追求的?

学者如说庄子的思想有“复古”或“素朴主义”的向度，

[2] 此语自罗兰·巴特的“懒惰哲学”引申而来。罗兰·巴特(Roland Barthes)著，刘森尧译:《我们敢于懒惰》，《罗兰·巴特访谈录》(台北:桂冠图书公司，2004)，页431—440。

这是有足够的文献作佐证的。问题是庄子的“复古”或“素朴”云云，是否当被视为史学或政治学的范畴下的概念？或是当放在神话学或庄子哲学底下定位？我们上面引文的话语或许还有些像“历史阶段”的叙述，因此，容易让人联想以逍遥为旨归的庄子，内心里竟然仍怀着这股不切实际的乡愁，他似乎是遥远的东方另一位卢梭。但是，“是故禽兽可系羁而游，鸟鹊之巢可攀援而窥。夫至德之世，同与禽兽居，族与万物并”，这样的语言难道真是历史、社会层次的论述吗？

“人与禽兽同为神圣家族之成员”此义在道家典籍绝非罕见，我们且再举《列子·黄帝》的一段记载为例。列子说在宇宙洪荒的年代，黄帝与炎帝曾大战于阪泉，这场战役的规模极大，黄帝亲自率领飞禽走兽助阵。列子说道其事如下：“黄帝与炎帝战于阪泉之野，帅熊、罴、狼、豹、貙、虎为前驱，雕、鹖、鹰、鸢为旗帜。”为什么熊、罴、雕、鹖会接受差遣？列子认为这样的质疑是不必要的，因为神圣帝王的神圣性格是无远弗届的，他备知万物情态，悉解异类音声。人与禽兽有别，这是生物学的差异，从许多正统哲学家的眼光看来，这种生物学的差异还是本体论的差异。然而太古神圣之人可以化及禽兽虫蛾，他绝不是在做上帝才能做的事，而是他活在美好的“黄金岁月”。人与鸟兽和好交通，这是传说中的乐园的一大特征，当时的人或懂鸟兽的语言，或从鸟兽那边得到文明的讯息，或将鸟兽当作神秘远游的助灵（helping spirits），或视鸟兽为自己的分身（alter ego）。人与鸟兽之关系，绝不下于人与人之关系，因为大家很可能是同一家族的成员。[3] 只可惜人与禽兽之全面和解维持不了多久，即告瓦解，因为“历史—文明”介入了，黄金岁月只存在于前历史的传说阶段。

庄子、列子好滑稽，其言多荒唐，“不可与庄语”。因此，历史与前历史的传说之别对他们说来也许没有多大的意义，他们或许也不是将真假之别定位在“时间历程是否发生过某事件”上面。然而，庄子、列子这种“原始乐园”的主题也出现在梦境中，这种非历史的叙述一再出现，此事颇值得注意。我们不妨看看下面这段有名的理想国度之论述：

> （黄帝）昼寝而梦，游华胥氏之国。华胥氏之国在弇州之西，台州之北，不知斯齐国几千万里；盖非舟车足力之所及，神游而已。其国无师长，自然而已。其民无嗜欲，自然而已。不知乐生，不知恶死，故无夭殇；不知亲己，不知疏物，故无爱憎；不知背逆，不知向顺，故无利害；都无所爱惜，都无所畏忌。入水不溺，入火不热。斫挞无伤痛，指擿无痟痒。乘空如履实，寝虚若处床。云雾不硋其视，雷霆不乱其听，美恶不滑其心，山谷不踬其步，神行而已。[4]

---

[3] 参见 M. Eliade, *Shamanism: Archaic Techniques of Ecstasy* (New Jersey: Princeton University Press, 1972), pp.88–99；张光直：《商周神话与美术中所见人与动物关系之演变》及《商周青铜器上的动物纹样》，两文皆收入《中国青铜时代》，页 327—354、355—387。

[4] 杨伯峻撰：《列子集释》，卷 2，页 41—42。

澳洲土人的世界是上帝在梦中创造的，中国道家的理想世界也常是在梦中被创造出来的。唐人小说中的黄粱一梦、槐阴之梦，其梦中皆体现了红尘俗人所欲求的美满世界。庄子蝴蝶一梦，此梦也生花妙笔地体现了如梦似幻的物化世界。上述的华胥国乐园也见之于梦境，它没有牵涉历史的向度。华胥国的人“入水不溺，入火不热。斫挞无伤痛，指擿无痟痒。乘空如履实，寝虚若处床”，此段出于《列子·黄帝》的语言在《庄子》书中叙述至人境界亦可见到，这些描述是标准的巫教语言，它们用以形容某种代表“神圣”的人格。[5] 道家看梦，不一定看成颠倒妄想，不一定看成压抑的欲望之补偿性表现，道家诸子往往假借梦境映照出一层更高的真实。

梦境是理性意识的缺乏，理性消失与乐园兴起在梦境中同时发生。相对于理性缺乏的梦境，“迷途”则可视为理性意识的失职，“迷途”也是世人和理想乐园相会的一个途径。听说夏禹治水时，有一次迷途了，他不知不觉中走到“距齐州几千万里”的一个国度，此国度名曰终北国。终北国的地理相当奇特，我们且看底下这则记载：

> 当国之中有山，山名壶领，状若甔甀。顶有口，状若员环，名曰滋穴。有水涌出，名曰神瀵，臭过兰椒，味过醪

[5] 参见本书第柒章《升天、变形与不惧水火：论庄子思想中与原始宗教相关的三个主题》。

醴，一源分为四埒，注于山下。经营一国，亡不悉遍。土气和，亡札厉。人性婉而从物，不竞不争。柔心而弱骨，不骄不忌，长幼侪居，不君不臣；男女杂游，不媒不聘；缘水而居，不耕不稼；土气温适，不织不衣；百年而死，不夭不病。其民孳阜亡数，有喜乐，亡衰老哀苦，其俗好声，相携而迭谣，终日不辍音。饥惓则饮神瀵，力志和平。过则醉，经旬乃醒。沐浴神瀵，肤色脂泽，香气经旬乃歇。[6]

后来周穆王北游，还特别到达此国度，三年忘归。等他终于回国后，对此神秘国度仍念念不忘。

表面看来，终北国的问题牵涉具体的历史与空间，禹与周穆王这两位著名君主皆曾到此一游。而且终北国其地虽然遥远，但我们至少笼统地知道它“不知距齐州几千万里”。然而，终北国乐土的时空毕竟是虚假的时空，莅临此地的明君也只能视为幻构的标签人物。我们都知道：禹与周穆王原来即是历史性格极浅、神话色彩极强的“历史人物”。而终北国的地理景观终究只能是种象征意义的坐标。“壶领”之“壶”当从葫芦的象征而来，[7]“壶领”与员环之“滋穴”可说是浑沌神话之变形。而要达到终北国，须“迷而失涂，谬之一国”，更显示其国一如武陵人之于桃花源，它也是一种与现实时空隔离的异质

[6] 杨伯峻撰：《列子集释》，卷 5，页 163—164。
[7] 参见刘尧汉：《论中华葫芦文化》，《民间文学论坛》，第 3 期（1987），页 9—14。

时空。六朝唐宋的笔记小说中一再记载因迷途而入仙境见仙人的内容，问津者只有在真实的物理时空中迷途了，他才可能在更真实的另类世界中找到人生的旨归。

道家的“至德之世”“古之人之世”的记载频频出现于民谭、古代传说及梦境的叙述中，无疑地，这样的概念根本不属于历史，它只能来自于神话的乐园主题。谈及神话的乐园主题，我们还可以将“至德之世”与战国时期最著名的两则乐园叙述对照而观。这两个乐园乃是坐落于遥远西方的“昆仑山”与坐落于同样遥远的东方的“姑射山”。昆仑山在战国时期声势相当显赫，此山当然不是今日地理学意义下的那座西北大山，而是神话学意义下的宇宙大山。据说周穆王曾驾神驹，西游昆仑山，并与西王母见面，《列子·周穆王》与《穆天子传》皆曾详细铺陈其过程。后羿为了替他美丽的妻子嫦娥求仙药，曾上此山；《庄子》一书也都提到黄帝与昆仑的故事。周穆王与后羿为什么要到昆仑山去？我们且看《山海经·海内西经》对此山的叙述：

> 海内昆仑之虚，在西北，帝之下都。昆仑之虚，方八百里，高万仞。上有木禾，长五寻，大五围。面有九井，以玉为槛。面有九门，门有开明兽守之，百神之所在。在八隅之岩，赤水之际，非仁羿莫能上冈之岩。[8]

---

[8] 袁珂校注：《山海经校注》，页294。

昆仑山是黄帝的下都，[9]战国时期最著名的宇宙山。晚周两汉之间有关此山的记载极多，其词率多凌空曼衍，越演越幻，[10]其象征意义我们下文还会讨论。但其景象是一乐园，此事绝无可疑。因为乐园是人类希望的投影，是此世苦难的彼界对照，只有在原始乐园中，才有玉树、长生不老之树、生命之泉、天下美味等等，这些正是人世所匮乏的，其存在是异化的产物。

昆仑山主题在《庄子》书中亦可见到，但《庄子》书中最有名的乐园当是海外的岛屿姑射山。[11]姑射仙子是《庄子》一书中极飘渺而动人的人物意象，她（或是他）是两千多年来华夏士子可望而不可及的永恒对象。《列子》一书亦曾描述此岛屿道：

> 列姑射山在海河洲中，山上有神人焉，吸风饮露，不食五谷；心如渊泉，形如处女；不偎不爱，仙圣为之臣；不畏不怒，愿悫为之使；不施不惠，而物自足；不聚不敛，而己无愆。阴阳常调，日月常明，四时常若，风雨常均，字育常时，年谷常丰；而土无札伤，人无夭恶，物无

[9]《西次三经》亦云：“昆仑之丘，实惟帝之下都。”此“帝”为上帝，亦即黄帝。参见袁珂，前揭书，页48、294—295。

[10] 参见小川琢治：《支那历史地理研究》（东京：弘文堂，1928），页239—272；苏雪林：《屈赋论丛》，页575—685。

[11] 顾颉刚主张昆仑山与姑射山可代表战国时期东西两系的神话，此可略备一说。参见顾颉刚：《〈庄子〉和〈楚辞〉中昆仑和蓬莱两个神话系统的融合》，收入朱东润等主编：《中华文史论丛》（上海：上海古籍出版社，1979），第2辑（总第10辑），页31—57。

疵厉，鬼无灵响焉。[12]

《列子》这段话和《庄子·逍遥游》所述大体雷同，但它更强调“阴阳常调，日月常明，四时常若，风雨常均……物无疵厉，鬼无灵响焉”。原始乐园中不但人文世界秩序井然，自然界与超自然界也配合宇宙的神秘力量，一体同春，共奏太和之曲。

“原始乐园”顾名思义，其景当以“园”为主。但是，山与岛屿也是常见的乐园地区。[13] 道家的宇宙山除昆仑山外，空同山与泰山也有资格，它们同是道的象征，同具神圣与神秘的讯息。姑射山则是道家有名的海角乐园，《庄子》《列子》《山海经》诸书都述及此地，可见此说在战国时期流传之广。除了姑射山之外，我们当然马上联想到海上神山的岱舆、员峤、方壶、瀛洲、蓬莱，“其上台观皆金玉，其上禽兽皆纯缟。珠玕之树皆丛生，华实皆有滋味，食之皆不老不死。所居之人皆仙圣之种，一日一夕飞相往来者，不可数焉”。[14] 试比较遥远时代——历史之前的“至德之世”与遥远空间地理之外的宇宙山与仙岛，我们发现两者的内容极为接近。乐园和时空真是难以

[12] 杨伯峻撰：《列子集释》，卷 2，页 44—45。

[13] 山岳与海岛也是乐园常见的所在地，通俗文化流行的“南海乐园”“海角一乐园”“香格里拉”皆涵此义，参见 H. B. Partin, “*Paradise*” in M. Eliade ed., *Encyclopedia of Religion* (New York: Macmillan, 1987), vol.11, p.188.

[14] 杨伯峻撰：《列子集释》，卷 5，页 152。

并容，它如不是在历史之先，要不就是在历史之后，要不然就是在地理空间之外。

神话是幻构，但也是另一种真实，是种比一般物理世界的真实还要真实的叙事结构，然而，“时空之外的存在”的乐园是不会长久存在的。我们不宜忘记：原始乐园所以令人向往，乃因有当今这种苦难的俗世作对照。而乐园所以会一变而为俗世，这当中一定有个演变的过程。庄子在《缮性》篇中提及上古之世“阴阳和静，鬼神不扰，四时得节，万物不伤，群生不夭”。等到进入“道德—文明”的历史阶段，一切就不对了。庄子在上述引文下，复引申发挥道：燧人、伏羲始为天下，这是“德下衰”；神农、黄帝始为天下，这是“德又下衰”；等到唐虞始为天下，事情愈发糜烂到不可收拾了。

简言之，文明的过程也就是腐败的过程，至于“德”何以会“下衰”，庄子没有在此说明，但在其他的章节里，我们看到他似乎将祸因归于统治者的个人因素。统治者越是大有为，越偏离了自然，他越会给人间带来祸害，这样的观念在道家传统中是屡见不鲜的。而随着“历史腐败、人性异化、乐园消失”而来的，乃是人文、自然与超自然三界同时受害，这样的观点也是时常见到的。

乐园消逝，竟然会波及自然界与超自然界，此事或许不合史实，但却符合神话事件的逻辑。《庄子·天运》曾说三皇之治“上悖日月之明，下睽山川之精，中堕四时之施”，政治人物不但可以威胁人民，他居然还可以威胁自然的法则，这样的语言悖理违情，但违背常理的语言在神话事件中并非异常的语言。在有名的黄帝到空同山向广成子学道的传说里，有段话即提到广成子曾责备黄帝道："自而治天下，云气不待族而雨，草木不待黄而落，日月之光益以荒矣。"（《庄子·在宥》）云雨、草木、日月居然都与政治有关，统治者的无德居然会影响到大自然的运行，这种推论似乎太远了一点。在同一段叙述里，我们不会忽略黄帝说"吾欲取天地之精，以佐五谷，以养民人，吾又欲官阴阳，以遂群生"，这样的话语也未尝不是跨过界了，天子的管辖权居然延伸到了阴阳精气的领域！然而，我们如从神话的角度考量此事，则知黄帝与广成子都是现量而谈，句句如实，毫无泛滥之处。在神话的世界里，自然与超自然原本没有分别。

庄子将乐园的消逝、历史的逐步腐化归到人君的有为，这当然是理性化的解释了。然而，我们如就叙事的结构来看，庄子这种解释其实还是有"乐园—失乐园"神话主题的胚胎在内的。庄子雅好传说、神话、荒唐之言，他似乎不可能没听说过下面这则"绝地天通"神话：

> 若古有训，蚩尤惟始作乱，延及于平民；罔不寇贼，鸱义奸宄，夺攘矫虔。苗民弗用灵，制以刑，惟作五虐之刑曰法，杀戮无辜。爰始淫为劓、刵、椓、黥，越兹丽刑并制，罔差有辞。民兴胥渐，泯泯棼棼，罔中于信，以覆诅盟。虐威庶戮，方告无辜于上。上帝监民，罔有馨香

> 德，刑发闻惟腥。皇帝哀矜庶戮之不辜，报虐以威，遏绝苗民，无世在下。乃命重黎，绝地天通，罔有降格。[15]

不知经过多悠久的年代之后，楚国的昭王有一天忽然向著名的大臣观射父问及重黎绝地天通之事，可见这个传说当时传播甚广。

人的堕落（失落）、绝地天通与乐园的消失是三个意义紧密相关的主题，不，或许我们该说：它们是同一个主题的三个发展阶段。[16]《尚书·吕刑》所说的“上帝”，论者认为很可能就是颛顼，[17] 颛顼相传为楚人之祖。而蚩尤的故事原本即流行

---

[15] 王云五等编：《尚书》（台北：台湾商务印书馆，1965，四部丛刊初编缩本），卷 12，页 83—84。本书所引《尚书》皆依此本，不一一注明。

[16] “绝地天通”是流传世界的普遍性神话，这些神话大体描述早期乐园时期，神和人可以通过宇宙山、宇宙树等等“中”的管道，彼此上下来往，下民可以各取所需，远离自然及超自然之祸害。后来因为人犯了戒律，天地从此分割，人再也回不去那“原初时间”的乐园。耶律亚德的著作，拙译《宇宙与历史：永恒回归的神话》及 *Shamanism*（前揭书）翻来覆去谈及此事及“中”“升天”的意义。波德（D. Bodde）著，程蔷译《中国的古代神话》，收入中国民间文艺研究会上海分会编《民间文艺集刊》，第 2 集（上海：上海文艺出版社，1982，页 267—300），已将中国绝地天通神话与其他民族的传说，还有耶律亚德的解释作一对比。

[17] 《山海经·大荒西经》亦云：“颛顼生老童，老童生重及黎，帝令重献上天，令黎邛下地，下地是生噎，处于西极，以行日月星辰之行次。”此段所述与《尚书·吕刑》及《国语·楚语》所言当是同一事件，但绝地天通的原因不见了。袁珂校注：《山海经校注》，页 402。然而，《尚书·吕刑》及《国语·楚语》都言及蚩尤与绝地天通的关系，“上帝”如果指向黄帝，恐怕也讲得通，兹不赘述。

于中国南方，楚巫的原乡。天地为什么不能相通？人为什么不能活在原始圆融的世界里？庄子在心性论上、政治论上皆有解释，但很奇怪的，“绝地天通”的神话竟没有被他明显地采用。但试比较蚩尤犯错与人君犯错的过程，我们发现：同样一位代表性人物犯错了，全体子民及后代子孙都要受到拖累，而且其犯错都会引来人文、自然及超自然的大绝裂。笔者认为庄子的历史腐化说乃是绝地天通神话母题的改写。

道家文献论“美好的古代及日益颓败的历史”之文句相当多，我们不需要在此一一援引了。根据上文所述，我们不难发现庄子这些语言来自于神话的源头，它的内容则显现了底下这样的结构：

（一）人类的黄金时代是在没有历史意识的上古时代。

（二）那样的上古时代是完整的整体，天地人神一体同春，人文、自然、超自然互摄互入，自然界的动物、植物、人类也和好如初，宇宙是个“有机的连续体”。

（三）上古时代的万物都可以复性，亦即得到神界或超越界才可以得到的本质。此时的万物通常可以超越物理、生理、生物法则的限制。

（四）上古时代虽万物平等，但通常有一代表“道”或体现“道”的天子以无为的方式，浑化百姓意识，并使全体宇宙如如运行。

（五）随着时代日降，人性日坏，原始的乐园自此从地平线消失。政治人物的首务，乃在逆反时间的单向运行向度，让宇宙逆溯，重得和谐。

二 古圣王的圆中象征

上述的五点特征所具备的“历史”性格实在相当薄弱，乐园神话的母题则皎然可见。早在20世纪初期，法国汉学家马伯乐（H. Maspéro）已提到中国学者爱用“爱凡麦主义”（Evhemere）的方式，他们排除掉一些奇异可怪之论，只保留了朴素的因素，神与英雄从此变为圣王、贤相，传说变为历史。他特别举“重黎绝地天通”的论述加以分析，最后下结论道：“这是个纯粹的神话故事，而在古代的爱凡麦主义的趋势之下，从很古的时候起，史官们已想法使之变为历史的传说。”[18]

“爱凡麦主义”当然不仅是中国文明的特色，这个词语的出现即显示东方与西方，此心同，此理同。马伯乐这种观点可以挑毛病的地方不多，但“爱凡麦主义”如何产生，此事似乎可以更落实下来讲。20世纪同时期的另一本类似著作即回应了马伯乐的观点，此书说道：

> 我们可以相信当神话尚在民间口头活着的时候，一定有许多人采之入书，历史家采入了历史，那是无疑的；而

[18] 马伯乐（H. Maspéro）著，冯沅君译：《尚书中的神话》，《书经中的神话》（北平：国立北平研究院史学研究会，1939），页52。

> 且也是中国神话最初被采录。历史家以前有没有祭神的巫祝，弦歌的诗人，曾和神话发生关系，那也是不可考了。我们现在只知直到战国——那时离神话时代至少有三千年——方才有两种人把当时尚活在民间口头的神话摭采了一些去。这两种人一是哲学家，二是文学家。[19]

哲学家采纳神话主题，就中国哲学而言，最多的当是道家的庄子与列子。他们的著作流传至今者，完全像《山海经》的虽然不多，[20] 但庄、列显然曾有意识地采编神话主题入书。“上古史等于神话”这样的语言几已变成神话学领域的老生常谈，我们没有必要再征引下去了。道家的乐园主题与神话的乐园主题面貌既然如此雷同，我们如假设两者渊源相关，甚至具有密切的传承关系，这种假设应当是顺理成章之事。

道家的乐园神话承自古代神话，我们还可从两者最基本的象征谈起。我们上文已说过：道家思想中的古代政治仍摆脱不了圣王的影子。圣王（天子）是天的代言人，他是种具体化的“道”（神、耶和华、阿拉……）。我们分析一下这种人神，对

---

[19] 茅盾：《中国神话研究初探》，此书收入《神话研究》（天津：百花文艺出版社，1981），页 142。

[20] 陆德明《经典释文》说《庄子》五十二万字，“言多诡诞，或似《山海经》，或类《占梦书》，故注者以意去取”。引自郭庆藩辑：《庄子集释》，页 4。传统注家“以意去取”的部分，正是研究神话的学者最感兴趣的部分。《庄子》这些诡诞的文字如果还在的话，或许我们对庄子的性格会有番新的认识。

我们了解原始乐园的内涵而言，应该是有帮助的。我们的分析还是从《庄子》书开始。

援引《庄子》证古史是相当危险的，因为庄子的历史意识相当不足。不过我们所以注意到他，原来的用意即不在他的古史知识，而是他制造“历史人物”的兴趣。《庄子》三十三篇时有圣王出没其间，不过最完整的叙述当见于《胠箧》篇所列出的下列名单：

> 子独不知至德之世乎？昔者容成氏、大庭氏、伯皇氏、中央氏、栗陆氏、骊畜氏、轩辕氏、赫胥氏、尊卢氏、祝融氏、伏牺氏、神农氏，当是时也，民结绳而用之，甘其食，美其服，乐其俗，安其居，邻国相望，鸡狗之音相闻，民至老死而不相往来。

“栗陆氏”顾名思义，或与农业有关；“骊畜氏”则当与畜牧有关。放在至德之世的背景下考虑，我们有理由认为这两位遥远时代的圣王代表的是“人与鸟兽草木全面和解”的时代。其余的圣王分别具有神秘的象征性格，我们简单勾勒如下：

（一）容成氏：古书言容成氏之处有三，一为黄帝之君，一为老子之师，一即为此处所说之古圣王，三人或为同一传说之分化。由《汉书·艺文志》阴阳家、房中家皆列有容成氏其人，且此人能造历日看来，此人当能兼通男女阴阳与天地阴阳之事。《庄子·则阳》曾引其言曰：“除日无岁，无内无外。”

亦即时间（日、岁）的一多相容化及空间（内、外）的不可分。[21]

（二）大庭氏：此帝古书罕见，几不可考。马王堆出土《黄老帛书》有段叙述与他有关，其言如下："黄帝问力黑曰：大庭氏之有天下也，不辨阴阳，不数日月，不志四时。而天开以时，地成以财，其为之若何？力黑曰：大庭氏之有天下也，安徐正静，柔节先定。"[22] 由黄帝言，可知大庭氏象征超越时间（阴阳、日月、四时）；由"庭"字象征四方，可猜"大庭"字义有"大中"之义。

（三）伯皇氏："伯"或作"柏"，"柏皇氏"可能指的是"柏成子高"，其人常沿位居天地之中的宇宙树，上下天人两界。

（四）中央氏：如依《应帝王》篇中央帝与浑沌的记载，此处的中央氏或许即为浑沌氏。如非浑沌氏，或是另有其人，此圣王顾名思义，仍当取其"柴立中央"之特征。

（五）轩辕氏："轩辕"意指穹隆之车辀，其言当有象征圆天之义，论者或认为其语乃"圜"之连言。[23]

（六）赫胥氏：当时人的行径乃处不知其所为，行不知其所之。鼓腹而游，含脯而歌。人的意识处在前范畴、前架构的

---

[21] 以上说法参见郭庆藩引俞樾观点，《庄子集释》，卷 8 下，页 888。

[22] 释文见余明光：《黄帝四经与黄老思想》（哈尔滨：黑龙江人民出版社，1989），页 317—318。

[23] 铁井庆纪：《黄帝伝说について》，《支那学研究》，第 34 号（1969），页 78—89。

阶段，意识与“生理—生命”脉动合一。笔者怀疑“赫胥”同“赫曦”，太阳明光之意。[24]

（七）尊卢氏：史称此帝“抱德扬和，以顺天下”。[25] 尊卢氏顾名思义，其帝之作用与得名或与“葫芦”之象征有关（其义见后）。

（八）祝融氏：祝融为火正，此帝性格当为火神，或兼具太阳神之义。[26]

（九）伏羲氏：伏羲为古代著名的传说帝王，其人常与葫芦神话、洪水神话、“女娲—伏羲”神话（其图常作两人手执日月、规矩，以象征天地初辟）一起出现。

（十）神农氏：神农为农具之发明者，亦为交易行为之始作者，然顾名思义，其人之原始性格为农神。

以上诸帝事迹难考，若存若亡。书缺有间，固是憾事，但我们如将他们视为文明兴起前的传说圣王，或庄子假托之寓意人物，当与实情相去不远。

---

[24] 《离骚》“陟升皇之赫戏兮”，“赫戏”同“赫曦”，明光之意。

[25] 罗泌：《路史》（台北：台湾商务印书馆，1983，景印文渊阁四库全书本），卷 8，页 1。

[26] 森安太郎则认为火神祝融的原始意义当是闪电。闪电说能否成立，姑且不论。闪电神与太阳神两说能否同时并存，恐亦未可必。但笔者认为闪电与日光并非无相通之处，因为两者同具光明义。重黎绝地天通后，浑沌开窍，光明下现。如就“光”之象征而言，两种解释事实上并不互相排斥。森安太郎之说参见王孝廉译：《祝融考》，《黄帝的传说：中国古代神话研究》（台北：时报文化出版企业公司，1988），页 9—20。

《庄子》一书的古帝王除了《胠箧》篇一文见到的密集人物外，在其他篇章中，我们还见到狶韦氏、有巢氏、燧人氏、冉相氏、浑沌氏诸名，甚至被整编到儒家圣王传统的五帝之名亦可见到。后世视为儒家圣王的颛顼、尧舜等人此处姑且不论，容后再表。至于有巢氏、燧人氏两人，笔者认为他们可被视为文明之创造神，有巢氏或与筑屋有关，燧人氏当与火的发现此文明突破事件密切关联，由于其人其义与本文主旨牵涉较少，故亦暂且阙而不论。狶韦氏其人据《大宗师》篇言，乃是“得道以契天地”，“契”为“合”之义，此帝得到了道以后，他即可绾合天地。然而天地何以需要绾合呢？是否天地分离为一不幸的“历史”产物，只有重返宇宙开辟之前的圣人才能使之重合呢？狶韦氏的性格应当可以提供我们一些思考线索。

上述诸圣王的性格皆具象征意味，但笔者觉得最具有理论趣味的古代圣王人物，当是《庄子》书中偶见、其他文献鲜少提及的冉相氏其人。据《则阳》篇说：“冉相氏得其环中以随成，与物无终无始，无几无时。日与物化者，一不化者也。”“冉相”一词甚怪，不知取义何处。但“冉相”此语很容易令我们联想到浑沌的意象。《山海经》形容“帝江”其神“状如黄囊，赤如丹火，六足四翼，浑敦无面目，是识歌舞”。[27]“帝江”有中央帝的象征意义，冉相氏“得其环中以随

[27] 袁珂校注：《山海经校注》，页 55。

成”，其神之得名与功能正与中央帝之义相符。

根据上述描述，我们不妨将古代至德之世的圣王的性格分为下列三组：

（一）其人反映了文明兴起前或文明乍始之际人与自然的和谐：栗陆氏、骊畜氏描述的是人与植物、动物共属一家；神农氏描述的是人与农业的亲密脐带；祝融氏则描述了“火”在人类发展史上的宗教及实用意义；赫胥氏的描述更深邃，它反映的是人的意识仍融于自然韵律的野性意识状态。

（二）其人体现了“中”的象征意义：中央氏固然是因中而得名，大庭氏、伯皇氏、冉相氏、容成氏亦有“中”之涵义。

（三）其人体现了“圆”的象征意义：大庭氏、尊卢氏、轩辕氏、伏羲氏、冉相氏、容成氏皆有此义。

第一点的代表意义在前节已略加检讨过，我们暂且不再讨论。底下，我们不妨检讨第二点“中”的象征与第三点“圆”的象征。

“中”在“宗教—神话”上具有无比重要的意义，此事注意者已多，自从耶律亚德（M. Eliade）一连串讨论宗教史的著作问世以后，“中是初民宗教经验中核心的概念”此义更可说是大显于世，略无余蕴。根据耶律亚德的说法，“圣 / 俗”的分裂是宗教最基本的设定，而神圣追求则是宗教人最基本的关怀。然而，圣俗既已分裂，天地绝而不通，俗世之人如何在世俗的时空中，带着历史积淀的俗质、背着先祖违反神意被逐出原始乐园的原罪，重返太初的和谐？

重返的途径是有的，只是路途比较艰苦。因为原始乐园虽已消失不见，但此消失只是对俗世之人而言才是如此，对少数体得神圣之人（如萨满等）而言，不绝如缕的一线毕竟是未曾断绝的，他依然可透过种种修行的管道（如身心修炼及象征的转化作用），重返天地人一体同春之境界。对初民而言，这条管道就是中道，中道是位于天人或“天界—世界—地下”交界处的唯一管道。它是宇宙的大动脉，我们可称之为“宇宙轴”（axis mundi）。宇宙轴其相多方，它或为宇宙山，或为宇宙树，或为神圣之建筑物（如庙宇、天梯、塔台、竿等等）。然其相虽殊，这些神圣物都可以沟通圣俗两界。一旦修行者进入此一管道，他即可脱胎换骨，重新“作人”，这些“圣物”的象征意义是共通的。[28]

比较上述的“中”之意义，我们发现大庭氏、中央氏、容成氏、伯皇氏、冉相氏皆有体契中道之意义。中央氏当为浑沌氏或黄帝之分化，《庄子》书中的浑沌氏或黄帝代表文明未分、两仪浑沦、一切仍处于“无面目”的始源状态。既为始源，此时自是乐园。容成氏其人据说有三，古史难甄，传说尤多分歧，然传说中此帝最大的特色乃在他创造阴阳历法及大明男女阴阳之事。男女阴阳与天道阴阳在文明初期仍带有浓厚的神秘气息，天道运转，一阴一阳，其事绝不仅是天文之事，它

[28] 耶律亚德的书到处可见此概念，拙译《宇宙与历史：永恒回归的神话》一书讨论得较详细。

事实上是神界或圣界之神秘昭示。男女阴阳之义亦绝不仅止于人道好合的范围，在许多民族的传说与习俗里，男女好合正如天地好合一样，两者都具有浓厚的宇宙论创生意义。[29]容成氏既能管理天文与人事之阴阳，他又能超越时间（除日无岁）与空间（无内无外）之上，这正是立足“中”道者才能达到的成就。

伯皇氏如果真指柏成子高的话，其人也是以得中道闻名者。《山海经·海内经》有云：“华山青水之东，有山名曰肇山，有人名曰柏高，柏高上下于此，至于天。”袁珂注云：“言柏高循此山而登天也，此山盖山中之天梯也。”[30]袁注盖是。宇宙树、天梯皆是普见世界各地神话传说中的登天“唯一”法门，它们几乎都立于天地之中。柏成子高能循此天梯，上下于此，其人盖亦古之神巫也。

“中”是绝地天通以后，人复“太初之人”之权的唯一管道，其象征意义无与伦比。唯一可以和它的地位比埒的，大概只有“圆”的象征意义了。“圆”虽为几何图形，但它无方无隅，无始无终，其形状最具浑沌未分、时空未展之状。它既可用来象征胚胎初结、生命乍现的朦胧生理阶段；它也可以指向意识未分、概念隐晦、范畴重叠的心理萌蘖状态；它既是分析心理学家眼中一种潜伏在集体无意识的原型，但它也是宗教史

[29] 参见弗雷泽（J. G. Frazer）著，汪培基等译：《金枝》（台北：桂冠图书公司，1991），册上，页207—213。

[30] 袁珂校注：《山海经校注》，页444—445。

家及哲学家眼中初民的理想体质类型。不管在第一世界的物理层、第二世界的心理层及第三世界的文化层，我们都可以看到“圆”的足迹。道家既然承受了中土早期的原始宗教精神，因此，“圆”的象征意义自然会在它身上烙下明确的印痕。比如说：庄子喜用“浑沌”的宇宙创造论母题，以“卮言”为语言理想类型，以车轮、陶均这样的艺术创造隐喻，并时常论及圆形环绕的空间观（天下中央在“越之南、燕之北”）及时间观（“今日适越而昔至”）。这种种的手法都突显了庄子如何着迷于圆的象征，[31] 在圣王人格的象征意义上，我们又看到了同样的精神再度涌现上来了。

“尊卢”一词古注多缺而不论，笔者颇怀疑此“卢”或意指“葫芦”；此“尊”或作为“樽”，《经典释文》引司马彪云“樽如酒器，缚之于身，浮于江湖，可以自渡”，[32] 司马彪的注出自他注《逍遥游》惠施与庄子的一段对话。惠施曾向庄子抱怨道：“魏王贻我大瓠之种，我树之成而实五石，以盛水浆，其坚不能自举也。剖之以为瓢，则瓠落无所容。”庄子认为惠施不知无用之为大用，他劝惠施道：“今子有五石之瓠，何不虑以为大樽而浮乎江湖？”瓢即葫芦，缀结为大樽，可悠游江湖。庄子显然用芦、樽作为逍遥之象征，而“葫芦”是农业民族——尤其是中国南方民族极为重要的宗教法器及象征，这是

[31] 参见拙著：《卮——道的隐喻》，收入《儒门内的庄子》，页 265—310。
[32] 郭庆藩辑：《庄子集释》，页 39。

毫无疑问的。[33] 葫芦虽非浑圆，然象征之取物，固不在毕真毕肖，而在其形、其功能、其意义之相通。因此，尊卢氏如真为“樽芦氏”，则此上古帝王之性格当亦是体证“圆”之意义者。

“尊卢—樽芦”假说或可聊备一说，然佐证尚缺，如我们能举的例子仅止于此例，显然“圆”与至德之世的统治者之关系尚不足以证成。然而，伏羲的情况迥然不同。在先秦时期，伏羲的象征意义可能是多重的。就汉代画像石、画像砖里密集的“伏羲—女娲”图像看来，伏羲具有分而未化、方圆并呈之意。因为图像中的伏羲与女娲都作交尾状，而且两者往往一手捧日，一手捧月；或一手持规，一手持矩。日月、规矩正是从浑沌开出秩序最始源的基层构造，是内容尚未开出的乍现之际的形式。“伏羲—女娲”是世界之父母，日月、规矩是两极性原理。如就哲学语汇的对照来看，我们可以说伏羲只能代表两仪中的阳之部分，他显然不是未分化的太一。但不管怎么说，他的意义要放在“圆”的象征意义底下定位，才能突显出他的性格。如果我们再将伏羲与西南民族中的“伏羲—葫芦”神话

[33] 参见李子贤：《傣族葫芦神话溯源》，收入中国民间文艺研究会上海分会编：《民间文艺集刊》，第 3 集（1982），页 50—66。刘尧汉，前引文。闻一多的《伏羲考》是早期提出葫芦神话的名文，收入朱自清等编：《闻一多全集》，册 1，页 3—68。王孝廉：《东北、西南族群及其创世神话》（台北：时报文化，1992），页 371—404，有专章论葫芦神话，并批判闻一多的假设。季羡林：《关于葫芦神话》，收入中国民间文艺研究会上海分会编：《民间文艺集刊》，第 5 集（1984），页 103—104，指出印度也有类似的葫芦神话。

图 3-2
图为商周咬尾玉龙。龙体环绕，中空，外壁琢出四个突出物，表示循环不断。卷龙，中空，加上四方的象征物，此正是“环中”的造型。

对比的话，[34] 伏羲作为一种未分化的圆融之道的象征，那就更明显了。

比较“圆”与“中”的象征后，我们发现一个相当有趣的现象，那就是两者若不是一体的两面，至少也是相互蕴含。这种相互蕴含的情况，我们从“环中”一词可以看得特别地清楚。古帝王中的冉相氏即是“得其环中以随成”的代表者，他既立足于不变的核心点，又能参与万物的变化；他既超越一切的方内之物，又可以成就之。《则阳》篇描述他：“得其环中以随成，与物无终无始，无几无时。日与物化者，一不化者也。”《齐物论》言“道”或得道者的特色如下：“彼是莫得其偶，谓之道枢。枢始得其环中，以应无穷。”两者的叙述如出一辙。无疑地，冉相氏是道枢的道成肉身，道枢是冉相氏的哲学命题之转译。“道枢”虽然用的是“门”的意象，但由“彼是莫得

[34] 参见前注闻一多及王孝廉文。N. J. Girardot, *Myth and Meaning in Early Taoism: The Theme of Chaos*, pp.176–180, 202–207.

其偶”的描述看来，庄子取的当是它可圆转开阖之义。[35]“道枢”“环中”皆同具“圆”与“中”两种重要的象征功能。“冉相氏”之“相”盖取义于此，“大庭氏”与“容成氏”亦可分析出类似的内涵，兹不赘述。

三　黄帝与浑沌

由冉相氏同具圆、中两义，我们很自然地会联想到轩辕氏，由轩辕氏我们很容易地又联想到前文一直按抑不讲的黄帝问题。“黄帝”与“轩辕氏”两词关系极为密切，而“黄帝”在后世“道家—道教”传统中，占有极为隆崇的位置，他事实上可以代表“道家—道教”传统中最重要的圣王。因此，我们如能厘清“黄帝”与“轩辕氏”的神话意义，应当有助于本文主题的确立。

轩辕氏或云为黄帝本人，或云为黄帝之子，神话人物或传说人物原本即容易主体性不清、同一性不强，一气化三清的情况在所难免。然而就象征的意义而言，两者一体看待应当是可以接受的。考“轩辕”一词，古今注释者多矣，[36]“屈曲夭矫”

---

[35] 福永光司注云：“‘枢’本来是间扉开闭之轴，环穴之中嵌入此枢，则扉可自由开闭。‘道枢’意指立脚绝对之太一，超越一切对立与矛盾，因此，可在千变万化之现象世界中，自由自在，如如相应。”福永光司：《庄子·内篇》（东京：朝日新闻社，1966），页51。

[36] 参见御手洗胜：《古代中国の神々：古代传说の研究》（东京：创文社，1984），页275—282。

当是足备一说的解释。屈曲为不正不直貌，然屈至何地，曲至何地，方足以状轩辕之像，似乎仍保留相当大的想像空间。考辕字同圆字，圜（天体之圆）、环、还字上古音声母同属匣母；辕字、还字、环字、圜字韵母又同属元部，只有圆字属于文部。然五字拟音的音值极为接近，[37]而且作为交通工具用的“轩辕”一词，据段玉裁与朱骏声言，乃取“穹曲而上”[38]或“穹隆而上”[39]之义。准音、义两面而观，轩辕氏之得名当与圆之象征有关。何况轩辕国之人“人面蛇身，尾交首上”，首尾相交，其形岂非终始无端之圆！更何况首尾相交者乃是“人面蛇身”，他具有蛇的相状。我们知道龙蛇往往代表太初浑沌之力，一种生生不绝、随时可归回自体因而再生的力量，[40]这样的神话主题在埃及、西亚、印度都是相当常见的。

轩辕氏“人面蛇身”应该反映了黄帝的特殊性格，黄帝与龙关系极为密切，学者早已注意到此事。然而，什么类型的龙呢？《吕氏春秋·有始览·应同》云：“凡帝王之将兴也，天

[37] 上古音的拟音及声母分部似尚未定于一说，如据郭锡良拟音，“圆”上古音为“iwan”，“辕”上古音为“iwan”，圜、环、还三字上古音为“oan”。参见郭锡良：《汉字古音手册》（北京：北京大学出版社，1986），页 217、222。

[38] 段玉裁：“轩”字注，《说文解字注》（台北：艺文印书馆，1970），总页 727。

[39] 朱骏声：“轩”字注，《说文通训定声》（台北：艺文印书馆，1966），总页 2921。

[40] J. Campbell, *The Mythic Image* (New Jersey: Princeton University Press, 1974), pp.281–301; *Occidental Mythology: The Masks of God* (London: Penguin Books, 1988), pp.9–41.

必先见祥乎下民。黄帝之时，天先见大螾大蝼。”[41]《史记·封禅书》亦云：“黄帝得土德，黄龙地螾见。”[42] 大螾，前人或以为如大蚯蚓之类。唐兰有文说明此义曰：

> 余所见有父戊𢍰盘、亚㲋盘、舟盘，腹内均有一爬虫之图，略如，当即形，惟彼为正面，故有两肉角，为侧面，故只一角耳。然则或象龙蛇之类，而非龙或蛇。……《史记·封禅书》“黄帝得土德，黄龙地螾见”，《集解》以螾为邱蚓殊误。蚯蚓岂足为符端哉？余谓螾即之假借字。……然则黄龙地螾即螭，而实象螭形也。[43]

唐兰释字或有争议，[44] 但他援引的代表黄帝之龙形图像却很值得深玩，坎伯（J. Campbell）曾引用到战国时期一件卷蛇（“coiled serpent”或许该译为卷龙）作品，其形作一蛇自我缠绕三圈半。[45] 坎伯认为此作品与印度宗教象征中的蛇沉

---

[41] 吕不韦：《吕氏春秋》，卷 13，页 4。

[42] 司马迁：《史记》，卷 28，页 1366。

[43] 唐兰：《天壤阁甲骨文存并考释》（北京：北京图书馆出版社，1953），页 41—42。

[44] 参见李孝定编述：《甲骨文字集释》（台北：“中央研究院”历史语言研究所，1965），册 9，页 2893—2899。蔡哲茂：《甲骨文考释两则》，《第三届中国文字学国际学术研讨会论文集》（台北：辅仁大学出版社，1992），页 27—36。本条资料承蒙蔡哲茂教授提示，谨致谢意。

[45] J. Campbell, *The Inner Reaches of Outer Space: Metaphor as Myth and as Religion (The Collected Works of Joseph Campbell)* (New York: Harper & Row, 1988), p.86.（编者按：坎伯，又译“坎贝尔”。）

图 3-3
坎伯相信神话的普遍性，也相信神话的原型揭露了灵魂深层的构造。坎伯书中引用卷龙图像并解读其意义。图为商周时期玉印，纽为卷龙，印座四边各雕一条龙，印面亦有龙纹。此早期印玺反映了类似的存有奥秘。

眠时，其形正作三圈半，其理相同。两者皆意指小宇宙、社会正融入大宇宙的韵律中，而且这种图像正是人类集体无意识的投影。坎伯对圆形图像的兴趣极大无比，对盘纡三圈半的龙蛇兴趣更大，但其解说承自荣格心理学一脉相传下来的解释，而且与他对神秘数字“43200”的关怀牵涉颇深，为免瓜葛，我们暂且不论其义之曲折。我们关心的是象征黄帝的龙形是圆形的，用传统的分类语言来讲，也就是卷龙。[46] 更值得注意的是：绝大部分的龙的造形都是圆或是准圆形的。[47]

黄帝具圆形之相，此义绝非罕见，仅再列举下列数条文献，以作佐证。

（一）黄帝与浑沌：前文已论“浑沌”一词取自《山海经》中的帝江神话。毕沅云：“江读如鸿，《春秋传》云：帝鸿氏有不才子，天下谓之浑沌。此云帝江，犹言帝江氏子也。”

[46] “卷龙”义参见闻一多：《周易义证类纂》，《古典新义》，收入朱自清等编：《闻一多全集》，册 2，页 46—48。

[47] 参见尤仁德：《商代玉雕龙纹的造型与纹饰研究》，《文物》，第 8 期（1981），页 58 之 23 张附图。

袁珂案语："毕说江读如鸿，是也；谓帝江犹言帝江氏子，则曲说也。古神话必以帝鸿即此'浑敦无面目'之怪兽也。帝鸿者何？《左传·文公十八年》杜预注：'帝鸿，黄帝。'《庄子·应帝王》：'中央之帝为浑沌。'正与黄帝在'五方帝'中为中央天帝符，以知此经帝江即帝鸿亦即黄帝也。"[48] 袁珂之言信而有征，理当从之。

（二）黄帝与昆仑：昆仑是中国古代神话中最有名的宇宙山，此山最重要的象征除了下文我们要说的中之象征外，它也有圆的含义，这样的线索至少有四条。

1."昆仑"一词语音当有"圆"义。

2. 其山有"圆丘"(圆丘当即为"圆峤山，一名环丘"[49])。圆峤山为不死之山。

3. 日月皆为圆形，而昆仑山正是"日月所相避隐为光明"之山。

4. 浑沌位居天山，昆仑天柱，中应于天，昆仑山原即为一种"天山"，所以浑沌氏不无可能位居于昆仑山。若此种种，皆显示黄帝、昆仑与圆的象征是盐入水中，一体难分的。

（三）黄帝与轩辕：黄帝名轩辕，轩辕有"圜""圆"之义，其说见前，兹不再录。

---

[48] 袁珂校注：《山海经校注》，页 56。

[49]《山海经·海外南经》："不死民在其东，其为人黑色，寿，不死。"郭璞注："有员丘山，上有不死树，食之乃寿；亦有赤泉，饮之不老。"袁珂校注：《山海经校注》，页 196—197。圆峤当即为圆丘，为海外五座仙山之一，宇宙山与仙岛的乐园主题在此相逢。

黄帝除了与圆的象征难分难解外，他与“中”的象征也是藤树纠结，死生缠绕在一起的。试观下列诸例：

（一）昆仑：《山海经》中最重要的人物乃是黄帝，最重要的宇宙山则是昆仑山，而昆仑山却是黄帝之下都。昆仑山最显著的地标乃是傲然耸立之天柱，天柱正位于宇宙中央之山的正中央，是天神、地祇上下天地的不二管道。

（二）泰山：黄帝与泰山关系亦颇为密切，传说黄帝与蚩尤战，先是九战九不胜，他在泰山得玄女传授战法，乃得战胜顽敌。[50]又曾“合鬼神于泰山之上，驾象车而六蛟龙，毕方并辖，蚩尤居前，风伯进扫，雨师洒道，虎狼在前，鬼神在后，腾蛇伏地，凤皇覆上，大合鬼神，作为清角”。[51]泰山后世归为东岳，但它其实是不折不扣的宇宙山。笔者认为它原本是东夷族的天山、中央之山，后来地理范围的概念改变了以后，泰山遂由“中”一变而“东”。但它的象征意义在“封禅”或“东岳府君”这样的宗教概念里仍强烈地被保留下来。[52]

---

[50]《黄帝玄女战法》有此说，引自李昉等撰：《太平御览》（北京：中华书局，1960），册 1，卷 15，页 78。

[51] 韩非：《十过》，陈奇猷：《韩非子集释》，卷 3，页 172。

[52] 阮元已提到泰山在古代亦为位于天下之中的宇宙山。因为当时地理知识较狭，故时人遂以泰山为天下之中。参见饶宗颐：《固庵文录》（台北：新文丰出版公司，1989），页 87。有关泰山为宇宙山之象征，另参见苏雪林：《屈赋论丛》（台北：“国立”编译馆，1980），页 311—323。何新：《中国远古神话与历史新探》（哈尔滨：黑龙江教育出版社，1988），页 117—148。苏文重点在谈“封禅”与泰山的关系，何文则提出泰山即昆仑山的假说，着眼点不同，但两文皆预设泰山为宇宙山。

（三）建木：中国有些神木颇有宇宙树之资格，但典籍明确记载其树在天地之中，为众帝所上下者仅有建木一种。建木据说即为黄帝所创造。[53]

（四）中央帝：典籍记载罕见，《淮南子·天文训》云："东方木也，其帝太皞，其佐句芒，执规而治春。……南方火也，其帝炎帝，其佐朱明，执衡而治夏。……中央土也，其帝黄帝，其佐后土，执绳而制四方。……西方金也，其帝少昊，其佐蓐收，执矩而治秋。……北方水也，其帝颛顼，其佐玄冥，执权而治冬。"[54] 其中的黄帝即为中央帝。至于"黄帝"一词是否为五行学说下的产物？此事或在疑似之间。然"黄帝"坐居中央，统筹四方，这样的想法当早已有之。先秦传说中的"黄帝伐四帝""黄帝四面"之主题，皆反映了黄帝与中的密切关系。

（五）"伏羲—女娲"与黄帝："伏羲—女娲图"是汉代画像石及画像砖中非常常见的一个主题，图像常作两者交尾，此图像代表其时两者仍处在分化尚圆，圆稍分化的状况。在"伏羲—女娲"头上，往往刻有统摄两者之神话人物，最常见者厥为西王母，然黄帝图像亦可见到，此处的黄帝显然代表统合

[53]《山海经·海内经》说建木"百仞无枝，有九欘，下有九枸，其实如麻，其叶如芒，大暤爰过，黄帝所为。"郭璞注"黄帝所为"："言治护之也。"袁珂评郭注于义未谛："此'为'者，当是'施为'之'为'，言此天梯建木，为宇宙最高统治者之黄帝所造作、施为者也。"袁珂校注：《山海经校注》，页 448、452。

[54]《淮南子》（台北：台湾商务印书馆，1965，四部丛刊初编缩本），卷 3，页 2—3。本书所引之《淮南子》皆依此本，不一一注明。

“二元”之“中”。

（六）黄帝与明堂：古史言明堂，率多与黄帝相关。明堂制度颇为复杂，后儒聚讼，莫衷一是。[55] 然有些特点是一般较少争议的，如明堂兼具政教功能；其建筑象征“天圆地方”的宇宙观；“天圆地方”的象征结构中，四方形的坛台尤为重要，凌纯声所以认为明堂与西亚的宗教性建筑观象台（Ziggurat）有关，即源于此义；[56] 明堂的核心建筑，名曰昆仑，昆仑为天子行封禅礼的不二法门。若昆仑，若“Ziggurat”皆居天下之中，由此可见黄帝之象征意义。

（七）九宫与黄帝：古代医学及阴阳家术语多言“九宫”，“九宫八风”尤为《内经》中重要学说，此说基本预设乃是以“太一”（实即黄帝）坐中宫，观看八风所从来，并求合理因应之，以保身心平衡。此“九宫八风”说可视为“明堂、四方”说的变形，亦可视为“四象性”原型的进一步分化。[57] 往上

[55] 从蔡邕写《明堂论》到王国维撰《明堂庙寝通考》，言明堂之事者恐不下数十家。明堂的原始资料其实不多，而后人的解释却层出不穷，由此可见此事确实引人注目。晚近的研究参见王梦鸥：《邹衍遗说考》（台北：台湾商务印书馆，1966），页 74—99。叶舒宪：《中国神话哲学》（北京：中国社会科学出版社，1992），页 145—176。

[56] 凌纯声：《中国边疆民族与环太平洋文化》，册下，页 1511—1526。

[57] 荣格认为四象性（quaternity）是普见于全世界的原型，它是构成全部判断力的逻辑基础。在人的心理层面，也有四个方位，此即感情、思维、情感、直觉，这四种功能是构成人的心灵活动之内涵。如果说最圆满的形式是球形或圆形，则最自然的分裂形式当是四象。参见 C. G. Jung, *Psychology and Religion: West and East* (New Jersey: Princeton University Press, 1969), p.167.

追溯，我们还可进一步追到黄帝与炎帝之战的东西时空方位之衍化。

比较黄帝所兼具的“圆”与“中”之象征，我们发现两者事实上很难区分。一般的情况是两种象征兼而有之，若昆仑，若明堂，这些语汇都具备又圆又中之义。

浑沌的情况也是如此，虽然它的问题更为复杂，牵涉的层面更广，笔者已有专文处理。[58] 但我们这里仅想指出它象征的也是又圆又中之义，而且它和黄帝的神话一样，同样具有宇宙开辟论的性格。浑沌与黄帝神话的结构有近似之处，这是一点也不值得惊讶的，我们前文引袁珂的说法，早已论证帝江、浑沌与黄帝乃是同体三相，一气化三清。但神话中名词的分化往往也会造成神格的分化，浑沌的结构绝对有独立的地方。为了突显宇宙开辟论与原始乐园有相关的部分，我们将从《庄子》内篇压轴戏的著名寓言谈起：

> 南海之帝为倏，北海之帝为忽，中央之帝为浑沌。倏与忽时相与遇于浑沌之地，浑沌待之甚善。倏与忽谋报浑沌之德，曰：“人皆有七窍以视听食息，此独无有，尝试凿之。”日凿一窍，七日而浑沌死。（《应帝王》）

---

[58] 参见拙作：《浑沌与创造》，《五行原论：先秦思想的太初存有论》，页65—101。

寓言中的倏、忽象征的是时间的变化迅速，[59] 但由它们分别代表南海与北海之帝，我们知道它们也分别象征了空间的分割。庄子采用了这则古代的神话以后，自然会赋予它们新的哲学意义，但这则神话的基本结构却还是保留了下来，我们看到了中央帝浑沌，浑沌里原来没有具体的时间与空间。但我们接着又看到了代表“中央—南—北”空间方位轴向的浑沌与倏、忽，时机的流转此时也出现了。再接着我们看到了中央帝浑沌的不断分割，日凿一窍，七日而浑沌死。浑沌死，原始和谐破裂，这是事件意义的一面，它的另一面的意义应该就是浑沌死而秩序成。然而，从原始的“中央—南—北”支轴到浑沌死，这中间到底经过了什么样的变化，为什么需要七日？

七日显然是对应着七窍而来，庄子用的喻根与喻旨是相当清楚的，观者很难提出疑虑。但“七”除了这层表层的类似结构外，还有道理可说。叶舒宪曾征引大量的文献，从希伯来的创世纪到中国的人日传说，从苏美人的神话到纳西族的创世史诗，并配合结构主义的基本精神，强而有力地指出：浑沌七日死，绝不是偶然的。“七”是神秘数字，它普遍流行于各民族、各文化。它为什么会流传这样广？原因无他，因为它象征了人类最基本的空间意识。叶文并引卡西勒（E. Cassirer）的观察为证：

---

[59] 简文帝云：“倏忽取神速为名，浑沌以合和为貌。神速譬有为，合和譬无为。”引自郭庆藩辑：《庄子集释》所辑《经典释文》，页 310。

> 同对数字四的崇拜一样，对数字五和七的崇拜也会发生于对基本方位的崇拜：与东西南北四方一起，世界之中被认作是部落或民族所当居处的地方；而上与下，天顶和天底，也被赋予了特殊的神话—宗教的区别。正是这样的空间与数目的结合，产生了——比如说在祖尼人中——决定着他们理论上和实践上、智力的和社会的世界观的七重统治形式。另外在别的地区，数字七的法术的、神话的意义也显示出某些基本的空间现象同观念之间的联系。不过在此，最清楚不过的是，神话的空间感同时间感是不可分割的，二者共同构成了神话的数观念的出发点。[60]

依据卡西勒的解说，“七日而浑沌死”的密码答案应该是：七日代表空间观念完全确立，无分别的世界自此消失不见。

“七”作为完整空间观念的代表，事实上和“四”非常接近，“四”也是神秘数字，中国人对“四”此数字又相当着迷。[61]如果“七”与“浑沌之死”紧密相关，那么“四”是否可能与“浑沌之伤”有关呢？

“浑沌之伤”当然是笔者对照“浑沌之死”设定的荒唐之词，但背后不是没有理据。《左传·文公十八年》记载莒国太

---

[60] 引自叶舒宪：《中国神话哲学》，页228—279。

[61] 卡西勒论神秘数字4时，即举中国人的思维为例，参见卡西尔（E. Cassirer）著，黄龙保等译：《神话思维》（北京：中国社会科学出版社，1992），页165。

子仆杀父夺宝，亡命归鲁。鲁国太史克引用古代传说，指出以往有“不才之子”四，为天下之大害。这四位不才之子是帝鸿氏之子浑敦、少皞氏之子穷奇、颛顼氏之子梼杌、缙云氏之子饕餮。观“浑敦”“穷奇”“梼杌”“饕餮”之名，诡怪离奇，大概也知道他们一定是“不才”之人，亦即不合此世规范的异常人物。而根据古书的零星记载，我们发现这几位不才之子恐怕真的也是丑怪骇人的神话人物。[62]《左传》记载了他们的名字后，接着说舜是尧臣，“宾于四门，流四凶族：浑敦、穷奇、梼杌、饕餮，投诸四裔，以御螭魅”。[63] 有趣的是“四”字一再出现。舜变成了“四门”的文明守护者，四凶族则被投放到荒野地区，作为更外围的守护神。至于四裔以外，那就不是“人”的地区了，它是螭魅所住。

上述这段话我们如果用神话的语言稍加翻译，不难发现这正是“空间开辟”的神话。在前近代的社会里，野性的土地往往被视为妖魔鬼怪的土地，它是一种本体论断裂的异质空间。只有经过圣化的手续后，这种野性的空间才可驯化，成为人的

[62]《淮南子·墬形训》言“穷奇，广莫风之所生也”。高注：“穷奇，天神也，在北方道，足桀两龙，其形如虎。”“穷奇”又见于《山海经·海内北经》《西次四经》及《神异经》等处。“梼杌”据《孟子》言，为楚国上古史书名，然其得名不无可能源于记载古代恶神之事迹。“饕餮”据《吕氏春秋》言，乃是贪食之怪兽，《吕氏春秋》并有一理性的解释，然青铜器上多有饕餮纹，此纹当象征神话动物，而不是伦理的劝诫用意。

[63]《左传》（台北：台湾商务印书馆，1965，四部丛刊初编缩本），卷 9，页 14—15。

图 3-4
图为商周两件人面玉器，铜眼獠牙，威严恫吓。上古传说有四不才子：浑敦、穷奇、梼杌、饕餮，此玉器所雕人像或许是四不才子人物。

居住之所。[64] 笔者认为四凶事实上就是浑敦一族之分化，浑敦化为四族，它们被投诸四裔，以御螭魅。其义正如同空间的分割从浑沌开始，它先分化为东西，再分化为四象的模糊结构。但依据经文所述，这结构仍绕着浑沌圆心展开，没有分化得太厉害。在偏远地区则仍处浑沦一片，恍若螭魅所居。

浑沌神话可以代表一种中国式的开辟神话，学界中赞成这种假说的人有逐日增多的倾向，看来“中国没有开辟神话”的流行说法可能要稍加修正了。笔者此处要指出的仅是：原始乐园神话事实上借用了浑沌开辟神话的结构，因此，两者原本的脉络虽然不同，但在道家的文献中，却巧妙地结合在一起了。

简略勾勒至德之世的圣王，尤其是黄帝与浑沌氏的性格后，我们对这些圣王所代表的意义应该很清楚了。在道家缅怀的那种黄金岁月里，人其实不是理性时代定义的那种人，他是

[64] 参见 M. Eliade, *The Sacred and the Profane: The Nature of Religion* (New York: Harcourt, Brace & World, 1959), pp.20–65.

自然的有机成分，自然的基本韵律（如春夏秋冬）内化于他的身心机体内，成为方圆交融的曼荼罗原型，也成为他行事的法则。原始乐园神话中的人的定义，恰好不是我们现在一般喜欢用的“理智的动物”“语言的动物”“制造工具的动物”“使用象征符号的动物”这类型的概念，这类型的概念预设的是人有一种分殊化的心灵。而“分殊化的心灵”又预设了人已经从浑沌的背景迸裂开来，人在“神话—仪式”架构中的永恒回归之角色也已消逝。人透过心灵的理智塑造作用，塑构了一种抽象化的世界。然而，原始乐园时代的人是一体同春的，我们可以将这种人界定为“自然人”，或是“自然连续体之人”。而意识的分裂、理智的兴起却是乐园所以告退的关键因素。

既是原始乐园，人融入自然，因此理当只有天然的秩序，没有社会的阶层。但道家书中却时时见到许多圣王的名字。我们可以将这些圣王的名字划归为象征，认为他们只是原始乐园时代一种集体的表征，实无其人。这样的解释是说得通的，老、庄、列、文诸子的著作中确实充满了反社会阶层文化的言论，圆、中的象征管道对任何人都是开放的，我们上文的解释也比较接近这种主张。

但我们也可以设想另外一种可能性，此即道家人物在这点上仍沿用了传统宗教神话的一些概念。在许多前近代的社会里，一个部落或团体的负责人是被视为天意所钟的，中国的天子观念即有此义。部落或团体的人数很多，但只有这位天之选民才能掌握神之意志，因为只有他掌握与神沟通的管道，他于是成为神在人间的代理人，他因此需要为自然界及超自然界的事物负责。[65] 同理可证，道家史籍中的圣王所以多含“中”“圆”之象征意义，乃因通过了中、圆的象征，这些圣王才可以和天界沟通，分享天界神圣的属性。如是说来，至德之世的图像虽说画的是众生逍遥于浑沌之中，但浑沌中似乎只有圣王特别具有通天地之本领，换言之，只有他可以掌握中道，重返绝地天通前的世界。其他人士只有透过此位圣王之重返乐园，他们才相对地得到浑沦之乐园感受。是故，这些人民虽说处乎环内，但环内不是环中，环中是天子或圣王的独特管道。第二种解释应该也可以说得过去，但乐园的气氛多少要减杀些了。

四　乌洛波鲁斯与中和

如前所述，原始乐园中的圣王大体具有圆、中这样的象征意义，其中，黄帝与浑沌氏的意象所象征者尤具代表性。就神秘图形而言，两者与圆、中、方诸形的象征皆结合得极为紧密。就神秘数字而言，黄帝与一、二、四、八，浑沌与一、二、四、七又是密切地相关。如依上一节的分析，黄帝与浑沌氏显然是文明兴起前的神话象征人物，浑沌氏的问题先且不谈，但我们一般不是认为黄帝是华夏文明的创造者吗？黄帝

[65] 弗雷泽，前揭书，页127—137。

这种象征意义的重叠是不足为奇的，我们如将圆、中、方及一、二、四、八这类的象征语言与他被赋予的地位相比，即可发现黄帝的“历史地位”与这些神秘象征之间，是有种对应关系的。基本上，黄帝之于文明——如与炎帝或蚩尤之战、坐明堂、行九宫之类——都还是依原型象征行事的。由黄帝的象征意义入手，我们可以进一步探讨：为什么道家要运用原始乐园的神话为主题？

道家缅怀原始乐园，其原始的出发点不见得是出于政治的要求，而是来自对人类存在状态的说明。在《天下》篇中，庄子用寓言的方式塑造一个“古之道术”的世界。这个世界是完美的，它是一。后来因圣贤不明，“天下多得一察焉以自好”，世界就此破裂。《庄子・天下》的说法很值得留意。先秦时期百家争鸣，英才鳞集，其文化形貌相当显著，现在学者也多认为春秋战国是中国文化史、哲学史、思想史的高峰，它是“哲学突破”的时代，是中国思想“轴心时代”的形成期。但后世对先秦的学术的评价和庄子理解的正好相反。在庄子看来，诸子百家的兴起、各种理论的争鸣，这些都不是好事，与其视为自由的象征，倒不如视为异化的病症。真正美好的轴心时代是与天地相通的神话时代，在那段浑沦芒砀的岁月里，人依宇宙的基本韵律而活，他是自然的有机体，缺乏杜威（J. Dewey）所谓的“文化的有机体”的概念。他有很强的与自然交感、与超越相通的人性论想法，西方现代哲学意义的主体性、个体性观念则相对地贫乏。主体性、个体性、抽象的普遍性是神话时代崩溃、历史意识兴起以后才有的产物。在神话的时代，人不会形成以人的事物为反思对象或评价对象的意识，神话事件的内涵仍是神圣的图式，这个图式是初民永恒回归的永恒架构。和文明阶段“历史人”的思考模式对比之下，“先史的”“前范畴的”“前反省的”这些观念模式才是“神话人”的思考依据，而且这些观念模式几乎是同时生起的。[66]

道家所追求的，恰好也是“先史的”“前范畴的”“前反省的”人格存在状态。我们阅读道家的乐园图像以及他们的心性论时，不难发现它们之间平行发展的一致性。“先史的”“前范畴的”“前反省的”这些语汇固然可以视为人类学的术语，它们指涉的是历史意识兴起前的“自然人”的存在状态。但这些语汇也可以视为心性论的术语，它们指涉的是道家强调的人的意识应有之状态。《庄子·齐物论》有言：

> 古之人，其知有所至矣。恶乎至？有以为未始有物者，至矣，尽矣，不可以加矣。其次以为有物矣，而未始有封也。其次以为有封焉，而未始有是非也。是非之彰也，道之所以亏也。

同篇内庄子又云：

---

[66] 古斯多夫（G. Gusdorf）著，久米博译：《神话と形而上学：哲学序说》（东京：せりか书房，1985），页148—150。

> 夫道未始有封，言未始有常，为是而有畛也，请言其畛：有左，有右，有伦，有义，有分，有辩，有竞，有争，此之谓八德。六合之外，圣人存而不论；六合之内，圣人论而不议。春秋经世先王之志，圣人议而不辩。故分也者，有不分也；辩也者，有不辩也。曰：何也？圣人怀之，众人辩之以相示也。

从“未始有物”到“有物矣，而未始有封也”到“有封焉，而未始有是非也”到“有是非”，事物一步步地明朗化，一步步地呈显自体，但庄子认为这也是一步步地堕落。从“存而不论”到“论而不议”到“议而不辩”到“辩”，这也是事物一步步地显题化，一步步地突显其存在性格，但庄子认为这也是一步步地堕落。造成堕落的原因乃有“八德”之“畛”。庄子的八德大概是随意列举的，但它们的作用就像康德（I. Kant）思想中的“范畴”的地位一样，有左、右、伦、义、分、辩、竞、争这些德之后，事物从此被决定了，有了定相，即有了经验性的自体。但有了经验性的自体之后，它们从此也被钉死在这些“德”之中，很吊诡地丧失其超越性的自体。

道家的“乐园—失乐园—重返乐园”的神话反映了一种历史逐日腐化的史观，但它也是“道术将为天下裂”的另一种摹本，又是人类意识发展的另一种改写。“先史的、前范畴的、前反省的”时代就是“至德之世”的时代；其帝的象征就是浑沌氏、中央氏、黄帝；其人的意识就是智性、感性尚未兴起的无分别识；其心灵属性是“媒媒晦晦，无心而不可与谋”（《知北游》）；其身心模式即是“形固可使如槁木，而心固可使如死灰乎”（《齐物论》）；其行为模式是“浮游，不知所求；猖狂，不知所往”（《在宥》），“沌沌兮，俗人昭昭，我独昏昏；俗人察察，我独闷闷”（《老子·第二十章》）；其形上学即是“一”或“常有一常无”的境界。

上述各种平行的叙述中，与“先史的”“前范畴的”“前反省的”乐园神话关系最密切的，当是道家理解的意识结构。在前节中，我们已说过：乐园神话最重要的两个象征符号乃是“圆”与“中”，而“圆”与“中”正是道家与分析心理学一再强调的人类意识底层之构造。诺伊曼（E. Neumann）为分析心理学派的心理学家，一生受荣格（C. G. Jung）影响甚大。他认为象征符号、神话母题与人类意识的发展有种平行的关系，但问题从何谈起呢？总不能无中生有吧！基于“开辟神话”在一切神话当中的优先地位，诺伊曼即由此谈起，并申论其义道：

> 意识演化的神话学阶段始于本我（self）仍隐含在无意识之中之时……第一轮的神话为开辟神话，此时心灵的内涵投射为神话的模态，并显现为宇宙开辟论的方式，就像开辟神话所说的一样。[67]

[67] E. Neumann, *The Origins and History of Consciousness* (New Jersey: Princeton University Press, 1973), p.5.

开辟神话的问题是“起于何时？何地？”就分析心理学的立场而言，很明显地当是起于无意识（当是集体无意识）的自我活动或自我认识，只是此时的自我意识仍处在是“是”而不是“是什么”的阶段。诺伊曼从比较神话学及实际的心理分析经验角度入手，进一步发现创造神话中最重要，也是最基源的乃是“圆”，因为它是原始和谐的象征：

> 环（circle）、圜（sphere）、圆（round）各面皆自成自足，无始无终。它是先于世界之圆满，在运动过程之前。它因圆，所以无前无后，无时间相，永恒自在。它因圆，所以无上无下，无空间相……其实一切皆在浑然的神性支配下，神性的象征即为圆环。圆亦是蛋，哲学的宇宙蛋，它是生成之核心，世界由其核仁生起。它是圆成境界，其时对立的两极已告统一。它是圆始（perfect beginning），因为对立尚未分化，世界尚未展现；它也是圆终（perfect end），因为对立复合，融为一体，世界再度息焉。[68]

圆的象征可以用各种方式展现出来，例如美索不达米亚的环蛇、墨西哥的墨石、中国的太极图、印度与西藏的曼荼罗、玛雅的蛛网图、炼丹术的圆形图式、印地安人的砂画

[68] E. Neumann, *Thc Origins and History of Consciousness*, p.8.

等等。[69] 这些来自不同文化、不同种族的象征，却传达了一项共同的讯息，因为它们都体现了一种超乎人种、文化差异的无意识向度。这些图形与其说是种种不同种族、文化的人士画的，倒不如说是无意识透过他们的脑、手，以各种不同的方式，表现唯一的无意识底层的内涵。

这些形形色色的圆形都象征了一种始源的开辟神话，遍布各地的宇宙蛋神话、遍布华南地区的葫芦神话即是这种开辟神话的典型代表。但诺伊曼取作代表的却是普见于中东、埃及、希腊神话的乌洛波鲁斯（uroboros），此神图像作环蛇状，就其图像而言，我们如呼之为咬尾者（taileater），[70] 允称恰当。看过乌洛波鲁斯的图样，我们很难不联想到轩辕国之人“尾交头上”的形象，两者之造型与功能竟雷同一至于斯。在遥远的东方与遥远的西方，在遥远的洪荒年代，其时两地的主神竟同时以环蛇之姿君临大地，这似乎很难说是巧合。如果交互影响之说难以证实，纯粹雷同之说又没有说服力的话，我们不妨接

---

[69] 原型为普见于人类无意识的原型，它可以以多种面貌投射出来。分析心理学派论“原型”“宗教”“神话”这类主题的典籍往往附有此类图像，与本文理论关系较深的荣格、诺伊曼、坎伯著作亦时可见到。三人著作中铺陈圆形象征较密集的著作分见如下：C. G. Jung, *Word and Image* (New Jersey: Princeton University Press, 1979), pp.76–94. E. Neumann, *The Origins and History of Consciousness*, 附图 2–11。J. Campbell & B. Moyers, *The Power of Myth* (New York: Doubleday, 1988)，彩图 1–17。Campbell 书上彩图的标题为：*The Whole World is a Circle. All of These Circular Images Reflect the Psyche*.

[70] E. Neumann，前引书，页 27。

图 3–5
图为双卷龙镜，年代当在商代，或更早。双龙盘旋，绕圈数匝，核心处才见两龙首相对。圆代表绝对、太极；双卷龙代表相对、阴阳。此图是精致版的乌洛波鲁斯。此铜镜内涵可视为初民版的太极图说。

受“类似的神话母题来自于人类共同的无意识母胎”的解释。如果我们不接受荣格、诺伊曼、坎伯的假说的话，我们至少可以相信道家不会反对人类有共同意识底层的看法的，而对道家与创造神话共同享有的原型象征，我们更没有理由视而不见。

圆是道家“创造神话”最重要的特征，也是许多文化的创造神的体相。然而我们将开辟神话的圆与“乐园—失乐园—重返乐园”的神话结构及道家心性论的理论对比，还有一点重要的原因可谈，此即乌洛波鲁斯、乐园、浑沌的心性同样是被置放在它们体系的起点，但也被置放在终点，诺伊曼特别强调此义道：

> 乌洛波鲁斯之象征位于自我尚未发展的始点；但当自我的发展被本我（self）的发展取代时，这样的象征又出现了，它位于终点，但两者仍是同一种象征。当宇宙的对偶法则不再占优势，或“吞食世界”或“被世界吞食”已不再举足轻重时，在成年人的心灵中，乌洛波鲁斯会再以

曼荼罗的形貌出现。[71]

由各文化各地区的乌洛波鲁斯造像看来，它反映了人可以重新获得“灵魂之圆、生命之整体与完美”。

道家的圆、浑沌、环中也不仅位于原始的无意识阶层或太初的帝江怪兽之处。意识是要发展、分化的，但发展、分化的终点站却是原先的出发点。老庄分别申述道：

反者，道之动。(《老子·第四十章》)

视之不见，名曰“夷”；听之不闻，名曰“希”；搏之不得，名曰“微”。此三者不可致诘，故混而为一。其上不皦，其下不昧，绳绳兮不可名，复归于无物。是谓无状之状，无物之象，是谓惚恍。迎之不见其首，随之不见其后。(《老子·第十四章》)

万物云云，各复其根，各复其根而不知；浑浑沌沌，终身不离。(《庄子·在宥》)

道的作用是圆形的，太初之人的构造是圆形的，得道的圣人的意识一样也是圆形的。道家的圣人之行事就像引文所说的乃

[71] E. Neumann，前引书，页36。

是“浑浑沌沌”，要不然就是“昏昏泯泯”“浑沦”“混芒”“混洞”“混同”“惛然”“沌沌”，这些语言显然是从“浑沌”一义转引下来的。真是一切从此浑沌流出，一切还归此浑沌。

然浑沌氏亦是中央帝，儒家心性论特重“中”义，《中庸》《易传》皆善言“中”之胜义，故或云“中也者，天下之大本也”，或云“君子黄中通理”。相形之下，道家言“中”似不若儒家明显，惟亦不尽然。《老子·第四十二章》云：

> 道生一，一生二，二生三，三生万物。万物负阴而抱阳，冲气以为和。

此章是本体宇宙论的论述，是道家文献对万物存在问题最明确的说明。它承继了远古的气论传统，首度哲学化地指出：万物存有论的性格乃依阴阳二气中和所致。因此，万物如偏离中和之气，即会偏离其自身的本质。老子所以以“心使气曰强”为大忌，即鉴于学者往往滥用意志，流湎情念，结果造成人身心的冲突与大宇宙、小宇宙间的失调。反过来说，学者首务当在收视返听，气机深沉，游心于阴阳交和之中。文子引用老子之言说道“中之得也，五藏宁，思虑平，筋骨劲强，耳目聪明，大道坦坦，去身不远，求之远者，往而复返”（《文子·道原》）；又说“故通于大和者，暗若醇醉，而甘卧以游其中，若未始出其宗，是谓大通”（《文子·精诚》）。上引《文子》书，其言皆作老子言。纵使引文作者不是老子，但其义理与《道德经》五千言的心性理论一致，此事殆无可疑。

由阴阳二气冲而成之，即有“和”的概念。上引《文子·精诚》已言大和，而道家另一巨子庄子亦善于言和，且看下文所说：

> 夫若然者，且不知耳目之所宜，而游心乎德之和。（《庄子·德充符》）

> 是事之变，命之行也；日夜相代乎前，而知不能规乎其始者也。故不足以滑和，不可入于灵府。使之和豫，通而不失于兑；使日夜无郤而与物为春。（《庄子·德充符》）

> 乡吾示之以太冲莫胜，是殆见吾衡气机也。（《庄子·应帝王》）

庄子言德，事实上都是言“德之和”，而所谓“德之和”，其义固指精神内敛，逍遥自在。然而此一词汇不会只是内心修养之事，它事实上也是宇宙论的概念，其义同时指向自然与人心的返根复性，阴平阳秘，深层均衡。以阴阳冲气训“和”，此是道家思想通义。《鹖冠子·环流》言“阴阳不同气，然其为和同也”；[72]《文子·上仁》言“天地之气，莫大于和。和者，

[72] 陆佃注解：《鹖冠子·环流》（台北：台湾商务印书馆，1965，四部丛刊初编缩本），卷上，页18。

阴阳调，日夜分”；《列子・天瑞》言“冲和气者为人”；《淮南子・泛论训》言“阴阳相接，乃能成和”。其说皆同。庄子所说，与道家的传统同调，“衡气机”也者，阴阳平衡之谓也。准以上老、庄所论，我们知道“中”不只在神话学上的意义非同凡响，在心性论上的地位亦属首出，这是毫无可疑的。

但“环中”是不可能永远在自体的，伊甸园的智慧之果一定会被发现，亚当、夏娃的眼睛一明亮（我们当然不会忘掉“光”在神话中象征的意义），[73] 他们一定会被逐出原始的乐园。以蚩尤为代表的下界子民也不可能永远是天帝的顺民，他们早晚会背叛上帝，并受天地之道隔绝的惩罚。同样地，人的意识也不可能永远常处在圆与中的绝对位阶。人既生而为人，他就是个体，既是个体，他就必然具备气质之性，而且必然有反思的能力，因此，他必然不可能常处普遍，意识势必要分化，道术将为天下裂。

> 天地与我并生，而万物与我为一。既已为一矣，且得有言乎？既已谓之一矣，且得无言乎？一与言为二，二与一为三。自此以往，巧历不能得，而况其凡乎！（《庄子・齐物论》）

---

[73] 卡西勒早已说过：所有民族、所有神话的开辟章主题多集中于“光”之创造，参见 E. Cassirer, *The Philosophy of Symbolic Forms,* Ralph Manheim trans. (New Haven: Yale University Press, 1955), vol.2, p.94ff.

> 万物云云，各复其根，各复其根而不知；浑浑沌沌，终身不离；若彼知之，乃是离之。(《庄子·在宥》)

前者谈语言对“一”之破坏，后者谈“知”对“根”之抛弃。究实而论，说的都是人的意识与“一”的矛盾。因为当人在“一”中之时，意识即在“一”中。“一”不是意识所对，所以两者才算是真正的合一。等到人可以意识到或描述及“一”时，“一”与语言及理智成了对决，因此“一”不是“一”，而是“被描述之一”与“描述之知或语言”所成之“二”。理智的齿轮一发动，接着而来的即是“二与一为三，自此以往，巧历不能得”的交引日下。《在宥》篇引鸿蒙之言道“浑浑沌沌，终身不离；若彼知之，乃是离之”，其言亦有理趣。浑沌固佳，但要终身不离，实无是理。《应帝王》篇言南海帝倏与北海帝忽想报浑沌之德，结果凿七日，七窍开而浑沌死。但就意识的发展而论，浑沌意识变为倏忽意识是必然的，而“浑沌之死”也是有情世间必然的命题。

由浑沌到倏忽、由一到无穷、由不知不离到知而离之，这是人类存在无所逃于天地之间的枷锁——从道家以外的观点来看的话，当然也可以说这是一种解放，而不是枷锁。意识解体往往会将其原始意向往外投射变成原型象征或神话人物。早期的乌洛波鲁斯神话代表的是浑沦意识，接着是浑沦开始变化，但又没彻底分化，此时即有大母神神话，此以“女性—农业—土地”占绝对优势的神话往往包含圣子、处女生殖、弱势的情人等情节。接着再来的即是世界父母神话之出现，乾称父，坤称母，阴阳二元于焉对立。诺伊曼叙述其义道：

> 如前所述，自我意识的发展在于它逐渐摆脱无异是排山倒海的宰制，获得解脱。在乌洛波鲁斯处，无意识的力量处于巅峰；在大母神处，其力稍杀。仔细观察演变过程后，我们发现其间的一个特色是：雄性（masculinity）原来只是萌蘖待发，现在却逐渐独立；自我意识在人类早期及婴儿期原来只能隐微显露，现在却可以系统化。世界父母分化的阶段乃借着对偶律，引发意识与自我之独立，因此，此阶段也是雄性日益茁壮的阶段。自我意识以男性之姿，和阴性的无意识相对立。[74]

随着世界父母神话而来的即是英雄神话。英雄初生、英雄弑母、英雄弑父等英雄，吸纳越来越多的雄性与雌性的力量到他身上，英雄性格变成人格的核心力量，他是第一位有“人格”的人。主—客、人—我、意识—无意识、典范—追寻者等种种的形式接着出现。接着英雄神话而来的是转型神话（transformation myth）：英雄独立后，他开始屠龙、救人、寻宝，这分别象征着人格的外在化（extraversion）、内在化（introversion），事实上也就是象征着自我的完成

---

[74] Neumann，前揭书，页 125—126。

化（centroversion）。自我完成化的典型代表是奥斯里斯（Osiris）的神话，人类的心灵从最原始的阶段到最高的位阶，都涵摄在奥斯里斯形象的象征内。其源头可追溯至史前的葬礼，其结果终结于吾人今日所谓“人格完整化”的过程之投射。[75]

五　重层之相应性

神话母题与意识发展平行，这是个颇值得注意的课题，诺伊曼的著作取精用弘，眼界极为辽阔，足以作为原型神话理论的代表。其论点能否完全建立，笔者无能妄赞一词。但他的假说用之于中国神话，确实可以开启一些原本隐晦不明的向度。英雄神话以后的阶段我们暂且不管，这是“自此以往，巧历不能得”的事情。但在中国神话中，我们似乎可找到“从乌洛波鲁斯神话到世界父母神话”的平行事例，我们前节引用过黄帝的例子即可作为印证。黄帝是中国远古传说中的天子与主神，他象征圆、中。但我们知道他又“调日月之行，治阴阳之气”（《文子・精诚》）；又与炎帝分宰天下之东、西两部（《逸周书・尝麦解》），就像15世纪末西班牙与葡萄牙平分东西半球、自我满足的世界地图一样；黄帝在画像石中还统合象征阴阳原理的伏羲与女娲，这些当是代表世界父母之阶段。黄帝还有伐

[75] Neumann，前揭书，页250。

四帝、坐明堂、听八风、行九宫等种种的传说。四帝、明堂、八风、九宫反映的当是人类意识结构投影的曼荼罗图像。它们整合人格的作用当不下于诺伊曼所说的英雄神话主题，两者虽重点不同，但意义却是相似的。比较之下，或许黄帝的传说更能彰显“四象性”这样的原型象征，也更符合曼荼罗图像由圆形而对称分裂的均衡构造。《文子·下德》提到老子曰：“帝者体太一，王者法阴阳，霸者则四时，君者用六律。”帝、王、霸、君即是乐园失落的发展史之代表，即是乌洛波鲁斯神话的演变史之代表，即是绝对意识的分化史之代表，即是道（太极、元气、乾元、太一）此形上实体的创造史之代表。

谈及形上实体的创造史，我们不得不再多说两句。道家的“道”到底能否视为形上的实体？学界目前仍有争议。笔者认为不管可以不可以，但至少道家人物多半用过类似的叙述结构，因此，“形上实体”的“姿态”或许仅仅是“姿态”，它们实质的内涵指涉的是精神的发展史；但更合理的解释：或许它们不是“姿态”，它们摆出来的样子是真的，“道生之”就是道生之，“一生二”就是一生二。不管两说何者较为切近，但其“创造”的叙述结构与“意识”论述、“乐园”论述颇为相近，三者的内容都是描述主词指涉之物由整合走向分化，而且是一步步地展开，每况愈下。且看下列各条：

道生一，一生二，二生三，三生万物。（《老子·第四十二章》）

太易者，未见气也；太初者，气之始也；太始者，形之始也；太素者，质之始也。(《列子·天瑞》)

泰初有无，无有无名；一之所起，有一而未形。物得以生，谓之德；未形者有分，且然无间，谓之命；留动而生物，物成生理，谓之形。(《庄子·天地》)

以上三条资料的结构当然也有龃龉不一致的地方，《列子·天瑞》所述更有秦汉时期气化宇宙论的味道。但是它们追溯万物的起源时，都穷究到“一”之上的绝对自体，“道”“太易”“无”都是绝对的无，是浑融之圆。

从乐园神话谈到宇宙论，我们的线路也拉得够长了，为避免沦为浑沌一片，茫无面目，我们仅列表如下，以清架构：

主题	发展阶段 I	发展阶段 II	发展阶段 III	发展阶段 IV	出　处
乐园神话 I	古之人	燧人→伏羲	神农→黄帝	唐虞	《庄子·缮性》
乐园神话 II	真人	伏羲	神农→黄帝	夏殷	《文子·上礼》
乐园神话 III	帝→一	王→二	霸→四	君→六	《文子·下德》
开辟神话 I→黄帝	黄帝	伏羲→女娲	五方帝或黄帝四面	黄帝行九宫	笔者综合
开辟神话 II→浑沌	浑沌	浑沌→倏、忽	四不才子	七日浑沌死	《庄子·应帝王》

续　表

主题	发展阶段 I	发展阶段 II	发展阶段 III	发展阶段 IV	出　处
意识发展 I	未始有物	有物无封	有封无是非	是非	《庄子·齐物论》
意识发展 II	与万物为一	二	三	巧历不能得	《庄子·齐物论》
宇宙论 I	太易→无	太初→气	太始→形	太素→质	《列子·天瑞》
宇宙论 II	道→一	二	三	万物	《老子·第四十二章》

上面的图式看起来是有些太规格化了，但这不是我们有意创造出来的。我们根据道家文献中乐园神话、开辟神话、心性论、宇宙论的论述逐一整理，结果就是这个模样。这些资料的对应关系当然不是很严谨的，比如在乐园神话资料中的黄帝与开辟神话中的黄帝，其位阶就不太一样，神秘数字零、一、二、三、四、六、九的对应也不是很贴切。但如果我们将具体内容的指涉放宽松一点看的话，不难发现道家的乐园神话、开辟神话、心性论、宇宙论彼此间的关系是平行呼应的，几乎可以彼此对译。

六　反智论的再思

从乐园神话到宇宙论，我们看到它们之间的结构非常地接近，这不是偶然的，它们应当不仅仅是类比的关系，而是其内容即有相似之处，所以道家诸子才会以类似的论述结构将它们陈述出来。笔者认为贯穿道家乐园神话、开辟神话、心性论、宇宙论的一条主线索，乃是这些论述都要求回归到一种原始的无分别境界，并且对历史文明的演化相当地不信任。

笔者上述主张的着眼点为：从神话时代到历史时代，其间人的意识构造改变甚大。因此，道家诸子在描述历史日渐退化之说时，他们固然描述的是文化的形貌现象，但他们同时也描述了人的意识结构的演变史。“原始的无分别境界”与“对历史文明演化的不信任”，这两样命题固然是道家思想显著的特征，但这两样命题也是神话时代共同的特色。

近代西方与古代或其他文明最大的一项区别，乃在前者有极强的历史意识，而后者却付诸阙如。历史意识的兴起是近代社会的一大事因缘，它的到来意味着人类对自己的事物、对任何个别性的事件，皆形成一种在历史全程中找定位的评价与反省的态度，线性的历史意味着事件的非范例性，也可说事件的独特性的时代的来临，这种非范例的独特性是以往的历史没有的。神话时代的宇宙观是个静止的宇宙，一种同一化的宇宙，任何在时间之流发生的事情，毫无例外地，都可以整编到以“神话—仪式”为中心的解释架构里去。因此，事件的独特意义解消了，它变成了原来的规范架构里的一个例子，它的线性之点的唯一性因往空间格局扩散化的结果——它被同化了。神话时代的神话系统是个解释网的大黑洞，它唯一的范畴是“具体的全体性范畴，亦即根本的一体性、存在论的一元性之范畴。现实全体统统被编入唯一的秩序中”。[76]

在神话时代中，所有事件都可以透过神话架构的解释，变成唯一的神话事件的化身，事件无自性。同样地，在神话时代中，个人的主体性并不强，人也是透过了神话的解释，变成一种非个体化的人。“前范畴的人，对自己本身不会抱着一种锁国政策的微粒子般的意识。他没有意识到自己与他人的分化。他的思考与世界是连在一起的。诚如‘认识’（concissance）一词所示，它是种‘共—生’。它不会以自己为中心，反而会偏离自我中心，人的终极性格与宇宙全体的韵律一样，它联系了全体的现实，毫无断绝。”[77] 换言之，我们一般视为人类本质的主体性云云，其实也是历史的产物。在神话的时代里，主体性之说是不太有意义的。社会透过了祭典的设计，赋予每个人特定的角色，这角色也就构成了其人之性格。人格的同一性是文化由外部赋予的，与主体性的觉醒无关。所以说“先史的时代是个没个性的时代”。[78]

所有事件会被编入唯一的神话结构之中，并与之同化。所有的人都会将自己的个性融在群体的群性中，与祭典赋予的角色合而为一。这种种的特点正具体地印证了耶律亚德所谓“永恒回归”的观念。依据耶律亚德的理论，近代西方社会以外的民族都有他们自己的行事，以及他们文化的典范，这个典范我

[76] Gusdorf，前揭书，页 25。
[77] Gusdorf，前揭书，页 123。
[78] Gusdorf，前揭书，页 159。

们也可以称之为文化领域内的“原型”。[79] 原型可以形形色色，凡任何来自“神圣”源头的事物与事件都可视为原型，但典型的原型是个宇宙开辟事件，它发生于时间肇始之初。然而，时间的肇始却是无“始”可言，这是种神话时间。神话时间因为是后来一切时间的源头，而且庄严的宇宙开辟事件恰好在此时发生，所以具有无比丰富的意义，事实上它是神圣的总源头。近代西方以前的传统社会，尤其是原始时代的人对历史总是心存畏惧，观感极差。他们发现历史意识所代表的人之觉醒，事实上只造成了人与全体之分裂，而且使可怜的“主体性”承受了过度的压力，“人的觉醒”并没有想像中那般幸福。拯救之道无他，唯有回归到太初的原型才有可能免祸。因此，初民往往会利用种种祭典、修炼的法门，以期挽回历史狂流，重新回到太初时间的美好岁月。永恒的回归原型即是太初存有论(archaic ontology)。[80] 因为有了文化的原型，一切经验才可以理解，否则秩序崩溃，纲纽解散。原型是人类一切经验的依据。

晚周道家诸子所处的社会正是历史意识极强，政治极度紧

[79] 此处用的“原型”，采耶律亚德义，不用荣格义。荣格用的“原型”是集体无意识的潜存意象，耶律亚德用的是宗教、神话意义。耶律亚德在《宇宙与历史：永恒回归的神话》新版序言对两者的异同有简略的解说。

[80] “太初存有论”一词为耶律亚德所用，详细解释参见 Thomas J. J. Altizer, *Mircea Eliade and the Dialectic of the Sacred* (Philadelphia: The Westminster Press, 1963), pp.41–47.

张的战乱岁月。他们发现“从整全分化”是一切痛苦的来源。意识发展也罢，乐园消失也罢，只要他们一离开整全，不幸即紧跟着而来。社会的变迁、历史的演化是个复杂的过程，其解释的切入点可以各式各样，但道家诸子作的是一种根源性的追究。他们认为一切的分化主要是来自人类感性与智性的狂炽，分化内在于人的本质。由于有了感性的狂炽，所以才导致了生命的不断膨胀，向外追逐；由于有了智性的过度发展，所以学者才会在真实的世界之外，建构另外一个足以和它匹敌的概念帝国。这个概念帝国透过语言——论辩的佣兵——结合各种现实利益的心理动能，不断地扩张版图，造成理念与真实的日趋背离。

既然一切都由感性、智性的过度发展才导致道德虚伪、文明败坏、人性异化，因此，拔本塞源之道乃是顺藤摸瓜，将学者已分化的感性、智性再度拉回。首先要拉到以神话、祭典为文明架构的先史时代，让学者的意识活动由主体的积淀还原到既有的神话系统之架构里面。如果可能的话，神话的类型最好还是开天辟地的太初时间之事件。道家思想中类似耶和华的无中生有或盘古、帝马特（Tiamat）的躯体化生之创造神话或许找不到，但浑沌神话的地位应该与开辟神话相当。道家诸子对“浑沌”的故事显然极感兴趣，所以浑沌的隐喻才会屡次出现在他们的著作中。而浑沌正是一切现象发展的总起源，它是绝对的未分化。依据道家的理解，这也就是一种最美好的存在，是历史、语言、政治、意识都当回归的终点。

原始乐园是道家政治思想的核心要义，且其思想与道家心性论之间有种平行发展的关系。如两者同样强调一种无分别的意识，在此无分别的意识中，人与自然、超自然同时取得具体的和谐。两者同样反对以人类自我活动为省思对象的历史意识，也反对以逻格斯（logos）为中心的分殊化之理智活动。当然严格说来，道家心性论与原始乐园之无分别意识仍然有所差别，而且差别甚大。因为神话时代的无分别意识虽说是“前范畴的”“先史的”“前反省的”，但是这种“前”乃是尚未分化之“前”，而不是意识净化后之“无”。毫无问题地，道家追求的无分别却是人存在的转化。借施友忠的话讲，这是初度和谐与二度和谐的差别。但差别不碍其似，就“个人存在”的观点来说，道家诸子都主张逆觉的工夫论，学者透过“为道日损”，“堕肢体，黜聪明，离形去知”的修养过程，最后可以达到一种无分别的境界。但就“政治”领域来讲，在个人内心可以做的事不见得可以移之于群体的事务之上。因此，道家诸子在政治领域上的共同要求乃是主张：百姓当收敛身心，不使他们的历史意识、理智意识有发扬的机会，政治最终的目的，乃是使人恢复到与自然的韵律同拍。但意识的分化既然是人的意识构造不可避免的驱力，所以国君首先要做的事，即是促使百姓返回自家尚未分裂的存在状态——这种状态事实上古已有之，它就是密集见之于道家文献的原始乐园神话。

原始乐园神话既然是道家政治思想的典范，是人间政治秩序的“原型”，因此我们可以为道家的“反智”“愚民”之说进一解。

道家“反智”“愚民”之说由来已久，而就学术史或就政治史而论，道家的黄老学说与尊君崇法的法家人物及中国的专制政治传统有相当密切的关联，这是事实，很难辩解。我们的关怀毋宁是：源头的本义与下流的影响是否可以等同？道家（尤其是老子）这种反智、愚民之说是怎么形成的？难道老子政治思想的目的，真的是要达到韩非子所说“明君无为于上，群臣竦惧乎下”（《韩非子·主道》），“明主之国，无书简之文，以法为教；无先王之语，以吏为师”（《韩非子·五蠹》）？

《老子》一书确实有许多字面上“愚民”“反智”的言论，比如：

> 是以圣人之治，虚其心，实其腹，弱其志，强其骨。常使民无知无欲。使夫智者不敢为也。为无为，则无不治。（《第三章》）

> 绝圣弃智，民利百倍……见素抱朴，少私寡欲。（《第十九章》）

> 不出户，知天下；不窥牖，见天道。其出弥远，其知弥少。（《第四十七章》）

> 古之善为道者，非以明民，将以愚之。民之难治，以

其智多。故以智治国，国之贼；不以智治国，国之福。（《第六十五章》）

读了《老子》这些话，再加上《老子》书中一些“观变”，“柔弱胜刚强”，“欲弱先强、欲取先与”的言论，一位专制、阴谋的老子的图像就出现了。何况，早在《韩非子》书中即有《喻老》篇，此篇即将老子诠释成深藏不露的斗争圣手。更何况张良、陈平等西汉名臣在政治、军事场合上，践履道家之言，结果终得奇效。最早的诠释者应当有最大的发言权，何况还有政治实效以作印证，老子的政治理论性格还有什么好争议的？

然而，“反智”“愚民”言论固然充斥《老子》书中的每一行、每一字，它们的意义不一定与法家申、韩或汉初张良、陈平所设想的一样。被后世视为阴谋家的老子事实上从来没有掩饰过他的政治理念，他确实认为只有透过“反智”“愚民”的政策，才能够达到一种较理想的政治制度。老子的政治秩序虽然人人耳熟能详，我们不妨援引其文观察一番：

小国寡民。使有什伯人之器而不用，使民重死而不远徙。虽有舟舆，无所乘之；虽有甲兵，无所陈之。使民复结绳而用之。甘其食，美其服，安其居，乐其俗。邻国相望，鸡犬之声相闻，民至老死，不相往来。（《第八十章》）

《老子》这段话的语言我们太熟悉了，它不可能是别的，它就是原始乐园的另一个版本。原始乐园之说虽然比《老子·第八十章》多了神话的色彩，但两者背后强调一种人融入自然韵律、无主体性、无认知义、无文明结构的想法，这些观点却是一致的。老子这种想法非常清楚，他说“古之善为道者”云云，其语虽不无可能是“托古改制”，但更大的可能是：他对神话一点也不陌生，他知道在“至德之世”或在“绝地天通”之前，人曾有段美好的黄金岁月。那时候的“政治”其实是“前政治”，其中无体制，无历、无史，人人亦无个体性——主体性——但人人与自然同在，个个逍遥。老子对这种神话传说绝对不陌生，所以他才会写出这样的文句。传说是老子学生的文子，以及后学的《庄子》《列子》《淮南子》也一再重复这个母题。毫无问题地，原始乐园是道家政治思想的原型。

如果我们同意原始乐园思想与道家的理想国可互相转译，我们即知老子的“反智”“愚民”之说不当从人君的统治技术着眼，而当从人的存在问题谈起。道家诸子论及感性及智性问题时，步调是一致的，他们大体同意人会失落自我，绝不是因为“自我”太少了，而是人的主体意识太强，感性、智性过度发达所致，因此，才会给人类带来这么大的灾难。道家诸子论政治思想与心性论问题时，非常一致地指出：人只有透过感性、智性还灭的过程，学者才可以重新获得自由。如果说在心性论与政治理论上有什么严重的差别的话，那当是心性论上的工夫需要个体的“人”去作，而政治上作逆觉工作的人，却是人君其人。

老子在这点上当然没有现代政治主体在百姓的想法，他受到传统思维模式与时代的限制，仍将政治主体限定在国君身上。所以政治论上，老子要求国君负担起解消百姓过度发展的感性与智性的工作，所以说：

> 为学日益，为道日损。损之又损，以至于无为。无为而无不为。取天下常以无事，及其有事，不足以取天下。(《第四十八章》)

> 圣人在天下，歙歙焉，为天下浑其心，百姓皆注其耳目，圣人皆孩之。(《第四十九章》)

> 道常无为而无不为。侯王若能守之，万物将自化。化而欲作，吾将镇之以无名之朴。无名之朴，夫亦将不欲。不欲以静，天下将自正。(《第三十七章》)

老子知道文明是一定会发展的，他知道人依其本质定义，即有感性与智性，因此，人的意识必然会分化。但分化太过，就有了历史，有了“始制有名”，有了文明必然会产生的一切问题。此时，人君扮演一种关键性的角色，他要“浑”百姓之心(“浑”这个字是否和“浑沌”的传说有关呢？)；他要以无名之朴镇住化而欲作的百姓，换一个说法，也就是要用无名之朴镇住始制有名的文明发展。老子这里对国君的地位与作用显然夸大了。《第四十八章》是《老子》书中相当重要的篇章，“为学”与“为道”两条路线的对照对后世影响极大。但老子在此处谈及“为道”问题时，却又讲到“取天下”，其文显然有政治用意。国君与道相关，又得圣人之号，这似乎太“泛政治化”了。但老子对人君这般重视，我们一样不觉得陌生，因为神话时代的统治者往往具备了这样的性格。

然而，人君如何浑天下百姓之心呢？如果国君要用有为的方法，那么，整个理想国度内显然只有国君一人因为“牺牲小我，完成整体”，所以没办法复性逍遥。而且与道合一的人君如真要这样费神去做的话，手段也未免太拙劣了，不符盛名。老子在这方面的立场其实也是很清楚的，此即人君只能用无为的方式，自己在不知不觉中，化及百姓。所以说：

> 其政闷闷，其民淳淳；其政察察，其民缺缺。……是以圣人方而不割，廉而不刿，直而不肆，光而不耀。（《第五十八章》）

> 圣人云，我无为而民自化，我好静而民自正，我无事而民自富，我无欲而民自朴。（《第五十七章》）

“无为”是先秦诸子的共法，道家讲，儒家、法家也讲。法家讲“无为”的效果是要“明君无为于上，群臣竦惧乎下”，但老子的“无为”法殆非其类。法家所以讲政治上的无为，因为其背后有法令系统、刑赏二柄、农战政策及人君不测之心作背景。所以人君的无为，恰好可以促成底下的结构发挥功能，而达成大有为。但老子所说的无为，没有这种体制性的结构作后盾，人君无为，即是浑沦一片之无为。但天壤间的秩序却可借此在圣人无为的心境中，自然地感而相应。其始作，没有意图；其功成，没有自得。这是一种切断政治意图，切断体制脐带，让自己与百姓、万物皆可恢复到人应有的太初黄金时代之观点。

人君的政策如此，因此，理论上讲，其施政乃是一无所施，百姓亦非受施者。万事万物一切如如，全在自然韵律旋转之下，忽焉自成。所以说：

> 太上，不知有之；其次，亲而誉之；其次，畏之；其次，侮之。信不足焉，有不信焉，悠兮其贵言。功成事遂，百姓皆谓我自然。(《第十七章》)

既是无为，即是无为，政治秩序即是宇宙秩序，两种秩序是种同质化的构造，道家的形上学不需要一位受到被造者拥戴欢呼的至高神，一切皆依自然内部的有机韵律而转；同样地，道家的政治秩序也不必要让百姓感到有这么一位崇高的人君存在，更不必说要仰慕之、歌咏之了！国君的存在就是这样存在了，他连自己的神秘感化能力也不能起反思的分别作用。

从人的存在论、逍遥论（救赎论）的观点来看，老子的“反智—愚民”说的定位是很清楚的，它要求国君先经过反己智、愚己心的过程，达到一种与道合一的境界后，再反百姓智、愚百姓心，使他们也能安身复性，这是双重的反智论。严格上讲，道家的“反智—愚民”说不是政治理论，或说：它是种假政治论，其实谈的还是人存在的问题。“反智—愚民”说与国家政策及国君利益无关，它为的是人的解放。在《老子》《庄子》《文子》《列子》《淮南子》诸书中，我们看到人君的性格都是一致的，都是“俗人昭昭，我独昏昏。俗人察察，我独闷闷”（《老子·第二十章》）；我们看到百姓理想的存在状态也是一样的，都是“浮游，不知所求；猖狂，不知所往；游者鞅掌，以观无妄”（《庄子·在宥》）。一种没有政治主体、没有政治结构、没有政治意图的“反智—愚民”说，我们很难设想它可以达成什么样的无用之大用，除非“大用”依道家的定义。如果我们要找出距离法家“反智—愚民”说最远的一套政治理论，那大概就是道家的“反智—愚民”说了。但这两套理论如就史实而论，却又有密切的血缘关联，这真是学术上的一大诡谲，玄之又玄。

肆　黄帝四面：天子的原型[1]

黄帝是古代先王中传世久远、声势显赫的神圣人物，他常被视为人文之祖，各种器物的发明者，又被视为汉族，甚或中国境内各族的共同祖先。不管是儒家的三皇五帝，或是道家至德之世的神秘人君，他们随着时光的流逝，都慢慢地变成遥远历史上的一点模糊的影子。黄帝的情况不然，他出现于中国历史舞台的时间不会比其他的圣王人物早，但譬如积薪，后来居上。他不但年代被提早了，他的性格也被诠释成和后人的生命息息相关，他的影响更是随着后世汉文化的扩充而日益茁壮，面貌越来越清楚，功能也越来越强化。直至今日，三皇五帝中似乎只有黄帝一人独大，而且他与其他“帝”的距离似乎有越拉越大的趋势。

黄帝的性格既然后出转精，越来越清楚，我们有理由相信顾颉刚的怀疑：中国的古史是“层累地造成的”。因此，如果

---

[1] 原稿《黄帝四面——天子的原型》，刊于廖蔚卿教授八十寿庆论文集委员会编：《廖蔚卿教授八十寿庆论文集》（台北：里仁书局，2003），页181—214。

追问黄帝的原始性格，追问到底黄帝是何许人耶？我们发现他的面貌反而越来越模糊了。然而，他的“层累”造成的形象到底是如何形成的？如果我们扫除掉这些“外加”的形象后，是否有可能云开天青，看见黄帝的“本来面目”？或者是他的“本来面目”即是“多重面目”，就像神话中许多英雄的形象一样？

一　天神与地祇之说

“黄帝”的性格极为复杂，其解释亦极多样，《尸子》有“古者黄帝四面”之说。“黄帝四面”是个多层含意的象征，我们可以将它当作空间开辟神话事件中的中央与四方的关系，黄帝居于中央，他掌控或征服象征四方的四方帝。但我们也可以就字面理解，黄帝具有四种面貌，每一面貌皆反映了黄帝的部分特质。我们如就单一面向论其本质，其结果不免沦于瞎子摸象，各说各话；如果四方统观，面面俱到，黄帝其人其事或许比较有机会清晰地呈现出来。近代学者研究黄帝“本来面目”的说法颇为分歧，笔者认为其中声势较壮、影响较大的说法有四：一为天神说，一为地祇说，一为始祖说，一为文化英雄说，这四种说法可视为黄帝的四面。

“天神说”主张黄帝的秘密藏于天界，他当是天界某种神祇的变形。他曾被视作月神、雷神，也曾被诠释成日神，最重要的，他还被诠释成上帝。在上述的种种说法当中，除了月神之说难以找到合理的论证，[2]因而可存而不论外，其他几种天神之说都可视为足备一说的假设。“地祇说”的解释恰与“天神说”成一对比，此说主张黄帝实即某种大地之物，甚至是大地本身的人格化，简单地说，黄帝即是黄土之象征。“天神说”与“地祇说”可合称为“自然神话说”，“始祖说”及“文化英雄说”则可合称为“社会神话说”，“自然神话说”与“社会神话说”是黄帝神话学的两条主轴。

我们先从论证较为薄弱的假说论起。为了叙述方便，我们将“地祇说”一个较薄弱的假设提前至此讨论，这个假说即御手洗胜所提的黄帝为沼泽神，[3]御手洗胜的论证如下：

（一）黄帝为少皞之父，但据加藤常贤之研究，少皞与伯夷、伯益、柏翳皆为嬴氏族的泽神。

（二）黄帝黄龙体，“轩辕”意味着龙蛇，龙蛇固水泽之物也。

（三）伯益、少皞、黄帝皆精于驯服鸟兽，此乃因他们为鸟兽栖息之所之神所致。

御手洗胜之说可备一格，但资料的选择性过强，取舍之间，理据殊为不足。他的第一点论证建立在加藤常贤的假说之上，而加藤常贤的假说距离定论还相当地遥远。至于第二点与

---

[2] 月神之说参见杜而未：《中国古代宗教系统》（台北：华明书局，1960），页 86—88。但支持此说的证据相当薄弱，学界同行从其说者甚少。

[3] 御手洗胜：《黄帝の传说》，《古代中国の神々：古代传说の研究》，第 2 部第 1 章，页 265—306。

第三点的论证，其诠释颇有游移的空间。如果我们相信飞龙在天，或者我们接受动物（不管是神话动物或是真正的动物）是萨满登天的主要助手的话，那么，不管鸟兽平素居水或居土，其宗教意义总在升天之举，上述这两条论证可能可以诠释到完全相反的方向上去。御手洗胜没有解释的材料很多，而所解释者，又很难通过严格的检证，所以信者不多。

森安太郎另持一说，他认为黄帝当为雷龙之神。[4] 虽然响应此说者也不多，但其说并非无的放矢，我们且看森安太郎举出的理由为何：

（一）黄帝后妃嫘祖，其人在《山海经》中写作“雷祖”，嫘祖生二子，其一为青阳氏。青阳氏者，“方雷氏之甥也”。方雷、雷祖，皆与雷有关。

（二）汉代纬书多言黄帝为雷神，如云：轩辕主雷雨之神。

（三）后代压胜钱、刚卯、黄神越章，其物皆由龙或龙的文字与斧组合而成。龙斧，实即为雷斧。

森安太郎还认为“黄帝为雷神”，此说具有强烈的政治意涵，它与田齐欲篡位姜齐的历史事件有关。森安太郎的解释颇细，或者该说颇为细碎，笔者认为不太可能成立。此说诚然有个理路，笔者同意即使早在战国时代，政治神话已是常见的文化现象，田氏篡齐，难免要借力神话的魔咒。但田齐如果要制

---

[4] 森安太郎著，王孝廉译：《黄帝的传说：中国古代神话研究》，页175—208。

造有效的神话叙述，他的语言应当是更具公共性。神话是群众欲望的投影，它通常要和传统的“圣物”联系上关系，才可能发挥政治效果。太曲折的解释恐怕只能投学者之所好，未必能鼓动群众之热情。但笔者所以认为雷神说的论证并非无的放矢，乃因这些论证皆指向黄帝具备天界之神的性格，如果我们将雷神的地位再往上提升，森安太郎所提的这些论证反而更可以支持“黄帝天神”说。

除了沼泽神、雷神外，另有“日神”之说，叶舒宪、高木敏雄与铁井庆纪皆认为黄帝当为太阳神。此一说法虽没有直接的文献证据，但相关的线索好像不少。我们且以高木敏雄的解释为例，稍进一解。高木敏雄从《山海经·大荒北经》所记“大荒之中，有山名曰不句，海水入焉。有系昆之山者，有共工之台，射者不敢北乡。有人衣青衣，名曰黄帝女魃。蚩尤作兵伐黄帝，黄帝乃令应龙攻之冀州之野。应龙畜水。蚩尤请风伯雨师，纵大风雨。黄帝乃下天女曰魃，雨止，遂杀蚩尤。魃不得复上，所居不雨。”[5] 得到启示，他由此兴起“日神”的假说。他的理据如下：

（一）黄帝是龙，而龙与太阳神关系特深，所以黄帝为太阳神。《史记·天官书》说“轩辕，黄龙体”；《淮南子·天文训》言“中央，土也，其帝黄帝，其佐后土，执绳而制四方，其神为镇星，其兽黄龙”。类似的记载很多。

[5] 袁珂校注：《山海经校注》，页 430。

（二）黄帝的“黄”字与其号“有熊”与太阳关系特别密切，《释名》云：“黄，晃也。犹晃晃象日光色也。”《风俗通义·皇霸》：“黄，光也。”“有熊氏”的“熊”字据徐灏所说，其本义如下：“假借为贤能之能……遂以火光之熊为兽名之能。”

（三）黄帝被视为土德之代表，此说或晚，但此说恰好可作为“黄帝为太阳神”说之佐证。《礼记·月令》郑玄注有话云：“后土亦颛顼氏之子曰黎。”后土为黄帝之佐神，实即黄帝之分化。而重黎实为太阳神，故黎同时兼太阳神与土地神两职。此说似乎怪异，但域外不乏此说，如日本的天照大神即身兼太阳神与土地神二职。

（四）黄帝为中国之共祖，此亦为太阳神之一证。据《国语·晋语》所述，黄帝为十二姓部族之始祖，《世本》、《山海经》有更精详的记载。然语及统一帝国的共祖神，最有力者莫过太阳神，因为日照无所不及，它最易成为统一运动有利的宗教条件。[6]

除此四说外，黄帝为太阳神之说其实还有其他线索可寻。叶舒宪在《天子明堂》与《黄帝四面》两长文中，[7] 透过原始资料绵密的分析以及各民族志的比较，很雄辩地指出：由黄帝与明堂的设计，或黄帝与封禅的关系，在在都显示黄帝具有浓厚的太阳神性格，叶文对“黄帝日神说”是个有力的补充。

---

[6] 高木敏雄：《比较神话学》（东京：武藏野书院，1924），页125。
[7] 此二文收入叶舒宪：《中国神话哲学》，页145　227。

上述诸说皆言之成理，持之有故，然所以前说未息，后说继出，显示此一问题争执仍大。对照之下，诸说中以“上帝”的假说最受人注意。依据杨宽的解释，黄帝一词原从“皇天上帝”的简称“皇帝”一词而来。“皇帝”原来不是人间政治秩序的首脑，他是原始的至高神。后来随着中国人间秩序版图不断扩大，皇帝分化成青、白、赤、黑、黄五帝，中央的帝位独尊，所以皇帝就变成了“黄帝”。童书业说得更干脆：“最早之人王帝皆起于部落宗神转化成之上帝。”[8] 尔后随着历史不断发展，崇高地位的黄帝被不同国的国君及汉民族视为始祖，黄帝终于彻底地“本土化”，成为中国各民族共同的渊源。[9]

铁井庆纪除主张黄帝具太阳神的性格外，他亦具上帝的身分。但铁井氏对杨宽的论点颇有增补，间作修正，其论点如下：

（一）杨宽认为黄帝即是上帝，可是依据其举例，黄帝乃历史上存在之帝王，故黄帝当视为上帝之表象，如《庄子·天运》言黄帝“调理四时，太和万物”。《淮南子·览冥训》言黄帝“以治日月之行律，治阴阳之气，节四时之度，正律历之数”等等。

---

[8] 童书业著，童教英校订：《春秋左传研究（校订本）》（北京：中华书局，2006），页 28。

[9] 参见杨宽：《中国上古史导论》，第 5 篇、第 8 篇，此书收入吕思勉、童书业编著：《古史辨》（上海：上海古籍出版社，1982），册 7 上，页 189—209、246—269。

（二）黄帝为少昊之子，然“昊”字，如“乃命羲和，钦若昊天”，“以禋祀祀昊天上帝”，昊者，天也。《帝王世纪》言“少昊，金天氏”，此说亦可略窥个中消息。

（三）《山海经·西山经》言“天山……有神焉，其状如黄囊，赤如丹火，六足四翼，浑敦无面目，是识歌舞，实为帝江也”。[10] 帝江即浑敦，即黄帝，居于天山之黄帝，此自然表述黄帝为上帝之意。

（四）《史记·孝武本纪》及《汉书·郊祀志》皆言黄帝升天。然另一方面，《山海经·西山经》又言昆仑山为“帝之下都”。黄帝或升天或降世，两者皆显示他的天神性格。

（五）黄龙名轩辕，考“轩辕”一词，缓读为“乾”，这些语汇皆含有“高”的意思，且都有“为天，为圜”之意涵。

（六）黄帝不但是文化英雄，他“使羲和占日，常仪占月，臾区占星气，伶伦造律吕，大挠作甲子，隶首作算数，容成综此六术，而著调历。后益作占岁。沮诵仓颉作书”。（《世本·作》）能支配自然现象之神，除了天神外，殆难有其他神祇可以与之匹配。

这种种的证据显示黄帝当为上帝。[11]

上述几种解释，都是奠基在天神的诠释上面。其中除月神的诠释效果较薄弱以外，“上帝”与“太阳神”之说则颇具说

[10] 袁珂校注：《山海经校注》，页 55。

[11] 参见铁井庆纪：《黄帝について》，铁井庆纪著，池田末利编：《中国神話の文化人类学的研究》（东京：平河出版社，1990），页 326—349。

服力。这两说各有文献与理论可以支持，如果我们从后代的观点来看，“太阳”与“上帝”当视为不同的两个概念，太阳神一般比上帝低一层，那么，我们只能从中作一选择，找出恰当的答案。但实情恐非如此，黄帝此概念出现应该不至于太早，它有可能是在大一统思想与五行说成型后的产物。但黄帝所含的太阳神或光明意象却源自长远的文化底层。中国古代曾流行太阳神或光明崇拜，此风尚不管在习俗或重要概念上，在在都可以找到相当强的佐证。[12] 我们如果再考虑明暗的分判乃是意识发展的初阶，太阳从黑夜中升起，即同时朗现整个大自然世界，此事对初民而言，是个极大的震撼。“光明从黑暗中升起”因而可视为宇宙性的开辟事件，太阳神也可视为创造宇宙的大神，直截了当地说：他可视为上帝。黄帝一身兼具上帝与太阳神两种性格，这并非不可思议之事。

“黄帝为上帝”之说颇有理据，杨宽突显此一议题，此事颇有意义。但杨宽举例说明此义时，解释太宽，不免贻人话柄，除了御手洗胜所说之外，杨宽的论点时有可议之处，比如：“黄帝”和“皇帝”时常通用，这有古书为证，声韵上也通，这种说法是站得住脚的。“黄帝”确实也常有些天神的影子，但我们观看杨宽所举的一些例证，赫然发现：与其将“黄

---

[12] 关于三皇、五帝及先王之光明义，参见何新：《中国远古神话与历史新探》，页 48—73；萧兵：《太阳英雄神话的奇迹》（台北：桂冠图书公司，1992），页 30—44；杨希枚：《中国古代太阳崇拜研究》，《先秦文化史论集》（北京：中国社会科学出版社，1995），页 738—783。

帝”视为“天神”，还不如将他视为“地祇”。杨宽举《山海经》为例，说昆仑乃“帝之下都”。昆仑与黄帝关系特别密切，所以此处既明言“帝之下都”，则“帝”为上帝可知。然而，既是“帝之下都”，何以此地不能是“地祇”之黄帝之都城，而必然是上帝之下界行都？杨宽又举《吕氏春秋》《礼记·月令》等书皆记载黄帝为中央帝，其佐为后土，故两者当是“皇天后土”的关系。然而，五方帝皆具有主神与佐神，主、佐两神的性格相近，两者不是对立的互补，而是同质性的强化关系。如此看来，焉知“黄帝”不是更大的“后土”？

我们说“黄帝”焉知不是更大的“后土”，此话不是没有根据的。事实上，早已有人说过黄帝是“地祇之子”[13]，甚至称之为“地皇”，而且“黄帝是中央土德之帝”，这种论点在战国、秦汉时代的资料里，可以说俯拾可得。除了上述两点证据外，我们不妨再举下列两说以补充之。第三，土与母性关系特深，《史记·天官书》说道：“轩辕，黄龙体。前大星，女主象；旁小星，御者后宫属。”轩辕黄龙之体，前辈学者往往利用此资料说明黄帝一身具有水泽之神或上帝的性格。然而，女性和地祇关系特别密切，在大母神崇拜的时代，“土地—女性—创造”可以说是三位一体。现在，轩辕黄龙之体竟然用以表象后宫，这当中的消息不是已经呼之欲出了吗？第四，女娲

[13]《河图》云“黄轩母曰地祇之子附宝”，《河图》已佚，此佚文收入安居香山、中村璋八编：《重修纬书集成》（东京：明德书店，1978），页47。

以土制人。以土制人，此行为无疑运用了制陶的意象。女娲是上古时期政治声势最显赫的大母神，她是创造主神，此义完全说得通。文明发展初期，一般都由女性掌握制陶秘诀，[14] 然而，奇怪得很，带有浓厚战神性格的黄帝据说竟然也是陶器的发明者。我们都知道先民往往视陶器为创造力的象征，老庄也常常运用陶器的意象以说明道的创造功能。[15] 陶的象征意义既明，则黄帝与土的关系自然也就浮现了上来。

总而言之，在“黄帝”材料最密集出现的时代，我们看到的“黄帝”已是和黄土紧密相合。作为象征土德的黄帝之所以特殊，乃是他在原有的土德之外，更拥有了原先没有的家当，其中最重要的，乃是他占据了“圆”与“中”的象征以及“圆”“中”的功能由纵贯轴往横向轴四方的征服。“黄帝”与“圆”及“中央”有关，其来源恐甚早。《山海经 · 西山经》云“天山……有神焉，其状如黄囊，赤如丹火，六足四翼，浑敦无面目，是识歌舞，实为帝江也”，毕沅注云“江读如鸿”，帝江即帝鸿即黄帝。[16] 浑沌是中央帝，它是宇宙卵，是创造的根源，它位于中央，此不待多言。

黄帝是帝江，帝江是浑沌，黄帝所居之地或所往之地遂

---

[14] 参见诺伊曼（E. Neumann）著，李以洪译：《大母神：原型分析》（北京：东方出版社，1998），页 131—137。

[15] 老子言“埏埴以为器”，庄子言“休乎天均”，皆是以陶器象征道。庄子所言汉阴丈人宁用陶瓮而不用机械灌水的故事，更足以见出陶器的神圣涵义。参见拙作《道与玄牝》，本书第贰章。

[16] 同注 10。

图 4-1
熊造型器物在三代秦汉器物中常见。熊会冬眠，来春苏醒，先民用以象征四季循环，大地永恒的生命力。此熊带有翅膀，显示它具有飞翔的魔力。我们当然也不会忘掉“黄帝有熊氏”这条线索。

不得不跟着变为浑沌，只是古书所见到的黄帝向往之场所不称之为浑沌，而是叫做“空同”，“黄帝……闻广成子在于空同之上，故往见之”（《庄子·在宥》），“黄帝……西至于空同”（《史记·五帝本纪》）。第一条资料所述黄帝见广成子，这是道家—道教一则著名的寓言或传闻，广成子与空同山在《庄子》或《史记》的脉络中，显然成为道之象征，而黄帝反而成为待启蒙者。然而，此处的“空同”不管音义，皆与“浑沌”通，它也是座宇宙山，[17] 此当无可疑。

“黄帝”除与“空同山”相关外，他还是昆仑山的主人翁。现实上的地理的昆仑山位在今日中国之西北，但神话中的昆仑山却位居中央，它是中国神话中最标准的宇宙山。《淮南子》说：“昆仑之丘，或上倍之，是谓凉风之山，登之而不死。或

[17] 我们且看《经典释文》的解释：“‘广成子’或云：即老子也。‘空同’，司马云：当北斗下山也。《尔雅》云：北戴斗极为空同。”郭庆藩辑：《庄子集释》，页 379。北斗是天枢，它与作为宇宙山的昆仑山相通，可见“空同”即“昆仑”。关于北斗与宇宙轴的关系参见 M. Eliade, *Shamanism: Archaic Techniques of Ecstasy*, pp.260–267。　而“‘广成子’或云：即老子也”，这样的“或云”亦颇可省思。

上倍之，是谓悬圃（之山），登之乃灵，能使风雨。或上倍之，乃维上天，登之乃神，是谓太帝之居。”众山竞雄，但只有此宇宙山提供了和世俗隔绝的神圣性质。《淮南子》所说尚属平实，其他子书所言更离奇了，但也更突出了“中”之意义。《河图》云“昆仑，天中柱也，气上通天”，《水经》云“昆仑墟……地之中也，其高万一千里”，《神异经》云“昆仑有铜柱焉，其高入天，所谓天柱也”[18]。“天中柱”“地之中”“天柱”云云，都表示此山是宇宙轴心（axis mundi），人世与天界沟通唯一的管道，山如是，统治此山之神黄帝亦如是。

黄帝往空同，住昆仑，他的居处特别，他的长相也特别。一说他的容貌为“四面”；但另一说则持异议：“轩辕之国在此穷山之际，其不寿者八百岁，在女子国北，人面蛇身，尾交首上。”（《山海经·海外西经》）黄帝号轩辕，轩辕之国当与黄帝有关。轩辕有丘，其丘方形，是土地的象征，黄帝是土的显像。轩辕国之人竟然“尾交首上”，此处所言，显然预设前文引《天官书》所言“轩辕黄龙体”的概念。黄龙之首尾相交，这岂非成了圆环之龙？用古书的专有名词讲，这种环形之龙名为“应龙”。如果我们对原型神话不陌生的话，马上就会联想到作为集体无意识象征的乌洛波鲁斯（uroboros），它的典型长相岂不正是首咬尾的环形之蛇？龙蛇在象征的意义上是重叠的，都是

[18] 上述所说及更详细的材料，参见洪兴祖：《楚辞补注》（台北：长安出版社，1984），页 26、43。

代表潜能、生殖，轩辕与乌洛波鲁斯的象征意义也是相同的。

黄帝体现了“圆”，但黄帝更体现了“中”。我们上述所举的昆仑、空同，其山除具圆形之状外，它们同样带有“中”的意涵。形状里的“圆”，方位里的“中”，颜色里的“黄”，它们都是“土德”此一家族的成员。围绕黄帝周围的事物多有圆、中、黄、土之质性，则黄帝为后土的体现，此一假说并非不能证成。

二　始祖神与文化英雄

黄帝除了具备天神与地祇的性格外，他身上还带有明显的始祖神、文化英雄的性格。“天神”与“地祇”说可视为“自然神话说”的范围，“始祖神”与“文化英雄”则可划归到“社会神话说”的范畴下考量。

“黄帝”在近代中国最鲜明的意义当是他为“中华民族”之共祖，如果就一种神秘的血缘关系来论的话，中华民族的国民都是“炎黄子孙”。这种论述所以在近代中国那么流行是有历史背景的，无疑地，近代中国的悲惨命运与近代中国的教育政策肩负起——至少是引发了“共祖”这种家族感的论述广为传播。[19]然而，往圣先王的系谱那么长，黄帝所以能打败群

[19] 参见沈松侨：《我以我血荐轩辕——黄帝神话与晚清的国族建构》，《台湾社会研究季刊》，第28期（1997），页1—77。

雄，跃为共祖，这样的结果并非偶然。在长期历史演变的过程中，比起其他传说中的圣王，黄帝确实累积了更多的象征财。如果一般的神话人物会随着历史理性化的进程而逐渐退出政治舞台的话，黄帝反而逆势而行，历史理性化的进程更增添了此一意象具体的内涵，历史越久远，形象越清晰。他主掌的领域与管辖的子民，随着后世帝国版图的扩张，反而越来越多。

黄帝成为共祖，其过程颇为曲折。依据我们现在所见到比较可靠的史籍之记载，“黄帝”一出现，即带有明显的始祖神的意味，《国语·鲁语上》记载展禽（亦即当时的大名士柳下惠）批评鲁国执政者想祭礼海鸟乃是荒谬的举动，他主张只有有功于社稷的古先圣先王才有资格安享血食。展禽随之列举其名如下：

> 有虞氏禘黄帝而祖颛顼，郊尧而宗舜；夏后氏禘黄帝而祖颛顼，郊鲧而宗禹；商人禘舜而祖契，郊冥而宗汤；周人禘喾而郊稷，祖文王而宗武王。[20]

这个系谱当然带有相当浓厚的传说色彩，五帝与鲧、禹这类圣王恐怕很难确切地指认其历史面貌。但鲁国当时是有名的文化之国，展禽更是文化国中赫赫有名的文化人。而且展禽的话语是要说服时人的，这种劝导用语必须建立在某种大家共

---

[20] 王云五等编：《国语》（台北：商务印书馆，1965，四库丛刊初编缩本），卷 4，页 39—40。本书之《国语》引文皆依此本，不一一注明。

同接受的描述语之上，不可自铸伟词，其效果才可以显现。此时，展禽口中的黄帝已颇有“共祖”的模态，但这样的模态到底不太稳固，商人、周人追溯其祖时，还是忘了他。

黄帝要走出有虞氏与夏后氏的疆界，更进一步向外扩充的话，他显然需要有更多的孝子贤孙认祖归宗。后世人很容易想到的共祖除了黄帝之外，就是炎帝了，后世的祖宗光谱所以有“炎黄子孙”一说，并不难理解。我们目前所见到的较早的史籍的记载，黄帝和炎帝的命运确实分不开。同样在《国语》一书里，有位和展禽同样有智慧的人物司空季子即提到黄帝有子廿五人，“得姓者十四人，为十二姓，姬、酉、祁、己、滕、箴、任、荀、僖、姞、儇、依是也”，这样的系谱是相当具体了，颇有“史实”的模态。他接着又说：

> 昔少典取于有蟜氏，生黄帝、炎帝。黄帝以姬水成，炎帝以姜水成。成而异德，故黄帝为姬，炎帝为姜，二帝用师以相济也，异德之故也。(《国语·晋语》)

同姓同德，异姓异德。而其姓其德之所以不同，乃因“姬水”与“姜水”不同的缘故，此间问题牵连颇广，解释尤为分歧。[21] 社会史的角度姑且不论，窃以为这是中土极早甚至是最

---

[21] 参见杨希枚：《国语黄帝二十五子得姓传说的分析（上篇）》，《“中央研究院”历史语言研究所集刊》，第 34 本册下（1963），页 627—648。

早成型的风土论，此论强调风土与人的性格及命运有极深的内在关联。在引文中，主导性的自然风土因素是“水”，我们如果理解“水”与“生成”之象征意义，[22] 即不难理解司空季子之说有种神话学的理路。炎、黄两者异德，因此，“以师相济”此说当指有名的阪泉之战，而阪泉之战这个事件其实即是有名的黄帝与蚩尤相争的涿鹿之战。阪泉之战所以在“始祖神”这件事上那么重要，乃因阪泉之战被时人设想到神话意义的宇宙开辟年代，在那个神话的开辟年代所发生的任何事情，基本上都会成为原型事件，这样的原型事件成为尔后一切相似的事件的模型，它要不断地被回溯，被重演。“炎黄相争”此一事件亦是如此，而且它的意义更重要，因为它牵涉到“吾族起源”的问题。

“二帝用师以相济也”一语充满了苦涩的反讽，“相济”原本可解作互助，而炎、黄系出同母，一体分化，相济原亦是常理之事。孰知出人意外，相济者竟是动兵动枪，用师相济。炎、黄用师相济，因而有阪泉之战。换言之，“炎黄相争—阪泉之战”与“黄帝蚩尤相争—涿鹿之战”，两者实是一事之分化。[23]

---

[22] 参见 M. Eliade, “The Waters & Water Symbolism”, in *Patterns in Comparative Religion*, pp.188–215。拙作：《水与先秦诸子思想》，原刊于台湾大学中国文学系编：《语文、情性、义理——中国文学的多层面探讨国际学术会议论文集》（台北：台湾大学中国文学系，1996），页 533—573。收入拙著：《五行原论：先秦思想的太初存有论》，页 239—289。

[23] 涿鹿之战与阪泉之战，参见杨宽：《中国上古史导论》，收入吕思勉、童书业编著：《古史辨》，册 7 上，页 199—206。

此一故事的详情见于《逸周书·尝麦解》，其言如下：

> 昔天之初，诞作二后，乃设建典，命赤帝分正二卿，命蚩尤宇于少昊，以临四方，司□□上天未成之庆，蚩尤乃逐帝，争于涿鹿之河，九隅无遗。赤帝大慑，乃说于黄帝，执蚩尤，杀之于中冀。……乃命少昊清司马鸟师，以正五帝之官，故名曰质，天用大成，至于今不乱。[24]

这是发生于“昔天之初”的事件，也就是发生于神话的原始时间之事。此时的黄帝与蚩尤是以“帝”的身分出现的，帝是“普遍王朝”下的概念，是作为上天之子的“天子”的另一称呼。蚩尤是作乱者，是反秩序的浑沌，它如不被征服或圣化，文明即无从进行，社会无法形成，作为人类组织概念的“始祖”亦无法建立。所以蚩尤被打败，被陈尸，这样的后果可事先逆睹，这是神话逻辑必然的发展。

“炎黄子孙”当然相信黄帝为文明的建立者，是和平的维持者，而黄帝的主要象征意义确实也是文化英雄。然而“炎黄子孙”一词即充满了反讽的意味，因为此并称之二帝乃同胞兄弟，最后竟是“用师相济”。神话历史显现了一个诡谲的现象，

---

[24] “宇于”二字，朱右曾据《路史》校订。朱右曾又认为“二后当作元后”，此说无版本佐证，虽可备一说，但原文似乎更合理。参见朱右曾：《逸周书集训校释》（台北：艺文印书馆，1958），页151—152。本书以下《逸周书》引文皆依此本，不一一注明。

图 4-2
20 世纪以后，中国作为多民族组合的国家获得确认，黄帝作为中华民族共祖的地位也获得各种政治势力的支持。图为当代一件纪念清明节参拜黄帝陵的成扇，扇面右列炎帝，左列黄帝，扇面题字曰“溯祖追源”。

那就是文化英雄的创造并不永远是和平的，任何文明的创造的重要条件之一，乃是要如何维系这样的自然秩序。所谓的秩序，就是“法”的产生，法的产生的另一面也就是“刑”如何执行。而“刑”之大者，莫若兵也，亦即莫如战争。温文儒雅的黄帝在这点上，比起任何战争神，其性格之凶悍，一点都不逊色。

我们前引炎黄“二帝用师以相济也”的故事出自《国语 · 晋语》，而类似的神话事件放在《逸周书 · 尝麦解》叙述，是有道理的。此篇内容叙述在新麦初成，国君实施“尝新”的仪式时，史官要歌颂发生于神话时间的一段历史故事——当说是神圣戏剧的事件。“尝新”是农业文明重要的仪式，任何新果初收成或新收获时，人们要将初次所得者献予上天——甚至包括自己的长子在内——这是天人之间的契约，它意味着宇宙又进入一个丰饶的新生期。“尝麦”是自然的事件，而黄帝率军平定了“宇于少昊”的蚩尤，并杀之于“中冀”——“中冀”一词当是取自中州的“中”之象征，这是个“人文”的事件。但不管自然的或人文的事件，它们都意味着“始源”的内涵，一是农作之始，一是人类之始。“黄帝—蚩尤”之战是中国神话传说中最伟大的一次战役，动员的神祇之多，规模之大，影响深远。黄帝在取得中华民族始祖地位的第一个步骤，即是一场漫天风雨的宇宙性战争，蚩尤被杀以后，世界秩序乃得重新安排。“神圣”起源于“权力之争夺”及“秩序之重组”。

炎、黄相争或黄帝、蚩尤之战在神话意义上的分量奇重无比，其他的典籍自然也有记载，《尚书·吕刑》所述蚩尤故事，与《逸周书·尝麦解》篇所言，更可相互发挥。《吕刑》同样描绘上古时期的一段神话事件，此即有名的绝地天通的故事。“绝地天通”是另外一出伟大的神话剧，其内涵此处暂且不论，我们只要知道其结局即可：蚩尤被杀，天地分隔，人神异业，各得其所。之后，稷播谷，伯夷作刑，人间的“秩序”才得展开。兵—刑—法（战争—刑罚—法律）三位一体，连环而至，以成秩序。底下，我们且看黄帝如何一步一步地成为共祖，他成为共祖是有步骤的。

讨伐蚩尤只是第一步，征伐的步伐一迈开，就很难停止下来。我们看到位居宇宙轴中央的黄帝果然向四方征服了：

黄帝之初，养性爱民，不好战伐，而四帝各以方色称号，交共谋之，边城日惊，介胄不释。黄帝歎曰：“夫君危于上，民安于下；主失于国，其臣再嫁：厥病之由，非养寇邪？今处民萌之上，而四盗亢衡，递震于师。”于是遂师营垒以灭四帝。[25]

《墨子》亦记载了一则类似的故事：

子墨子北之齐，遇日者。日者曰：“帝以今日杀黑龙于北方，而先生之色黑，不可以北。”子墨子不听，遂北，至淄水，不遂而反焉。日者曰：“我谓先生不可以北。”子墨子曰：“南之人不得北，北之人不得南。其色有黑者有白者，何故皆不遂也？且帝以甲乙杀青龙于东方，以丙丁杀赤龙于南方，以庚辛杀白龙于西方，以壬癸杀黑龙于北方，若用子之言，则是禁天下之行者也。是围心而虚天下也，子之言不可用也。”[26]

第一段引言的黄帝征服四帝，与第二段引言的“帝”（当是黄帝）在甲乙杀青龙，丙丁杀赤龙，庚辛杀白龙，壬癸杀黑

[25] 《蒋子万机论》，引自李昉等撰：《太平御览》（北京：中华书局，1960），册1，卷79，页369—370。

[26] 《墨子·贵义》（台北：台湾商务印书馆，1979，四部丛刊初编缩本），卷12，页110，本书之《墨子》引文皆依此本，不一一注明。

龙，这两段的话语虽然不同，但无疑地，青、赤、白、黑四龙实是四帝的象征。被杀的四龙分布在四周，执军令的黄帝自然居于中央。上述两则神话带有五行的色彩，黄帝因垄断了黄之色与中之位，他是帝的体现，中央帝成了此世的统治者。

“黄帝”的成立和“五行说”的建立密不可分，“五行说”又和“四方风”“四方土”的概念密不可分，至少殷商时期，“四方风”“四方土”之说业已确立，商人又自认为自己立足在此世的中央，是“中国”之人。“中国”加“四方”，其实已是“五行”的构造，但四方神祇的严格配位尚未完成。土地当然还是神圣的，但浑然一片的土地尚未分殊化。同一个时间，宇宙轴的概念显然也有了，“宇宙山—宇宙树—中央”的神秘功能已是当时的宗教知识体系的一部分。只是通天的“中”与四方的关系如何，此时恐怕仍在朦胧之中。万事俱备，只等一位可以统合一切象征的大神。等黄帝出来了，他占据了神圣界通天的主轴，亦即占据了此世界中央统治的有利位置，接着收编了象征两仪的另一仪的炎帝与蚩尤，再来就是征服了四方。“中央—两仪—四方”归于一统，尽入吾彀中。

一旦“自然的共主”形成了，“中国的共主”，不，当是说“人类的共祖”也就跟着产生了，因为这两个概念原本就是一体的两面。“普天之下”的天子所统辖者不会只是普天之下的土地，他一定也管辖普天之下的子民，同样的，普天之下的“自然共主”与“人类始祖”也是同时生起的。所以黄帝除了前文所说的后代有十四姓，为鲧、禹之祖，为有虞、有夏所宗外，他的子民才多呢，且看下文所述：

> 黄帝生禺虢，禺虎生禺京，禺京处北海，禺虢处东海，是为海神。(《山海经·大荒东经》)

> 黄帝妻雷祖，生昌意，昌意降处若水，生韩流；韩流……取淖子曰阿女，生帝颛顼。(《山海经·海内经》)

> 颛顼生驩头，驩头生苗民。(《山海经·大荒北经》)

> 黄帝生苗龙，苗龙生融吾，融吾生弄明，弄明生白犬，白犬有牝牡，是为犬戎。(《山海经·大荒北经》)

> 黄帝之孙曰始均，始均生北狄。(《山海经·大荒西经》)

> 轩辕之国在此穷山之际，其不寿者八百岁。在女子国北，人面蛇身，尾交首上。(《山海经·海外西经》)

驩头、苗民、犬戎、北狄这些民族只是列举式的，由后来的史书所述，我们知道西夏、匈奴等族也都参与了这个行列。可以预见的，如果黄帝身兼自然与人民的共祖之神话意象不改，即使有再多的民族流进“中华民族”的族群，“黄帝”一样可以照单全收。我们上述引文皆出自《山海经》，可见黄帝传说有悠远的源头。

黄帝成为始祖神是必然的，他成为文化英雄也是必然的。人的世界由人与物组成，生活世界中的物皆是具有文化意向性的器物，文明的大宗在于器物的出现，黄帝与其亲族臣属往往被视为中国文明的创造者。我们且看底下《世本》以及一些古书所列的黄帝君臣的伟大事迹：

> 黄帝造火食。黄帝作旃。黄帝作冕。……黄帝见百物始穿井。(《世本·作》)

> 黄帝造车，故号轩辕氏。(《太平御览》卷 772 引《释名》)

> 黄帝始蒸谷为饭。(《太平御览》卷 850 引《周礼》)

> 黄帝作，钻燧生火，以熟荤臊，民食之，无兹胃之病，而天下化之。(《管子·轻重戊》)

> 黄帝始造釜甑。(《太平御览》卷 757 引《古史考》)

> (帝)既与王母会于王屋，乃铸大镜十二面，随月用之。(《绎史》卷 5 引《黄帝内传》)

黄帝作宝鼎三。(《史记·封禅书》)

这几则故事当然不算周全，但征引到的这些条目已可显现黄帝的多才多艺。其中，火是人类踏出一般的动物生活的一大步，它在人类文明进化史上具有指标的意义。陶器是人类“创作”能力的一大证明，它几乎可以确定是农耕文明初期最重要的器物。铸鼎是制陶能力进一步的发展，青铜器时代常被视为人类历史进化的一大路标。火、陶、鼎不但具有物质文明的意义，它们也是极重要的精神象征。火代表纯净，土代表生成，鼎代表秩序，这样的象征是相当普遍的。除了黄帝外，传统中的圣王往往也会和这些器物的象征同时结合在一起，比如燧人氏之于火，女娲之于土，大禹之于鼎，皆是显例。但这些传说中的文化英雄法力不足，格局不够大，远逊黄帝。黄帝发现“火”，发明制陶、铸鼎，它们的实质及宗教象征的意义太大了，因此，谁垄断了它们，谁就拥有了最大的权力。

黄帝本人多才多艺，他的臣属与妻子也不遑多让，我们且看下列所述：

黄帝使羲和占日，常仪占月，臾区占星气，伶伦造律吕，大挠作甲子，隶首作算数，容成综此六术，而著调历。后益作占岁。沮诵仓颉作书。(《世本·作》)

(黄帝臣)伯余作衣裳。胡曹作衣。胡曹作冕。于则

作扉履。雍父作臼。雍父作舂。雍父作杵。胲作服牛。相土作乘马。腊作驾。共鼓化狄作舟。……挥作弓。夷牟作矢（《世本·作》）

黄帝有熊氏命雷公、歧伯论经脉。（《太平御览》卷721引《帝王世纪》）

黄帝又命伶伦与荣将铸十二钟，以和五音，以施英韶。以仲春之月，乙卯之日，日在奎，始奏之，命之曰《咸池》。（《吕氏春秋·古乐》）

（黄帝）元妃西陵氏曰儽祖，以其始蚕，故又祀先蚕。（《路史·后纪五》）

羲和、伶伦、歧伯、嫘祖等人的贡献奇大无比，没有这些发明，人终将退回到浑沌未分的世界。浑沌未分的世界，事实上就是个没有文化意义概念的世界。黄帝君臣凿破浑沌，文明化也就是秩序化这个世界。

我们看黄帝与其臣属所扮演的角色，乃是要负责说明人类文明主要的创作物如何产生，它们如何由“无”而“有”。这些器物也是种“创造”，它们只是规模小一点的创造。这种行为要依附在宇宙性的天地创造之上。黄帝作为天神的资料不少，但作为宇宙开辟神的性格却薄弱了许多。战国时期的人民却将这种“人类范围内的创造行为”归功于他，亦即黄帝之文化英雄的形象超过了创造神的意象，这种配对关系很值得玩味。

三　远古的记忆与危机时代的需求

依上所述，我们可以用我们的观点对黄帝四面重作解释。在先秦时期，黄帝的几项特点都已形成了，我们看到他具备了天神、地祇、始祖神、文化英雄四种特征，但他同时又是一位得道者，他具有参天或升天的本事，这四种特征以及他神秘的参天本事几乎是同时存在的。我们如果要追寻黄帝的本质的定义，认为其中哪一项是原生的，哪几项是衍生的，或哪一项才是他的真面目，哪几项是后人附会上去的，这样的做法只会给自己带来无穷的困扰。

黄帝传说的源头无疑地很早，围绕在他身上的种种特质确实令人联想到他与黄淮平原民族极为深微的系连。然而，他的记载在战国中期却大量出现，尤其在齐国地区出现得更是密集，他的意象也在此一时期才特别复杂，也特别清楚，这样的时空点很值得注意。为什么是战国？而不是其他的历史时段，我们且再看底下这些现象透露什么消息：

（一）齐国有《陈侯因資镎铭》，铭文说道：“高祖黄帝，迩嗣桓文。”

（二）《国语》《世本》已形成黄帝为百族共祖的概念。

（三）《山海经》已认为黄帝为天在人间的代理人，昆仑为上帝之下都，明堂为通天之所。

（四）马王堆出土的《黄帝帛书》（或命名为《黄帝四经》）[27] 等书已将黄帝视为天下一统的象征。

这几个现象拢合起来看，黄帝的形象应该很清楚，他就是理想的天子之意象，我们不妨将他视为天子原型。天子的原型是一有“天子”这样的概念时，其原型即已存在，原型先于事例，事例要展现原型。但事例如要展现，原型先得寻找展现自己本质的机遇，战国时期恰好提供了这样的良机。

“天子”这个概念从来就不只是政治学的概念，三代以后如此，三代及以前的年代更是如此。中国早期的天子就像世界其他地区早期的国王或部落首长一样，常是祭政合一，人君兼祭司或兼巫师。文明初期的人君与其他人的差异是性质的不同，是圣俗的隔绝。“在早期社会的一定阶段，人们以为国王或祭司有天赋的超自然力量，或是神的化身。……他的人身……被看作是宇宙动力的中心，各条力线都是由此辐射到各个角落去的。因此，他的任何举动，一仰头，一举手，都立即影响并可能严重扰乱自然的某一部分。他是世界平衡的支点。”[28] 弗雷泽（J. G. Frazer）这段话可以运用到许多文明初期

---

[27] 此处所说的《黄帝帛书》指的是1973年马王堆出土的一批与“黄帝”之名相关的典籍，学者或认为这批帛书即是《汉书·艺文志》所说的《黄帝四经》，是耶？非耶？学界并没有共识，笔者姑且称之为《黄帝帛书》。

[28] 弗雷泽（J. G. Frazer）著，汪培基译：《金枝》，册上，页261。

发展的“一定阶段”。这种阶段的国君既然是神的化身，因此，他如果禀赋天神或地祇的特性，这是再合理不过了。他既然是宇宙的中心，因此，他要为文明及人群负责，他的原型意象相应的就成为始祖神或文化英雄，这也是顺理成章之事。

如果我们借用黑格尔（G. W. F. Hegel）的表达方式的话，那么，我们可以说：理念是要朗现的，天子的理念是要在历史出现政治的结构时，寻找体现的机遇的。天子乃天之元子，顾名思义，中国的天子扮演的是上天在人间的代理人，因此，原则上他不可能在历史上缺席。然而，不缺席是一回事，能否完整地使理念与现实合而为一，这又是另一回事。体现需要时机，“天子”的理念终于逮到战国这样的时间点。战国时期，去古已远，何况诸子百家兴起，“道术已为天下裂”，传统再也不能保持完整的原貌。然而，诡谲的是：天子的性格并没有世俗化，也没有体制化，一种与天同大的神秘天子观念仍不时出入于诸子的天子观中，而且论述更深奥，形象更清晰。且看下列所述：

> 唯天为大，唯尧则之。荡荡乎，民无能名焉。（《论语·泰伯》）

> 昔之得一者，天得一以清，地得一以宁，神得一以灵，谷得一以盈，万物得一以生，侯王得一以为天下贞。（《老子·第三十九章》）

夫帝王之德，以天地为宗，以道德为主，以无为为常……帝王无为而天下功。故曰莫神于天，莫富于地，莫大于帝王。故曰帝王之德配天地。此乘天地，驰万物，而用人群之道也。（《庄子·天道》）

（天子）居如大神，动如天帝。（《荀子·正论》）

是故选择天下贤良圣知辩慧之人，立以为天子，使从事乎一同天下之义。（《墨子·尚同中》）

故曰道不同于万物，德不同于阴阳，衡不同于轻重，绳不同于出入，和不同于燥湿，君不同于群臣。凡此六者，道之出也。道无双，故曰一。是故明君贵独道之容。君臣不同道，下以名祷，君操其名，臣效其形。（《韩非子·扬权》）

六则引文，儒、墨、道、法诸家皆有。这四家的大学者虽然政治观点不同，对人民的关怀程度不同，但他们对国君的神圣性格之要求却意外地一致。像孔子和韩非子，两者的理论性格相去那么悬殊，但他们理想的人君“如天”一般，却毫无二致。老子和墨子的情况亦然，两人的理想怎么看，都很难有交集，但老子的君王独得“一”以为天下贞；墨子的天子则为天所选，且要尚同于天，两种天子的资格同样是天上地下，只此独尊。

我们选的这六条材料不是没有代表性的，它们如不是形成于战国，要不然就是在战国时期发挥极大影响力的典籍。儒、墨、道、法这四家的思想巨子不约而同地强调君王的神圣性，由此可见：普遍君王的性格并没有消褪。中国自三代以来，“天子”一向带有强烈的宗教性格，这是政治的概念，但它也是宗教的语汇。天唯一，天子也唯一；天神圣，天子也神圣；天有的质性，天子也相对应地必然拥有。天子与天唯一的不同，乃是天具体化为天子这样的人，而且是位于此世的人，天子代天行事。

普遍性王朝的普遍性天子的概念对战国时期的思想家具有致命的吸引力。王纲解纽，百姓涂炭，当时的思想家对一种统一的世界有无比的向往。孟子的思想时有突破之处，他对人民的重视、对战争的厌恶，其立场是相当鲜明的，我们不太容易设想他对现代的“主权国家”概念会有多大的兴趣，但他对华夏的统一却比任何人都热衷。“天下恶乎定？……曰：定于一”，这句话即出自这位以提倡反战、提倡一切政治措施皆当以人民为主等等人道概念出名的思想家之口。孟子显然相信政治可以和暴力切割，他也相信“定于一”这句话不是他个人的创见，而是代表当时绝大多数人的意见。所以如果人君够聪明的话，他只要实行仁政，天下的百姓自然会归向于他，一统天下，何难之有！

孟子对于统一的要求很强烈，其他的诸子百家亦然，法家不用说了，墨家强调天下尚同于天子，天子尚同于天，此事亦不用多说。我们甚至在《庄子》书中，都可以看到庄子对于一种未分化的统一之向往。《天下》篇言“圣有所生，王有所成，皆原于一”。“古之人其备乎！配神明，醇天地，育万物，和天下，泽及百姓，明于本数，系于末度，六通四辟，小大精粗，其运无乎不在。”庄子一向重视气化、两行、差异、宽容，他常被视为中国文化史上“自由”的体现。但多不碍一，现实不碍远古之想像。他这里说的“古之人”，自然不一定指的是天子，但天子自是最典型的代表。但不管其人指涉为何，庄子期待一种身兼内圣外王的理想“圣人”，这样的圣人实即为统治者，这是无疑的。我们不宜忘了：后世学者津津乐道的“内圣外王”之概念，最先提出者即是庄子本人。

当不分什么学派的学者都期望天下一统，当不分什么国别的人都期待一位统一天下的圣君出现时，圣君就出现了。“神话是人格化的集体欲望”，[29] 卡西勒（E. Cassirer）引用法国作家都德（A. Daudet）的话语，如是宣称。卡西勒更进一步引申“政治神话”道：“集体欲望的强度就具体地实现在领袖中。”[30] 在战国时期，这位理想的领袖就是黄帝，当时思想家眼中黄帝乃是“欲陶天下而以为一家”（《管子・地数》）的人君，他对一统天下的兴致高得很。不，他事实上已一统天下，“唯

[29] 卡西勒（E. Cassirer）著，黄汉青、陈卫平译：《国家的神话》，页346。

[30] 同上注，页347。

图 4-3
1911 辛亥革命爆发，两千年帝制被推翻，新的历史时间开始了，如何纪年？领袖是集体欲望的具体显现，其时以黄帝纪元的年号应运出现。图为辛亥年出版的新闻媒体，第 1 号的出版时间为“黄帝纪元四千六百零九年”。

余一人，兼有天下”。[31]“余一人”这个词语渊远流长，它是天子的专用名词，而黄帝此时用之。单单看这个词语，黄帝的“血统”已经呼之欲出了。

战国时期的思想家不管有没有直接提倡黄帝圣君说，在实质内涵上，他们都提倡不同名号的“黄帝”。但当时提倡最力，也最使理想天子显题化的学派当是黄老学派。黄老学派的范围以及和其他学派的关系等问题，我们姑且不论，但黄老学派特重黄帝，这是天经地义之事。只因黄老学派的重要典籍已佚，所以此派的学术内涵为何，遂长期不得其解。直到 1973 年马王堆出土黄老帛书，我们对“黄老”的学说才有较具体的认识。这批与黄帝思想相关的典籍命名为《黄帝帛书》可能即是

[31] 陈鼓应注译：《黄帝四经今注今译——马王堆汉墓出土帛书》（台北：台湾商务印书馆，1995），页 347。

《黄帝四经》，四经中的《十大经》言及黄帝之事甚详，我们且看“黄帝”如何自我定位？

> 吾受命于天，定立（位）于地，成名于人。唯余一人［德］乃肥（配）天，乃立王、三公，立国置君、三卿。数日、磿（历）月、计岁，以当日月之行。允地广裕，吾类天大明。[32]

受命于天，所以他有天神的性格；定位于地，所以他带有地祇的性质；成名于人，因此，他不得不为文化英雄；加上天下一统的共同需求，因此，黄帝自然而然地成了天下各族的共同始祖。“天子”在理念上早已有之，但只有战国时期的黄帝才真正达到理想天子应该有的标准，他是远古的理念与时代的需求之奇妙结合。

四　不死与得道：圣的转化

黄帝是古天子之显灵，他天生异禀，迥异常人。作为一种天之化身的理型人物，黄帝与天合一，这是他生命的本质。但作为现实的天子之理想人物，他与“天”必然有差距，因此，如何克服现实身心之不足，回俗成真，此事遂成为天子资格核

---

[32] 陈鼓应注译：《黄帝四经今注今译——马王堆汉墓出土帛书》，页254。

心的成分。

弥补理想天子与现实天子之间的差距，此事换成原始的神话语言，也就是如何在绝地天通之后，重新在自家生命内安上宇宙轴。考“绝地天通”乃神话史上一大关键性的事件，此事最早的记载见于《尚书·吕刑》，《国语·楚语》更申衍其说。据说在原始的乐园时期，天地原本相连，人间即是天界，人格即带神格，可惜蚩尤出来作乱，“延及于平民；罔不寇贼……以覆诅盟。虐威庶戮，方告无辜于上……皇帝哀矜庶戮之不辜，报虐以威，遏绝苗民，无世在下”。“皇帝”不但遏阻苗民，他还命重黎分开天地，使之不通。从此以后，天人异途，圣俗隔绝，凡人再也不能安享“绝地天通”之前的“人”的特权。《尚书·吕刑》与《国语·楚语》对蚩尤之前的乐园景象着墨不深，但“绝地天通”是个传布极广的神话题材，[33] 彼此印证，我们大概可以推想绝地天通前的世界乃是此世的异化景象，彼界之人的人格特质也是此世之人的异化结果。如果此世之人是有限的、衰老的、贫困的，那么，可想而知的，彼界之人当是长生的、青春的、丰饶的。

看到引文中的“蚩尤”一词，我们很自然而然地就会联

[33] 参见马伯乐（H. Maspéro）著，冯沅君译：《尚书中的神话》，《书经中的神话》，页 49—52。波德（D. Bodde）著，程蔷译：《中国的古代神话》，收入中国民间文艺研究会上海分会编：《民间文艺集刊》，第 2 集（1982），页 267—300。铁井庆纪：《中国古代の重黎天地分离说话について——比较民族学的考察》，收入铁井庆纪著，池田末利编：《中国神话の文化人类学的研究》，页 196—207。

想到“黄帝”。虽然《国语·楚语》记载令重黎绝地天通者乃是传说中的古帝王颛顼，而《尚书·吕刑》所记载者则是“皇帝”，两书皆未见“黄帝”其人。古史记载，不免有所出入，但就“绝地天通”此事而论，笔者觉得杨宽的说法是可以严肃考虑的。杨宽力辩《尚书·吕刑》所说的“皇帝”乃是“上帝”，其实也就是“黄帝”。杨宽“皇帝即黄帝”之说不管从字声或从事迹来看，都是可以成立的。而“颛顼”就像“黄帝”一样，当是“上帝”概念的分化。[34] 杨宽的论点也许可稍作调整，如果我们把“黄帝”和“上帝”的关系进一步分殊化，“黄帝”被视为带有“上帝”的特质，或者“黄帝”可视为上帝之子，那么，杨宽的论证就更完美了。

黄帝为上帝之子，亦即为天子，他的性格遂游移于天人之间。就“同于天”这点而言，他自然不需要面临绝地天通后的人生困境；但就他是“人间的天子之原型”这点而言，他免不了要启示人间的天子如何重续天人相通的管道。我们如搜罗有关的记载，稍加拣别，不难发现黄帝“重架天人相通的宇宙轴”的方法有几种，其中一个主要的方法就是“封禅”。封禅乃是禅于泰山，并在附近的小山行封土之礼，这是种礼赞天地的仪式，其起源相信是很早的。泰山虽然已不在今日中国的中心，也不在战国列强领土的中心，但它很可能是早期东夷民族

[34] 参见杨宽：《中国上古史导论》，收入吕思勉、童书业编著：《古史辨》，册 7 上，页 189—199、220—223。

的宇宙山。《史记》记载封禅的仪式虽不够详细，但它的意义我们绝不会不了解。帝王封禅时要改正朔、易服色、一制度，这样的设计显然地是种效法宇宙原型、天地全面更新的举动。当时间重新纪元（改正朔）、人天重新和谐之后，宇宙轴就仪式性地被重新架构了起来。“封禅”无疑是政治神话的显性构造，天子代天行事，所以他的任务必须负责宇宙的生意连绵。时间会老化，空间会俗化，为了重辟乾坤，他必须实行“封禅”。借着相关的仪式，他身登宇宙山，时空的意义顿时翻转，他还给上天一个“绝地天通”以前的新世界。

封禅的政治性格是确切无疑的，但封禅的效果不仅止于政治层面。后世人君所以嗜好封禅，劳师动众，在所不惜，其原因除了好大喜功这种可预测得到的因素外，他还想获得绝地天通以后世人丧失掉的那些特质，其中最重要的就是青春不老，这样的考量也是相当重要的。《史记·封禅书》曾引秦汉方士的说法道：“祠灶则致物，致物而丹沙可化为黄金，黄金成以为饮食器则益寿，益寿而海中蓬莱仙者乃可见，见之以封禅则不死，黄帝是也。”炼丹以求长生不死，此事不管在东西方都有悠久的传统。人君上泰山前，他要先炼丹，其目的显然不是公众领域的事，而是要常保此身的洁净永恒。炼丹是一种修炼的方法，但我们不宜忘了登上宇宙山，这个仪式本身也被视为长生不老的保证。据说“昆仑之丘，或上倍之，是谓凉风之山，登之而不死”。这只是昆仑三丘中的第二层而已，到了第三层，神秘的效果就更强了。《淮南子·墬形训》所说虽是昆仑山的特性，但泰山原本是另类的昆仑山，也可以说是最常被实际操演的封禅之昆仑山，两者的神秘功效是一致的。[35]

透过了炼丹与登上宇宙山，封禅与不死的概念遂紧密结合在一起。理念的黄帝和理念的天子一样，原本都是不会死的，至少寿命是极长的。可惜，现实的天子不是如此，所以黄帝固然要"且战且学仙"，秦皇、汉武也是一面有席卷天下之举，一面妄想长生不老。就天子的概念而言，他们当然可以作这样的要求，因为这本来是他们本质的成分。

黄帝最后乘龙仙去，但除了"封禅"这个仪式的法门外，他对后来的天子还是传下了另类的口诀。"封禅"云者，似有实践，而乏理论。战国时期颇流行神仙之说，黄帝教导的理论，自然也是神仙之道，只是此神仙之说已不是巫教的仪式所能拘束，它建立在战国时期特别流行的形、神、道、气之内容之上。我们且看黄帝的教导：

> 余闻上古有真人者，提挈天地，把握阴阳，呼吸精气，独立守神，肌肉若一，故能寿敝天地，无有终时，此其道生。中古之时，有至人者，淳德全道，和于阴阳，调于四时，去世离俗，积精全神，游行天地之间，视听八达

[35] 泰山即昆仑山之说，参见何幼琦：《〈海经〉新探》，收入中国《山海经》学术讨论会编辑：《山海经新探》（成都：四川省社会科学院出版社，1986），页 79。何新：《古昆仑——天堂与地狱之山》，《中国远古神话与历史新探》，页 117—148。

之外。此盖益其寿命而强者也，亦归于真人。[36]

“提挈天地，把握阴阳”，这是非常形象化的语言。黄帝这里说的“圣人”，当然也是圣王，但此时的圣王已不是仪式性的与天相通，而是要慢慢地修养，渐契妙道，天子要在自家的生命上找宇宙轴了。

《黄帝内经》这些话语都是形容语，它的内涵似可上下其讲。往上，可直上“先天而天弗违”之层级，往下，则仍是气化地与宇宙合一。我们如宏观地看《黄帝内经》一书的性格，恐怕还是后者的成分居多。用后世道教的术语讲，也就是它“修命”的成分重于“修性”的成分。战国时期，挂名“黄帝”的养生、长生之书特多：医经里有《黄帝内经》十八卷、《外经》三十九卷；经方里有《泰始黄帝扁鹊俞拊方》二十三卷、《神农黄帝食禁》七卷；房中术里有《黄帝三王养阳方》二十卷；神仙里有《黄帝杂子步引》十二卷、《黄帝岐伯按摩》十卷、《黄帝杂子芝菌》十八卷、《黄帝杂子十九家方》二十一卷。这些著作除《黄帝内经》外，都已散佚。但我们大概可以猜测：先秦挂名“黄帝”的著作共三十三种，其中除了道家的五种外，其余诸书的性质大概可归为后世所谓“五术”的范围。五术中的医或武术虽也讲求养生、长生之说，但其途径恐

[36] 王冰注：《黄帝内经·素问·上古天真论》（上海：商务印书馆，1975，四部丛刊初编缩本），册 21，卷 1，页 7。

不出“修命”的“后天”一途。

战国时期的修炼著作都要与黄帝挂钩，这是个值得注意的讯息，因为这些著作不管所言为何，它们很明确地传达了一项讯息：天子虽是上天之子，但他们也是要修养的，黄帝已作了极好的示范。司马谈《论六家要旨》一再谈及形神问题，我们现在几乎可以确定：他所说的内容即是当时的黄老理论。黄老基本上将治国与治身等同并论，这两个概念可以挂钩，也可以脱钩。挂钩来看，修身与治国两者有密切的因果关联，身治而后国治。脱钩来看，治身有独立的目的，它继承长生不老的原始信仰而来。

然而，“身”是个多重涵义的架构，“形—气—神”是战国诸子普遍接受的身体观。依据这样的身体观所展现的治身模式，浅一点的则调“形—气”，深一点的则调“气—神”。战国时的黄帝除了开启后世天子的封禅的仪式与形气的修养（含服食、服气、房中、食禁、按摩等等的方法）这类的修炼方式外，他也开启了另一种更彻底的途径。他要求天子深入到个人的形神交会处，深之又深，以达到终极的“虚无”之境。

不同时期的黄帝有不同时期的面貌，与不同的思想结合的黄帝也就相应地有不同的内涵。黄帝既然是上天之子，人间天子的原型，他是“圣显”（hierophany）的辩证性展现，他与其他的芸芸众生之间有种本体论撕裂的断层。所以我们可以预期他不论在哪个时期都会站在那个阶段的思想的制高点，不断地调拨他尊贵的身分与当令的思潮的关系，以形成主流论述。站在战国这个风云激荡的时期，他当然会一方面广度地与当时流行的思想结合（比如刑法、军事、医学、哲学），但一方面也会高度地或深度地切入当时最重要的"心性—形上学"理论。我们姑且举最明白也最广被人知的黄帝学道于广成子的例子，以兹说明。

《庄子·在宥》记载黄帝当了十九年的天子之后，听说空同山的广成子"达于至道"，所以向他请教如何"取天地之精，以佐五谷，以养民人"，又如何"官阴阳以遂群生"。我们只要看黄帝问的这个问题，即不难想像黄帝的原型为何。广成子颇不以黄帝之说为然，黄帝乃退回原处，斋戒三月后，再度向他请教问题。但黄帝此时已知前次发问不妥，所以他将重点转移到"治身"上面。广成子此次愿意教导了，他告诉黄帝至道如下：

> 至道之精，窈窈冥冥；至道之极，昏昏默默。无视无听，抱神以静，形将自正。必静必清，无劳女形，无摇女精，乃可以长生。目无所见，耳无所闻，心无所知，女神将守形，形乃长生。慎女内，闭女外，多知为败。我为女遂于大明之上矣，至彼至阳之原也；为女入于窈冥之门矣，至彼至阴之原也。天地有官，阴阳有藏，慎守女身，物将自壮。我守其一以处其和，故我修身千二百岁矣，吾形未常衰。

图 4-4
图为战国六山铜镜，战国镜带山者有三山、四山、五山、六山，六山镜少见。山镜之义难明，学界未有共识。窃以为和宇宙山的信仰有关，黄帝之师广成子居住的崆峒山也是宇宙山。

《庄子》这段话极有理趣，我们看到一方面它保持了巫教仪式的结构：空同山也是座宇宙山，天子要为自然秩序负责；另一方面，它也保持了长生、修炼的渴望："物""一""至阳之原""至阴之原"这些概念都可以找到相应的修炼的身体之部位，有浓厚的后世内丹的讯息；[37] 但同样重要的，它更切进了老庄雅言之的"心性—形上"之道。道家发展到了老庄，他们已提出一种取代原始宗教的"天"之"道"的概念，也提出了体证此形上之道的心性论与工夫论。老子言"为道日损"，庄子言"心斋""坐忘""朝彻见独"，这些语言皆指向另一种极深、极高的修养境界。黄帝这时候所接受的，而且所要传达的真理，也就是这种蔚为后世修养论主流的逆觉体验。"窈窈

[37] 陆西星说道："此'物'字下得不苟，即丹家所谓药物也。由是而守其一，以处其和，使彼互藏之精与吾身中之物混合为一。"参见陆西星著，严灵峰辑：《南华真经副墨》（台北：艺文印书馆，1974，无求备斋庄子集成续编），册 7，页 390—391。

冥冥”“昏昏默默”“无视无听”这些言语皆是道家套语，我们在《老子》《庄子》书中可看到大量的叙述。广成子与黄帝这些话语虽然还保留以往较低层次的修炼语言，但他们事实上已搭建了一种通向天人之际更直截，也更彻底的宇宙轴。到底是战国了，性命之学大兴，黄帝的本质（原型）先于存在（个体），它的内涵不能不因时代思潮的突破而跟着水涨船高并具体化于战国时期的历史舞台。

五 “黄老”中的黄帝

当修养可以修到与道合一，进入虚无层次的境界时，黄帝的意象至少有一部分和老庄——尤其和老子——已经很难划分。而黄老结合，其结果遂有“黄老”一词产生，“黄老”与“老庄”，两者俨然形成战国后期道家思想的两大形态。“黄老”与“老庄”，两者虽然同样以《道德经》作为立论的根本，但两者所吸取的内容却南辕北辙。“老庄”的“老”比较近于《庄子·天下》所描述的老子形象，他有形上学的“常有”“常无”“道”的概念，也有“淡然独与神明居”的工夫论，也有“以濡弱谦下为表”的行为守则。相对之下，“黄老”的“老”的主要内容就像司马迁所说的，乃是“君人南面之术”。“老庄”的“老”与“黄老”的“老”，一为消极哲学的性命哲人，一为积极哲学的国家哲学家。两人貌同神离，对看两不识。

《道德经》一书何以会产生如此分歧的影响，此事殊难理解。由于郭店出土的《道德经》三种简本之内容与现在流行的王弼本或河上公本相去颇远，此事再度引发学者讨论的兴趣。但我们大概可以肯定地说："黄老"结合大概起于战国晚期，秦汉时期大为流行，[38]"黄老"结合以后的"老学"是个新品种，这样的"老学"对政治这个领域有极大的兴趣。现行的《老子》虽有"以正治国，以奇用兵，以无事取天下"之类的话语，但更多的内容是清静自守或是《第八十章》所说的"小国寡民"的乌托邦理想。我们一般论中国的"素朴主义""乌托邦理想"或"退化思想"之类的概念时，老庄一关总是无法逃出。不但无法逃出，他们的思想往往被视为主要源头。也不只是源头，他们的思想应该是此道之大宗。[39]"黄老"的概念形成后，老学却是另一种面貌，以一种与《老子·第八十章》或与《庄子》之《马蹄》《胠箧》两篇完全相反的面貌出现。

黄、老所以能够结合，笔者认为主要的结合线索有二：一是老子所提形上之道与黄帝所象征的神秘的天子概念之合流，另一条线索是老子所提的致虚守寂之修养工夫与"黄帝"所继承的巫教系统下之宗教修炼合流。而这两条线索之间，又有紧密的关系。

老子思想很可能与原始农耕社会的大母神崇拜有关，但

---

[38] 详细的情况参见王叔岷先生：《黄老考》，《先秦道法思想讲稿》（台北："中央研究院"中国文哲研究所，1992），页 349—369。

[39] 参见萧公权：《中国政治思想史》（台北：联经出版事业公司，1982），页 173—203。

他在中国哲学史上最大的贡献，应当是他所提出的形上之道的理念。如果根据后人所提出来的道统图或神仙谱的图式，远古传说时代的伏羲、尧、舜等圣王自然已有形上之道的概念，而且这些圣王的言行就是此种道的体现。但传说毕竟是传说，真正具有严格理论的形上之道恐怕还得有待老子提出。“道生一，一生二，二生三，三生万物”（《第四十二章》），“无，名天地之始；有，名万物之母”（《第一章》），道是一切存在的来源，不但如此，老子设想的人君，也就是体现此道的神圣人物，所以说“侯王得一以为天下贞”（《第三十九章》），“域中有四大，而王居其一焉”。（《第二十五章》）我们如果把哲学上的老子的“道—王”的关系稍加更换，它们很自然而然地就可以形成政治领域的“天—天子”的关系。如果再用神话的语言表述，它就变成了“上帝—黄帝”的传承系列。

在遥远的上古时期，人君之所以成为人君，他必须得神圣之所钟。大道流行（精气流行、玛纳传布），汇聚于他，人君遂与其他人类迥异，脱胎换骨。这种本体论的分裂也是种神圣的辩证，圣君之于凡人，就像神木之于常木，灵石之于凡石。圣君与神木、灵石的性质是等同的，它们体现了“太初存有论”的特性。但“太初存有论”的原始心性之说不足以穷尽“黄帝”一词之奥义，因为在同一时期，某种体现此神圣的修炼方式应该已经出现，这就是巫教的身心修炼传统。原始巫教的传承不明，它们的工夫论能达到什么样的精神高度，其详情亦很难真正测得。但我们看到《庄子·在宥》论广成子与黄帝的修炼方式，很明显地，其叙述应当是依据远古的巫教传统而来。这种带有宗教神秘传统的修炼方式，我们在《庄子》其他篇章以及屈原《远游》等作品中，都可以看得出来。如果圣天子的宇宙性格没有变，如果巫教的修炼是人君必备的修养，那么，此传统到了战国时代会与老子这种致虚守寂、为道日损的工夫论合流，这完全是可以预期的。

黄老结合，老子提供的形上之道慢慢地渗进黄帝提供的神秘之天；老子提供的虚静之道的工夫论也渗透到黄帝此概念所继承的宗教修炼传统，两者密不可分。但黄老结合，黄帝不是被动地承受，我们看到黄帝强烈的政治性格有力地塑造了黄老的形象。黄老帛书中的黄帝要管辖天文、度数、军事、民生，简言之，也就是他担负着秩序原理。黄帝一再说“有成法可以正民”，“法”“理”是黄老思想极重要的观念。如果老子的政治思想是清净无为、非建构式的，黄老的政治哲学则是建构式的，具有积极的作用。

如果黄老是积极的政治哲学，他又如何与虚静的修炼之道结合呢？这两者的结合确实颇为奇特，这也是“黄老”一词最大的神秘。简单地说，《老子》一书中的虚静之道预设的是种虚静的心灵，人君涤除玄览后，万物在观照中自化。但黄老的虚静之心具备功能的意义，正因为心灵虚静，所以它更可以构造、认识、储藏，它使得人君面对复杂的政治事务，仍得以从容应付。从这样的观点看，黄老的虚静心反而近于荀子“虚一而静”的大清明心。大清明心是“虚—壹—静”与“实—多—

动”的统一，黄老的虚静之道亦复如此。

但黄老毕竟不是荀子，荀子大清明心的思想虽然有可能受到道家影响，但荀子到底是儒者，他的大清明心带有强烈的文化意识，这是种理性导向极清楚的意识。相对之下，黄老或黄老学派所言之“虚无”，却是价值中立之空白心境，而且这样的心境还不是人人具有的，它就像上帝超出凡民、道超出万物一样，它只能是“天子”之心境，此心境不可以普遍化。天子居于此心境，此即为一，为无，而万事万物莫不由此出，或者说：万事万物皆因此心境之虚一而相应地明朗起来。黄帝说：虚无之道是有诀窍的，“夫百言有本，千言有要，万［言］有蔥（总）。万物之多，皆阅一空”。而这样的“一空”并不是空无一物，它是有大作用的，所谓：“乃能操正以正奇，握一以知多，除民之所害，而寺（持）民之所宜。綷凡守一，与天地同极，乃可以知天地之祸福。”[40]这就是黄老学派眼中理想的天子，他与虚无之道合一，他亦常居于此心境。除了天子本人外，万事万物都在此心境中对象化。对象化，也就是操控化。天子与群臣、万物，永远处在异层的两层。黄老之虚无、神明、道化诸概念乃是天子的专利品，平民百姓还有贵族都是不能碰的。“黄老”一词所以后来会弄得声名狼藉，“明君无为于上，群臣竦惧乎下”，可谓事出有因。

我们可以下个结论了：“黄帝”一词的原始意义就在“黄

[40] 陈鼓应注译：《黄帝四经今注今译——马王堆汉墓出土帛书》，页352。

帝”此词语本身，它就是原始宗教中的“天子”的形象，它的象征意义不宜再往前追了。等到黄老的概念形成后，“黄帝”的核心象征更是昭然若揭，这是种肩负人世与自然、政治与宗教的普遍性或宇宙性的统治者之形象。上帝的归上帝，凯撒的归凯撒，这样的话语对中国的政治是不适用的。因为即使此世业已绝地天通，但中国的“天子”依然一直扮演沟通圣俗两界的宇宙轴之角色。这样的系统一直要到大的思想系统——尤其是儒家——提出人人皆具“天人合一”的能力之理论后，我们才找到足以替补或足以抗衡的另一种宇宙轴。这两种宇宙轴的纠葛流传到后世，就变成了道统与政统之争，这是后话，此处不表。

伍　黄帝与尧舜：先秦思想的两种天子观*

黄唐莫逮，慨独在余。（陶渊明，《时运并序》）

神话学证明了各宗教派别之间的对立，彼此竞争的各信徒团体在同一种文化的内部进行着对抗。[1]

一　前言：司马迁的困惑

司马谈《论六家要旨》总结先秦诸子的根本关怀道："夫阴阳、儒、墨、名、法、道德，此务为治者也。"[2]"务为治者也"意指政治是先秦诸子的核心议题。司马谈的总判未必没有

---

* 本文初稿曾在台湾大学哲学系等主办的"新出土文献与先秦思想重构"国际学术研讨会上宣读，承蒙与会学者多所匡正，谨致谢意。原稿《黄帝与尧舜——先秦思想的两种天子观》，刊于《台湾东亚文明研究学刊》，第2卷第2期（2005），页99—136。

[1] 让·皮埃尔·韦尔南（J. P. Vernant）著，余中先译：《神话与政治之间》（北京：生活·读书·新知三联书店，2001），页266。

[2] 司马迁：《史记》，页3288—3289。

争议，但政治议题在先秦诸子思想中占有关键性地位，这是可以确定的。政治议题中，君道的问题无疑是相当重要的一环。什么是理想的人君？人君如何产生？这样的问题在先秦的思想舞台上先后都出现过。

先秦诸子对国君的性格多有论述，也都有理想人君之形貌，墨家的理想人君是大禹，农家的理想人君是神农，这是很明显的两个例子，但笔者认为先秦诸子著作所出现的最重要人君形象当是黄帝与尧舜。黄帝与尧舜之名虽然普见于战国时期的典籍，然而，两者所以具有重要的文化意义，主要的原因是黄老道家与儒家分别将他们突显成为理想的人君形象所致。笔者所以认为黄帝和尧舜可以作为有意义的对照组，乃因黄帝是原型的天子之概念，而尧舜也是一种理想的天子之概念。两者同样由神话的源头衍化而出，同样被视为文化英雄，同样被后世的大学派整编到学说里成为主导性的人物典范，而且对后世中国的政治思想同样起了极大的作用。只因一者是黄老道家的核心人物形象，另一者体现儒家政治思想的概念，两者的内涵遂大异其趣。就理想类型来看，笔者认为黄帝是强势的政治秩序的缔造者，他代表的是种权力政治，带有很强的政治神话的性格；儒家的尧舜则是人间伦理的楷模，他代表的是种道德政治，是政治神话转型后的产物。

黄帝与尧舜的人君形象在后世难免混淆，但他们的人格特质在传统文献中其实已可见出。晚近我们从马王堆及郭店出土的大量简帛文书，加上上海博物馆从香港搜购的楚简，更可以看出他们的特色。我们理解先秦学术的光谱，已有机会超越前人的视野。底下为了对照及行文方便起见，笔者论及儒家的人君典范时，或单言帝尧，或言尧舜——先秦典籍中的尧舜常是携手共现的，两人同样是禅让政治的体现者，同样是以人间伦理为核心的道德政治之典范，两人所代表的文化意义其实很难划分。

“黄帝”与“尧舜”的竞合关系，古人早已见出。最早也最能突显此问题者，当是司马迁。司马迁断定国史当起于何人时，他常在尧舜与黄帝之间徘徊，因为依据他所了解的孔子旨义而论，文化之统当断自“唐虞之际”，他认为这是学者当遵守的可靠知识；但他一方面也知道“学者多称五帝”，称述黄帝者尤多。司马迁行遍天下，各地长老往往称“黄帝、尧、舜之处”，“黄帝”与“尧舜”已混合并谈，都成了传说中的史实，司马迁说这是“风教固殊焉”。司马迁在黄帝与尧舜之间左右为难，这在《史记》一书里是明显可以见到的，我们也知道他后来写了《五帝本纪》，并且以黄帝为首。《史记》记史为何起于黄帝，学者各有解释，[3] 笔者无能在诸说中作一折衷。本文只想指出：司马迁的迟疑有一历史的纵深，也有汉代初期儒家与黄老道家相争的历史因素。黄帝所以凌越其他各帝之上，

[3] 欧阳修、罗泌、储欣、高塘、叶适、柯维骐、顾颉刚等人各有解释，详情参见李伟泰：《〈史记〉叙事何以始于黄帝诸说述评》，文章收入黄帝与中国传统文化学术讨论会编辑部编：《黄帝与中国传统文化学术讨论会文集》（西安：陕西人民出版社，2001），页 16—24。

成为历史之祖，这是汉初主流思想黄老学派的观点，司马迁的父亲司马谈即属于此学派；而儒家自孔子以下，始终主张文明始于尧舜，司马迁一生低首文宣王，他本人基本上持的是这种立场，但他也不可能不受到他父亲以及时代思潮的影响。司马迁虽对两组概念的学派渊源没有明说，也许他对此一问题的复杂也没有那么明确地意识到，但他的左右为难其实传达了更多的讯息。

本文有一个预设，笔者将黄帝与尧舜当成两种天子观的原型，这里所说的原型不是荣格心理学的用法，而近似耶律亚德（M. Eliade）的用法。耶律亚德的“神话”概念特别重视在神话时间的“创造”事件，最伟大也是最根源的创造事件自然是宇宙开辟，其他的开辟事件都要依附在这个事件上，本身的合法性才能建立。所有的神话性开辟事件对尔后的类似事件都居有本体论上的优势位置，前者为后者所仿效，是后者得以成立的基础。[4] 笔者认为黄帝与尧舜所以能被视为天子的原型，乃因它们成立的依据都被设想在邈远的神话或准神话的年代，是“太初存有论”意义下的人君之典范。[5] 我们底下将指出这两种天子观所依据的经典分别以“昔天之初”（《逸周书 · 尝麦解》）及“曰若稽古”（《尚书 · 尧典》）的形式开展，这样的进场式

[4] 参见 M. Eliade, *Myth and Reality*, W. R. Trask trans. (New York: Harper & Row, 1975), pp.1–6, 18–19.

[5] 关于“太初存有论”的观念参见耶律亚德著，拙译：《宇宙与历史：永恒回归的神话》，页 1—4。

也透露出这两则故事的神话源头，而黄帝与尧舜在这两本经典中的形象一开始即是“天子”的性格，他们分别被后世的学派视为规范性的形象。简言之，黄帝与尧舜的意象有三要点：（一）首创“天子”此一概念神话的叙事结构；（二）此叙事由圣典所保证；（三）它成为后世天子观的模本。我们由此三点，称呼他们为天子观的“原型”。

二　天子奉天承运

要说圣王，无疑地，黄帝当是国人最熟悉的古代圣王，他在今日体制性的论述中已取得国族始祖的地位。但我们也知道自从《古史辨》论述开展以后，黄帝被视为神话人物之说，虽然不能说成为定论，但至少已是相当流行的说法。有关黄帝的原始面貌为何？他如何由传说人物或神话人物演变为历史人物？学者的解释颇为纷歧。笔者曾撰文探讨过“黄帝”意象的源流与成立，文章的结论是：“黄帝”的始源问题当放在文化史的脉络来看，这个概念的完整意义一成立，它即是理想的天子之原型的意义。[6] 本文重续拙作上述的主题，但本文的重点将置放在“黄帝”的天子之神话意义与黄老学派的内在关联。

笔者在《黄帝四面：天子的原型》一文中，曾将学者对黄帝的解释大约分成以下四种：（一）天神说：此说主张黄帝是

[6] 参见本书第肆章《黄帝四面：天子的原型》。

天上神祇的人间投射，这种理论有几种形态，或言黄帝出自月亮神（杜而未），[7] 或言是雷神（森安太郎），[8] 或言太阳神（叶舒宪、高木敏雄、铁井庆纪），[9] 或言是天帝（杨宽）。[10]（二）地祇说：《河图》认为黄帝是“地祇之子”，黄帝亦曾有“地皇”之称。“黄帝”与黄土文化有关，这也是个常见的论述。[11]（三）始祖神：黄帝作为华夏许多民族的祖先，甚至成为华夏与非华夏民族的始祖，这样的意象早在《国语》《山海经》等古籍已可见其论述。清末后，它更迅速成为新论述的中华民族的共祖。[12] 这个论述流传极广，钱穆的《黄帝》一书对此多有所论述。[13]（四）文化英雄：黄帝与其臣属发明了许多器物，使得初民可以和其他生物作一区分，文明与野蛮就此分判，一种价

[7] 参见杜而未：《中国古代宗教系统》（台北：华明书局，1960），页 86—88。

[8] 森安太郎著，王孝廉译：《黄帝的传说：中国古代神话研究》，页 175—208。

[9] 叶舒宪：《中国神话哲学》，页 145—227。高木敏雄：《比较神话学》，页 125。铁井庆纪著，池田末利编：《中国神话の文化人类学的研究》（东京：平河出版社，1990），页 326—349。

[10] 上述所说，参见杨宽《中国上古史导论》第 5 篇与第 8 篇，此书收入吕思勉、童书业编著：《古史辨》，册 7 上，页 189—209、246—269。

[11] 艾兰（S. Allan）著，汪涛译：《龟之谜：商代神话、祭祀、艺术和宇宙观研究》（成都：四川人民出版社，1992），页 68—71。另江文也亦曾论黄河、黄土、音乐与黄帝的关联，参见江文也著，拙译：《孔子的乐论》（台北：台湾大学出版中心，2004），页 22—36。

[12] 参见沈松侨：《我以我血荐轩辕——黄帝神话与晚清的国族建构》，《台湾社会研究季刊》，第 28 期（1997），页 1—77。

[13] 钱穆：《黄帝》（台北：东大图书公司，1978）。

值意义突破的人文世界于焉形成。这样的文化英雄也许是“箭垛”式的人物，但他反映了某种历史事实。此一论述早见之于《世本》，晚近齐思和、王仲孚等人对此都有论述。[14]

笔者认为上述的说法皆言之有理，但皆无实据。如果我们一定要找出黄帝的原始形貌，确定其真身，其余诸说则被视为虚假的，或至多被视为衍生的说法，笔者认为这样的诠释不太容易行得通。我们在现存的文献上固然不容易找出这样的检证标准，即使文献够详实，笔者也很难相信文献的材料一定可以解释神话或传说的事件演变序列。笔者在文章中提了一个取代“非彼则此”的解释方式，拙作认为黄帝的“原型”不一定要在四者当中选其一，有可能这四种意象合构，才能组成完整的图像。我们现在看到“黄帝”意象大量出现的时期，大约是在战国中晚期。[15] 不管黄帝的“源头”如何，但就具有文化意义的形象而论，他当时出现的形貌即是人君，虽然这位人君或偏向文化英雄，或偏向天界神祇，但无碍于他的主要身分乃是天子。换言之，黄帝的核心性格就是战国人所认可的人君形象，他是一种原型化的天子。

如果黄帝是人君的原型，他兼具天神、地祇、始祖神与文化英雄，那么，这样的人君大概就不会是消极哲学的人君概念，

[14] 齐思和:《黄帝之制器故事》，收入吕思勉、童书业编著:《古史辨》，册 7 中，页 381—415；王仲孚:《黄帝制器故事试释》，收入《中国上古史专题研究》（台北：五南图书公司，1996），页 231—276。

[15] 参见王叔岷先生:《黄老考》，《先秦道法思想讲稿》，页 349—369。

因为他要为族群与文化的生成负责。这样的人君概念也不太可能是理性型的人格，他势必带有相当奇理斯玛（charisma）甚至神秘性的性格，因为他事实上是天、地、人三界神圣性质的汇聚者，是三才之道的思维模式的体现者。笔者认为由出土《黄帝帛书》加上传统的文献，我们对具有积极哲学意涵的黄老道家，已有较明确的图像。“天子”顾名思义即是“天之元子”，“天”是“天子”的权力之来源，所以笔者底下将从“中—天道”的象征之垄断者与“战争—秩序”的建构者两种角度着眼，补充前文所说的作为积极政治思想的黄帝形象。

传统的黄帝形象中，有一个极显著的特征，乃是他与“中”的图像时常一齐出现，“中”是“天道”极显明的表记。举其荦荦大者，我们可以找到下列的叙述：（一）中央帝：《淮南子》及《吕氏春秋》皆指出黄帝位于天下中央，为土德之帝，其佐后土，执绳而制四方。（二）昆仑山：昆仑山为战国时期最著名的宇宙山，中有铜柱，直透天阙。昆仑山乃是联系天上、地下的唯一管道，此山之主神即是黄帝。（三）建木：建木或许不是战国时期唯一的宇宙木，但它无疑是形象最清楚，功能最明确的通天神木，此树乃黄帝所创立，群神上下所必经。[16]（四）轩辕：《山海经》记载轩辕氏的图像如下：“轩辕之国在此穷山之际，其不寿者八百岁。在女子国北。人面蛇

---

[16]《山海经·海内经》云：“建木，百仞无枝，有九欘，下有九枸，其实如麻，其叶如芒，大暤爰过，黄帝所为。”过者上下于天。为者，施为、创作之意。参见袁珂校注：《山海经校注》，页 448—452。

身，尾交首上。”[17] 尾交首上，其造型意味着始卒若环，难得始终，这种乌洛波鲁斯（uroboros）的造型乃是“中”的具体体现。类似的“中”的意象还可在“黄帝”身上发现，因前文已讨论过，此处就不再多说了。

上述四种意象中，轩辕氏的图像无疑同时具足“圆”与“中”的象征。在中国神话传统中，“圆”与“中”两者常携手而至，两者是典型的孪生概念。不只《山海经》的轩辕国之人同具二者，昆仑山的意象其实也是如此，此山的圆丘即是著名的景象。第二则的昆仑山乃不折不扣的宇宙山，第三则的建木则是最典型的宇宙木，宇宙山、宇宙木在全世界各地几乎都被视为最重要的“天梯”，[18] 是连接圣俗两界的宇宙轴（axis mundi）。我们知道，在初民的社会里，宇宙轴被视为维系宇宙秩序最重要的因素。没有了此轴，则天地倒塌，人伦毁灭。中国最著名的两种宇宙轴竟然都与黄帝有关，黄帝的性质可以思过半矣！更不要说作为土德的中央帝之明白宣示了。

黄帝为中央之帝，其资料是相当多的。但中央的意象为何？我们如从中央土德这点着眼，当然很难否认他是有相当强的“攫取领土”的意味。但他的性质不仅如此，因为“中”与宇宙轴的功能结合，它的主要作用就是“通天”。换言之，黄帝垄断了通天的管道，他是天界与地界传达讯息的沟通者。我

[17] 袁珂校注：《山海经校注》，页 221。
[18] 同上注，页 450。

们既然知道“天”是一切权力的来源，而“土”配合“天”，有土斯有财。那么，谁掌握了天地的讯息，他自然而然就掌握了一切的权力。

晚近有关王权的研究显示：早期的王权绝不只是政治的概念，它无可避免地也是神话的概念，斐济人将国王的登基称作世界的创造，维奴何·雷弗的部族则称国王登基为“范铸大地”或“创造大地”。不仅如此，许多民族的首都或寺庙几乎都被视为位于宇宙之中，因此，国君或僧伽登基，其意思大抵即同站在天神般的地位。耶律亚德下结论道：“几乎在任何地方，新王登基都被视为其民族历史之再生，甚或是宇宙历史之再生。”[19] 而宇宙历史的再生几乎都是在“大中”的位置上发生的。显然，国君的新任被视为可带来空间位置与时间顺序的全面更新。连带地，谁垄断了“通天”的管道，事实上他即成了天意的代言人。

关于黄帝的通天问题，读者很容易想到张光直对三代文化的研究。他的著作一再强调三代文化的底层是所谓的“玛雅—中华文化”，这样的文化的基本模式是萨满教式的。萨满教最大的特色在于萨满拥有一种出神之技，而且出神远游的管道即经由宇宙山、宇宙木这样的通天管道，他上下于魔幻的巫术空间与现实的世界。由于萨满教的意识形态在三代之时占有核心的位置，像商王这样的天子事实上即是萨满（巫），因此，如

[19] 耶律亚德著，拙译：《宇宙与历史：永恒回归的神话》，页 70。

何掌握通天的管道，此事遂成了国之大事。张光直甚至认为三代所以屡次迁都，其目的都和追求作为沟通天人两界的青铜彝器之材料有关。[20] 张先生的假说颇有理论趣味，其迁都说的解释能否成立，笔者无能妄赞一词。但他指出“王权”和“通天管道”关系很紧密，应该足备一说。中国文明始祖的黄帝的概念一成立，他即是神人。他的即位即是“宅兹中国”，“中国”即依宇宙轴的天下之中的概念而成立。我们探讨“黄帝”的性格时，不宜忘掉太初存有论的向度。

如果说黄帝性格的主要来源之一是天地的神祇，以及对于“通天”管道的垄断的话，我们看到的帝尧性格的主要来源也是天地的神祇，以及对其神圣性的内化为道德的理性。但和黄帝相比之下，帝尧的神性并不那么显著，最重要的原因是他的“史官化”或“诸子化”的时间很早。孔、墨“俱道尧舜”，尧舜早在春秋、战国初期，已成为儒墨两家政治思想最重要的符号。而作为官方档案文献的《尚书》也很早即收录记载尧舜事迹特详的《尧典》一篇，作为后世人君的典范。但不管尧舜在孔、墨之后，已经变成了多么道德化的人君图像，透过了后世学者的努力考索，我们对尧舜的神话性格已逐渐有了较清晰的眉目。

帝尧的神话性格虽说不像黄帝那么显著，但近代最早研

[20] 张光直:《夏商周三代都制与三代文化异同》,《中国青铜时代（第二集)》，页 17—40。

究中国神话的两位重要学者白鸟库吉及马伯乐却不约而同地指出，帝尧具有显著的神祇性质。[21] 白鸟库吉所重在帝尧的天界性质，马伯乐则偏向太阳神（日神）的面向，他们两人的解释大体上也构成后来者对帝尧解释的两条主轴。白鸟库吉文章的铺陈虽嫌简略，但自有理路。他引《说文》“尧，高也……高远也”；《史记·五帝本纪》“帝尧者，放勋。其仁如天，其知如神”；《论语·泰伯》：“大哉尧之为君也，巍巍乎，唯天为大，唯尧则之”，以证明帝尧可代表中国传统三才之道的天道之体现者。杨宽后来提出的五帝（包含帝尧）都是上帝的化身说，其论证虽不同，但“化身”及“天”这两点却是一致的。

“天神为上帝”此是一说，从马伯乐、加藤常贤[22]、御手洗胜[23]以下，也认为帝尧的原始身分恐不免有些天神的成分。说得更明确些，所谓的天神成分指的当是日神。帝尧带有浓厚的太阳神话的色泽，我们从他命羲叔、羲仲、和仲、和叔“寅宾出日”，从他和后羿传闻时常相混等等看来，[24] 应该是可以成立

---

[21] 白鸟库吉与马伯乐的论述虽早，但至今仍有参考价值。参见白鸟库吉：《支那古传说の研究》，《白鸟库吉全集》（东京：岩波书局，1971），册 8，页 381—391。马伯乐（H. Maspéro）著，冯沅君译：《尚书中的神话》，《书经中的神话》，页 3—20。

[22] 加藤常贤：《真古文尚书集释》（东京：明治书院，1964），页 195—196。

[23] 御手洗胜：《古代中国の神々：古代传说の研究》，页 437—441。

[24] 古书皆言后羿射日，但《论衡》中的《感虚》《说日》《对作》诸篇皆言尧射十日（或九日），其根据则是“儒者传书”或《淮南书》。袁珂怀疑“射日”之说原有两种版本，一属羿，一属尧。袁珂之说参见《古神话选释》（台北：长安出版社，1982），页 269。

图 5-1
《尚书·尧典》记载"璇玑玉衡，以齐七政"，"璇玑"何物，后世莫得其详。依据吴大澂的解释，"璇玑"乃是一种带有旋转棱状的圆环，常见环起三棱者，如图所示。另图作风扇旋转状者，亦当属璇玑，此玉器或与日神崇拜有关。

的。帝尧日神说对后世天子观最大的影响之一，乃是"太阳"所具有的光明德性，后来转化为作为人君的帝尧的道德属性。诚如《尧典》说的：他"克明峻德""光被四表""昭明百姓"，光明不只是尧德的一种隐喻，我们有理由相信：这是帝尧仍保存日神性格的证明。如果说所有神话思维当中，都难免有明暗之争的话，[25] 中国的日神神话最大的作用乃是他们光明之属性被儒家接收，转化为人的理性的道德心灵。就像阳光照亮了黑暗，呈显了万物，世界以"秩序"的面貌呈现出来。同样地，光明的德性也可以说是破除了无意识的蒙昧，照明了人生之途，人的世界从此有了定向。

帝尧的日神性格其实不是那么隐晦，一旦我们确认此遥远上古的圣君带有来自天界的讯息后，我们对古籍中一再强调的尧舜具有无比的感化力量，即可找到理解的管道。尧舜据说"无为而治""恭己正南面而已矣"（《论语》），舜"弹五弦

---

[25] 卡西勒说："神话空间感的发展永远起于日夜之别或明暗之分。"参见 E. Cassirer, *The Philosophy of Symbolic Forms*, Ralph Manheim trans., vol.2, p.96.

之琴，歌南风之诗，而天下治”（《淮南子·泰族训》）。这种力量如是神秘，如是神圣，因此，我们很难想像这样的感化力如何运作，也不知道它从何而来。但我们既然知道帝尧的身分之一乃是天神，我们即可了解他为什么可无言而化，了解这种不可思议的感化力量从何而至。因为初民时代的人君“被看作是宇宙动力的中心，各条力线都是由此辐射到各个角落去的。因此，他的任何举动，一仰头、一举手，都立即影响并可能严重扰乱自然的一部分。他是世界平衡的支点，他身上任何极微小的不合常规的地方，都会打破这种微妙的平衡”。[26] 弗雷泽（J. G. Frazer）所说可视为神话版的蝴蝶效应，初民时代人君的一言一行，就像蝴蝶翅膀的振动一样，它很快就会波及到宇宙的每一角落。[27]

三　唯黄帝能尽天极

黄帝与尧舜的“血统”都是“天潢神胄”，但他们既然都

---

[26] 弗雷泽（J. G. Frazer）著，汪培基译：《金枝》（台北：桂冠图书公司，1991），册上，页 261。郑振铎解释商汤的祭师性格，也引用到《金枝》的相关材料。参见《汤祷篇》，原文发表在《东方杂志》，第 30 卷第 1 期（1933），页 122—137。后收入马昌仪编：《中国神话学文论选萃》（北京：中国广播电视出版社，1994），上编，页 191—221。

[27] 卡西勒曾引“有人说”，“一件单一的事物禁忌，可能感染到整个宇宙”，以说明原始感染的原理意味着没有界限。参见卡西勒（E. Cassirer）著，刘述先译：《论人：人类文化哲学导论》（台中：私立东海大学出版社，1959），页 116。

是人世间政治领域的人物，因此，他们只能“奉天承运”。黄帝的奉天承运，乃是坚守宇宙轴，垄断通天管道。尧舜的奉天承运则是承继上天的神圣性格，并内转为政治运作及伦理建构的法则。

黄帝的形象常被视为带有浓厚的通天色彩，但类似《山海经》这类著作中所显现的通天，主要是神话的色泽，此时的黄帝的通天能力应该来自萨满文化的传承。但作为黄老思想主干之一的黄帝之政治理型，其通天性质与意义如何，传统的文献显现的不是那么具体。然而，《黄帝帛书》出土后，我们对黄帝与通天的关系，就相当明白了。事实上，许多学者都认为《黄帝帛书》的主要内容就是“天道”的概念。[28] 黄帝经由建木或昆仑山通天，得到天界的讯息。这样的神话资料落实到政治层面上来讲，即是黄帝如何诠释天道或者如何效法天道的问题。

在这四篇《黄帝帛书》当中，我们看到法天的例子不胜枚举。仅仅第一篇《经法》，即有相当丰富的材料，且看下文：

> 故唯圣人能尽天极，能用天当。（《经法·国次》）

> 周畧（迁）动作，天为之稽。天道不远，入与处，出

[28] 陈丽桂：《黄老帛书里的道法思想》，《战国时期的黄老思想》（台北：联经出版事业公司，1991），页39—108。胡家聪：《黄老新学的时代精神》，《稷下争鸣与黄老新学》（北京：中国社会科学出版社，1998），页143—202。

与反。(《经法·四度》)

当者有［数］，极而反，盛而衰：天地之道也，人之李（理）也。逆顺同道而异理，审知逆顺，是胃（谓）道纪。(《经法·四度》)

人主者，天地之［稽］也，号令之所出也，［为民］之命也。(《经法·论》)

帝王者，执此道也。是以守天地之极，与天俱见，尽［施］于四极之中，执六枋（柄）以令天下。(《经法·论》)

故执道者之观于天下也，必审观事之所始起，审其刑（形）名……然后参之于天地之恒道，乃定祸福死生存亡兴坏之所在。(《经法·论约》)[29]

上述所举的例子乃随意列举，相当地不完整，但这些不完整的材料已显示所谓的“黄老道家”的黄帝是位法天道的积极政治擘划者。《经法》的黄帝之法天，已经看不到太多神话的色彩。

[29] 陈鼓应注译：《黄帝四经今注今译——马王堆汉墓出土帛书》(台北：台湾商务印书馆，1995)，页 93、153、163、177、189、229。以下引文，皆依陈注本，不一一注明。

但我们对照“唯圣人能尽天极，能用天当”这种黄老道家的黄帝，与“乘龙扆云，以顺天地之纪”（《大戴礼 · 五帝德》）这种传说中的黄帝之意象，或对照黄老圣人之“执天道”与《山海经》中的黄帝之攀登建木此宇宙轴，其前后之际的形象显然是连续性的，其功能也是一致的。

神话的黄帝与黄老道家的黄帝之连续性是相当清楚的，最值得注意的是“天极”“恒干”的概念。除了上文列举的“唯圣人能尽天极，能用天当”与“是以守天地之极，与天俱见，尽施于四极之中，执六枋（柄）以令天下”外，我们还看到“夫天有［恒］干，地有恒常”（《十大经 · 果童》）；“力黑已布制建极”（《十大经 · 观》）；“天有恒榦（干），地有恒常，与民共事，与神同（光）”（《十大经 · 行守》）；“明者固能察极，知人之所不能知，服人之所不能得，是胃（谓）察稽知极”（《道原》）这些文字表达的意思大体是类似的。

“干”“极”这两个字词不算罕见，读者很容易滑过。《说文》解“极”字云：“栋也，从木，亟声。”朱骏声说：“按：在屋之正中至高处。至者，下之极；极者，高之至也。”[30] 考屈原《天问》有“斡维焉系？天极焉加？”之语。洪兴祖《楚辞补注》云：“《天官书》曰：‘中宫天极星，其一明者，太一常居也。’《太玄经》曰：‘天圜地方，极植中央。’”[31] 在天圜地方之

---

[30] 朱骏声：《颐部第五》，《说文通训定声》，页 105。
[31] 洪兴祖：《楚辞补注》，页 126。

间，有“极”直立其中，《太玄经》所言，不是典型的天柱形象吗？《天官书》的“天极星”乃太一所居，而又居中宫，《论衡·说日》引邹衍之说曰：“天极为天中。”北极—天中—太一，这也是典型的宇宙轴之叙述。[32] 笔者认为“极”的原始意象，乃指通天之宇宙木。加上“天”字，其义更加显豁。《黄帝帛书》所说“圣人能尽天极”“守天地之极”“布制建极”，其义乃从“通天之道”——“垄断通天之道”的意义辗转衍生而致。

“恒干”的作用与“天极”相似，抗战时期长沙子弹库出土楚帛书四隅绘有四时之木，施色，并有文字云：“青木、赤木、黄木、白木、墨木之精。”复有四神之名曰：青干、朱单、黄然、墨干。这四神很可能就是“奠四极”的“四极”的神格化。[33]《说文》云：“干，一曰木本也。”干即树木之本，它自然有资格作通天巨木（“四极”）。这样的“干”字加上“恒”字，不能不令人联想到同一时期出土的材料，如《易经》“易有太极”作“易有大恒”，《老子》“致虚极”作“致虚恒”。这两处的“恒”字皆为实字，皆有“极”意。[34] 即使“恒干”的

[32] 关于中国的北极星、中心与宇宙山的关系，参见御手洗胜：《邹衍の九大州说と昆仑传说》，《古代中国の神々：古代传说の研究》，页653—680。葛兆光：《众妙之门：北极与太一、道、太极》，《中国文化》，第2期（1990），页46—65。

[33] 以上释文参见饶宗颐：《楚地出土文献三种研究》（北京：中华书局，1993），页240—242。

[34] 参见饶宗颐：《帛书〈系辞传〉“大恒”说》，《饶宗颐二十世纪学术文集》（台北：新文丰出版公司，2003），册5，页68—86。

图 5-2
此图为早期圆纹镜，或许为齐家文化时期的铜镜。镜面有八圈圆形凹纹环绕，以中央之纽为核心，由内而外，逐层放大。八圈之义难明，然圆为天道，纽可视为天极，此镜或与原始天文观有关。

“恒”字不必直接自“大恒”之义转移而来，但上引诸词都是重要的语汇，又同时同地使用，我们很难讲彼此没有意象的旁通。

“天极”“恒干”是黄老帛书最重要的喻根（root metaphor），它们是宇宙木的转译。有关宇宙木的解释问题，笔者因有另文阐述，兹不赘述。[35] 笔者相信对战国秦汉的黄老学者而言，黄帝的意象已不再是沿着建木或昆仑天柱自由出入天地的神巫，而是占据宇宙轴、垄断通天管道的宇宙经营者，就像汉画像石中一再出现的一手持规、一手持矩、超越伏羲女娲雌雄同体之上的那位大神黄帝一样。

四　黄帝论兵：刑法一体

从“通过宇宙轴”到“垄断宇宙轴、效法天道”，黄帝往

[35] 参见拙作：《太极与正直——木的通天象征》，《台大中文学报》，第 22 期（2005），页 59—97。收入拙著：《五行原论：先秦思想的太初存有论》（台北：联经出版事业公司，2018），页 291—334。

建构性天子的形象迈进了一大步。“效法天道”的下一步，我们看到《黄帝帛书》对天道有更积极的规定，天道被视为“秩序”的创造源头。秩序之大者曰法，所以《黄帝帛书》第一篇《经法》开宗明义即说：“道生法。”然而，法不能只是自体存有（in-itself），它要透过刑（意即“形”）与名，才能对己存有（for-itself），所以帛书有刑名之学。但《黄帝帛书》最特别者犹不在此，而是法不单行，法亦不孤生，《黄帝帛书》除了提倡道家思想前所未见的秩序原理外，我们也看到它主张道家思想极为罕见的兵刑之自然律则，刑杀有本体论的地位。在天道的层次上，秩序与破坏同时而来。

如果说老子的“道”是不是境界形态的形上学，此说大有讨论的空间的话，《黄帝帛书》的道或天道绝不是境界形态的，而是实有形态的，这是相当清楚的。我们此处一样以首篇《经法》为例，略加说明。此经破题说“道生法”，此文中的“法”当指人间的律法制度，所以下文才会说：“故执道者，生法而弗敢犯也。”《黄帝帛书》原本就是时代性格极显著的典籍，它预设的读者是人君以及掌握政治实权的人。在兵荒马乱、王纲解体的战国时代，此经会强调法的重要，一点都不令人意外。我们在同时期的法家著作或类似裘锡圭所说的道法家之著作中，也可看到类似的观点，如《管子·心术》即有“法出乎权，权出乎道”之说。

然而，“法”也可以扩大解释，我们不妨将它引申到自然律的范围。《黄帝帛书》对此有更详细的规定，其规定几近于繁琐。且看下列这则总称性的命题:“天执一,明［三,定］二,建八正,行七法。”(《经法·论》)这里的“天”实即天道,它是有具体内容的;“一”当即为帛书中神秘性的“一”;“三”指日、月、星辰;“二”指阴阳。“八正”为春、夏、秋、冬、外、内、动、静;“七法”即“天”的道、度、期、性、命、稽、物命所显示的七种性质,[36] 这七种法则可算是天之属性。笼统看来,自然界的主要内涵都被视为天道的显像,而天道本身也具有“明以正”“适”“信”“有常”等等的正面质性。我们如果把“法”字用到天道上来——“七法”的“法”字事实上即采取此用法——那么,上述所说的一、二、三、七、八皆可说是“道生法”的“法”。这样的“法”可解释成自然律则。《黄帝帛书》论天道与天的显像关系,就像许多前现代的社会的世界观一样,自然都被视为神圣的天之“圣显”(hierophany)或“力显”(kratophany)所致。[37] 只是一者以哲学的语言出之,一者以神话或象征的语言出之。

道生法,法在其自身即是律则。事物的自我外显则有“刑”(“刑”同“形”),“形”的本身即带有“名”的属性。刑名之学是战国时期法家与黄老道家共同关怀的主题。《经法》

---

[36] 《经法·论》所谓的“明以正者,天之道也。适者,天度也。信者,天之期也。极而［反］者,天之生(性)也。必者,天之命也。［顺正者,天之稽也。有常］者,天之所以为物命也。此之胃(谓)七法”。

[37] 参见 M. Eliade, *Patterns in Comparative Religion* (New York: Sheed & Ward, 1958), pp.38–41.

说："虚无有，秋毫成之，必有刑（形）名，刑（形）名立，则黑白之分已。"《经法》的观点自然有实际上的用途，但就理论而言，它显然反对语言的"约定俗成"说，也反对"圣王制作"说，而是主张一种客观主义的观点。"名"是附着"事物"而来的，因为是事物的属性，所以它才有客观性，才可建立公道的判准。"刑名"一词就形式而言，是"自体存有（in-itself)"的；但就功用而言，却是"对己存有（for-itself)"的。

"刑名"问题是战国诸子时常讨论的哲学课题，它是一个时代的共同关怀。但笔者认为《黄帝帛书》此一议题，基本上来自神话的思维，卡西勒论语词的魔力时，有力指出神话思维中，语词总是和最高的存有结合在一起的。他指出：

> 所有的语言的结构同时也作为赋有神话力量的神话实体而出现；语词（逻各斯）实际上成为一种首要的力，全部"存在"（Being）与"作为"（doing）皆源出于此。在所有神话的宇宙起源说，无论追根溯源到多远多深，都无一例外地可以发见语词（逻各斯）至高无上的地位。[38]

原始语言之能指与所指之区分非常模糊，它叙述事物即使事物存在。如果借用耶律亚德的语汇来说，原始语言与其说是指义

[38] 卡西尔（E. Cassirer）著，于晓等译：《语言与神话》（北京：生活·读书·新知三联书店，1988），页70。

的，不如说是“力显”的。这样的概念也反映在《黄帝帛书》中，此书特别着重于语言与存有间的一致性，因而有刑名之说。最戏剧性的描述，莫过于“一”此概念的神话起源与神秘的力道了。[39] 至于《大戴礼记·五帝德》说黄帝“生而神灵，弱而能言”，这样的描述现在看起来可能不是空话泛论，而是有神话的因素在内。[40] 兹不赘言。

天道显示正面的质性，其中包含“法”的内容，与其彰显出的“刑名”关系，这是天道的一个面向。但《黄帝帛书》最值得注意的莫过于正负并举，生杀同列。帛书使用的语言是“刑德”。

> 春夏为德，秋冬为刑。先德后刑以养生。姓生已定，而适（敌）者生争，不谌不定。凡谌之极，在刑与德。刑德皇皇，日月相望，以明其当，而盈［绌］无匡。(《十大经·观》)

---

[39] 《十大经·成法》记载黄帝向力黑请教有没有可以“正民”的“成法”，力黑回答道：“然。昔天地既成，正若有名，合若有刑（形），［乃］以守一名。……昔者皇天使冯（凤）下道一言而止。五帝用之，以朳天地，［以］楑（揆）四海，以坏（怀）下民，以正一世之士……循名复一，民无乱纪。”这种神圣的“一”是上帝派遣神秘之鸟凤凰传布到下界来的万灵丹，据说“一”到目前为止仍是法力无边。

[40] 参见王聘珍：《大戴礼记解诂》（北京：中华书局，1983），页117—118。同篇描述帝喾之德为“生而神灵，自言其名”（同上，页120），思维模式是一样的，但神话的意义更浓。

《十大经·姓争》也说“刑德皇皇……刑德相养”，刑德相养就像阴阳代换、春夏秋冬轮替一样。《经法·论》说过：天的性质是“极而反”，物极则反，这是天道。《黄帝帛书》很值得注意的一个论点是：它将“刑德”此人文世界政治领域的概念和天道物极则反的规律等同看待，刑德代换因此成了不可避免的自然律则。

《黄帝帛书》除了使用“刑德”这个具有法家色彩的词语外，它也用“文武”两字表达同样的意思。且看《经法》底下的文句：

> 因天之生也以养生，胃（谓）之文；因天之杀也以伐死，胃（谓）之武。［文］武并行，则天下从矣。(《经法·君正》)

> 始于文而卒于武，天地之道也。四时有度，天地之李（理）也。日月星晨（辰）有数，天地之纪也。(《经法·论约》)

文武两者亦是一宽一严，相代而起，物极则反，文武对转，此固天之律则也。

《黄帝帛书》的阴阳、文武之争是有特定作用的，它给“刑杀”一个正当性的基础，而刑杀之大者，莫如战争。《十大经》有《兵容》篇，《本伐》篇亦有“世兵道三”之说。显然就《黄帝帛书》的观点来看，战争是不可免的，所谓“作争者凶，不争［者］亦无成功”（《十大经·五正》）。兵争的典型战役即是黄帝与蚩尤之争，《十大经》中的《五正》及《正乱》皆言及此事，两者皆言及黄帝擒下蚩尤，剥其皮，断其发，充其胃，腐其骨后，对天下另有盟誓。《五正》曰：“反义逆时，其刑视之（蚩）尤。反义伓（倍）宗，其法死亡以穷。”《正乱》曰：“毋乏吾禁，毋留（流）吾酭（醢），毋乱吾民，毋绝吾道。止《乏》禁，留（流）酭（醢），乱民，绝道，反义逆时，非而行之，过极失当，擅制更爽，心欲是行，其上帝未先而擅兴兵，视之（蚩）尤共工。”“反义逆时”“反义倍宗”其意皆指蚩尤背叛了天道，所以他要永恒地背上破坏原初秩序的罪名，亦即成了浑沌、失序的永恒典型。

蚩尤相传是造冶之神，也是兵神，他的造型是有名的穷凶恶极。据说他“铜头啖石，飞空走险”，“耳鬓如剑戟，头有角，与轩辕斗，以角觝人，人不能向”，其骨“如铜铁”。有的文献甚至记载他有兄弟八十一人，皆“铜头铁额，食沙石子”。[41] 这些记载都指向了一个方向，此即蚩尤是造冶之神，是鼎炉的神格化，所以他才可“铜头啖石”“食沙石子”云云。

[41] 蚩尤的材料分布较散，比较密集的结集参见袁珂编：《中国神话资料萃编》（成都：四川省社会科学出版社，1985），页51—59。关于蚩尤的研究，参见孙作云的三篇文章，《中国第一位战神——蚩尤》《蚩尤、应龙考辨》《蚩尤考》，三文收入《孙作云文集·中国古代神话传说研究》（河南：河南大学出版社，2003），册上，页140—240。

由造冶之神一转，当然就是兵神了。蚩尤在先秦两汉应当是最重要的兵神。秦汉之际，“蚩尤之旗”的云气一出现，即主兵事。[42] 刘邦起兵，亦先祭蚩尤，此是后话，兹不赘语。

蚩尤是造冶之神，是兵神，但这位兵神却被黄帝打败了。黄帝是中国最著名的文化英雄，他发明的事物之多，没有任何传说或真实的人物能比得上。但这位文化英雄必要时，对战争是不避讳的，我们不妨观看最早纪录此段神话故事的文字为何。《逸周书·尝麦解》叙述其事如下：

> 昔天之初，诞作二后，乃设建典，命赤帝分正二卿，命蚩尤宇于少昊，以临四方，司□□上天未成之庆。蚩尤乃逐帝，争于涿鹿之河，九隅无遗，赤帝大慑，乃说于黄帝，执蚩尤，杀之于中冀。以甲兵释怒，用大正，顺天思序，纪于大帝，用名之曰：绝辔之野。乃命少昊清司马鸟师，以正五帝之官，故名曰质，天用大成，至于今不乱。[43]

此段文字极古朴，或有错简，亦未可知。学者或疑此文的“赤”字为“炎”字之误，[44] 笔者觉得这种解读有道理。“炎”“赤”形近易讹，而且炎、黄并列，我们在《国语·晋

---

[42] 《吕氏春秋·明理》《史记·天官书》皆有此说法。

[43] 朱右曾：《逸周书集训校释》，页151—152。

[44] 李学勤、何琳仪等先生有此看法，参见李学勤：《古文献丛论》，页87—95。

语》里也可看到类似的记载。此神话将蚩尤、炎帝、黄帝绑在一起叙述，这样的叙述颇有深义。炎黄本是兄弟，后来“用师以相济”。[45]《逸周书·尝麦解》说蚩尤先后与炎、黄争，《史记》则记载黄帝曾与炎帝及蚩尤发生过阪泉之战及涿鹿之战，这两场战役极像同一神话事件的分化。换言之，炎帝与黄帝之战，乃兄弟阋墙之争。而黄帝与蚩尤其实具有相当高的同质性，蚩尤兵神，黄帝在相当的程度上，也可被视为兵神。[46]只是他这位兵神兼具文化英雄的身分。

本文重点在刑德关系，我们看到《逸周书》将（一）最初的“建典”；（二）接着而来的蚩尤和太初二帝相争，黄帝杀之；（三）尔后的鸟师纪官之传说连结在一起，建典—兵争—天序的结构是很清楚的。这样的叙事结构其实也曲折地反映在《尚书·吕刑》：“若古有训，蚩尤惟始作乱，延及于平民。罔

[45] 这是《国语·晋语》的语言。《新书·制不定》更进一步说：炎黄“故战涿鹿之野，血流漂杵”。参见贾谊：《新书》（台北：艺文印书馆，1977），册1，卷2，页30。晚近江陵王家台墓出土竹简也有“昔考黄帝与炎帝战”之说，参见荆州地区博物馆：《江陵王家台15号秦墓》，《文物》，第1期（1995），页41。连司马迁都会将炎黄以武力相争之说采入《史记·五帝本纪》之内，可见炎黄相争的传闻应当流传甚广。笔者认为炎黄“用师以相济”有神话的源头，它是“孪生兄弟相残”此神话母题的反映。

[46] 秦失其鹿，天下英雄共逐之，他们当时起兵前的暖身工作是“祠黄帝，祭蚩尤”。（《史记·高祖本纪》）《集解》引应劭之言道：“《左传》：黄帝战于阪泉，以定天下。蚩尤好五兵，故祠祭之，求福祥也。”黄帝与蚩尤皆主兵事，两者其实都可视为兵神。王献唐亦主“黄帝始作兵器说”，参见《炎黄氏族文化考》（济南：齐鲁书社，1985），页16—17。

不寇贼，鸱义奸宄，夺攘矫虔。”[47] 苗民更制定五虐之刑，鞭笞天下。上帝看见地下秩序大乱，罔有德馨，惟闻刑腥。一怒之下，他命重黎“绝地天通，罔有降格”。接着，上帝再命“伯夷降典”，“禹平水土，主名山川”，“稷降播种”，世界重上轨道。轨道三要素：法典、命名、谷物。法典居首，命名其次，食物第三。“法典—命名”的次序再度让我们联想到《黄帝帛书》对此主题的改造。

《逸周书·尝麦解》篇与《尚书·吕刑》篇的版本不同，但它们都是用神话的语言表达刑法与暴力的关系。依据神话思维，最“原始”的法有一起源，它源于最原始的秩序遭到了破坏。“昔天之初”，世界原本和谐，天上地下相通，东方西方和融，可惜蚩尤作乱，上帝“绝地天通”，原有的秩序顿时消失无踪。尔后，蚩尤被杀，世界再度获得秩序。秩序—失序（浑沌）—再秩序的构造反映了文化英雄神话暴力的本质，而作为惩罚力量的刑终于跃上了历史的舞台。刑以“兵”及“法”之二貌出现。自原始的神话事件开始，正义、刑法与战争即是三位一体，不可割离。中国兵刑的神话具体地表现在《尚书·吕刑》及《逸周书·尝麦解》两篇之中，黄帝与蚩尤则是典范人物。

《黄帝帛书》的刑德文武之说可以说将黄帝蚩尤神话的结构作了本体论的转变。原来是“秩序—失序—再秩序化”的

[47] 王云五等编：《尚书》，卷 12，页 7。

三重奏神话时间序列，《黄帝帛书》将它转换为“秩序—失序”连结的共生结构，而且这样的构造被视为天道本身的内涵，两极共生且对反乃是天道运行的一种律则。这种两极对照的内涵当然不是对称的，无疑地，德、文的内涵比刑、武的内涵来得丰富，所谓“三时成功，一时刑杀，天地之道也”（《经法·论约》）；德、文在存有位阶的优先性也先于刑、武，所谓“先德后刑以养生”（《十大经·观》）。但这无碍于《黄帝帛书》将“刑杀”提升到前所未有的高度，它是天道本体论结构的一部分，而不是其欠缺。换言之，刑杀是秩序的补充原则，两者并体共生。

《黄帝帛书》的天道之内涵无疑地具有极明确的时代色彩，我们怎能想像在战国时期一种完全没有解释暴力因素的思想能受到时君的青睐呢？然而，《黄帝帛书》的天道观以及圣人与天道的关系，自有其理论趣味。我们看到它所说的“天道”带有极显著的泛自然论的色彩，《黄帝帛书》的天道是神话意义的、实在论式的，天道在自然界（尤其是天界）显现其内涵，它自己规定自己，刑（形）则有名；它有原型的轨约法则，所以对人世的人事也有规约的作用。《黄帝帛书》的天道也是巫术的，谁掌握了天道，谁即垄断了权力，所以国君必须法天则以立人事。国君所法的天则当中，即包括德刑代换的法则。

简言之，如果蚩尤是炎帝或炎帝一族的话，那么中国神话史上最惊心动魄的黄帝、蚩尤之战，其实即是兄弟之争，其内涵即是以战止战，也可以说是文明的蛮性起源。论及宇宙构造或文明起源时，二元相代而生，或者某种意义的对立的二元论或许是免不了的。[48] 但比起后世理学或内丹道教的阴阳学说来，炎、黄相争显示人性中还残留着相当多需要转化的生物机制。炎、黄连结和黄帝、蚩尤连结一样，我们有理由将它们解释成“文明—血腥”的孪生兄弟构造。[49] 这种文明与血腥同体共生的思想转到黄老学者手中，即变成了德刑相生、文武并济的思想。天道的正面内涵当然相形之下多了许多，但暴力却也获得了本体论的保障。由于天道具足多重内涵，而黄帝是其代言人，我们发现战国时期许多阴阳家、医家、兵家、道家著作皆托名黄帝，尤其作为医药圣典的《黄帝内经》与作为兵家阴谋之书的《黄帝阴符经》皆挂“黄帝”之名，一主生，一主杀，我们或许不会觉得太不可理解。

五 黄老联姻

《黄帝帛书》是部政治性格极强的典籍，这是相当清楚的。它为什么会和《老子》一书结合，形成黄老学派，此事真是费

---

[48] 参见 M. Eliade, “Prolegomenon to Religious Dualism: Dyads and Polarities”, *The Quest: History and Meaning in Religion* (Chicago: The University of Chicago Press, 1969), pp.127–177.

[49] 兄弟相残是神话极常见的主题，炎黄“以师相济”的神话似乎可作为 R. Girard 的宗教暴力说的一项例证。兄弟相残之说参见 R. Girard, *Violence and the Sacred* (Baltimore: The Johns Hopkins University Press, 1977), pp.59–67.

人猜疑。因为我们看到现行《老子》一书中，颇多消极哲学的内容，最明显地，《老子·第八十章》的“小国寡民”思想即具有浓厚的后退色彩，一般也视此章为道家消极的素朴主义政治观的代表。[50]《老子》之《第三十章》与《第三十一章》对战争多所控诉，所谓“以道佐人主者，不以兵强天下”，“夫佳兵者，不祥之器。物或恶之，故有道者不处”。这般明显的反战色彩！它与《黄帝帛书》强调刑德相依，战争不能免，也是违反的。又如《黄帝帛书》对作为人间秩序原则的法、理、智多所肯定，《老子》则有“绝仁弃义”“绝圣弃智”之说。以上所说的文字都是大方向的、具有理论决定意义的，而《黄帝帛书》与《老子》所言，竟相去如是之远。

上世纪末郭店出土《老子》简三种，这三种《老子》可能是目前所知最早的版本，一般认为新出土版本《道德经》有机会为黄老的关系投下解决的曙光。郭店楚简有三种，但其内容比起今本《老子》来，却简略许多。我们上引的《第八十章》即未见于这三本《老子》。现行《老子》的《第十九章》所说的“绝仁弃义”“绝圣弃智”，亦未见于帛书的《老子》。是否《老子》原本有可能不像后世流传的版本那般地素朴、反智、非汤武而薄周孔？然而，郭店三本《老子》到底是《老子》原本或是节本，学界的解释不一致，笔者倾向于是节本。“节”

[50] 请参见两本同名的政治学著作的观点。萧公权：《中国政治思想史》，页173—204。杨幼炯：《中国政治思想史》（台北：台湾商务印书馆，1973），页38—46。

到什么地步？自然很难确认。而且节本所依的原本是什么模样，目前也很难有一致的看法。战国的《老子》传本除了所谓道家版（道经在前，德经在后）与法家版（德经在前，道经在后）外，[51] 是否还有其他的可能性，恐怕是无法排除的。何况，即使我们将郭店本《老子》视为原本，我们看到反战内容的《第三十章》与《第三十一章》亦见于其中。由此看来，想依靠版本解决黄、老之间的差异问题，大概目前还做不到。

黄老怎么结合？此事或许存在着一段失落的环节，我们无从追溯起了。但笔者认为如从思想的演变考察，多少可以得其仿佛。

《黄帝帛书》对天道的思想特别重视，天子存在的正当性取决于他与天道的关系，这种思想的一种原始根源当是来自久远的巫教传统，人君的神性曾是普遍被接受的观念。但时序进入战国，早期宗教的圣显的（hierophany）、力显的（kratophany）天之概念已逐渐部分地被形上学的兴趣所取代，而这种形上学兴趣的主要源头就是老子的思想。老子是首位将“道”提升到自觉的形上学的层次加以讨论的先秦哲人。战国时期，当黄老学者想要重建政治秩序，并且设计完整的人君形象时，他们很自然地想到和《老子》一书结盟。以形上学的设准取代宗教的兴趣，我们在战国诸子身上，多可见到此种

[51] 高亨等人有此假说，参见高亨、池曦朝合著：《试谈马王堆汉墓中的帛书〈老子〉》，《文物》，第 11 期（1974），页 1—8。

思想倾向。当《庄子・天下》的作者尝试把当时天下的学术都推源到古时候一种形上学的“道术”时，《黄帝帛书》的作者也尝试将其学术追溯到一种素朴的、实在论的形上之道。我们知道黄老联姻实际的结果乃是黄帝意象的神话源头与老子的道之结合，而且这种结合并不平等，比较像抢婚，而不像自由恋爱。因为《黄帝帛书》的政治意图非常明显，目的引导了理论，黄老道家其实是以“黄帝”为主。

《老子》一书的诠释史非常复杂，我们可以说：《老子》书中的老子从来不止一位，老子的道也不会是只有唯一一种解释的一条阳关大道。老子的道常被后世的儒者批判为负面的虚无主义，它毁坏了伦常。一种虚无主义的道怎么会有积极的政治效果呢？此事不好解。但笔者认为老子这样的形象应当是长期的诠释过程中，不自觉地被抹黑的结果，老子未必要受此责难。庄子与黑格尔对老子有所解释，其说值得我们参考。《庄子・天下》说老子的道是：“建之以常无有，主之以太一，以濡弱谦下为表，以空虚不毁万物为实。”道是“有”“无”并置，而且“不毁万物”，它不是负面性的大母神。[52] 黑格尔在《哲学史讲演录》说老子之道不可视为“无世界主义”，但它的“统一在这里是完全无规定的，是自在之有，因此表现在‘无’的方式里。这种‘无’并不是人们通常所说的无或无物，而乃

[52] 大母神具有正负两面的质性，负面性的大母神往往表现出恐怖、死亡、吞噬的特质。参见诺伊曼（E. Neumann）著，李以洪译：《大母神：原型分析》，页148—212。

是被认作远离一切观念、一切对象——也就是单纯的、自身同一的、无规定的、抽象的统一”。[53] 黑格尔对东方哲学不甚好感，其用语自然不会太好听。但我们如果看他对印度哲学，甚至某部分的史宾诺莎（B. Spinoza）哲学也有类似的批判，可知他对老子的评价自有其理路，其用语也不能说不友善。

老子之道易流于“无世界主义”，老子亦非不自知，庄子所以说他“以空虚不毁万物为实”，可见老子对他的“无”的哲学与虚无主义的分际作了明确的划分。就效果而言，学者学习老子之道，确实易流于沉空滞寂，这与老子强调一种未分化的、在其自体的超越主体有关。然而，就道论而言，我们很难将老子的道解成虚无，或只是境界型态的模式。笔者认为老子的道具有创生的、实有的内涵，说得更清楚些，老子的道是种柔弱的或弱势的创生实体。老子的道本身也具有律则，只是它的律则多偏向回返的、逆溯的、谦下的面向。所以圣人之法道，亦当法其谦弱卑下、循环逆返的规律。

《黄帝帛书》对老子道的“无”之面相，以及法道之思想多有所吸收。老子的道虽有创生性，但其创生之意味较弱，相对之下，《黄帝帛书》的道虽然也讲虚无之道，《道原》所谓：“故无有形，大同无名。”但这样的虚无却是有生殖的动能的，所以“鸟得而蜚（飞），鱼得而流（游），兽得而走。万物得之

---

[53] 黑格尔（G. W. F. Hegel）著，贺麟、王太庆译：《哲学史讲演录》（北京：商务印书馆，1995），页131。

以生，百事得之以成”。这样的语言颇像《管子·内业》的精气说，两者都强调一种类似“玛纳”（mana）的能量流动于天地间，得之者，即存在；失之者，即死亡。《管子·内业》的精气说恐怕与《黄帝帛书》之道有些关联。《黄帝帛书》的道不能说和《老子》的道分道扬镳，但显然内涵已大不相同，它统合了更多的能量。

我们前文已说过《黄帝帛书》的天子要法天道，天道既为万物之根源，所以《黄帝帛书》的“圣人”也是要体验这种道的。我们且看它如何说：

> 故唯圣人能察无刑（形），能听无［声］。知虚之实，后能大虚；乃通天地之精，通同而无间，周袭而不盈。服此道者，是胃（谓）能精。明者固能察极，知人之所不能知，服人之所不能得。是胃（谓）察稽知极。圣王用此，天下服。（《道原》）

“察无刑，听无声”，“无形无声”即是无，“察无听无”实即与道为一，也就是我们前文所说的：掌握了凤凰传下来的“一”。圣人掌握了“一”，即掌握了运转世界的枢纽，所谓“守一，与天地同极”，引文所说“服此道者……察稽知极”，亦同此意。总而言之，《黄帝帛书》的圣人（实即圣王）是天道在地界的代理人，或者说圣人是自然世界存在的一个通口。这种通口由天道所涌现，所占满，并随之由圣人代天行道。这样的圣人显然和“淡然独与神明居”的圣人不同。

《黄帝帛书》的圣人体道后可以洞烛机先，明白事理。一般而言，我们如以后代各种世界性宗教中常见的体证最高存有的宗教经验为准，亦即类似“顿悟”这类的心性体验为准，我们知道它并不能提供我们经验性的知识。所以严格说来，黄帝之“服此道”，可以“察稽知极”，这样的“服道”不当属于证悟型的宗教经验。反过来说，黄帝之“察稽知极”既然牵涉到经验性知识，我们有理由认定其时的主体不是唐宋后三教常见的形上之本心。天人分途，能提供经验性知识的体验当依认知的主体而立。《道原》的圣人无疑仍带有神秘的色彩，“服道”一词当保留着远古巫教的气息。[54] 然而，《黄帝帛书》这里所论的主体观念有一理路，它并不是那么陌生，我们很容易想到荀子所说的圣王。荀子的圣王也是要在体道之后，方能了知天下之理，安顿天下秩序。荀子的圣王所以能有此效果，荀子有一解说，我们知道他是建立在“虚一而静”的大清明心上面。《黄帝帛书》的圣人之主体依据恐怕也是近于此路，但荀子强烈的礼义建构之文化心灵在《黄帝帛书》中却是看不到的。

《黄帝帛书》的成书年代当在《老子》后，且受《老子》影响。等《黄帝帛书》出现后，两者合称，遂有黄老之称。老

---

[54] “服”字不管其字面意义作“服食”或“服饰”解，多为巫的日常行为，《楚辞》即多保留此用法。参见李丰楙：《服饰与礼仪：〈离骚〉的服饰中心说》，《中国文哲研究集刊》，第 14 期（1999），页 1—49。笔者认为黄帝之“服道”，仍带有此巫风。

子原有的弱势的创造实体的道之概念，以及圣人效法道之柔弱律则的想法，被大方向地改造，消极政治哲学的老子变成了积极政治哲学的黄老。“黄老”的概念其实是以“黄”为主，老子成了隐性的存在。黄老的中心人物黄帝具有明显的权力意志、析辩及掌握天道的认知能力，以及居于宇宙轴的神秘象征力量，他与《庄子·应帝王》那种“其卧徐徐，其觉于于；一以己为马，一以己为牛”的圣王，或《列子·黄帝》那种“不知亲己，不知疏物，故无爱憎；不知背逆，不知向顺”的华胥氏相比，相去不可以道里计。庄列道家不同于黄老道家，就像庄列的泰氏、伏羲氏的性格迥异于黄老学者理想中的天子——黄帝。

六 唐虞之道

《黄帝帛书》出土，我们对黄帝的性格以及黄老学说的性质从此有了明确的认识。郭店出土儒家竹简以及上海博物馆楚简，都带给我们新的思想刺激，这批材料的内容很丰富，它也触及了圣王的图像，它所说的圣王指的即是儒家圣王的代表人物尧舜，新的尧舜图像丰富了儒家经典中的圣人性格。

郭店竹简中，有一篇整理者定名为《唐虞之道》的文章，文章虽不算太长，但我们还是截取下面的段落以见一斑：

> （一）唐虞之道，禅而不专；尧舜之王，利天下而弗利也。禅而不专，圣之盛也；利天下而弗利，仁之至也，

古昔贤人圣者如此。

（二）尧舜之行，爱亲尊贤。爱亲故孝，尊贤故禅。孝之方，爱天下之民；禅之重，世亡隐德。孝，仁之冕也。禅，义之至也。六帝兴于古，咸由此也。

（三）禅也者，上德授贤之谓也。上德，则天下有君而世明；授贤，则民兴教而化乎道。不禅而能化民者，自生民未之有也。[55]

第一、三两条专论禅让政治。第二条则将禅让与尊亲并列，而且将禅让之行视为“义”的最高表现，尊亲则是“仁”的冠冕。尧舜得到儒简主人翁赞美的理由，很容易令我们联想到王国维在《殷周制度论》里所提到的周人的两项伟大道德法则：亲亲与尊尊。但《唐虞之道》的论点其实比王国维所说，更能表达原始儒家的政治理想，儒家的理想政治是种道德政治。依据《唐虞之道》的观点，这样的道德政治包含禅让与尊亲。前者是政治道德，后者是家族伦理。对《唐虞之道》的作者而言，像爱亲这样的血缘道德并不会成为后世所批判的那般成为封闭的道德，它反而会成为道德实践的起点，扩散到平民

[55] 以上释文参见周凤五，《郭店楚墓竹简〈唐虞之道〉新释》，《“中央研究院”历史语言研究所集刊》，第 70 本第 3 分（1999），页 739—759。

百姓，所谓“孝之方，爱天下之民”，孝不只是家族道德，它与代表天下为公的“禅让”构成了仁义的血肉内涵。“不禅而能化民者，自生民未之有也”，此一话语说得如此斩钉截铁，说得如此振聋万古，说得如此天下为公。它可视为中国政治史上对政权产生方式的伟大的宣誓，与日月争光可也。

郭店儒简一般相信与子思学派有关，笔者也赞成这种观点。子思与孟子关系很深，《唐虞之道》一文与思孟学派的关系可从多种角度观察。我们即使单从语言着眼，看到《唐虞之道》有“自生民”以及“前圣后圣”这样特殊的语汇，应该也会有所警觉。因为先秦文献当中，这种语汇除见之于《孟子》外，再无其他先秦典籍用过，这也可算是此文与思孟关系匪浅的一个旁证。[56] 唐虞并称，这在儒家文献里是很常见的。此文既然被视为子思学派所作，我们很容易想到传说为子思所作的《中庸》一书里即有“仲尼祖述尧舜”之语；《唐虞之道》对尧舜又这般极度赞美；《孔丛子》记载子思听到孔子喟然而歎，即拜请曰：“意子孙不修，将忝祖乎？羡尧舜之道，恨不及乎？”[57] 由这种种的线索看来，子思在理想国君的设想上是有家传的，他应当时常听到孔子谈及尧舜，而自己对尧舜也心向往之。仲尼“祖述尧舜”，子思“祖述仲尼”，所以“尧舜”成了孔门一贯相传的理想人君。

---

[56] 周凤五先生有此说，参见《郭店楚墓竹简〈唐虞之道〉新释》，页745—747、754。

[57] 孔鲋：《孔丛子·记问》（台北：台湾商务印书馆，1971），卷上，页29。

子思说仲尼“祖述尧舜”，我们在《论语》一书里，确实可以找到强而有力的印证。孔子即曾赞美帝尧之德：“大哉尧之为君也！巍巍乎！唯天为大，唯尧则之。荡荡乎！民无能名焉。巍巍乎！其有成功也；焕乎！其有文章。”（《论语·泰伯》）孔子的赞美真是不遗余力，无以复加了。孔子的赞美，自然是从其德性，而且是颇有神秘色彩的能力着眼，但笔者相信传说中的禅让政治当是其赞美事项中极核心的一环。孔子赞美舜，其扬誉之隆亦不遑多让。他说舜“有天下而不与焉”；又说“无为而治者，其舜也与？夫何为哉？恭己正南面而已矣”（《论语·卫灵公》）。尧舜一体，我们看到《论语》里的尧舜形象高度重叠，而其主要美德几乎都集中在人伦与禅让两项上面。孔子对尧舜的最高礼赞，当在《论语》一书最后一篇《尧曰》的首句，后文将再论及。

礼赞尧舜，这不只是孔家一家的家法，而是儒门共义。到了孟子，尧舜仍是被视为最完美的典型，根据《孟子》一书的说法，孟子一生的言论是“道性善，言必称尧舜”（《滕文公上》）。“性善”与“尧舜”确实是《孟子》七篇中可代表内圣与外王层面的两个核心概念。尤其《万章上》对尧舜之事着墨更深，此章事实上可视为《禅让平章录》。孟子对禅让政治最特别的解释在于“天与之，人与之”的解释，亦即天子的职位不是私人的，是至公的，也是理念的，因此，天子只能荐贤于天，如果“天与之，人与之”，其天子位可禅。然而所谓“天与之，人与之”实即“天视自我民视，天听自我民听”，天的作用要透过民显现出来，人民的抉择居关键地位。孟子的禅让观的另一特色，是将它和革命论等同看待，所谓“唐虞禅，夏后、殷、周继，其义一也”。(《孟子·万章上》)不管禅让或革命，政权的转移都当以人民为依归，孟子显然反对家天下的概念。

孟子为强调禅让的大公至正，因此反对天子可以私相授受地将天子位禅让给贤者，当有“天与之，人与之”的程序。荀子也出于类似的考量，因此反对世俗所谓的尧舜禅让之说。荀子的天子是个纯粹的天子理念，天子“道德纯备，智惠甚明”，“居如大神，动如天帝”。天下如果没有这样道德纯备的人，即无禅让可言；天下如果有这样的人，不管其人为子为臣，他一旦继承帝位皆是“以尧继尧”，故亦不可言“禅让”。荀子在《正论》篇的解释极具理趣，在语言形式上，他反对禅让说。事实上，却以一种更高超的形式肯定尧舜禅让的意义。[58]

荀子认为天子“居如大神，动如天帝”，所以无禅让可言；孟子认为天子只能“天与之，人与之”，而不能私相授受天子位。表面上两人不太愿意说出“禅让”两字，事实上都肯定尧舜禅让政治的意义。孟荀所以这么小心翼翼，我们其实不必太惊讶，因为他们早已接受了一种神圣论述的尧舜禅让说。这种叙述的始源依据，也可以说是经典依据，即是当时已成经典的《尚书·尧典》。《尧典》一文叙述帝尧的道德“钦明文思安安”，他派羲仲、羲叔、和仲、和叔四人制定时空方位。此文

---

[58] 荀子将天子视为纯理的概念，参见牟宗三：《名家与荀子》(台北：台湾学生书局，1979)，页229—244。

也提到他又制定伦理秩序："克明峻德，以亲九族；九族既睦，平章百姓；百姓昭明，协和万邦。黎民于变时雍。"《大学》诚意、正心、修身、齐家、治国、平天下的格局，其实已经形象化地显现在《尧典》中了。此文更为人所熟知的内容，乃是帝尧制定了一种和平转移政权的理想模式——禅让政治。

我们现在都知道帝尧性格带着神性，甚至可视为上帝的化身，《尧典》一文已蕴含了许多的线索。即使先秦诸大儒亦未尝不知其中的玄奥。孔子"唯天为大，唯尧则之"，荀子"居如大神，动如天帝"之说，多少已透露了这样的讯息。正因天子位至高，帝尧形象至圣，人间的帝位是神圣天界的投影。所以虽然天下为公，但孔、孟、荀在谈及政权转换的方式时，多小心翼翼，常以"天与之，人与之"或"以尧继尧"这样的表达方式呈显出来。

《尧典》是儒家将神话传说经典化的结果，也是神话意识理性化的一种伟大尝试。帝尧的原始面貌或许为天神，或许为日神，或许神话架构中仍有浓厚的历史记忆。[59] 但他发挥有意义的影响力不在其原始面貌为何，而始终是《尧典》里的帝尧，一位制定并体现伦理秩序与政权转移方式的理念人君。这样的人君被经典固定化后，经由孔、思、孟、荀的推衍，他变成儒家政治传统最重要的符号。"致君尧舜上，再使风俗淳"，

[59] 对于尧舜禅让各种"历史"角度的诠释，参见杨希枚：《再论尧舜禅让传说》，《先秦文化史论集》，页 784—853。

杜甫此一诗句所以引起后世士子不断地回响，其原因当与“尧舜”此符号已长期地内在于传统的士子之心灵有关——虽然禅让已成美丽的传说，不太能实践了。

七　扩大的禅让队伍

我们从传世的儒家文献来看，禅让政治是儒门的共义，是儒家公天下的具体呈现，这是明明赫赫的事实。郭店儒简《唐虞之道》的出土，只是对原本不该有的争议的重新贞定。事有凑巧，上海博物馆从香港搜购回来的楚简中，有《容成氏》一篇，亦言及尧舜禅让之事。此文先说远古有（尊）卢氏、赫胥氏、乔结氏、仓颉氏、轩辕氏、神农氏、樟乙氏、垆毕氏，他们“有天下也，皆不授其子而授贤，其德酉清，而上爱下，而一其志，而寝其兵，而官其材”。[60]《容成氏》一文列举许多名不见经传的古圣王，其序列很容易令我们想到庄子的排列。[61]但庄子的古圣王是素朴主义的代言人，他所说的政治

[60]《容成氏》文字参见马承源主编：《上海博物馆藏战国楚竹书（二）》（上海：上海古籍出版社，2002），页247—293；苏建洲，《容成氏译释》，收入季旭昇主编，《上海博物馆藏战国楚竹书（二）读本》（台北：万卷楼图书公司，2003）。以下引文同，不再注明。

[61] 参见《庄子·胠箧》的叙述：“昔者容成氏、大庭氏、伯皇氏、中央氏、栗陆氏、骊畜氏、轩辕氏、赫胥氏、尊卢氏、祝融氏、伏牺氏、神农氏，当是时也，民结绳而用之，甘其食，美其服，乐其俗，安其居，邻国相望，鸡狗之音相闻，民至老死而不相往来。若此之时，则至治已。”郭庆藩辑：《庄子集释》，页357。

是反政治的政治。[62]《容成氏》所说的古圣王之政治“皆不授其子而授贤”，是典型的儒家禅让政治。《容成氏》的作者很可能托古改制，他使得儒家禅让的历史往不知名的上古又多延伸了不知多少邈远的岁月。

《容成氏》所列举的禅让之古圣王成串成打，连袂而来，在儒籍中，这份名单是绝无仅有的孤例。但《容成氏》此文的重点在于尧舜的禅让政治，它描述尧之居天子位，颇有趣味。远古的天子之性质为何，无稽可考，尧亦前无所承，但天下之人竟感其德，奉立为天子。尧先谦退天子位，广求“履地戴天，笃义与信，会在天地之间，而包在四海之内，毕能其事”的贤者，想授予天下。求之不得，最后自己乃接受之。《容成氏》记载尧“自入焉，余穴窥焉，以求贤者而让焉。尧以天下让于贤者，天下之贤者莫之能受也……于是乎天下之人，以尧为善兴贤，而卒立之”。其言极生动，情节极富戏剧性，其事实自然只能是种神话的真实。

真正的禅让政治起于尧之让位给舜。尧先闻舜之德，因此，特地到畎亩拜会他，“舜于是乎始语尧天地人民之道。与之言政，悦简以行；与之言乐，悦和以长；与之言礼，悦博而不逆”，尧大悦。帝尧年老，视不明，听不聪。尧有子九人，不以为传人，反而将帝位传给舜。尧传给帝舜的效果显然是很好的，因为“当是时也，疠疫不至，妖祥不行，祸灾去亡，禽

[62] 参见本书第叁章《道家的原始乐园思想》。

兽肥大，草木蓁长”。

后来帝舜也老了，视不明，听不聪。他有子七人，不传他们天子位，反而传给禹。听说禹接位之前，曾“五让以天下之贤者，不得已，然后敢受之”。等到禹老时，曾想让位给皋陶，皋陶也五以天下让，后遘疾而死。禹于是传位给益，禹子启不服，攻益自取。征伐取代禅让，尧舜之治成了遂古之初的传说，历史从此翻到了新的一页。

《容成氏》对虞夏之后的历史评价不高。商汤是后世道统成员中的一员，但《容成氏》描述商汤代桀，“征九州之师，以伐四海之内，于是乎天下之兵大起，于是乎亡宗戮族，残群安服”。商汤革命，《容成氏》作者似乎不认为是“顺乎天而应乎人”。武王伐纣，《容成氏》说其原先的目的是找一位“成德者”以代之，其次，才是伐而代之。《容成氏》对文王、武王的评价似乎不差，但其革命之举的价值应当还是在禅让之下。[63]《容成氏》作者对禅让与革命的权衡，大概还是顺着孔子赞美武王“尽善未尽美”，只有虞舜才可称得上“尽善尽美”这样的评价而来。

《容成氏》一文虽然拉长了儒家禅让政治史的传承，实际上，还是以尧舜为核心。后世理学有“道统”之说，朱子可视为此说之总其成者，也可以说是真正的建立者。朱子之说承自

[63] 此文详细的讨论，参见浅野裕一著，佐藤将之监译：《〈容成氏〉的禅让与放伐》，《战国楚简研究》（台北：万卷楼图书公司，2004），第5章，页85—111。

韩愈《原道》“尧舜禹汤文武周公孔孟”的提法，韩愈《原道》所说又可远溯自《孟子》一书的总结《尽心》——最后一章的论点。孟子的叙述，事实上又可上溯到《论语》最后一篇《尧曰》的论述：“尧曰：‘咨！尔舜！天之历数在尔躬。允执厥中。四海困穷，天禄永终。’舜亦以命禹。”《尧曰》事实上是《论语》一书的后序，总结《论语》二十篇之根本大义。此篇竟以尧—舜—禹冠首，这样的安排具有无比重要的意义。[64]

自朱子后，道统的名单该纳入何人，后世儒者所见有宽有严。但其争议者多在孟子以下之人选，对孟子年代以上的人选，殊少异议。而名单之首，虽间有伏羲、神农之说，[65]但最大宗的说法还是以尧舜冠首。“夫尧、舜、禹，天下之大圣也。以天下相传，天下之大事也。以天下之大圣，行天下之大事，而其授受之际，丁宁告戒，不过如此。”朱子在《中庸章句序》一文里，对儒门的义理作了最扼要而又最庄严的宣誓。这个“不过如此”是个天理观之心法，“心法”与“道统”是

---

[64] 朱子引杨氏之言说：“《论语》之书，皆圣人微言，而其徒传守之，以明斯道者也。故于终篇，具载尧舜咨命之言，汤武誓师之意，与夫施诸政事者。以明圣学之所传者，一于是而已。所以著明二十篇之大旨也。孟子于终篇，亦历叙尧、舜、汤、文、孔子相承之次，皆此意也。”参见朱熹集注，赵顺孙纂疏：《四书纂疏·论语纂疏》（台北：新兴书局，1972），卷10，页20。徐复观先生一再言及《论语·尧曰》的意义，可谓慧眼卓识。

[65] 比如费密之《统典论》及黄卷之《道统》，两文皆以“伏羲”冠首。此两文引自饶宗颐：《中国史学上之正统论》（台北：宗青图书出版公司，1979），页373—380。费、黄二氏所以以伏羲冠首，这是依《易经》的传统之论述，这样的排法有另一种作用，其义自别。

一体的两面。"心法"的哲学内涵可以有争议，但"心法"反映的普遍性的、理则性的公道之追求，却是儒门一贯的精神。"心法—道统"之说在政治领域上的表现即是儒家一贯厌恶家天下，主张公天下的禅让、革命之说。其中，禅让尤为政治制度之美者，尧舜之治则是此一至善至美的制度之原型叙述。[66]

尧、舜的原貌也许在天界，也许是世人政治期望在神话的上古之投影，但他们事实上比任何历史人物还真实，也比任何政治人物切近更深的历史脉动。只因政治的关怀乃是儒者的宿命，对于政权的产生方式，儒者的关怀更是无所逃于天地之间。传世的先秦儒家经典一再言及"禅让"此义，这是儒门极重要的核心议题，孔、思、孟、荀全卷进这个问题的争辩。随着新出土材料的发现，我们知道除了上述两篇重要的文章讨论此义外，《子羔》篇虽残缺太甚，但此文论及尧、舜、禹、契、后稷，论及"帝"的资格在于"昔者而弗（殁）殜（世）也，善与善相受也，古能给（治）天下，坪（平）万邦，吏（使）亡（无）、又（有），少、大，思（肥）、竁（硗），吏（使）虐（皆）"。[67] 其核心题旨仍在于公天下之大义。浅野裕一说，透过这些材料，我们"可以了解到在春秋末期至战国中期的儒家

[66] 关于儒家（尤其是朱子）的道统论，张亨先生的诠释极鞭辟入里，参见《朱子的志业——建立道统意义之探讨》，《思文之际论集：儒道思想的现代诠释》，页 285—349。

[67]《子羔》篇释文参见马承源主编：《上海博物馆藏战国楚竹书（二）》，页 183—199。

图 5-3
图为中国早期铜镜，年代约在商代或更早。镜面分三圈，内圈为弓形纽，中圈由 V 与倒 V 的形状组成，外圈由放射线状的线条组成。此镜图式或象征太阳的作用，黄帝与尧帝皆有日神的性质。

之间，针对禅让或放伐、革命之正当性的议论超乎想像地盛行”。[68] 本文无暇探讨“放伐、革命”的问题，但笔者完全赞成浅野先生所下的断语。《古史辨》时期，顾颉刚曾为文主张禅让政治出于墨家。其文洋洋洒洒，辞繁不杀。[69] 现在看来，其文最大的意义当在突显墨家和儒家共同承受了“尧舜禹”的政治符号，《韩非子 · 显学》所谓儒、墨“俱道尧舜，而取舍不同”者也。至于这位古史辨的大家之所以扬墨贬儒，大概只能当成一时风气的样板看待，学术价值不高，他的论点不需要再作什么讨论了。

八　结论：角力的历史

儒家理想的天子是尧舜，其政权产生的方式是禅让政治，

[68] 浅野裕一：《战国楚简研究》，页 107。
[69] 参见顾颉刚：《禅让传说起于墨家考》，收入吕思勉、童书业编著：《古史辨》，册 7 下，页 30—107。

其政权的基础是伦理格局；黄老道家理想的天子是黄帝，其政权产生的方式是神秘的天道政治，其政权基础是刑德代错的权力政治。帝尧与黄帝同样出自神话的源头，同样是文化英雄，同样有天神与始祖神的一些成分。儒家与黄老道家对政治的设计同样有种神话与理性双重结合的构造，儒家偏向于从神权政治转往道德政治，黄老道家偏向于将神权政治融入权力政治。代表儒道两家的理想政治范本在东周时期，业已先后完成。可以代表儒家的道德政治的原始典籍是《尚书·尧典》，以及尔后孔、思、孟、荀的诠释文字；可以代表黄老政治理念的原始典籍则是《逸周书·尝麦解》，其诠释性文字之主要者则首推上世纪下半叶在长沙马王堆出土的《黄帝帛书》。

笔者认为由于有新出土文献的帮助，我们对战国时期儒道（黄老道家）两家的政治分歧，可以看得更清楚。儒家与黄老大概是战国中期后最活跃的两套思想体系，但它们对帝尧与黄帝的态度却截然不同。黄帝一词虽然在战国中晚期才大量出现，但我们有理由认定他的来源应该很早，传播一定很广，否则齐威王不会利用他的名字作为自己的祖先。古往今来，政治人物改祖归宗，总会考虑政治利益的。何况，我们单从《山海经》及《逸周书·尝麦解》这些带有很浓厚原始神话意味、文士加工成分偏少的材料来看，也可以合理地推测黄帝的神格有古老的土著性。然而，我们在可以代表先秦儒家最重要的著作中，却没有见到黄帝的影子。《论语》没有，《孟子》没有，《荀子》没有，传世中的四篇《子思子》著作以及新出土的子思学派的著作都没有。相对之下，《论语》提到尧六次，舜八次，尧舜两次；《孟子》提到尧六十次，舜一百次，尧舜（唐虞）二十八次；《荀子》提到尧四十九次，舜五十二次，尧舜十七次（参见文后附录："先秦典籍黄帝与尧舜出现次数统计表"）。尧舜频频出席孔门的知识飨宴。相对之下，黄帝则始终缺席，连露脸一次都没有。出席率相差如是悬殊，这当中不可能没有反映一些历史的真相。

代表孔、孟、荀的著作对"黄帝"一词提都没提，这不应该是偶然的现象。孟、荀的年代，黄帝的名声早已响彻云霄，即使孔子的年代，黄帝之名应当也已传遍天下。我们看到最早的黄帝材料，不少颇与齐鲁有关。《逸周书·尝麦解》的黄帝和宅宇于东方少昊的蚩尤是连在一起讲的；[70]《左传·昭公十七年》记载郯子至鲁，论及少昊氏以鸟名官，黄帝以云纪之的种种传闻；战国中期，齐威王的《陈侯因資镈铭》以黄帝为齐田氏之"高祖"；以邹衍为代表的阴阳家论历史，"先序今以上至黄帝，学者所共术"，邹衍可能也是齐鲁地区的人；[71] 战国秦汉之际，封禅文化最盛者莫过于泰山，而封禅文化的核心人物即是黄帝。颇有学者认为《礼记·礼器》所说"有事于泰山"以

[70] 五行定型后，少昊被视为西方之神，但《逸周书》的"宇于少昊"，此少昊之区当位于曲阜。参见朱右曾《逸周书集训校释》（页151），以及《左传·昭公四年》杜预注。如果蚩尤即位于曲阜，孔子和蚩尤的关系就密切了，他们有机会成为同乡。

[71] 邹衍的事迹参见钱穆：《先秦诸子系年》（台北：联经出版事业公司，1998），页507—512。

及《论语·八佾》所说“季氏旅于泰山”，两者所论不无封禅的意味。[72] 上述这些叙述的时间早晚不等，但都发生于齐鲁地区。总而言之，黄帝的传说可想像的起源甚早，我们可以确定孔子不可能不知道黄帝的传说。事实上，他在比较不是那么权威性的儒家经典里，据说是讨论过黄帝的故事的。

最可靠的儒家经典，黄帝缺席了；历史比较不是那么可靠的晚期儒籍的记录里，却有黄帝的影子。这当中是否有何玄机，不得而知。但笔者怀疑孔、思、孟、荀对黄帝的态度，颇有去除政治神话，或者将神话理性化的作用。这样的理性化过程，明显地见之于《尚书》的结构。《尚书》的载录不起于黄帝或其他邈远的圣王，而起于尧舜，其用心已皎然可见。如果汉代的司马迁对华夏文明当断自何帝，内心充满了挣扎的话，我们可以推测：《尚书》的编者（孔子？）也不可能没有这样的疑虑，但他最后还是编成了以《尧典》为篇首的版本。笔者认为《尚书》的编著形式即是一种强势的诠释，《尚书》的年代断定即是一种道德的断言命令。《尚书》一书可视为儒家转化神话思维的一项伟大试验。

更明显的去除政治神话的步骤，见于孔子有名的神话理性化的三则事迹，这三则事迹全与黄帝有关。（一）黄帝四面：《尸子》记载子贡问：黄帝四面，其说可靠否？孔子回答：“黄帝取合己者四人，使治四方，不计而耦，不约而成，此之谓四

[72] 参见苏雪林：《封禅论》，《屈赋论丛》，页 311—323。

面。”“四面”本来是神话的黄帝的最显著特征，《黄帝帛书》的黄帝都还保留了这样的形象。[73] 孔子的话语却使得黄帝从具体的神话形象变成空间性的道德政治运作的概念。（二）黄帝三百年：宰我问孔子：黄帝传说寿至三百，人耶？非人耶？孔子回答道：这是上世的传闻，实际上是“生而民得其利百年，死而民畏其神百年，亡而民用其教百年。故曰三百年”。“三百年”从长生的神话议题变成时间性的道德政治之影响力问题，也就是叔孙豹所说的“三不朽”之一的“立功”的问题。（三）夔一足：夔在《尚书·尧典》里是乐官，但在《山海经·大荒东经》是“状如牛，苍身而无角，一足”[74] 的怪兽。黄帝曾以其皮为鼓，声闻五百里，以威天下。这样的一足之夔是神话人物，孔子回答鲁哀公的问题时，他的解释却是“夔非一足也，一而足也”，[75] 语义完全改变了，神话怪物彻底变成了真实人物。中国神话史上三则最有名的神话理性化的记录都与孔子—黄帝有关，这大概不是偶然的。

儒家对尧舜的礼赞与对黄帝的漠视与改造，这是天子观

[73] 《十大经》云：“昔者黄宗，质始好信，作自为象，方四面，傅一心，四达自中，前参后参，左参右参，践立（位）履参，是以能为天下宗。”本文所说黄宗，当即为黄帝。

[74] 袁珂校注：《山海经校注》，页 361。

[75] 全文参见《韩非子·外储说左下》：“鲁哀公问于孔子曰：‘吾闻古者有夔一足，其果信有一足乎？’孔子对曰：‘不也，夔非一足也。夔者忿戾恶心，人多不说喜也。虽然，其所以得免于人害者，以其信也，人皆曰独此一足矣，夔非一足也，一而足也。’”另《吕氏春秋·察传》亦有类似的记载，兹不赘录。

竞争故事的一面；另一面则是战国时期大量流行的对于儒家圣王形象的诋毁，尧舜即是时常被冷枪暗射的靶。《竹书纪年》说“舜囚尧”；《韩非子·说疑》说“舜逼尧，禹逼舜”；《庄子·盗跖》说“尧杀长子”；《吕氏春秋·当务》也说“尧有不慈之名，舜有不孝之行”，若此之言，不一而足。屈原《哀郢》曾感慨：“尧舜之抗行兮……被以不慈之伪名。”可见这样的传闻当时一定很盛行。同一尧舜，形象迥异，蒙文通曾有晋、楚、邹鲁三系文化，传闻不同之解释。[76] 笔者认为：可能不是不同文化，传闻有别，而是不同学派，尊贬互异所致。

战国时期许多人对于“天下一统”有极高的期望，这样的期望也反映在先秦诸子的著作中。法家不用说了，孔、孟、墨、荀，甚至包含老子，无不有类似“天下定于一”的论点。孟、荀、邹衍等人周游天下，上说下教，他们布达的福音之一大概就是“天下恶乎定”的道理。因此，政权形式的问题、国君资格的问题，遂成了诸子议事桌上最重要的课题。尧、舜、黄帝在儒门及其他诸子著作中不同的命运，即曲折地反射了当时学者对“定于一”的不同想像。这种甚嚣尘上的道德政治与权力政治之争辩与实践，到了公元前 221 年秦始皇一统中国后，万马齐喑，不得不暂时划上句点。

但这样的句点不是永远的句点，战国时期那种高亢理想所鼓吹的禅让、革命之说显然不容易再来了，续集已不容易再

---

[76] 参见蒙文通：《古学甄微》（成都：巴蜀书社，1987），页 19—33。

写。时已移，势已迁，战国时期买卖双方的筹码：人君给予之权位与士人提供之理念，其优劣形势业已颠倒，东方朔的《答客难》与扬雄的《解嘲》已点明了士大夫在历史情境中的限制。续集虽然不再，余音袅袅，却仍不绝如缕。汉景帝时期，黄生与辕固生辩护禅让革命的问题，即在相当的程度内延续了战国时期的议题。黄生说“冠虽敝，必加于首；履虽新，必关于足”，强调现实政治结构的本体论基础，这是当时黄老学派的立场。黄老学派的观点由黄生代言，这种巧合的现象颇有荣格共时性原理的气息。辕固生虽然没有提及尧舜，但其赞美汤武革命“受天命”的立场，显然还是承续着孔、孟、荀的立场而来的。之后，随着董仲舒“封禅”“禅让”的思想被扭曲，[77]以及随着眭孟上书劝皇帝禅让而被杀，乃至宽饶上书言“五帝官天下，三王家天下”而遭下吏，最终自刭而死，儒家公天下的论述遂急遽地被消音，禅让之说已不再是儒者可以畅所欲言的题目。黄帝与尧舜两者的竞合关系慢慢被模糊掉了，甚至同化了，黄帝的政治观反而变成黄宗羲所批判“后世拘拘小儒”的意识形态。尧舜禅让，汤武革命，都已褪变成遥远历史上的传说。

伟大的概念是不死的，它们会被淹没，会在现实中逐渐凋

[77] 董仲舒，《春秋繁露》说：“且天之生民，非为王也，而天立王以为民也……故封泰山之上，禅梁父之下，易姓而王，德如尧舜者七十二人。”有关董仲舒的政治思想及其现实命运，参见徐复观：《两汉思想史》（台北：台湾学生书局，1982），卷 2，页 295—438。

零，但时移势转，它们会再生的。十九世纪下半叶，随着新兴的民主思潮被引进，晚清的士子已看到新的尧舜隐然成型，比禅让更可靠的制度是可以建立的。另一方面，随着国土日蹙，四夷交侵，黄帝的民族共祖的面貌也越发显著。想像的共同体唤醒了想像的共祖，黄帝因此从晕黄的历史卷宗中走出，取得前所未有的高贵形象。新兴的尧舜与黄帝所代表的意义为何？这是另一历史阶段的故事了。

附录：先秦典籍黄帝与尧舜出现次数统计表

帝名 典籍	黄　帝		尧　舜		尧	舜
	黄帝	轩辕	尧舜	唐虞		
论语	0	0	2	1	6+1 （篇名）	8
孟子	0	0	27	1	60	100
墨子	0	0	13	0	31	26
荀子	0	0	17	0	49+1 （篇名）	52
庄子	36	1	16	1	63	46
文子	0	0	1	0	4	1
管子	15	0	5	1	15	13
韩非子	4	1	0	0	84	78
诗经	0	0	0	0	1	2

续　表

帝名 典籍	黄　帝		尧　舜		尧	舜
	黄帝	轩辕	尧舜	唐虞		
尚书	0	0	1	1	6+1 （篇名）	13+1 （篇名）
易经	2	0	2	0	2	2
礼记	5	0	2	0	8	13
大戴礼记	13	3	1	0	12	17
春秋左传	2	0	0	0	8	10

案：（一）尧舜、尧、舜分为三组计算，但其统计数字当合而为一。

（二）统计依据的资料为“中央研究院”“汉籍电子文献资料库”。

陆　双面黄老

一　前言：双面性之常态

思想的一致性常被视为思想家成熟不成熟，甚至正确不正确的标准。

然而，有少数的思想家却以理论内部特多龃龉矛盾出名。思想内部有紧张关系，甚至龃龉矛盾，乍看之下，并不是那么特别。事实上，不少伟大的哲学家因为他的核心理论间有暧昧处，或核心理论有不同的理解，因而产生了不同的学派，这种情况并不少见。天台宗的山家、山外，阳明后学的江右、泰州，黑格尔后学的左派、右派莫不如是。我们甚至于可以放心地宣称：一个思想家够不够伟大，可以从他们体系到底后来有没有分化、有没有产生内部有意义的冲突而定。我们不妨再想想孔子之后，儒分为八；释迦牟尼之后，佛教分为上座与大众两部；耶教之后，基督宗教也经二次分裂为天主教、东正教、新教分立的局面。每个伟大的哲学或宗教体系，大概都免不了因诠释冲突导致学派分化的结果。

相较于学派分化的普遍现象来说，先秦时期的黄老学派有些不一样。黄老学派所产生的内部矛盾现象并没有在后黄老时期直接产生有明显意义的学派的分化，这种历史现象当然和“道家”一词缺乏明确的师承关系与学派意识有关。[1] 黄老学派内部的矛盾性格既见于《老子》与《黄帝帛书》内部的思想张力，也见于两书所代表的历史影响有两种完全不同的结果。一部典籍，两种文化现象，黄老道家的著作特别显现出诠释的内部冲突。黄老学派思想内部的双面性或者诠释的冲突，其深刻超越了我们上文所说的普遍性的学派分化的例子，因为黄老学派的内部冲突来自存在深层的因素。这样的冲突不只是诠释方向的差异，它甚至带动了善恶这种极根本性的道德问题。

本文想清楚地勾勒“一种黄老文本，两种老子、两种黄帝内涵”，笔者称之为“双面黄老”，此令人尴尬的理论结构缘何而起；也想指出：双面黄老不一定是负面的表述，它的根据可能比表象上看起来的深刻得多。首先，终极者带有难以消融的双面性，应当是哲思中极深奥的一层。在东西方伟大的体道者的叙述中，我们时常看到体证境界或超越者善恶同体的悖论之描述。本文探讨黄老神话的悖论内涵，“黄老神话”一词自然不能不强调两者中“神话”的因素。但笔者相信神话的悖论与后来体道者所说的终极经验之悖论性格，乃是同体异流，同样显示本体的核心因素。中国文化传统对人性有很强的正面表

[1] “道家”一词在汉初才出现，应当也是在汉初才被建构而成。战国时期无“道家”之名，但不无可能有些传承的关系，但具体的传承脉络仍然模糊。

述的传统，从先秦儒家的人文主义到佛教的真常唯心之论，到理学家的天道性命相贯通之论，超越的人性论是贯穿历史的主轴。黄老学派的双面性对照这种传统下，特显突兀，也特别显出其学说面对人生阴暗面而能正视之的价值。

黄老的双面性和神话思维有关，此双面性有其奥义。但由于黄老学派的政治性格特别显著，我们不能不注意到，此学派的神话思维带给后世政治操作的影响。因此，本文同样想指出：神话也是双面夏娃，不能一味地被美化。如何转化神话思维中的巫术力量，一直是中国文明演进中重要的课题。我们如不能正视神话的正面能量，将会是文明的灾难，艺术、诗歌等等的庭园将日渐荒芜，历史少掉了创新的巨大的动力。但反过来看，我们如不能正视巫术同一性的魔咒，文明很容易被神话所吞噬，历史上一再出现的革命吞噬了革命之子，很根本的原因是作为社会集体意识的神话思维之作祟使然。洪荒时期的无名魔力从来不会过去，它会变容应世，在任何时代，尤其在当代，持续起巨大作用的。

二　慈俭女神之道

《道德经》无疑是中国最富声名的经典之一，这种等级的经典之意义通常不会一定即定，不会在某个历史阶段后即凝固，不再有理论的发展。此经就像各大宗教的圣典一样，意义是生成的，它会与时俱进，甚至会出现诸种相互歧出的注释。

但此经出现的诠释出入之大，可以到几乎是相对反的地步，而且两造都蔚为完整的系统，几乎不分轩轾，这种双向发展的性格毋宁是相当罕见的。《道德经》诠释路线的主要歧出还不是一点，而是两组，一在它是道德之书或是阴谋之书，一在它是性命之书或是政教之书。这两组的解释自然颇有交涉之处，如阴谋之书的解释通常即和政教之书的解释相为表里，道德之书和性命之书的解释也常紧密挂钩。这两组歧出的解释都内在于《道德经》的诠释传统内，而且都有强而有力的诠释者，也都可以找到神话学的渊源。问题要从早期的老子观谈起。

我们目前所知最早对老子作综合评价者当是庄子，庄子在《天下》篇中说老子的学风如下：（一）“以本为精，以物为粗，以有积为不足，淡然独与神明居。”（二）“建之以常无有，主之以太一。”（三）“以濡弱谦下为表。”第一点意指老子建立了本精（形上）与物粗（形下）这种存有论区分的架构，而且形上的理境乃透过逆反“有积”，内敛于“神明”的深层生命时才可体证。第二点是依据《老子·第一章》以及《第四十二章》所述，撮合而成。《第一章》云：“无，名天地之始；有，名万物之母。故常无，欲以观其妙；常有，欲以观其徼。”《第四十二章》云：“道生一，一生二，二生三，三生万物。”“一”“无”“有”是典型的东方形上学的语汇，三者皆可视为道的属性。在“一”“无”“有”之后，乃有二、三、万物，老子哲学有浓厚的宇宙论的成分。第三点则是依老子“损之又损”的“无”之工夫论所形成的行为模式或人格状态，这种谦卑型态的人格几乎成了后世道家人物的标签。

根据上述三点的归纳，我们理解的老子是位以“心性论—形上学”为思想核心的思想巨子，他提出了“太一—无—有”这组具高度笼括性的超越性概念，也提出了遮拨的工夫论进路以及相应的心境，另外，当然也提出日常行事的道德法则。这种透过逆反意识本质以回返未分化生命原点的学问型态，在后世许多的丹道道士、隐士、高僧大德甚或某部分的理学家身上，我们都可以看到类似的表现。司马迁说老子以“自隐无名为务”，老子的“自隐无名”不完全是隐士生活的写照，“无名”就像《老子·第一章》所说的，也可以意指“无”的层次。与司马迁之说同样重要的涵义，在于意指生命的意义在于逆觉体证一种意识与世界未分化的原点。庄子眼中的老子是位典型的遮拨型（或称作“消极型”）的哲人，这样的哲人透过遮拨感性、智性的历程，最后可呈现契会世界实相的形上境界，此即“太一—无—有”的层次。

相应于这种遮拨型的进路，我们发现老子的政治哲学也相应地被诠释为一种回归自然的、反文化建构的、原始的素朴主义之思想。历史不会停止，世界总是会分化，会演进的，这种社会日渐分化或复杂化的观点不必等到进化论提出后才大显，它是相当通识的日用常行之论。老子对社会的日趋狡诈深有体会，他提出的对治方案是要“镇之以无名之朴”。他不是要疏通社会力量，而是要反方向地力挽社会力量，使之复归浑朴。这位反体制的老子入汉以后，逐渐地和另一位也被视为反体制的哲学家庄子连结在一起，老庄从此并称，彼此同化，“老庄”道家的性格逐渐定型。[2] 从东汉末的张衡到正始名士、中朝名士的何晏、王弼、阮籍、嵇康，他们都从老、庄的书中找到一种抗衡当时社会价值体系的理论因子，这样的理论是当时主流的礼乐文明之反命题，它反礼义、反社会组织、反自我规范的体系等等，它浮游于社会的价值体系之外。当代研究中国政治思想史之学者，大体亦认为老子的政治哲学是种遮拨性、抗议性的哲学，这样的思潮推到底即出现无政府主义、彻底的素朴主义之解释。[3]

老子的思想建立在某种心性特殊经验的体证基础上，这是种不断逆返到生命原初状态的修行模式，这种修行模式也反映到他的行为模式。如果用人身比喻的话，老子这种修行的身心状态接近婴儿未分化的层次，老子正是最早使用婴儿意象的哲人；[4] 很诡谲地，这种身心状态也接近历尽风霜，生命退回原初状态的老人之层次，老子也正是最早以智慧老人的形象表述圣人者。[5] 终点即起点，始卒若环，共成一圆。老子作为最早有

[2] 庄子的核心思想是否可定位为负面进路的哲学，后世争议不断，笔者亦认为庄子毋宁更接近一种深闳而肆的人文学者。参见拙著：《儒门内的庄子》。

[3] 参见萧公权：《中国政治思想史》，页 173—204。

[4] 《老子・第十章》：“专气致柔，能婴儿乎？”《第二十章》：“我独泊兮其未兆，如婴儿之未孩。”《第五十五章》：“含德之厚，比于赤子。”

[5] 《老子》一书虽没直接用到智慧老人意象，但从《史记・老庄申韩列传》记载孔子问礼于老子开始，老子就是以智慧老人的形象出现于世的。“智慧老人”是心理学家荣格很重视的一种原型，我们且看他的（转下页）

体系地建构形上学的中国哲人，原初的生命境界被他视为世界的源出之地，也是世界的目的地。永恒回归的圆周运动是大道显现于世的轨迹，老子使用了相当多的阴性意象以表述道之运动，这种意象同时也用于描述那种性命之学的文化迹象，他的语言策略是很清楚的。

如果说在年龄层的分配上，老子特重婴儿与老人，也就是生命的终始两端的话；在性别意象的使用上，老子则偏向女性意象，从工夫论以至政治领域论述，无不如此，非常一贯。这些后世所谓的“外王”论述，在老子思想体系中，是有主体工夫作先行的奠基工作的。为何老子要用这种女性意象描述自己的经验，此事费人猜疑，李约瑟提出和母权社会的假说的关联。[6] 但我们如要将社会学、人类学的假说和老子学说扣连在一起，不能不有更多经验材料证明老子对母权社会的熟稔，但这个前提目前是不存在的。很可能老子的阴性书写是隐

（接上页）自传的结尾：“当老子说，‘众人皆明，唯吾独懵’时，他所表达的就是我在老耄之年的现在所感觉到了的。老子是个有着与众不同的洞察力的一个代表人物，他看到了并体验到了价值与无价值性，而且在其生命行将结束之际希望复归其本来的存在，复归到那永恒的、不可知的意义里去。见多识广的这位老者的原型是永恒地正确的。”荣格（C. G. Jung）著，刘国彬、杨德友译：《回忆·梦·思考——荣格自传》（沈阳：辽宁人民出版社，1988），页579。译文的老子语言“众人皆明，唯吾独懵”，当是《老子·第二十章》所云：“俗人昭昭，我独昏昏。”荣格晚年显然也自视自己为另一位老子了。

[6] 参见李约瑟（J. Needham）著，程沧波译，南怀瑾校：《道家与道教》，收入陈立夫主编：《中国之科学与文明》，册2，第10章，页88、163—175、203—214、225—234。

喻的应用，与所谓的“母权社会”的人类学叙述无关。隐喻说是一解，但笔者认为我们如从宗教经验的角度来看，或许更切题，老子的阴性书写或许和普遍的悟觉的宗教经验的关联反而较深，老子不是唯一的例子。事实上，修行者对于悟觉澄明的心性经验的喜好，甚至沉溺，希望可以常住此境，这是东、西方许多修行者常有的经验。这种经验下的意识本体与分化出来的心灵之诸种分化的样态，就像母与子一样，常会期盼分化出去者赶快回返母体，游子赶快返乡。老子之特殊，乃在短短的五千言内，女性的书写成分特别浓，老子所以会成为当代女性主义者之最爱，我们不难了解。

《老子》一书用到许多女性的意象，正面的描绘与负面的蕴含皆有，《老子》书中的女神身兼慈悲女神与地狱女神，但被注意到的通常是正面的大母神形象。老子的母性书写比重之高，远超过人类文明轴心时期的其他经典，在中国更是戛戛乎独造。他直接运用到的母性意象的语言还不是在边际的章节，而是对“道”的叙述，核心中的核心。如“无，名天下之始；有，名万物之母”，“既得其母，以知其子；既知其子，复守其母”，“谷神不死，是谓玄牝，玄牝之门，是谓天地根”。这些语言无疑地将道比作一位能产的女性，她是天地的根源，是宇宙的慈母。道之于天下万物，就像母亲之于儿女。从意象的眼光看来，老子之道很难想像成“境界型态”的类型，[7]“道—物”

[7]“境界型态”一词是牟宗三先生判断道家形上学的用语，参见牟宗三：《才性与玄理》（台北：台湾学生书局，1985），页177。

就像“母—子”一样，都是实质的创生。

围绕着“女性”这条主轴，我们看到老子所赞美的德性：守拙、谦让、不敢、无知、慈爱云云，无一不是母性文化的形象。在阴阳二分的原始构造中，这些德性都属于“阴”的领域。相对地，刚强、强梁……诸语都是负面的语汇。我们如将《道德经》一书的道之形象和《易经》的语言作对比，它和《易经》的“大哉乾元，万物资始，乃统天。云行雨施，品物流形”这类的语言作一对照，其差距特别明显。王夫之所以用太阳教形容儒教，而以太阴教形容道教（和佛教），不能说没有道理。[8] 老子在当代所以特别受到女性主义者、后现代、后殖民主义等后学学者的青睐，良有以也。

就神话语言而言，老子的这些女性书写的阴性意象可说是“大母神”意象的反映。大母神是近代宗教学的语汇，在古代中国的通称即是“高禖”。如果追求始祖源头乃位于人性本身深层的要求，中国上古是个多种族并列的时代，种族非一，因此，先史时期的“高禖”可能不止一位，夏商周三代的祖先有可能都是高禖。夏朝的“涂山氏”，商朝的“简狄”，周朝的“姜嫄”，都是始祖神，始祖神都是女性。[9] 如果我们认为“祖”字的原义意指男根的话，“始祖神”一词不通，需要修正，因

[8] 唐君毅先生曾申论其义，出处待考。

[9] 参见闻一多：《高唐神女传说之分析》，《神话与诗》，收入朱自清等编：《闻一多全集》，册 1，页 98。闻一多因束皙有言“皋禖者，人之先也”，甚至断言曰：“古代各民族所记的高禖全是各该民族的先妣。”同上，页 98。

为三代的首出庶物者都是女人，“始祖”即是“始妣”。

“高禖”是真正的始祖，“始妣”何以用“禖”称呼？文字学家藤堂明保认为“禖”字本身即提供了我们一些反思的线索。禖者，晦暗之意。“某”通“每”、通“母”，从“每”的字也常有昏晦不明之意，如“晦”“海”等皆是。在道家文献中，这些字都属“道”之家族的成员。以江海喻道，以晦涩喻道，固为道家之常说也。黑—每—海—媒—禖—膜诸字皆为MEG-MEF型，其原始义为“生子”，[10] 由“生”而有一连串的通假引类。[11]

不只从“每”的字多有“生殖”之义，老子主要的概念“无”字也蕴含有丰饶的意象，从“无”之“朊”有“肥大”意，“庑”则为大屋。[12] 我们还可往下延伸，“芜”“妩”的意象也是旁通的，“无”怎么可能只是“虚无”“空无”之意？由于老子的阴性书写太过明显，因此，当神话学被引进东方后，老子的阴性书写的神话起源即不能不成为学界关心的重点。由于儒家常被视为理性的、父权的，它在传统中国常扮演体制建构者的角色。而老子是它的对反，恍若是位被长期压抑的女性。新时代来临了，被压抑的声音需要解放。所以不用太费心神，有识者很快地在老子的思想与大母神神话间，找到相应的

[10] 藤堂明保：《汉字语源辞典》（东京：学灯社，1965），页 165—167。

[11] 参见铁井庆纪：《高禖の起源について》，收入铁井庆纪著，池田末利编：《中国神话の文化人类学的研究》，页 52—70。

[12] 庞朴：《说“无”》，《稂莠集——中国文化与哲学论集》，页 329—330。

线索。

大母神的重要意象乃是母性的生殖性格，在遥远的上古，生殖并不是自然事件，而是极神秘的事件之一。人的生殖、动物的繁殖、草木的生长，联合构成了宇宙的奥秘，宇宙的奥秘连上了人的奥秘，“生”“力”的神秘化不能不随之而兴。尤其在北国四季循环、冬去春来之际，世界原已死亡，鸟绝、兽藏、人匿。及至冬至前后，阳气乍透，世界居然会开始复苏，而且带动动物、植物、天气、土壤全面地萌震，世界由冰封的状态中苏醒过来。这种“自然”的现象对理性化尚未全面介入的世界、对人的意识构造和宇宙讯息仍共呼共吸的初民而言，并不自然，它是马赛尔（G. Marcel）所说的存在的奥秘。[13]宇宙性的生死之循环构成了农业文明初期的初民极重要的宗教经验，弗雷泽（J. G. Frazer）的经典作《金枝》可以说在为普见于欧亚大陆的季节仪式作注脚。

老子的著作肯定有奥义的性命哲学存焉，中国老学诠释史从葛玄以下，一连串的注解都指出了这种关联。其实早在庄子，即已指出了哲学论述与体验的境界的系连，《庄子·天下》说老子：“淡然独与神明居”，“建之以常无有，主之以太一”。“神明”是战国时期新兴的心性论词汇，意指灵敏神妙的心灵。

[13] “问题”与“奥秘”的对照是马赛尔哲学的一组重要关键词语，问题是可处理的对象物，奥秘是涉身其中的不透明的存在感。参见马赛尔（G. Marcel）著，陆达诚译：《是与有》（台北：台湾商务印书馆，1983），页 89—91。（编者按：马赛尔，又译“马塞尔”。）

“独与神明居”显示他的思想的核心乃是一种东方式的冥契类型，由世界撤回到前世界未分化的原点，那是介于有无边界的“太一”领域。东方式的冥契之教常带有很强甚至过度的母性关怀，道教与印度传统有特多的女神。老子已体证“一”的境界，虽然身为个体的、有限的人，他不能永远抽象地安居于此一境界，老子也承认“万物”的世界之真实，希望“空虚不毁万物为实”。但道居于“万物”之上的本体论优势位阶，以及体道经验的强烈精神震撼效果，这种理论及体验的双重吸引力是极显著的，宗教修行领域中处处可见。所以老子总要尽量让生命活在尚未分化的原点，平淡自持。他期待中的学者的行为如“婴儿之未孩”，后世道教发展出的胎息之说，我们可在《老子》书中找到思想演变的痕迹。

老子自言有三宝，一曰慈，一曰俭，一曰不敢为天下先。“不敢为天下先”的哲学可视为隐士哲学，“慈”与“俭”的哲学则可视为柔性的仁爱哲学，三宝都是母性的情怀。我们追溯老子的玄牝之道，不难在其心性论与行为模式之间找到相应的关系，如果追溯神话的类型，也可在其玄学论述与神话模式之间找到相应的结构。借用老子的语汇，我们可称呼此种退隐的、去意志化的、带着慈性的女神意象为慈俭母神。

三　阴沉女神之道

慈俭女神呴呴喁喁，爱心普覆万物，为天下浑其心。但就老子哲学对后世的影响而言，他却又另有一面，常以阴谋家的身分出现。阴谋家的老子和身兼三宝的老子相去天壤，却共汇于“老子”一词名下，而且提出此说者还不是泛泛之辈，多的是鸿学硕儒。朱子说：“老氏之学最忍，它闲时似个虚无卑弱底人，莫教紧要处发出来，更教你枝梧不住。”[14] 王夫之说：“老子知雄而守雌，知白而守黑。知者博大而守者卑弱，其意以空虚为物之所不能距，故宅于虚以待阴阳人事之挟实而来者，穷而自服；是以机而制天人者也。《阴符经》之说，盖出于此。以忘机为机，机尤险矣！”[15] 朱子、王夫之的判教意识都很强烈，他们的判教之严源于护教心切，他们此处的判教之不够客观，会引起不断的驳斥，其结果可想而知。然而，朱子、王夫之的判断并非只是他们个人的偏见，持类似意见者还颇有其人。[16]

历史上的三教间之争辩总难免有过火之语，其是非得失常只能依各教教义的规定而定，争辩中的护教之语不能语语太当真。然而，我们如果检查朱子、王夫之的判断，发现他

---

[14] 黎靖德编，王星贤点校：《朱子语类》（北京：中华书局，1986），卷125，册8，页2987。

[15] 王夫之：《庄子解·天下》（台北：里仁书局，1984），页284。

[16] 且看钱穆先生对《老子·第三十六章》的解释：“此乃圣人之权谋，亦即是圣人之不仁与可怕也。《老子》书中圣人之可怕，首在其存心之不仁，又在其窥破了天道，于是有圣人之权术。”底下还有甚多推衍之语，老子之阴谋跃然纸上，不再征引了。文见钱穆：《庄老通辨》（台北：三民书局，1971），页116—117。

们的说法并非平地起波澜，无中生有，而是有历史上一连串的老学人物的诠释或行事作为见证的。在汉代有名的老子信奉者中，如陈平，如张良，他们都是汉初的大功臣，他们辅佐刘邦打天下，在创业的过程中，老子学是他们行事根本的指针。他们的行径，如陈平之以和番解白登之围，如张良之以商山四皓解太子易位之危，他们都能在不动声色中，危险一夕化解。张良为人，“状貌如妇人好女”，谁能够猜测此人胸中竟有如许多机谋，而行事竟有如许出人意表之果断。世传张良之所以保有此能力，乃受黄石公冶炼所致。黄石公是位隐君子，国史上不时可见到这种多奇谋能事的隐君子，如苏秦、张仪之师的鬼谷子，如与宋太祖赵匡胤关系师友莫辨的陈抟，如辅佐永乐起兵的姚广孝，他们都是另类老子的化身。这些历史事证提供了后世“老子阴谋说”很好的材料。

这种阴谋家传统的老子不仅见之于史书上的记载，在《老子》的诠释史上，也非罕见。最早以阴谋机诈诠释《老子》者，当是韩非的《喻老》篇。在《老子》一书中极具争议性的《第三十六章》“将欲歙之，必固张之；将欲弱之，必固强之；将欲废之，必固兴之；将欲夺之，必固与之”，此节的诠释中，韩非子先引用越王句践为报吴国之仇，乃谦卑侍吴，并要吴王北上伐齐，争霸，为天下盟主。等吴王北伐耗尽国力之时，句践乃乘机捣空击虚，一举灭了吴。韩非说：这就是“将欲歙之，必固张之”的道理。接着他又引用晋献公想讨伐虞国，智伯想讨伐仇由，事先都曾广赠厚礼，假道他国以成之。最后不但都成了事，而且都还顺道将假道者之国一并灭了。韩非说：这是“将欲夺之，必固与之”的道理。举了三例说明后，韩非下了这样的总结：“起事于无形，而要大功于天下，是谓微明。处小弱而重自卑，谓损弱胜强也。”[17]《老子》的原文不需注解，已经可令人作阴谋权诈之想，韩非的诠释不但坐实其语，而且可以说踵事发挥。《韩非子·喻老》中的老子活像世传的姜太公或鬼谷子，其解恐亦有本，我们看不出韩非有故意歪曲老子的用心。

一本《道德经》，两种南辕北辙的解释。一位老子，同时兼具仁者与阴谋家的形象。是否两说完全不能并立？我们论真理的标准时，不相互矛盾的一致说或融贯说乃是有力的假说，老子的诠释也不能逃避矛盾律的原则。如果两说不能并立，我们即有必要指出：误解的原因从何而至？何以中国哲学史上这些大家如韩非、二程、朱熹、王夫之等人，竟会异口同声，实质上给老子冠上“阴谋家”的名号？

老子的一身两首，一舌两歧，不会令人喜欢的，但却是老学史上已然的现象。关于这种现象的解释用“误解”说，并将此误解导正，乃是可以理解的诠释途径。事实上，晚近治老学者，常从正面而普世价值导向的观点诠释老子，老子变为重环保、重个性发展价值、重个体自由、重女性柔软价值的后现

[17] 参见陈奇猷：《韩非子集释》（台北：河洛图书出版社，1974），卷 7，页 394。

代主义的哲学，[18] 这样的诠释途径毋宁是合理的发展。但笔者相信：即使误解，误解有时也是很深刻的，导正误解不必然要一切作理性化的解释。抹杀矛盾，有可能会抹杀掉更深层的理据，我们有必要正视矛盾的价值。我们推论老子学的神话渊源时，即可找到这种两歧暧昧的根源，因为大母神本来即具善恶双面。

大母神的双面性映照了《老子》一书的矛盾性格，大母神具有慈祥的正面形象，但也具有恶兽甚或恶魔的负面形象，这种双面性在许多初民文化或东方文化中都是屡见不鲜的。或者该说：它是那么地普遍，我们有必要将它提升到"原型"的理念来谈。印度教的夏克提（Shakti）女神，西藏密教的度母（Tara）女神，即是国人较熟悉的明显的例子。事实上，双面女神绝不只见于印、藏，在印加帝国，在峇里岛，在古希腊、罗马，处处可见。善慈女神与邪恶女神同体异用，似乎不可理解，但如果我们设想神祇和人的精神本性有关，大母神作为一种深层的原型因素，它的善恶之诡谲同在，原本即来自于普遍性的人类经验。大母神之有善恶，和一神教中的上帝之于善恶的关系，和阳明后学中有关至善与无善无恶之说的关系，和大乘佛教或京都学派将恶纳到佛之本怀，提出"一念无明法性心"之说，可能都是同源而发的议题。大母神之双重性格与现实女性

[18] 参见刘笑敢：《关于老子之道的新解释与新诠释》；赖锡三：《当代新道家：多音复调与视域融合》（台北：台湾大学出版中心，2011）。

所呈现出的双重性格，可说是隐显的关系，同一套的叙述。

我们现在论大母神神话，当然不可能脱离巴霍芬（J. J. Bachofen）在 19 世纪末提出的母权论的影响。巴霍芬研究古希腊早先民族佩拉斯高埃族的神话，发现了与构成西方理性文明源头的奥林匹斯宗教的尤拉那斯神话（Uranus）相反的地下神，地下神是女神，神圣的母亲。母亲的基础是子宫和坟墓，子宫生出小孩，它意味着生殖。坟墓意指她要将所生出者重新引回到大地怀抱，它是死亡的一种象征。大地母亲是创生之神，但大地母亲也是回收之神，地母崇拜者既崇拜生殖之力，但通常也崇拜死者。巴霍芬发现地母神，其文化内涵也就是发现一种和理性、光明、抑制、父权相对立的情感、黑夜、放纵、母权的宗教体系具有甚高的伦理意义。[19]

巴霍芬的母权论是否可视为被接受的人类学理论，大有争议，但在 20 世纪时期，这种理论曾经引发欧洲一代的知识人，从左派马克思、恩格斯，到文坛巨子如黑塞、托马斯·曼等人的巨大回响。在现代文明出现激烈撞击的时代，原有的欧洲的理性思潮不能不受到极大的挑战，与之相对立的思潮，如尼采、如巴霍芬之说不能不应运而起。[20] 这种理性—非理性、光

[19] 参见巴霍芬（J. J. Bachofen）著，冈道男、河上伦逸监译：《母権论：古代世界の女性支配に関する研究——その宗教的および法的本质》（东京：みすず书房，1993），页 9—66。

[20] 参见上山安敏著，孙传钊译：《理性与神话》（上海：上海人民出版社，1992），页 203—268。

明—黑暗、雄性—雌性彼此竞争的趋势是相当清楚的，至今恐怕仍在调整中。

笔者这里引用原型之说与大母神的关联，明显地将分析心理学（analytical psychology）的观点纳进来。笔者所以选择分析心理学的解释，乃因荣格（C. G. Jung）及其学派，尤其诺伊曼（E. Neumann），对于“大母神”神话的解释远比其他学派的论述详实而有说服力。诺伊曼在《大母神》与《意识的成长与结构》二书中，对于大母神神话何以会摆在神话类型中之古老者，继始卒若环的乌洛波鲁斯（uroboros）神话（浑沌神话、太极神话可视为东方版的乌洛波鲁斯神话）而起。或者说：大母神神话何以会同时兼具正面性与负面性，它与乌洛波鲁斯神话的间距极薄，两者很难区分。如何以无厚中入有间，切出一条分隔线？诺伊曼对这些问题颇有论述，[21] 其论述切题而有力。

笔者所以说其论述切题而有力，乃因分析心理学派特别重视无意识，尤其是超越个体无意识的集体无意识的因素。分析心理学派与东方的关系特别密切，荣格是20世纪开宗立派的文化巨子中，少数将东方思想拉到真正可以与自己的学派对话的思想家。不管荣格的集体无意识与东方普遍的那种超越的无限心概念，是否真的像荣格说的那么贴近，但两说之异不碍其

[21] 诺伊曼（E. Neumann）著，李以洪译：《大母神：原型分析》。E. Neumann, *The Great Mother: An Analysis of the Archetype* (New Jersey: Princeton University Press, 1974).

间共享的因素。诺伊曼指出大母神原型必然有负面的因素，其理由在于人的精神构造中，意识的阳性原理与无意识的阴性原理是必然连结的结构，集体无意识的构造隐含了与意识构造的竞争关系："正如世界、生命、自然和灵魂被经验为有生殖力的、赋予营养、防护和温暖的女性一样，它们的对立面也在女性意象中被感知；死亡和毁灭，危险与困难，饥饿和无防备，在黑暗恐怖母神面前表现为无助。"[22] 这种善恶共纽的悖论是必然的自然律，负面女神意象最常显现的是一种吞噬的畏怖形象。

诺伊曼指出的这种现象，我们可从大母神崇拜中对死亡的崇拜看出。大地司生殖，大地是母亲，但大地母亲作为非分别性的总接纳原理，她生出万物，也要吞噬万物，在农业文明的大地崇拜中在在可以看得出来。鲁迅在《阿长与山海经》一文最后一句："仁厚黑暗的地母啊，愿在你怀里永安她的魂灵。"[23] 鲁迅思想中，不知大母神与地母的形象是否占有如此崇高的地位，笔者认为未必。但大地容纳死者就像慈母容纳返乡的游子一样，这个来自于农业社会的原始智慧，他是知道的。母亲容纳返乡的游子，这是幅温馨的人间伦理图。"回到子宫"是传统社会葬礼或通过仪式中常见的律则，它意指再生。上古社会与农业社会的循环史观使得死亡的虚无感原则上可以不再

[22] 诺伊曼（E. Neumann）著，李以洪译：《大母神：原型分析》，页149。
[23] 鲁迅：《阿长与山海经》，收入王世家、止庵编：《鲁迅著译编年全集》（北京：人民出版社，2009），册 7，页 72—76。

虚无，因大地吞噬她的子民后，仍可吐生，死亡女神为生殖女神服务。

然而，死亡女神不一定会服侍生殖女神，容纳不一定全是宽容，容纳也可以是吞噬。母子关系不一定是慈孝，也有可能是暴力血腥。

畏怖女神的吞噬形象让我们想起老子的道，一方面要让万物不断地生起，“道生一，一生二，二生三，三生万物”（《第四十二章》），但又要让万物不断地回流，“反者，道之动”（《第四十章》）。道德也依循环、逆返的方向回转万物，“大曰逝，逝曰远，远曰反”（《第二十五章》）。由母体长出者，终要返归于母体。老子的大母神不与物共长，其本质不化入物之内，相反地，它安于自体，冷眼旁观，静候物之芸芸，复归其根。我们看后世学者对老子阴谋说的批判，主要的批判点就是老子深居于意识的深层，潜侦暗伺，其“机尤险”，阴性的老子正是负面的大母神的人间投影。

负面大母神的起因与“大母神”此概念的善恶之诡谲同体可能有关，但笔者毋宁认为更关键性的因素，当是在“母—子”此人伦关系下的一种另类的展现。道之于物如母之于子，理论上讲，道无不爱物，就像母无不爱子一样。老子的“无”确实是“以空虚不毁万物为实”的。但成熟的“爱”必然牵涉到相偶的因素，爱总有对他者的承认、尊重。即使是已身所出的孩童，个体一旦成立，总有不可化约的神秘之个体性必须成长，自我形塑。一种太强的母神之爱容易吞噬世界，解消个体，大母神之由正转负，关键在于她无法处理“子”的个体性所含的自由、责任、个性发展之本质因素。这种强烈的母性爱用之于道体上时，“道”常不愿意让已生之物独立发展，她要永恒地呼唤任何个体物重新归回大地之母的怀抱，爱之所以噬之。

双面老子有二说，它既见于老子的慈爱与阴沉之双面，也见于老子的逆觉工夫论此消极哲学以及政治运作的积极哲学此双面。我们之前已提过汉代的史家如司马谈、司马迁、班固等人都认定老子思想的核心是一种积极的政治哲学。本来将老子作政治解读不一定使得《老子》一书成了阴谋之书，也不一定会使老子的道成了阴沉女神。但由于天子在中国的文化传统中居有独特的位置，他是天之元子，天意的体现者。中国的天子也是要有修养工夫的，当《老子》书被视为君人南面之术的要典后，他的工夫论之虚无之术也要与君人南面之术结合。一种没有道德意识为体的心性论一转手，即成了心灵技术的政治工程学。我们观战国中晚期的法家著作多本于黄老，重术一派的申不害等人亦是如此。这种虚静至极、深不可测的主体加上“天子”独特的权势位置，造成“明君无为于上，群臣竦惧乎下”（《韩非子・主道》）的效果。老子之学在黄老学的政治运用中，产生了负面的女权意象，催化了道的阴沉女神的性格，强化了中国政治传统中的阴暗面。[24]

---

[24] 参见余英时：《反智论与中国政治传统——论儒、道、法三家政治思想的分野与汇流》，《历史与思想》（台北：联经出版事业公司，1976），页 1—46。

四　天子：战神原型

一位老子，各自表述，而且所表述者相去绝远。这样的现象怎么产生的？我们不得不同意王利器的观察：战国时期有两位老子，一位是关尹、老聃的老子，一位是黄老的老子。[25] 虽然两位老子依据同一文本而生，但一位是修行哲学的老子，一位是政治哲学的老子。但我们还需要对王利器之说稍加修正，因为老子的双面性不止一组，而是两组。一组是潜修论—政治论模式的双面性，另一组则是慈爱与阴沉女神的双面性。政治哲学的老子所用的语言常指向阴沉女神的原始面貌，但两者的叙述其实不相同。两组的双面老子除了票面价值相同外，根本的价值取向是南辕北辙的。

同样的老子，却有两种不同的意义，不，应当说是两组分歧不同的老子，一是善恶并具的哲人，一是同具隐逸性格与政治性格的道家始祖。司马迁、班固的积极哲学的老子观绝非自我作古，他们的论点毋宁反映了汉代极流行的说法而已。事实上，早在战国时期，已有一批哲学家从君人南面之术的角度诠释老子。最明显的是传说为老子学生的文子，以及第一次有系统地诠释老子哲学的《韩非子》之《解老》《喻老》诸篇。《文

---

[25] 王利器：《汉代的黄老思想》，《晓传书斋文史论集》，页 159—166。另见王葆玹：《黄老与老庄》。

子》开宗明义第一篇《道原》篇解释《老子·第二十五章》“有物混成，先天地生”这一段名言时，说道：国君得到道才可“内以修身，外以治人，功成事立，与天为邻”。这样的道，具足了十足的动能，它有建构的作用，而且所建构的领域不仅限于自然秩序，也见于政治秩序。在《道德》一文中，我们甚至看到文子假老子之口，畅论起仁、义、礼、圣、德的德目来了。这样的老子形象，恐怕连老子本人都会觉得有些陌生。但我们不会忘记一件残酷的事实：文子可能是老子最重要而且有完整文本流传于世的弟子。纵使目前传世的《文子》与原本《文子》可能有差距，被大幅动过手脚，但《文子》带有显著的政治学性格，却是无从掩藏的。

同样将道视为君人南面之术的情况也见之于《韩非子》的《解老》《喻老》诸篇，本文不细论《韩非子》，我们只要看韩非诠释老子的“有国之母，可以长久”，即可略窥其老子观之一斑。韩非说：“母者，道也，道也者，生于所以有国之术。”韩非所理解的道绝非遗世而独立，它不是佛教的涅槃，也不沉湎于修炼者的虚无心境。人君想了解的“有国”之道，绝不可能脱离道的建构的功能而论。韩非的道之于战国时期的列强，就像上帝的自然律之于一神论之国家，其地位甚至超过宪法的层次。

在战国晚期，类似《韩非子》《文子》这类的政治老子之解读并非少数，而是相当流行的说法，我们在《鹖冠子》《尹文子》《慎子》诸书上，都可看到类似的语句。而这样的政治老子观经过晚周、秦、汉之际的思潮的推移，到了两汉，它居然成了大宗。不但行其道之人有之，传其道之书亦有之。我们看到在政治上可以发挥很大的影响力的老子，他早已不是“自隐无名为务”，而是国师，或是另外的一位“素王”。他的形象和另一位传说中的天子“黄帝”结合后，君人南面之术的内涵更加清楚。

黄老学派是文化史上的一个响亮名号，但以往对此学派的了解相当有限。1973 年马王堆出土几种黄老帛书以后，[26] 黄老学派的形象才豁然大显，大家也才知道，何以司马谈说的道家居然是以政治哲学为骨干。[27] 不但如此，道家据说还有一套修身用的形神论，有这套形神论作基础，世间事才可敲定。司马谈所说的道家应当不是阮籍、嵇康那种反正统的政治体制的道家，也不是葛玄、成玄英那种逆觉体证的道家，而是一种具有特殊的经营政治的帝王学。“黄老”的黄帝是位具有积极能力的“道”之显像，他代表一种独特的权力意志。如果老子思想的神话母型是大母神，黄帝的神话母型即是位权力化身的上帝。显然，当“黄帝”从“上帝”下降为人世之帝时，他连带

[26] 出土的文献有《老子》节本两种，四种和黄帝有关的典籍：《经法》《十大经》《称》《道原》。

[27] 如言：“道家无为，又曰无不为，其实易行，其辞难知。其术以虚无为本，以因循为用。无成埶，无常形，故能究万物之情。不为物先，不为物后，故能为万物主。有法无法，因时为业；有度无度，因物与合。故曰‘圣人不朽，时变是守。虚者道之常也，因者君之纲’也。群臣并至，使各自明也。”

地把上帝的本质也带到人间来了。

神话常和原始心性连结在一起，而原始心性常意味着去社会化、去文明化的脉络。然而，神话是千面的，它不只是扣连着自然，更重要的，神话是集体欲望的投影，它是社会的化身。当社会有组织出现之后，即有社会性的神话。当人群有邦国的组织以后，即有邦国的神话，即有祭司王的神话。当邦国进入一种普遍的想像时，即有一统的渴求，此界一统的渴望和彼界一统的神祇同时出现。因为神学的秘密就是人学，"上帝之意识就是人之自我意识，上帝之认识就是人之自我认识"，[28]天子神话和"天"此神祇是同一种精神的表现。但一统意味着差异的统一，天之于世界，"一"以神秘化的作用显象为多，这是初民世界一种宗教感性的直觉。但天子统合世界，统合了多的"一"，不可能是自然呈现的。没有城池、铁器、阶级分化、阶层组织，即没有邦国与邦国的战争与整合，即没有跨国越界之帝国。文明与暴力共生，所以国家的神话常连着权力意志的圣王神话一起出现。

黄帝神话在战国中期以后特别流行，1973 年长沙马王堆出土黄老帛书，其中与黄帝相关的四部经典不无可能是《黄帝四经》。此四经出土，给盛极一时的黄老思想作了极佳的见证，也给大一统思想提供极为显著的线索。战国时期是天下分

---

[28] 费尔巴哈（L. Feuerbach）著，荣震华译：《基督教的本质》（北京：商务印书馆，1995），页 42。

裂的年代，是武人作为主要历史演员的年代，也是人民渴求天下一统、渴切四海和平的年代。《孟子·梁惠王》记载：梁襄王问他："天下恶乎定？"孟子答道："定于一。""定于一"在老子则化身为形上学原理的"一"与工夫论的"得一"，所以说"主之以太一"（《庄子·天下》），又说"昔之得一者，天得一以清，地得一以宁，神得一以灵，谷得一以盈，万物得一以生，侯王得一以为天下贞"（《老子·第三十九章》）。在墨子则化身为整饬一切意志于一个来源的"尚同"原理，天子和天最大的功能即在于"壹同天下之义"。即使以庄子之恣纵不傥，任物逍遥，他对世界仍有转化之，以趋不齐自齐、各适其性的"至德之世"的要求。不同的哲人依不同的学说进路，构思了消业去杀的理境，这样的理境，最后肉体化为"黄帝"此一天子形象。

我们只有了解"一"在政治上的强力效果，才可了解何以在《黄帝四经》中，"一"居然可以神秘化，不，当是神话化为上帝派遣凤凰到人间所传达的无上真言："昔者皇天使冯（凤）下道一言而止，五帝用之，以朳天地，［以］楑（揆）四海，以坏（怀）下民，以正一世之士……循民复一，民无乱纪。"[29]"一言而止"文句暧昧不清，但观诸上下文，"一言而止"当是"言一而止"之意，"一"成了无上真言，其意犹如老子所说的"得一"。"一"加上描绘其伟大之冠词"大"或

[29] 陈鼓应注译：《黄帝四经今注今译——马王堆汉墓出土帛书》，页349。

“太”，即成了“太一”一词。我们在此经，可看到“太一”这个带有哲学内涵的神祇如何成形，几乎变成无上秘咒的线索。“太一”神的崇拜盛行两汉，源于战国，其时间与“黄帝”传说盛行的年代相符，或许不是无意。

黄帝、凤凰与一的结合传达了一则值得省思的讯息，这三者之间的结合在汉代的《说文解字》里还显现得出来，这则神话已经变成了一则本质性的定义。凤凰无疑是三代最负盛名的神鸟，此鸟在先秦的文献与文物中不时可见，闻一多认为凤凰是商人的图腾，其说有可能可以成立。但凤凰此一图腾的作用往下还会延续到深远的后代，往上也可溯源至遂古时期。

凤凰意象的出现是历史的问题，也是社会的问题。凤凰就它成为一族或一帝国的象征而言，它就是社会的意志。当凤凰以上帝的使者现于世，传达“一”的消息，这则类似预言性质的记载不会只是传达一则遥远的传说而已，它是社会集体意志的图腾投影。《十大经》说的“循名复一”说的不是形上学的命题，而是政治的宣言，也是政治的预言，它宣称：下界的统治者需要安抚百姓，恢复一统的状态。

得“循名复一”之道的是五帝，实质上，真正呈现“复一”形貌的是黄帝。“帝”在战国频频出现，是个颇突兀的现象。战国时期“帝”的出现乃是上承早期文明“上帝”的意象而来，但也因应着战国时期，列强攫取上帝一匡天下的宗教功能于己身的政治现实，所以才有“东帝”“西帝”此人间上帝的政治蓝图的规划。人间世的东帝、西帝、皇帝、超越界的上帝以及神话传说中的五帝，有历史意义地共现于战国的舞台，绝非无因。五帝中的黄帝在此时期更成了诸帝中的明星，尤非无因。我们看汉代画像石中黄帝常位于两极原理的伏羲、女娲之上，更可确定黄帝的“一”之意义。

黄帝神话无疑地是国史上最成功的政治神话，其成功甚至成功到政治运作的痕迹都被抹平了，神话的作者与意图都不明确，它仿佛就是历史的一章，或者说：就是自然的一章。这么成功的政治神话正是政治神话该有的模样，因为它来自于集体意识，一个无名的大写的群众是这种神话的作者。没人要署名，没人是作者，但人人都是没署名的作者。正是因为在上古中国这个有众多邦国、有长期冲突的土地上，到了战国时期，“争地以战，杀人盈野；争城以战，杀人盈城”（《孟子·离娄上》），人民的忍耐到了极限，集体心理异化也强化了原已存在

图 6-1

此画像石左右两侧执规执矩者，皆为人身蛇尾之神人，当是伏羲、女娲，中央人物可释为黄帝或太一，黄帝事实上也可释为太一。黄帝与伏羲、女娲的关系，一如太极之于阴阳。

的“黄帝”的意象，一种渴望统一、期待父权的天子原型和传说中的黄帝结合了，或者说：原本即是天子原型意象异化而成的“黄帝”，到了战国中期，才因机缘到来，化为真实的力量。

由于黄帝是隐藏于群众集体心灵的天子原型的显像，天子是天之元子，是统一欲望的焦点。黄帝的现身在战国不是偶然的，他要处理战祸连绵的战国风云，在千古一帝的秦始皇统一天下前，黄帝已先行作了思想的准备。统一的欲望是要有着落的，作为天子原型投影的黄帝在此际不能不出现，也不能不潜入英才雄主的灵魂中。田齐以黄帝为始祖，此事因《陈侯因資镩铭》的出现而为人所熟知。然而，以黄帝为始祖者恐不止田齐，三晋恐怕也是如此。[30] 秦国不管有没有参与这股认祖归宗的神话运动，但就历史的脉络来看，黄帝与秦始皇帝之间，确有异质的传承。嬴政以“皇帝”之名自号，“皇帝”一词原本即意味着功盖五帝。神话为政治作准备，神话原本也可以是政治。

在战国时代，战争是时代精神的主轴，和平是历史的愿景，战争与和平的共构是必然的关系。即使反战最力的孟子，他虽主张过“春秋无义战”，但也同意“彼善于此”的例子还是有的。[31] 反战同样坚定的墨家学派，依然要有战事的准备，

[30] 参见丁山：《由陈侯因資镩铭黄帝论五帝》，《“中央研究院”历史语言研究所集刊》，第 3 本第 4 分（1943），页 517—535。

[31] 参见《十三经注疏》整理委员会整理，李学勤编：《孟子注疏 · 尽心下》（北京：北京大学出版社，1999），页 381。

以备对抗不义之战。[32] 在这个时期，道成肉身的黄帝不可能没有战争与和平的想法，黄帝的本质据说是“养性爱民，不好战伐”，[33] 但他到底还发动了好几场惊天动地的战争。黄帝学派在设想的“天子”构图上，很大的特色是它正视战争的存在，知道战争是自然法，宇宙的不得不然。黄帝之学很可能是国史上第一个赋予战争正面功能的学派，黄帝这位上帝的化身，或是天之元子，他一方面固然是文化英雄，但他同时也是位战神。

在当代思想史的脉络中，从尼采到傅柯所挖掘出的权力意志的向度乃是一条明显的线索，两人所挖掘的权力迹痕已达到极隐微的层次，可说是权力本体论的意味。然而，最明显的权力表现，最足以显示力之强度者，当是战争。在东西方思想史上，我们都可看到对战争的礼诵。希腊的神灵常是身强体壮，宇宙王宙斯即是有力中之有力者。前苏时期哲学家赫拉克利特（Heracleitus）认为“战争是一切之父，一切之天，它显示于一切之中”。在古代日耳曼，最高的美德是战士的美德，战神欧丁也是最高的神，因为“战争是原初法律或最古的法律”。[34] 黑格尔之所以主张战争的正面意义，固有哲学之外的历史理由。在先秦的兵家、阴阳家的思想体系中，战争也被赋予极高的位置。但总战争精神之大成者，至少在中土文化传统中总战

---

[32] 目前的《墨子》一书中收有《迎敌祠》《旗帜》诸篇，这些篇章充满了阴阳消长的讯息，可归类为《汉书・艺文志》所说的“兵阴阳家”。

[33] 李昉等撰：《太平御览》，册 1，卷 79 引《蒋子万机论》，页 369。

[34] 引自费尔巴哈：《基督教的本质》，页 53。

争精神之大成者，当是黄老学派。史家所追溯出的上古史中的战争言论，最大宗者乃依“黄帝”的意象才表达出来的。

在以黄帝学派为核心的战争正面说诸派中，战争不只是人间世，而且是宇宙间的必然规律，人事与天道间有种呼应的关系。这种“战争自然法说”的“战争”常以“刑”“武”之语表之。“刑”“武”以各种面貌出现，四时的秋、冬之肃杀，四方的西、北之严寒，人世间的刑、法之苛刻，凡是代表收敛减损者皆是宇宙的毁灭魔力之不同显像。宇宙之“刑”“武”与代表生命滋长讯息的宇宙之“德”“文”相配，成了“刑—德”“武—文”的构造，联合构成了宇宙的实相。[35]然而，论“刑”“武”之大者，莫过于战争。在遥远的遂古时期，战争的意象彻底地集中于蚩尤与黄帝身上，蚩尤与黄帝两位其实都是战神。蚩尤之所以成为战神，不难了解，他的出身，他的家庭，他的一生事迹，无一不显现出蚩尤的战神性格。[36]然而，在传说中的涿鹿之战发生后，蚩尤基本上已退出中国历史的舞台，世界由黄帝主宰。蚩尤被执杀以后，世界并没有平定，战

[35] 据孙广德的分析，中国的开国之君有22人（包含王莽、孙权、刘备）都有神话加身，占总人数的92%。没有神话加身的，只有2人。参见孙广德：《我国正史中的政治神话》，《政治神话论》（台北：台湾商务印书馆，1990），页218—288。

[36] 《尸子》说：“造冶者，蚩尤也。”《管子·地数》云：“而葛卢之山发而出水，金从之，蚩尤受而制之，以为剑铠矛戟。”《龙鱼河图》云：“黄帝时，有蚩尤兄弟八十一人，并兽身人语，铜头铁额，食沙石子，造立兵杖、刀、戟、大弩，威振天下。”古书中的蚩尤形象相对单纯，皆为指向与金、兵器有关的战神或造冶之神。

图 6-2
图为武梁祠后石室画像石中的一位神人或怪物，其人双手双脚头顶皆有兵器，传说蚩尤制五兵：戈、矛、戟、酋矛、夷矛，此图人物可能是蚩尤。

鼓仍然轰然作响，黄帝接着战炎帝，再战四帝，继战刑天，[37] 黄帝且战且学仙。黄帝不但有强力的权力意志，更有强烈的破坏力，黄帝是位无坚不摧的战神。

中国古史有三皇五帝之说，“三皇”的传说固然有“天子”的影子，但观燧人、伏羲、神农之名，他们或以取火，或以渔猎，或以种植名世，三皇的名称明显地代表社会演化的进程。“五帝”的情况不一样，杨宽认为五帝皆是上帝的演化，[38] 亦即“帝”的原型当是上帝，笔者认为其说很可能可以成立。但五帝的天子形象虽然清楚，颛顼与少昊的事迹相对之下较为飘

[37] 战炎（赤）帝的事，见《大戴礼 · 五帝德》《列子 · 黄帝》；战四帝的事，见《蒋子万机论》，收入李昉等撰：《太平御览》，册 1，卷 79，页 369—370。战刑天的事，见《山海经 · 海内西经》。

[38] 参见杨宽：《中国上古史导论 · 综论》，收入吕思勉、童书业编著：《古史辨》，册 7 上，页 393—404。

渺，黄帝与尧舜后来则分别为黄老学派与儒家所取法，成为它们的政治论中的人君之典范。在五帝当中，真正具有战神形象者只有黄帝，黄帝之以战争取天下，和尧舜之于禅让得天下，两者恰好构成了强烈的对比，成了两种政权转移的模式。[39]

黄帝之战神形象之特殊者，在于黄帝的法天哲学。儒家言天，总是强调天地生物之心，强调天地之大德曰生。黄帝学派也不会否定上述论说，黄帝之天也是好生的，黄帝也是要养好生之德的。然而，在黄帝学派的著作中不断出现的，却不是一面倒地主张天之生，而是大幅偏向天生天杀，迭运代兴。文武刑德之论是黄帝学派的特征，此一特征将刑杀提升到特殊的自然法的层次，所谓的特殊的自然法，意指天子的行事当仿效天道的刑德皇皇，宜春生时，即不宜杀戮。但当用兵时即当用兵，当杀伐即当杀伐，当机不断，反受其乱。战争在黄老学派变成了自然法的事件，丧失掉伦理的意义。或者说：战争的本质即有伦理的意义，它不只是伦理的“补充原则”而已。

黄帝在今日的形象常是仁德昭著的文化英雄，但我们仔细检测这个概念，发现他同时也是战绩彪炳的战争英雄。黄帝如何与老子结合，形成黄老学派，其具体的过程恐怕很难追踪了。但战国时期的政治现实应该已经说出了答案，支持战争机器的社会结构磁吸了相呼应的因素。黄、老两者结合，造成了

[39] 参见本书第肆章《黄帝四面：天子的原型》、第伍章《黄帝与尧舜：先秦思想的两种天子观》。

一种奇特的政治哲学，老子的玄虚之道，或者说：他的致虚守静的工夫论变成了天子的修养哲学，虚极静笃是天子该具有的人格等第，也可以说是天子的法定资格。天子自许为天之元子的观点，在许多民族中都是有的，此界与彼界总是剪不断，理还乱。但黄老学派的黄帝形象，代表一种很浓烈的东方君王的风格。

五 文化英雄

隐然作为战国诸子鼻祖的老子和“黄帝”结合在一起，成了“黄老”一词时，他即由“淡然独与神明居”的隐士哲学家变为体国经野的政治哲学家。老子身分的转变是中国哲学史上最神奇的事件之一，类似的转化情况也见于黄帝，“黄帝”这位遂古时期最著名的天子因为和一位身世扑朔迷离的智慧老人的学说连结，天帝下凡，成了人帝。而且，黄帝也具双面性格，如上节所述，他是具破坏力道的战神，但我们不要忘了，他也是遂古时期声名极盛的文化英雄。在当代的政治解读中，黄帝甚至成了“人文之祖”，这种双面性格的始末同样是启人疑窦，费人猜疑。

黄帝是传说时代中的五帝之一，在诸子百家的记载中，上古时期是有许多帝或氏的。上古的帝王系谱学总是不定的，五帝只是一说，五帝的名单是在历史的流变中胜选出来的。但不管帝有多少，黄帝的地位最特殊，在20世纪的中国，更取得空前显赫的地位，他成了“中华民族”的始祖。“中华民族”是新世纪形成的概念，古无此语。但“黄帝”不是，“黄帝”的“黄”带有太浓厚的象征意义，它既是尊贵的中黄之黄，天子垄断的颜色；但它也和黄种人、黄土平原的“黄”共构，华夏的风土性格特别显著。这样的黄帝是人间帝王，但即使我们不作精致的知识考古学，也可看出此帝的性格极莽苍古老，他像是从东亚黄土地域化生而出的神祇。[40]

黄帝的原始文献到底有几分历史的成分，很难讲，至今为止，我们找不到多少考古学的证据。但他被视为“历史”人物，至少始于战国时期。他之成为史实，很重要的理由当是群众心理学所需，是神话意识使然，远甚于历史的证据。但黄帝的神话性格源自何处，却不好追踪。不好追踪的原因不在线索太少，而在线索太多，“太多”意指具神话价值的文献远比传说时期的圣王多许多。笔者认为这些杂多的材料显示“黄帝”的来源是多源的，他当有核心形象，或主要的出身源头。但应该也有多种的神话题材加盟，遂使得“黄帝”成了“千面英雄”，这位“千面英雄”在中国上古的面目即是著名的黄帝“四面”。四面的黄帝肯定只能取象征的意义加以理解，不能死看。

“黄帝”一词的核心义以及“四面”的秘密其实就在“四面”本身，“四面”不能不预设一个“中”的定位位置。“中”

---

[40] 参见江文也著，拙译：《孔子的乐论》，页 20—29。

的原始象征意义来自于“上帝”，我们且看《大戴礼记·五帝德》里所说的黄帝：

> 黄帝黼黻衣，大带，黼裳，乘龙扆云，以顺天地之纪，幽明之故，死生之说，存亡之难。时播百谷草木，故教化淳鸟兽昆虫，历离日月星辰；极畋土石金玉，劳心力耳目，节用水火材物。[41]

这种可以经营时间、空间，在空中飞龙巡视，在地界教化鸟兽昆虫的帝王，如果不是上帝，焉能再有其他的解释。上帝的化身是很多的，“黄帝”就是他最重要的化身，他贯穿天地人三界，是上帝在人间的代理人。至于所谓的“黄帝四面”，依据各种资料，我们看到他既是文化的制作者，也是中国各族群的共祖；他既是位神秘的天神，也是最有影响力的地祇。黄帝是位多功能的神，他管的事之多之杂，无愧于人间上帝之实。

我们取黄帝四面的四面为天神、地祇、始祖、文化英雄，“黄帝四面”的“四面”可以从各个面向立论，此处我们将从文化英雄的创造意义之观点下将四面串连起来，这种选择当然还是高度选择下的产物。然而，由文化英雄面向的黄帝形象推演，我们发现一个和战神形象相距甚远的神话人物。如果说战

---

[41] 王聘珍：《大戴礼记解诂》，页117—118。

神是杀戮之神，是秩序的破坏者，黄帝的另一个形象却是秩序的创造者与维护者，黄帝形象一个极突兀的对照系统，在于他同时是破坏生命之战神，也是生命之神。他与蚩尤之战被视为中国历史的第一章，但黄帝也是中国医经之祖的《黄帝内经》的“作者”，此经记载黄帝与他的臣子岐伯等人讨论疾病起源、医疗之术、人之身心状态，尔后遂有“岐黄之术”垂于后世。黄帝和神农两位上古英雄可视为中国文明中的“医王”，挂前者之名的典籍有《黄帝内经》，挂后者之名的典籍有《神农本草经》，他们联合形塑了一种维护生命的医学传统。

由生命的维系者此形象出发，我们可进入文化英雄如何丰饶下民的生命世界，黄帝四面所显现的秩序作用首先即显现于时空的建构。“道之显者谓之文”，[42] 文化、文明的出现首先要有“显”的前提，也就是要有文化与自然的决裂。在遂古之初的传说时代，极关键的一件神话事件是有名的“绝地天通”的故事。这故事指涉的事件的发动者有颛顼与高辛两说。如依据记载这则神话最古老的《吕刑》篇所说，发动“绝地天通”，使得人神异业的神祇有可能是黄帝。在遂古之初，天地相连，神人共春。但原初的乐园不会存在太久，总会出现秩序的破坏者，出现于中土文明者即是蚩尤；但也总会出现秩序的重建

[42] 这句话为朱子注解《论语·子罕》“子畏于匡。曰‘文王既没，文不在兹乎？天之将丧斯文也’”云云。朱子注：“道之显者谓之文，盖礼乐制度之谓。不曰道而曰文，亦谦辞也。”参见朱熹集注，赵顺孙纂疏，《四书纂疏·论语纂疏》（台北：新兴书局，1972），卷5，页4。

者，重建者即是黄帝。黄帝平定蚩尤之乱，并断绝了天地的相连。只有天地之轴断裂以后，人在世间需为自己负责，世间从此变成了人世间，接着才有大禹主名山川、伯夷作刑等等的经营天地之事。名与山川同老，刑与社会同老，有了“名”与“刑”，山川、社会才会从自然的同一性迸裂而出，成了为己的存在。

但“名”与“刑”不是“文”的第一步，人文秩序之前还有秩序需要安排。伴随着天地的分裂，天地人三才之道的架构形成，我们看到“黄帝”的主要工作之一就是安顿天体的秩序。在上古传说的诸帝之中，黄帝带有浓厚的太阳神的性格，他周遭的“群臣”也分别担当了建构天界的使命：“使羲和占日，常仪占月，臾区占星气，伶伦造律吕，大挠作甲子，隶首作算数，容成综此六术，而著调历。后益作占岁。沮诵仓颉作书。”[43] 除了左右史的沮诵与仓颉所作的事须另作考虑外，羲和、常仪、臾区、伶伦、大橈、隶首、容成这些名字古怪的神祇所创的业，总会和经营天体以及时间有关，时间固苍天之子也。

黄帝除了界定天界与时间的秩序外，他也建立了空间的秩序。佛教艺术有四方佛的造型，很凑巧地，黄帝的形象也常以“四面”的曼荼罗意象出现。黄帝频频与“一”或“四”的

---

[43] 秦嘉谟辑补：《世本·作》，收入宋衷注，秦嘉谟等辑：《世本八种》（北京：北京图书馆出版社，2008），总页480。

意象结合在一起，绝非无故。黄帝讨伐四帝，乃是上古开辟神话中极炫人耳目的一章。但最足以显示黄帝四面的曼荼罗意义者，当是《十大经·立命》所说的“黄宗”：

> 昔者黄宗，质始好信，作自为象，方四面，傅一心，四达自中，前参后参，左参右参，践立（位）履参，是以能为天下宗。吾受命于天，定立（位）于地，成名于人。唯余一人［德］乃肥（配）天，乃立王、三公，立国置君、三卿。数日、磿（历）月、计岁，以当日月之行。允地广裕，吾类天大明。[44]

“黄宗”一词古籍罕见，但观帛书所述，其功德和黄帝几无差别。其名纵非黄帝，亦当属黄帝之分化，其义不可能不同。

笔者所以举出帛书这段文字，乃因黄帝作为时空秩序的建立者，此段文字表达得特别清楚。对于“黄宗”何以需要前参后参，左参右参，或者黄帝何以需要征四帝，除了战神的破坏形象之外，我们不能不正视善恶同构的神话诡谲性此一上古的智慧。我们不妨援引耶律亚德（M. Eliade）之说以见一斑。他说：

[44] 陈鼓应注译：《黄帝四经今注今译——马王堆汉墓出土帛书》，页254。

> 在上古与传统社会，周遭世界被视为小宇宙，在这围绕世界之边际，乃是不识不知、无理无型之地。此岸因人居人群，成井然有序之空间；异乎此熟悉世界之彼岸，乃为妖孽鬼怪、非常可异者居住之区，死亡幽暗，浑离盲昧。[45]

“征四帝”云者，可视为文明与蛮荒的征战，也是蛮荒四域的秩序化。黄宗的前参后参，左参右参，也同样是蛮荒四域的秩序化，经文已很明确地告诉我们其人（其神？）乃“方四面，傅一心，四达自中”了。

在康德，时空是知识成立的先验形式。在神话，时空的成立是一切创造的原型，神话的时空异于物理学的时空。[46] 建构时空的秩序后，黄帝接着经营人间秩序，人间秩序的第一步即是初民所了解的人群之原始分类，亦即各族的形成。在清末民初时期，黄帝成为“中华民族始祖”的身分特别明显地定了下来，这种政治神话的形成固然有其特定的历史脉络与人为的建构，但其建构也是有历史基础的。“黄帝”形象特别流行的时代在战国，其时夷夏或华夷秩序已经形成，但一种“定于一”的天下秩序的理念也已形成。夷夏或华夷秩序如果可视

[45] M. Eliade, *Images and Symbols: Studies in Religious Symbolism* (New Jersey: Princeton University Press, 1991), pp.37–38.
[46] E. Cassirer, *The Philosophy of Symbolic Forms*, Ralph Manheim trans., vol.2, pp.71–151.

为圣—俗、文明—野蛮、中央—周边等区分原则的政治体现，天下原则当可视为一统原则的政治体现。天下原则借助“天”的权威以形成普遍性，借助“天子”以进入人间，黄帝应运而生。

黄帝原本是中土的象征，当华夷秩序形成后，他自然成为“华族”的先祖；当“华夷”变为“夷夏”时，他成了“夏族”或“华夏”的先祖；当“汉”成了中国的代称时，他自然是“汉族”的先祖。这是神话人种学建构的第一步，神话政治学的统一原理。区域内部的政治空间从此秩序化，因为内部的人民分享了同一血统所带来的同一性。第二步就是与四夷的关系，黄帝之征四帝与成为四夷的先祖，乃是同一桩神话史事件的两个面向。随着中国政治地理的扩大，黄帝的血胤传承也日渐扩大，他是蒙、越诸族的祖先，后来终于成了中华民族的共祖。

时空定位，血统条理之后，黄帝接着从事中国神话史上最大规模的一次文化创造。黄帝是神话时期的爱迪生，他一个人的创造能量极为壮观，我们知道他：“黄帝造火食。黄帝作旃。黄帝作冕。……黄帝见百物始穿井”（《世本·作》）；也知道他“造车，故号轩辕氏”；“始蒸谷为饭”；“钻燧生火，以熟荤臊，民食之，无肠胃之病”；“始造釜甑”；他曾“与王母会于王屋，乃铸大镜十二面，随月用之”（《太平御览》）；又曾“作宝鼎三”（《史记·封禅书》）。他的创造力之强，发明之多，已趋不可思议。

图 6–3
左起第一人为武梁祠西壁画像中的黄帝，左边隔栏有文曰“黄帝多所改作，造兵，井田，垂衣裳，立宫宅”，这样的黄帝具人文始祖的身分。

黄帝的创造力之强已令人矫舌不下，瞠目称奇，他还有一群同具发明能力的群臣为之辅佐：“（黄帝臣）伯余作衣裳。胡曹作衣。胡曹作冕。于则作扉履。雍父作臼。雍父作舂。雍父作杵。胲作服牛。相土作乘马。腊作驾。共鼓化狄作舟。……挥作弓。夷牟作矢”（《世本・作》）；“命雷公、歧伯论经脉”（《太平御览》）；“又命伶伦与荣将铸十二钟，以和五音，以施英韶。以仲春之月，乙卯之日，日在奎，始奏之，命之曰《咸池》”（《吕氏春秋・古乐》）。我们当然不会忘了发明丝绸的嫘祖是黄帝的妻子。

从时间、空间的开辟到族群的建置到文化的创造，黄帝完成了一个广义的创造行为。秩序形成了，一个属于人的世界形成了，他完成了“道之显者谓之文”意义下的深层的文化创造。朱子的道即是古之上帝，黄帝是上帝之降世垂迹。黄帝的文化创造建立在神秘意图的彰显的过程上，只要有彰显处，即有文之化，即有文化。

六　结论：今日的黄帝

1973年马王堆黄老帛书的出土，在道家思想研究史上，具有非凡的意义。自从与黄帝相关的这批文献，或者还有更多相关的文献，埋没在历史的灰烬之下，我们对“黄老”的概念，其实不是很清楚的。连带地，我们对某种类型的道家与政治的关系，了解的面向也就不能不受到限制。这批帛书出土后，黄老道家作为一种道家政治哲学的学派，显露无遗。虽然这种型态的政治哲学该如何理解，仍有歧义。我们现在知道：历史上的“道家”一词除了庄子、列子这类以精神的逍遥及具体的人文精神为核心的学派以外，另有以黄帝、文子、鹖冠子等环构成的政治哲学的道家型态。老子横跨两边，他与庄子结盟，即成了精神哲学气息浓厚的老庄学派的要角；与黄帝结合，即成了政治哲学导向的黄老学派的重要成员。如果我们重构或建构先秦道家的系谱学的话，[47]“黄老”或“老庄”两派似乎可成为大的分类系统。

黄老思想都有双面性，善恶同体，正负兼具，这种双面性是那么地具体，而两者在历史上却又恰好曾组成一个特殊的学派，这个名为“黄老”的学派至少在汉初还曾成为国家哲学，

---

[47] 因为先秦没有“道家”一词，老、庄、列、文诸子也未必有“道家”的意识，所以“先秦道家”一词不能不是一种有意的建构或重构。

发挥了实际的政治效果。面对战国、秦、汉这种史上难得一见的历史大变局，我们有理由认定：黄老学派两位象征人物的善恶同具，既慈悲也残酷，既和平也战争，可说反映了时代的需求，战国、秦汉时期是滋养黄老学派最适宜的土壤。

黄老学派的面目逐渐清楚后，对黄老学派的理解仍有相当的歧义，余英时《反智论与中国政治传统》此一名文所坐实的"黄老道家"，恰恰好与程朱理学传统中所呈现出的黄老道家高度一致，一种阳道阴法或阳儒阴法的政治技术哲学被揭举得相当详细。这种道家重势，重术，举重若轻，深藏若虚，形象相当负面。然而，随着后现代思潮的兴起，一种重阴性书写、反大理性传统的思潮逐渐成为显学，一种带有宽容精神的老子形象日益被诠释出来，与老子相连的黄老学派因此也就被认为有了正面的建构功能。

我们现在透过《老子》与《黄帝帛书》的细部解读，可以确定黄、老两者都具有正、负两种面向，而且这种正负共具的因素都可提升到本体论的高度。也就是内在于他们核心思想的部分，即同时孕育了两种价值完全不同的走向。黄老学派在今日所以会产生两组大相径庭的解读，其来有自，关键就在黄老思想的双面性，或说矛盾性亦可。如果我们对神话的矛盾统一的主题不陌生的话，黄老自身的悖论性格很可能也源自上古神话思维。

奥托（R. Otto）的"神圣"的概念在此可以帮助我们进一解，他的《神圣的理念》一书提到宗教的核心概念在神圣，神圣感使得宗教此一领域和其他领域可以作本质上的区分。当神圣感来临时，我们会处在一组矛盾的情感下，一方面，受恩宠者内心充满了无限的欣喜之感，他对神圣物会心起无限的向往；一方面，他又会起无限的畏怖感，这两种情感并置于胸，受恩宠者觉得自己存在的地位恍如尘土，不值得眷恋。笔者相信这种无限欣羡向往之情是宗教积极仪式的基础，畏怖感则是禁忌（taboo）等负面性情感的根源，仁祥慈俭的黄老意象与畏怖凶狠的黄老意象皆自此流出。

上古神话含有很浓的“圣显”（hierophany）因素，揭露出初民在文明黎明期的精神活动能量，诚然值得礼赞。然而，我们今日也许该反过来看，了解一下初民社会及其社会“法典”的神话之另一面向，是否“神话”在民国学术中的形象过于美化了？显然，初民社会无论如何不会是卢梭式的自由社会，也不会是道家传统一再歌咏的至德之世。恰好相反，初民社会生活于巫术笼罩的氛围，禁忌的威力极大，精神活动的能量很小，这是历史的实相。实相所寄托的神话也充满了残酷的战争、斗争、乱伦之事，这样残酷的神话故事绝非空穴来风。[48]

在众多的非伦理性主题中，我们注意到一种邪恶兄弟的神话母题。在《圣经》故事中，我们看到该隐与亚伯（Cain and

---

[48] 神话的残酷性质不只见于中国，西洋文明的初阶也是如此，神话的残酷性质甚至渗透至戏剧等文化领域。

Abel）的斗争。在中国上古的神话传统中，我们看到舜与象两者的角力。即使仅就黄帝来说，我们在《逸周书·尝麦解》里所看到的，黄帝与炎帝这两位兄弟就曾因政治因素而大兴干戈。善恶二元并具的神话意味着残酷的基因就在人性的结构里，文明的历程相当大的程度，也就是理性不断摆脱巫术力量的过程。近代西方所带动的理性化的世界史行程，可以说是最彻底的一种除魅的工程。至于除魅成不成功，所谓的“魅”是否真可以除掉，或者是否会有“再魅”的行程，仍有待检证。

如果我们把黄老双面的性格溯源至莽荒时代的巫术思维，我们可以看出早期中国文明史的大事，即是如何转化巫术力量的过程。笔者还是相信历史理性的作用的，历史还是有目的性可言。反观几千年的历史，巫术思维是不死鸟，它具有一种根源性的“圣显”力量，不能被扼杀，而只能加以转化。在耶教与佛教的传统中，人性的双面结构可发展出极深远的思想，天台宗的“一念无明法性心”更将理毒性恶提升到法界中重要法门的层级，其义尤弘，也就是本体的双面性已作了升华的转化。黄老学说在今日既然仍是学术圈活跃的议题，我们如能连结其双面性可能具有的深层悖论内涵，或许可重构出一套大不同于无限心体系的另类黄老哲学。

但笔者同样相信：人性中的巫术性质需要好好处理，不能正视，必有灾难。我们还是不能不警惕巫术思维的力量的重大，其阴暗面不见得那么容易转化成功。黄老学派成立之前的中国文明史的演变，从颛顼、黄帝的绝地天通到周公的制礼作乐到孔子的仁说之彰显，在在可看出理性转化巫教力量的历史轨迹。但由圣贤先后相续，不断驯化怪力乱神的力道，也间接看出巫术不死，总会反扑。如果变形论是巫术的基本法则，凡物流形，凡物不死，只有转换。那么，我们有理由相信：巫术还是会以不同的面貌重现于世的，通常还会以神圣仙佛、大中正道的面具显现的。

黄老学派与先秦儒、墨两家的思想定位不同，它走的是不同的历史轨道，它在现实政务上起的殊胜作用，以及能正面处理世界的幽暗面，这些思想成绩都已成为可供借鉴的史实。尤其黄老学派能正视政治领域中“术”的力量以及战争的作用，我们如能作批判的反思，这些久被忽略的负面哲学更可提供我们重思政治的基础。但黄老背后的巫术因素太强，致命的吸引力更是需要小心在意的。黄帝意象在今日中国，其角色似乎越来越吃重。一个结合强烈民族主义的圣王意象到底要完成什么功能？它与仁说为主导的儒家价值体系到底是什么样的关系？在在令人好奇。我们于此重思黄老的双面性，或许可以更深刻地体会并处理文明与巫术的衔接与冲突的种种纠结。

柒　升天、变形与不惧水火：论庄子思想中与原始宗教相关的三个主题[1]

道家与原始宗教或道家与道教的关系为何，这是个令人迷惑却也颇饶兴味的问题，晚近学界流行的意见大抵认为两者本质上并不相干，它们后来所以会绸缪纠结，缠绕不清，乃是道教徒利用老庄思想作幌子，或是学者不明，强加牵合所致。[2]但在这种主流的诠释思潮外，反对的声音固然薄弱，但也不是没有。早在六十余年前，闻一多在《道教的精神》一文里已提到：

> 我常疑心这哲学或玄学的道家思想必有一个前身，而这个前身很可能是某种富有神秘思想的原始宗教，或更具

[1]《升天、变形与不惧水火：论庄子思想与原始宗教相关的三个主题》初稿刊于《汉学研究》，第 7 卷第 1 期（1989），页 223—253。

[2] 关于“道家”与“道教”二词之纠缠，两者译为英文，皆译成“Taoism”以后，混淆的情况愈发显得严重，参见 N. Girardot,“Part of the Way: Four Studies on Taoism,” *History of Religion*, 11(1972), pp.319–337 以及 N. Sivin,“On the Word ‘Taoism’ as a Source of Perplexity,” *History of Religion*, 17(1978), pp.303–330.

> 体点讲，一种巫教。这种宗教，在基本性质上恐怕与后来的道教无大差别，虽则在形式上与组织上尽可截然不同。这个不知名的古代宗教，我们可暂称为古道教，因之自东汉以来道教即可称之为新道教。我以为如其说新道教是堕落了的道家，不如说它是古道教的复活。不，古道教也许根本就没有死过，新道教只是古道教正常的、自然的组织而已。

上文牵涉到两个子题，一是老庄与原始宗教（闻氏所谓“古道教”），一是新道教与古道教的关系。依据闻氏的论断，两者基本上都是相关的。换言之，老庄与新道教都可追溯出它们往古的源头，在某种限度内，我们不能将它们视为完全新颖的创造。闻氏此文收入《神话与诗》一书，此一闻氏身后所编订的书籍，其内容虽多非常奇异可怪之言，但因蹊径独辟，新意时见，所以颇受研究神话宗教的学者重视。然而，和此书搜罗的其他篇章相比之下，《道教的精神》一文引起的回响，似乎仍嫌不足。[3] 笔者相信闻氏所提的两个命题是很值得再予深

[3] 闻氏之言在国内虽未引起足够的回响，但在域外却不乏同道。参见 H. Maspéro, *Taoism and Chinese Religion* (Amherst: University of Massachusetts Press, 1981), pp.263–298。赤塚忠：《古代の信仰体验と道家の思辨法》，《斯文》，35 期（1963），页 11—35；以及《道家思想の原初の形态》，收入东京大学文学部研究报告刊行委员会编：《东京大学文学部研究报告・哲学论文集》（东京：东京大学文学部，1968），页 315—382。宫川尚志：《道教成立前史再论》，《东海大学纪要文学部》，第 35 辑（1981），页 1—13。此数篇论文除宫川尚志外，与闻氏的论文似乎皆没有直接的关联，但却同样肯定老庄思想与原始宗教有关。

思熟虑的。但本文因重点所限，底下所处理的内容将只限定在第一个问题中的庄子与原始宗教之关系。

一　至人三要件

庄子理想中的人格，见于《天下》篇所说的“天人”“至人”“神人”“圣人”，在《天下》篇中，庄子对于此四种类型的人格，各有解释，然据郭象的解释：“凡此四名，一人耳，所自言之异。”因此，我们不妨将此四名所代表的理想人物交相使用，视同终极的得道人物看待。《庄子·天下》描述这种人物时，所用的语言极具玄思的性质，这显然是作为思想学派的道家长期发展下之产物。然而在《庄子》其他篇章中（尤其是内七篇）我们可以看到庄子借着另一种的表达方式，具体活泼地呈现理想人物的形貌。我们可抽样地汇聚这些久为人知的著名段落，并重新思考这些段落是否可以带给我们新的讯息：

> 夫列子御风而行，泠然善也，旬有五日而后反。彼于致福者，未数数然也。此虽免乎行，犹有所待者也。若夫乘天地之正，而御六气之辩，以游无穷者，彼且恶乎待哉！（《逍遥游》）

> 至人神矣！大泽焚而不能热，河汉沍而不能寒，疾

雷破山［飘］风振海而不能惊。若然者，乘云气，骑日月，而游乎四海之外。死生无变于己，而况利害之端乎！（《齐物论》）

勇士一人，雄入于九军，将求名而能自要者，而犹若是，而况官天地，府万物，直寓六骸，象耳目，一知之所知，而心未尝死者乎！彼且择日而登假，人则从是也。彼且何肯以物为事乎！（《德充符》）

夫道，有情有信……黄帝得之，以登云天；颛顼得之，以处玄宫……傅说得之，以相武丁，奄有天下，乘东维，骑箕尾，而比于列星。（《大宗师》）

孰能相与于无相与，相为于无相为？孰能登天游雾，挠挑无极；相忘以生，无所终穷？（《大宗师》）

古之真人……登高不栗，入水不濡，入火不热。是知之能登假于道者也若此。（《大宗师》）

千岁厌世，去而上仙；乘彼白云，至于帝乡。（《天地》）

至人潜行不窒，蹈火不热，行乎万物之上而不栗。（《达生》）

（庄子曰）阏奕之隶与殷翼之孙、遏氏之子，三士相与谋，致人于造物，共之元天之上。元天者，其高四见列星。[4]

综览上述引文，我们发现庄子所谓的至人具有种种的巫术力量，下列两项尤其鲜明：

（一）至人们具有“不惧水火”的特殊能力：“大泽焚而不能热，河汉沍而不能寒”，“潜行不窒，蹈火不热”，“入水不濡，入火不热”。

（二）至人们具有“升天”的经验：“乘云气，骑日月，而游乎四海之外”，“彼且择日而登假”，“黄帝得之，以登云天……乘东维，骑箕尾，而比于列星”，“孰能登天游雾，挠挑无极”，“去而上仙，乘彼白云，至于帝乡”，“行乎万物之上而不栗”。

如仅就这两项特色的字面意义理解，不再作过分的分析运用，庄子所说的至人、神人与后世道教徒汲汲追求的仙人梦想，其间一贯的线索可以说是一目了然。或许我们还可以说：仅就意象而论，两者实在看不出有什么差别。而且后世道教徒所使用的“至人”“神人”等语汇，与庄子此处所描述的

[4] 引自萧统编，李善注：《文选（附考异）》（台北：艺文印书馆，2003），卷22，页324。颜延之：《车驾幸京口侍游蒜山作一首》，“元天高北列，日观临东溟”句，注引《庄子》逸文。

字面意象，也看不出有什么出入。[5] 但是，庄子此处所作的描述是否仅能从字面意义去理解？庄子好用寓言，众所周知。庄子的语言有时不免如禅师打机锋，不可死守强解，这也是一般研读《庄子》者共同的意见。如是说来，焉知上文所列举的章句，不是如同“畏累虚、亢仓子之属，皆空语无事实”？[6] 又焉知上面所述的至人神技，不是庄子“不可与庄语”下的幻想产物？

以《庄子》的文章风格观之，上述的质疑确实极为合理。事实上，我们读《庄子》常遇见的一个难题，即是如何分判他所说的是严肃的，或是诙诡谲怪的狂言。但颇饶趣味的是：《逍遥游》篇中，这样的问题已经产生了。当肩吾听到接舆说道“藐姑射之山，有神人居焉，肌肤若冰雪，［淖］约若处子，不食五谷，吸风饮露。乘云气，御飞龙，而游乎四海之外。其神凝，使物不疵疠而年谷熟”时，他觉得其言“大而无当，往而不返。吾惊怖其言，犹河汉而无极也”，因此，“以是狂而不信”。但连叔对于肩吾的“以是狂而不信”，却大不以为然，他批评后者道：

[5] 《淮南子》《抱朴子》等书所描绘的理想人格，即与此处所述相当接近。《说文解字》释“真”，甚至将它定义为“仙人变形而登天……所以乘载之也”。段玉裁：《说文解字注》，册上，卷 8，页 40。许慎的解释能否符合造字原意，或可争议，但至少此种说法可以反映汉朝思想的某些侧面。

[6] 语出司马迁：《史记 · 老庄申韩列传》，卷 63，页 2144。

图 7–1
琮起源于良渚文化，琮面上的图式为简化的神人与神兽图，完整者见于另一图所示。神人骑神兽乃良渚玉器的核心图式，反复出现。其形状很难不令观者想起庄子“乘云气，御飞龙，而游乎四海之外”的情景。

> 瞽者无以与乎文章之观，聋者无以与乎钟鼓之声。岂唯形骸有聋盲哉？夫知亦有之。是其言也，犹时女也。之人也，之德也，将旁礴万物以为一世蕲乎乱，孰弊弊焉以天下为事！之人也，物莫之伤，大浸稽天而不溺，大旱金石流土山焦而不热。(《逍遥游》)

显然，连叔认为接舆所述的神人景象，乃是平铺直述的事实，而非凭空杜撰之寓言，亦非言在此而意在彼的比喻。借传统的批评术语来说，也就是接舆所采用的表达方式乃是“赋”，而不是“比”。神人不折不扣就是能“乘云气，御飞龙，而游乎四海之外”，能“大浸稽天而不溺，大旱金石流土山焦而不热”。凡怀疑此事之不近人情，大有径庭者，都是智慧之有“聋盲”。

但不管连叔如何辩解，一种不受生理、物理条件限制，彻底违反自然法则的叙述，我们如果一定要将它视为“客观的事实”来接受，恐怕是很难自圆其说的。因此，从司马迁以下，“寓言”说一直很流行，而且也是种强而有力的解释。透过了这种解释，许多章节变得很符合理性，一些不可思议的理论难题自然而然也就消解了。然而，“理性”的解释虽然合情合理，也可得到文献上的佐证（“寓言”两字首见于《庄子·寓言》与《天下》两篇），笔者认为事实上却是个陷阱。因庄子固然喜欢运用“寓言”，但他所用的“寓言”一词颇有歧义，它不一定出于形象思维的虚构（fiction）。正好相反，庄子之所以要使用此种的语言技巧，乃因怕向壁虚构，无法取信他人，所以要用“借外论之”的寓言，来加以说明。所谓“借外论之”，向郭注云：“言出于己，俗多不受，故借外耳。肩吾、连叔之类，皆所借者也。”《寓言》篇对“借外论之”另有精巧的譬喻，[7] 此处且按下不表。

由庄子所用的“寓言”原义来看，我们倒是可以接受以上引用的那些诙诡谲怪之神话都是寓言。但这种意义下的寓言，与目前日常语意所谓的幻构表现手法之寓言，两者并不相同。日常语意下的寓言，我们可资借《韦氏大字典》的说明：所谓的寓言乃是“使用精简的幻构性故事，用以呈现道德的意义或

[7] “亲父不为其子媒。亲父誉之，不若非其父者也；非吾罪也，人之罪也。”由此处的譬喻，我们可以理解：“寓言”基本上是种表现手法的策略运用，他巧借某种“喻依”（vehicle），以达成“喻旨”（tenor）。但被假借的“喻依”不一定是幻构的——或者我们该说：一定要使人觉得不是幻构的，否则，无法取信于人。

宗教的原理”。和“幻构性故事”相对照之下，我们发现庄子所说的“寓言”之主要特色，却是落在借“外”以论之这点上面。这种借外论之，使人信服的表现手法，与“重言”之引用年老耆艾者的方式，[8] 颇有异曲同工之妙。

但所谓“借外论之”之“外”，到底所指为何？“肩吾连叔之类，皆所借者也”之“借”，到底借自何处？很难否认的，庄子这里所借之“外”与所借之“类”，许多也是出自庄子丰富的想像力之创造，这些创造如就其可观的、对应的指涉而言，当然可以说是“皆空语无事实”。但同样无可否认地，我们如就前文所引用的资料考察，其性质与神话或传说绝对脱离不了关系，而这些与神话或传说相关的记载，无疑地又反映出了初民宗教观念的某些侧面。如《逍遥游》篇藐姑射仙人的故事，显然与《山海经·海内北经》与《东次二经》等处所记载的姑射之山同出一源。另如黄帝登云天的事迹，其详虽不可知，但由《山海经》繁密的载录，以及散之于诸子百家典籍上的佚事看来，黄帝显然是神话中的主要人物，[9] 而庄子对于此

[8] 参见《庄子·寓言》。重言也是种表现手法的策略运用，庄子巧借古代圣哲或当代耆老名人的话语，来伸张自己的主张。

[9] 黄帝的传说分布极广，其解释也颇为纷歧。杨宽《中国上古史导论·综论》（收入吕思勉、童书业编著：《古史辨》，册 7 上，页 393—404），御手洗胜《黄帝传说について》（《广岛大学文学部纪要》，第 27 卷第 1 期［1967］，页 33—59），森安太郎著、王孝廉译《黄帝传说》（《黄帝的传说：中国古代神话研究》，页 175—208），铁井庆纪：《黄帝伝说について》（《支那学研究》第 34 号［1969］，页 78—89）等文，以上论述皆颇为赅详，但结论却互有出入。

一神话人物一点也不陌生。因此，在其他篇章中，也时时可见有关黄帝的“寓言”。至于《大宗师》篇里的颛顼、傅说，或《达生》篇里与关尹对谈的列御寇，他们不管在历史上是否确实存在过，但就其流传下来的事迹而言，他们无疑地也脱离不了神话色彩。关于庄子与神话的关系，已有学者专家专文论及，[10] 而且本文的重点主要是落在“语言”记载的神话所反映出的“行动”之宗教。因此，有关庄子思想里的神话人物之素材，不拟再予正面讨论。底下的重点将回到本文所欲处理的与原始宗教体系相关的三项主题。

学者想联系庄子思想与初民宗教观的关系时，他如有系统性的诸神系谱作参考，无疑地可省下不少麻烦。但中国在这方面确实和希腊、印度不大一样，系统性、原生性的神话和宗教典籍相当地缺乏，因此，要找出一组严密的宗教现象、哲学思想之对照性体系，确实不容易。但反过来说，中国上古固然缺少系统性的神话、宗教著作，但人文精神极为发达，这并不表示中国文化的发展没有经过神话、宗教主宰的阶段，也不表示初民的神话—宗教观对尔后思想的发展没有本质性的影响。笔

[10] 参见顾颉刚：《〈庄子〉和〈楚辞〉中昆仑和蓬莱两个神话系统的融合》，收入朱东润等主编：《中华文史论丛》，第 2 辑（总第 10 辑），页 31—57。张亨先生：《庄子哲学与神话思想——道家思想溯源》，《思文之际论集：儒道思想的现代诠释》，页 101—149。中钵雅量：《神话と老庄——古代人の宗教体验について》，收入森三树三郎博士颂寿记念事业会编：《东洋学论集：森三树三郎博士颂寿记念》（京都：朋友书店，1979），页 203—218。

者相信，以上陈述的命题是很难怀疑的。学者如果只强调中国文化的合理性或伦理性，而将它的源头除掉，笔者觉得这是很难讲得通的。

在确定两者有关联，但缺少同时期而有系统性的神话、宗教典籍之情况下，本文将搜罗不同时期的相关文献及比较宗教史家的见解相互佐证，借以追溯庄子思想的源头。此种做法绝非否定古今不同、中外有异，不同文献的记载往往具有不同的意义。但本文更想强调的是：庄子虽然昂首天外，独抒机轴，但有关他的理想人格所显现的三种独特意象却具有相当的普遍性。它不但由远古连绵不绝地传递下来，散之于百家杂说、民间曲艺，而且此种主题在其他文化体系里也不陌生。底下，我们不妨先参考《列仙传》[11]所述及的古代神仙之特殊神技，再参照上述的《庄子》引文，看如此是否能追寻出某些线索：

> 赤松子者，神农时雨师也。服水玉，以教神农，能入火自烧。往往至昆仑山上，常止西王母石室中，随风雨

[11]《列仙传》旧题刘向撰，共二卷。此书作者后人虽颇有争议，然王逸注《楚辞》，既已援引其文，则至少东汉时此书确已存在。汉去上古虽亦甚远，然神仙之事本就难入方家法眼，其采入国史正典之机会，自然亦随之降低。因此，刘向年代虽晚，其所登入之内容，确大有可能承袭以往之传说。下引文见王叔岷：《列仙传校笺》（北京：中华书局，2007），页1，29，30。本书之《列仙传》引文皆依此本，不一一注明。

上下。

啸父者……唯梁母得其作火法，临上三亮，上与梁母别列数十火而升。

师门者，啸父弟子也，亦能使火，食桃李葩，为夏孔甲龙师，孔甲不能顺其意，杀而埋之外野。一旦风雨迎之，讫则山木皆焚。

“列数十火而升”“能使火”“风雨迎之”“能入火自烧”“随风雨上下”这些叙述都一再地指出仙人特殊的超自然能力，他们不但可以完全控制火，也可以呼风唤雨。《搜神记》一书提到赤松子的事迹时，不言“入火自烧”，而言“入火不烧”，[12] 其说更为生动，也更符合上下文语意。但如果从庄子的眼光看来，以上的仙人风格岂不正是“潜行不窒，蹈火不热”的最佳写照。

庄子言姑射仙人之事出自齐谐，《列仙传》的神仙故事是否也有可能出自后世所谓的齐东野人之语，不足采信？对于此一疑惑，我们不妨再浏览有关圣人大舜的佚事：

[12] 干宝：《搜神记》（台北：新文丰出版公司，1985，丛书集成新编），册 81，卷 1，页 1。

> 瞽叟使舜涤廪，舜告尧二女，女曰："时其焚汝，鹊汝衣裳，鸟工往。"舜既登廪，得免去也……舜穿井，又告二女，二女曰："去汝裳衣。龙工往。"入井，瞽叟与象下土实井，舜从他井出去也。[13]

瞽叟要焚烧舜，舜衣鸟工后，可以安然飞去。其父与其弟落井下石，想将舜封杀在井中时，他又可穿上龙工衣服，高飞遁走。这样的圣人形象，如用庄子的语言表达，岂不正是"至人潜行不窒，蹈火不热，行乎万物之上而不栗"！

以上的记载虽颇富戏剧趣味，但却不是后人凭空可以杜撰出来的，因为在作为儒门教科书的《列女传》中，也记录了类似的情节，第一条"有虞二妃"描述甚至更为逼真，并且还明言这只是"尧试之百方"中的部分过程而已。[14] 儒门经典《尚书》中的《尧典》描述尧锻炼舜的历程，其中也有"纳于大麓，烈风雷雨弗迷"的记载，此间多少也可看出相关的意味。这种不惧水火，甚至役使水火的能力，在远古的神话传说中绝非陌生。底下我们不妨再观看"其血化为碧玉"的苌弘之神话传说，究竟有何意义：

> 时有苌弘，能招致神异。王乃登台，望云气蓊郁。忽

[13] 正义引《通史》所记，司马迁：《史记 · 五帝本纪》，卷 1，页 34。
[14] 刘向：《列女传 · 母仪传》（台北：台湾商务印书馆，1965，四部丛刊初编缩本），卷 1，页 8—9。

见二人乘云而至，须发皆黄，非谣俗之类也。乘游龙飞凤之辇，驾以青螭。其衣皆缝缉毛羽也。王即迎之上席。时天下大旱，地裂木燃。一人先唱："能为雪霜。"引气一喷，则云起雪飞，坐者皆凛然，宫中池井，坚冰可琢。又设狐腋素裘、紫罴文褥，罴褥是西域所献也，施于台上，坐者皆温。又有一人唱："能使即席为炎。"乃以指弹席上，而暄风入室，裘褥皆弃于台下。[15]

"能为雪霜""即席为炎"，其实也就是"役使水火"主题之变形。相似的故事也见于邹衍的传说，[16] 甚至如伊尹等"水难英雄"的故事或与介之推有关的"禁火"传说，[17] 我们都可发现某种类似的意义。在正史或儒家经典中，这些人的事迹都有记载，但有关他们"具有特殊神技，而且要经历特殊的考验"等主题之意义，却隐而不彰。这只有等后人将他们从经典

[15] 王嘉：《拾遗记》（台北：新文丰出版公司，1985，丛书集成新编），册 26，卷 3，页 130。

[16] 王充：《论衡》（台北：台湾商务印书馆，1965，四部丛刊初编缩本），卷 5，页 53。《感虚》云："邹衍无罪见拘于燕，当夏五月，仰天而叹，天为陨霜。"卷 15《变动》又引传曰："燕有寒谷，不生五谷，邹衍吹律，寒谷复温。"（同上，页 49）此两则佚事也散见于《太平御览》等典籍。"天为陨霜""寒谷复温"之奇技，与役使水火之能力，显然可以划归为同一种的主题。

[17] 《拾遗记》云："晋文公焚林以求介之推，有白鸦绕烟而噪，或集之推之侧，火不能焚。"介之推逃禄入山之事异闻甚多，《拾遗记》所述，近似"入火不烧，入水不溺"的原型。参见王嘉：《拾遗记》，卷 3，页 130。

中析离出来，并还原到遂古时代的神话英雄人物上去后，才可发现：原来飞升自如，役使水火，本就是英雄人物不可分割之本质。

役使水火的主题并非庄子幻构的题材，而是源自古老的传统，关于此点假说，我们还可以从此种现象普见于各宗教，而非某种特殊文化下的产物此观点着手。神话学家耶律亚德探讨“成年式”此宗教礼仪时，发现许多民族在此仪式当中，都强调不惧热火，甚至要能控制热火，耶律亚德进一步引申道：

> 我们有理由相信：此处所呈现的巫术—宗教现象极为古老，许多初民将巫术—宗教的力量视为“燃烧”，并以炎热、焰火等语汇表示之。萨满与巫医所以要饮盐水、辛辣至极的饮料，以及吞食香料植物，也是基于同样的理由——希望增进他们内部的燃烧之力……此外，萨满也被视为“火的支配者”，比如他们可以吞食燃烧的炭火，碰触火热的铁块，行走于炎火之上。同样的体验与同样的观念，在许多文明民族间也有记载。[18]

以上引文与庄子所述的真人之特殊能力，显然有极为近似之处，这样的近似之处恐怕是不能视而不见的。虽然论者可以

---

[18] M. Eliade, *Rites and Symbols of Initiation* (New York: Harper & Row, 1958), pp.85–86.

质疑道：不同文化发展阶段所呈现者，无论如何总应将它们置放在其阶段的文化系统内考虑，不能混淆古今，折合中外，毫无时空性地整编。但是，我们也可以反驳道：学者如“实体化”每一文化阶段或每本典籍的独特性，将它们视为绝对的独立自主，与其传统或周围的文化脉络毫无关系，这样的叙事观点所犯的错误可能更大。因为他们所作的解释，很容易忽略宗教现象的完整性与连续性。

为了避免各说各话，沦为此亦一是非，彼亦一是非的相对主义窘境，我们可以代论者继续追问：近似之处除了“支配火”这点外，是否还有其他的证据呢？有的，我们还可以从耶律亚德所提及的另一个面向，亦即从“增加内部的燃烧之力”着眼。“增加内部的燃烧之力”与“支配外界的热火”指涉的功能虽然不同，事实上是一体的两面，有了前者之因才能导致后者之果。如是说来，《庄子》书中论及至人、真人时，是否认为他们也具有类似的“内部的燃烧之力”呢？

“内部的燃烧之力”等理论，后世养生家颇喜张皇其说，津津乐道，[19] 所谓的“丹火”“火候”等丹家术语，可以说都是在为此种学说作注解。我们如一定要从《庄子》书中找出如

[19] 后世视为“万古丹经王”的《周易参同契》似为显题化此派工夫最早的著作。可注意者，此书认为学者勤加修炼，服食三载后，可以“轻举远游，入火不焦，入水不溺，能存能亡，常乐无忧”。丹道的语言和庄子的用语几乎雷同，这样的一致性是需要严肃看待的。引文参见朱熹：《周易参同契考异》（台北：新文丰出版公司，1985，丛书集成新编），册 19，页 10。

此清晰明确的概念，显然不容易做到，但类似的涵义却未必找不到。比如：《在宥》篇提到黄帝立为天子十九年后，感到生命仍有缺憾，因此，乃不惜远行，亲自到空同山上向广成子求道。广成子告诉他具体得道的法门，其言如下：

> 慎女内，闭女外，多知为败。我为女遂于大明之上矣，至彼至阳之原也；为女入于窈冥之门矣，至彼至阴之原也。天地有官，阴阳有藏，慎守女身，物将自壮。我守其一以处其和，故我修身千二百岁矣，吾形未常衰。

“未常衰”之“常”当即为“尝”，“窈冥”当即为“玄冥”，北方至寒之地之水神。[20]“入于窈冥之门”如用哲学的语言论述，可以说是“至彼至阴之原”；如果用神话的形象思维表达，何尝不可说这即是“入水不濡”“大浸稽天而不溺”。同样地，“遂于大明之上”，如用哲学的语言论述，当然可以翻译成“至彼至阳之原”；但如果用神话的形象思维表达，又何尝不可说这即是“蹈火不热”“大旱金石流土山焦而不热”的另一说词。但“至彼至阴之原”“至彼至阳之原”已是果地层次，要达到此一境地之前，必须先透过一连串的修炼过程后，才有可能完成。

---

[20]《老子·第二十一章》云“窈兮冥兮”，“窈”“冥”皆有玄远幽暗之意。据《淮南子·天文训》《时则训》，《礼记·月令》等篇所述，玄冥为北方水神。

如何修炼？据引文看，显然答案是落在“守其一以处其和”上，陆西星在此有注：

> 何谓守一？老子云：得其一，万事毕。所谓一者，先天真一之炁，即所谓天地之精互藏于阴阳之宅者也……何谓处和？处和者，调阴阳气序之和也……和，即丹家所谓火候也；一，即丹家所谓药物也。以之修身，则形神妙而道合真矣！[21]

“一”即是“药物”，即是“先天真一之炁”。“炁”字常见于后世道教的修炼典籍。此字的流传或许要迟至汉代以后，但此字的来源，可能可以追溯到战国时期“行炁剑珌铭”里所记述的“炁”字。[22]“炁”与“炁”皆从“火”，人身内部都有“火”，可供搬运。此种“药物”“真一之炁”“身内之火”，如果不是“内部的燃烧之力”，难道还能有其他更好的解释？

关于“内部的燃烧之力”等论点，我们还可以从“光”的象征着眼。庄子每提到真人之至高境界时，“光”的意象即自然而然地显露出来，如“宇泰定者，发乎天光”（《庚桑楚》），“瞻彼阕者，虚室生白”（《人间世》），“照之于天”“莫若以明”（《齐物论》），“朝彻，而后能见独”（《大宗师》）等等。“光”

---

[21] 参见陆西星著，严灵峰辑：《南华真经副墨》，册 7，页 390—391。
[22] 参见朱越利：《炁气二字异同辨》，《世界宗教研究》，第 1 期（1982），页 50—58。

与“火”应当有关，有了后者的燃烧、搬运，才有前者的产生。由于“光”的理论牵涉到修炼等有关的问题，[23] 其间纠结甚多，当另文处理，此处不再涉及。

二　升天与绝地天通

跟役使水火一样普遍，甚至于更普遍的主题，厥为升天或飞升的叙述。古史渺茫不可说，有关方术之事，既多非常奇异可怪之言，自然不为缙绅先生所喜，在古史上当然也就更不容易见到。为避免此憾，我们不妨再从《列仙传》中择取相关的题材，并参考其他的资料，参伍综核后，或许可稍稍推究出其间的梗概：

甲组

（一）偓佺者，槐山采药父也。好食松实，形体生毛，长数寸，两目更方，能飞行逐走马。

（二）彭祖者……善导引行气……后升仙而去。

（三）任光……常在桓梯山上，三世不知所在……（赞曰：）顷适赵子，纵任所安，升轨桓梯，高飞云端。

[23] 如至人之至高境界固然常以“光”之意象形容，但这种类型的光却要“光而不耀”。又如至人之“光”常伴随“影”而来等等，这些问题皆须考虑。后一问题参见 I. Robinet, “The Taoist Immortal: Jesters of Light and Shadow, Heaven and Earth, ” *Journal of Chinese Religion*, 13(1985) & 14(1986), pp.87–105.

图 7–2
此图中间刻一大建鼓，鼓下悬挂小鼓，鼓下一人作击鼓状。建鼓中有一长轴，轴上系羽毛，长轴象征宇宙轴，羽毛作飞翔通天用。

（四）马丹者……灵公欲仕之，逼不以礼，有迅风发屋，丹入回风中而去。

乙组

（一）王子乔者周灵王太子晋也。好吹笙，作凤凰鸣……果乘白鹤驻山头，望之不得到，举手谢时人。

（二）萧史者……凤凰来止其屋，公为作凤台。夫妇止其上，不下数年，一旦皆随凤凰飞去。

甲组所举的列仙能“飞行”“升仙”“高飞云端”“入回风中”，与庄子登天远游的“寓言”，两者间之连续性是不难看出的。《列仙传》一书更值得令人玩索的是：我们前文引用的能役使水火之仙人，如赤松子、啸父、师门等年代皆甚早，前者尤冠于群书之首，颇有“列仙之祖”之意。但啸父、赤松子等人除能役使水火外，他们之“列数十火而升”“随风雨上下”“随烟气上下”，也表现出升天的主题来——虽然此种“升”“上下”有待于“数十火”“风雨”，但其为升天，则一。由这些列仙的年代之早，我们可以得到一个暗示：早期的仙人似乎更具有升天的能力，后来的仙人反而较重视在此世界逍遥自乐。[24] 如果用葛洪的话分判，我们可以说早期较多“天仙”，后期则以“地仙”为主。[25]

至于乙组所举的王子乔与萧史的故事，其升天的形式虽需假借凤凰与白鹤的助力，与甲组的列仙不同，但两者所代表的意义却很相近，同样都是要打碎人的限制，将自我带往“无限”扩充。“鸟”与升天主题有关，这可说是遍及各个文化的现象，中国古代亦然。[26] 此间又可分成两个子题，一是“羽人”：“其为人长头，身生羽”等等，[27] 此子题源流甚远，影响

[24] 在许多地区的萨满教传说中，也有类似的观点，都是时期越早的萨满法力越强。参见 M. Eliade, *Shamanism: Archaic Techniques of Ecstasy*, pp.67–68.

[25] 葛洪：《抱朴子 · 论仙》引仙经曰：“上士举形升虚，谓之天仙；中士游于名山，谓之地仙。”（台北：台湾商务印书馆，1965，四部丛刊初编缩本），内篇，卷 2，页 10。

[26] 参见 M. Eliade, *Shamanism: Archaic Techniques of Ecstasy*, pp.82, 89, 156ff。陆思贤：《新石器时代的鸟形装饰与太阳崇拜》，《史前文化》，第 1—2 期合刊（1986），页 55—62。胡厚宣：《甲骨文商族鸟图腾的遗迹》，中国科学院历史研究所编：《历史论丛》（北京：中华书局，1964），第 1 辑，页 131—160。赵铁寒：《少皞氏与凤鸟图腾》，收入庆祝朱家骅先生七十岁论文集编辑委员会编：《大陆杂志特刊》（台北：大陆杂志社，1962），第 2 辑，页 441—450。

[27] 语出《山海经 · 海外南经》之羽民国。另如讙头国、玄股之国等，其国之人也有羽化登仙的资格。

后世神仙思想甚巨，但因与庄子思想关系较远，故不拟涉及。至于另一子题，则为“借鸟以上升”的题材。关于此题材，除了《列仙传》所涉及的王子乔、萧史外，在《山海经》一书中，我们也可以看到相关的记录：

> 玄股之国在其北，其为人衣鱼食鴢，使两鸟夹之。[28]（《海外东经》）

> 有人曰王亥，两手操鸟，方食其头。[29]（《大荒东经》）

此处所述，似与前文所说乘凤凰、白鹤的传说不相干，事实不然。因为《山海经》的本尊很可能是部巫书。[30]而此巫书中所记载的神话中人物与鸟的关系，据学者的研究，和萨满教中萨满与宗教性禽兽的关系是一样的。当萨满要升天入地以前，一般总是需要假借药物、歌舞、仪式的帮助，进入“入迷”（trance）以至于“出神”（ecstasy）的状态。在达到此种状态时，他们常假借神话中动物的奇异能力，升天入地，遨

[28] 袁珂校注：《山海经校注》，页263。
[29] 同上注，页351。
[30] 参见鲁迅：《神话与传说》，《中国小说史略》（南京：译林出版社，2014），第2章，页9—16。袁珂：《山海经写作的时地及篇目考》，收入袁珂校注：《山海经校注》，页497—521。及《〈山海经〉“盖古之巫书”试探》，收入中国《山海经》学术讨论会编辑：《山海经新探》，页231—240。

游于神话的时空。[31]

在中国神话中，与“鸟”之主题与功能密切相关的，还有龙蛇之奇异性能。龙之为物，据《说文解字》的解释，乃是：“鳞虫之长，能幽能明，能细能巨，能短能长，春分而登天，秋分而潜渊。”由于龙的性能如是，我们可以观看古巫书里的神话人物与它有何关系：

> 巫咸国在女丑北，右手操青蛇，左手操赤蛇，在登葆山，群巫所从上下也。（《海外西经》）

> 西方蓐收，左耳有蛇，乘两龙。（《海外西经》）

> 西南海之外，赤水之南，流沙之西，有人珥两青蛇，乘两龙，名曰夏后开。（《大荒西经》）

以上三条文句皆出自《山海经》，《山海经》经文很可能是配合图来看的，[32] 因此，其叙述多侧重个体式、静态式的空间

[31] 参见张光直：《商周神话与美术中所见人与动物关系之演变》及《商周青铜器上的动物纹样》，收入《中国青铜时代》，页 327—354、355—387。

[32] 陶渊明诗即有“流观山海图”一句。关于山海图种种，参见王以中：《山海经图与职贡图》，《禹贡》，第 1 卷第 3 期（1934），页 5—10。贺次君：《“山海经图与职贡图”的讨论（附表）》，《禹贡》，第 1 卷第 8 期（1934），页 28—34。及江绍原：《中国古代旅行之研究》（台北：台湾商务印书馆，1970），页 13 以下。

性描写。但前文已说过，《山海经》里的神话多有负载群巫或英雄人物遁入神话世界的特殊能力。因此，我们如将以上的描述还原为一件“事件”，其景象岂非与底下的描述极为相似：

凤皇翼其承旂兮，高翱翔之翼翼。(《离骚》)

驾八龙之婉婉兮，载云旗之委蛇。(《离骚》)

雌蜺便娟以增挠兮，鸾鸟轩翥而翔飞。(《远游》)

乘水车兮荷盖，驾两龙兮骖螭。(《河伯》)

类似的语句在《楚辞》中还可以找出许多。《楚辞》代表楚文化，而《山海经》与楚国的关系也特别密切，两者所述，显然可以相互印证，相互补充。由这种种光怪陆离的情景，加上其他子书偶尔流露出来的上古神话之讯息，[33] 我们可以确认：在升天远游此一壮阔的事业中，神话动物扮演相当重要的角色。

如果《楚辞》里所叙述的乘龙凤升天等题材，乃是源自楚

[33] 《韩非子·十过》云“昔者黄帝合鬼神于泰山之上，驾象车而六蛟龙，毕方并辖，蚩尤居前，风伯进扫，雨师洒道，虎狼在前，鬼神在后，腾蛇伏地，凤皇覆上”，所言即是。见陈奇猷：《韩非子集释》，卷 3，页 172。另如《淮南子·览冥训》《抱朴子·杂应》等，亦有类似的记载。

地古老的宗教传统，那么，我们对以下的《庄子》文字，又怎能够作出其他的解释：

乘云气，御飞龙，而游乎四海之外。(《逍遥游》)

予方将与造物者为人，厌，则又乘夫莽眇之鸟，以出六极之外，而游无何有之乡。(《应帝王》)

显然，就假借动物之力以升天的主题而言，从《山海经》到《庄子》以迄于《楚辞》，中间有条很清楚的线索。

这些神话中的升天题材，是否可能为孤例，不足以证实升天与原始宗教有何密切的关系？为了解决此疑难，我们可以比照前文的处理方式，将探索的焦点再度指向缙绅先生雅言善道的古代圣贤英雄，看他们是否也具备了升天的特殊才能：

黄帝采首山铜，铸鼎荆山下。鼎既成，有龙垂胡顲下迎黄帝。黄帝上骑，群臣后宫从上龙七十余人，龙乃上去。(《史记·孝武本纪》)

有人珥两青蛇，乘两龙，名曰夏后开。开上三嫔于天，得《九辩》与《九歌》以下。(《山海经·大荒西经》)

吉日辛酉，天子升于昆仑之丘，以观黄帝之宫，而封

丰隆之葬……癸亥，至于西王母之邦。(《穆天子传》卷 2)

黄帝、夏后开（启)、周穆王都是典籍上大书特书的圣明天子，但一乘龙升天，一“三嫔于天”，另外一位则驾着神秘气息甚浓的八骏，西征至乎昆仑之丘，与神话中的人物飨宴对谈。[34] 当然，最有名的升天故事还不是以上所列的三条，而是传说中美丽非凡的后羿之妻——嫦娥。嫦娥典故，论者已多，故此处不再赘及。[35]

与升天主题可以对照而观的，乃是天上的神祇也可下凡。前段已提及夏后开曾从上天窃取天乐下来。无独有偶，传说中因治水失败而被杀于羽山的夏禹之父——鲧，也曾从天界窃取“息壤”，下降尘世，思求堙平水患。[36] 另外一位下凡的英雄人物，即是在洪荒时期，游走九州各地，到处为民除害的后羿。后羿与嫦娥的遭遇恰成一明显的对比，后者是从地上奔向天界，而前者则因负担特殊的使命，被天帝派遣下凡。《山海经·海内经》述及此一故事道：“帝俊赐羿彤弓素矰，以扶下

[34] 有关周穆王的神话，除了《穆天子传》一书所述特别精详外，《拾遗记》卷 3、《列子·汤问》等篇亦有相当的载录。

[35] 参见龚维英：《嫦娥神话面面观》，《民间文学论坛》4 期（1987），页 61—69。萧兵：《楚辞与神话》（南京：江苏古籍出版社，1987），页 136—140。

[36]《山海经·海内经》云“洪水滔天。鲧窃帝之息壤以堙洪水，不待帝命”，《墨子·尚贤》中更确定鲧的身分是“帝之元子”。袁珂校注：《山海经校注》，页 472。

国，羿是始去恤下地之百艰。”[37]“彤弓素矰”当是除妖魔鬼怪之用，后羿是上古洪荒时期一位救苦救难、闻声现身的大游侠。在这段叙述里，上天和下界显然并没有隔绝，所以后羿承受帝命后，即可降下红尘，在人间世展开他奇瑰的活动。[38]

以上所述升天的主要人物，几乎都是宗教性人员，或是圣贤、英雄人物。仿佛天上地下的大门，只为少数人而设。但实情并不全是这样，因为传说中的美好岁月里，升天远游并不是少数人的特权，而是人人都可享有的权利，是人性中的固定指数。只可惜在遂古时期的一个关键时刻，人犯了严重的过错，所以就被摒弃于乐园大门之外了。[39]《尚书·吕刑》描述此间的过程道：

若古有训，蚩尤惟始作乱，延及于平民。罔不寇贼，

---

[37] 袁珂校注：《山海经校注》，页 466。

[38]《山海经·海内经》此处所言极为生动。另《山海经》其他各篇章及《淮南子·本经训》对羿之“恤下地之百艰”，皆有论述。

[39] 为何祖先犯过错，子孙还要继续承担其后果？古籍虽无解释，我们不妨参考卡西勒的说明：“神圣的和可憎的是在同一个层次上的。‘神圣的感染’和‘不净的染污’制造了相同的结果……由于原始感染的可传达原理，所以他的感染是没有可能的界限的。有人曾说过：‘一件单一的事物的禁忌，可能感染到整个宇宙。’在这系统中，没有任何个人责任的影子。如果一个人犯罪，将不是他一个人被标别出来，他的家庭，他的朋友和整个的部落，都背上了同样的记认。他们被污染了；他们参与了同样的恶气。”卡西勒（E. Cassirer）著，刘述先译：《论人：人类文化哲学导论》，页 116。在神话思维的模式底下，蚩尤作事绝不会只是蚩尤一个人担。

> 鸱义奸宄，夺攘矫虔。苗民弗用灵，制以刑……上帝监民，罔有馨香德，刑发闻惟腥。皇帝哀矜庶戮之不辜，报虐以威，遏绝苗民，无世在下。乃命重黎，绝地天通，罔有降格。

蚩尤的作乱的后遗症由个人扩延至“苗民”一族，再扩散到人类整体族群都受到影响。洪荒时期此一严重的事件，对“人”是个打击，人的“人性”从此再也不完整。由于这次事件影响深远，又极令人迷惘，所以在隔了无数的年代，由神话进入历史之后，楚国的昭王仍然旧话重提，希望当时著名的贤者观射父能对此稍加解释。[40] 观射父的解释弥漫了当时儒家的文化理想，未必符合神话的“真实情况”。[41] 但由经书会出现“绝地天通”的主题，以及由楚国君臣对于此事的关怀，我们可以推知“绝地天通”已成了众人的梦魇，而再度恢复蚩尤作乱以前的乐园景象，也成了许多人共同的盼望。

“升天”的论题可以透过种种不同的管道挤压出来，而庄

---

[40] 参见《楚语下》，《国语》（台北：台湾商务印书馆，1965，四部丛刊初编缩本），卷 18，页 129—130。

[41] 观射父认为“绝地天通”以前的理想社会是“民神不杂”，“民神异业，敬而不渎，故神降之嘉生，民以物享”。等到世衰道微，九黎乱德后，“民神杂糅，不可方物。夫人作享，家为巫史”。颛顼因而大怒，乃命重黎断绝天人交通的大道。观射父的解释明显地受到儒家文化的影响。但如就《吕刑》及一般神话所见的情况，笔者认为他所批评的“民神杂糅，不可方物”，反而接近于天人未曾断绝交通前的乐园情景。

子所展现的升天意象，又几乎都可以在以往的传说中，找到对应之处。准此，我们很难否认：庄子的升天观念（至少其意象），与原始宗教所表现者，可说是一脉相承。因此，如特意在这点上面划分两者的不同，恐怕是站不住脚的。

站不住脚的原因，我们还可以从升天的主题普见于世界上的各个民族这点，看出它并非起源于某一处，然后再传播各地。换言之，这种主题显现一种根植于人性的趋求，它在相当程度内是超历史，也是超社会的。耶律亚德对于此点亦有说明：

> 关于“巫术飞行”的神话与民谭，最令人惊讶的，莫过于它们的古老，以及传播之普遍。一般同意，“巫术飞行”是民谭中最古老的一种素材：它见于各地，也见于遥远至极的文化底层。[42]

主题既然这么古老，而且在相当程度内超越历史，超越社会。因此，将《庄子》一书中的飞行或升天主题说成他“独特”的想像力之创造，这样的解说显然是不太具有说服力的。到底庄子也是在他的文化传统底下成长的，不管他对这传统里的许多成分采取了多严厉的批判态度，他终究带有“古之道

---

[42] M. Eliade, *Myths, Dreams and Mysteries: The Encounter Between Contemporary Faiths and Archaic Realities* (New York: Harper & Row, 1960), p.103.

术有在于是者，庄周闻其风而悦之”的一面。关于升天此一主题，我们也大可从这种观点去定位。

三　变形与感生

除了“升天”与“不惧水火”外，《庄子》书中还可时常见到“变形”的描述。虽然庄子处理这些题材时，并没有说明至人、神人需要具备这样的条件，但无疑地，其中的某些描述，确实可以代表他思想中的人格典范。兹举数例如下，随后再略加说明：

（一）北冥有鱼，其名为鲲。鲲之大，不知其几千里也。化而为鸟，其名为鹏，鹏之背，不知其几千里也。怒而飞，其翼若垂天之云。（《逍遥游》）

（二）昔者庄周梦为胡蝶，栩栩然胡蝶也，自喻适志与！不知周也。俄然觉，则蘧蘧然周也，不知周之梦为胡蝶与，胡蝶之梦为周与？（《齐物论》）

（三）浸假而化予之左臂以为鸡，予因以求时夜；浸假而化予之右臂以为弹，予因以求鸮炙；浸假而化予之尻以为轮，以神为马，予因以乘之，岂更驾哉！（《大宗师》）

图 7-3
图为西周玉圭，上雕一巨鸟仰首展翅，向上飞起，其状若大鹏鸟之“怒而飞”。龙山与西周时期的圭璋，偶尔可见到此种巨鸟怒飞的图像。

（四）支离叔与滑介叔观于冥伯之丘，昆仑之虚，黄帝之所休。俄而柳生其左肘，其意蹶蹶然恶之。(《至乐》)

第一条语出《逍遥游》篇，“夫逍遥者，明至人之心也”，[43] 庄子在此篇开首即借用鲲化为鹏的传说，显然是用以象征至人的至高精神境界。其他三条的变化传说，与庄子“始卒若环”“万化而未始有极”的核心理论间，也不难找出一贯的线索。

然而，庄子所使用的题材与他所要传达的理念固然密不可分，但这类题材如果放在当时的宗教体系下考量，我们是否一样可以发现密切的关联？《山海经》在这点上对我们不无助益，且看下文所述：

[43] 语出支道林《逍遥论》，原文已佚，兹据刘义庆著，刘孝标注：《世说新语 · 文学》（台北：台湾商务印书馆，1965，四部丛刊初编缩本），卷上之下，页 19，总页 37。

有鱼偏枯，名曰鱼妇。颛顼死即复苏。风道北来，天乃大水泉，蛇乃化为鱼，是为鱼妇。[44]（《大荒西经》）

曰姑媱之山。帝女死焉，其名曰女尸。化为䔄草，其叶胥成，其华黄，其实如菟丘，服之媚于人。[45]（《中次经·中次七经》）

夸父与日逐走，入日。渴欲得饮，饮于河渭，河渭不足，北饮大泽。未至，道渴而死，弃其杖，化为邓林。[46]（《海外北经》）

以上引文中的人物虽与前引《庄子》文章中的不同，但两者所呈现的“变形”的主题却完全一致。在这种变形的律则运作下，鱼与颛顼、帝女与䔄草、夸父与邓林，或前文中的鲲与鹏、柳树与手肘、[47]庄周与蝴蝶等等，都没有界限可言。生物学上用以分类的标准，在此完全失去解释的效力，因此，两两之间，可互相转换。

和前文探讨过的“升天”“不惧水火”主题极为相似，古

[44] 袁珂校注：《山海经校注》，页416。

[45] 同上注，页142。

[46] 同上注，页238。

[47] 据郭嵩焘解，引自郭庆藩编：《庄子集释》，页616。“柳”其意为“瘤”。郭解于文意固通，然庄子原重变形思想，故“柳”字依其文意直解，就解作柳树，或许更为恰当。

史上的圣君、贤相也充满了“变形”的主题，且看下列四则故事所显现的意义为何：

永遏在羽山，夫何三年不施？伯禹愎鲧，夫何以变化？（《楚辞·天问》）

昔者鲧违帝命，殛之于羽山，化为黄熊，以入于羽渊。（《国语·晋语》）

有侁氏女子采桑，得婴儿于空桑之中，献之其君，其君令烰人养之。察其所以然，曰：“其母居伊水之上，孕，梦有神告之曰：‘臼出水而东走，毋顾。’明日，视臼出水，告其邻，东走十里，而顾其邑尽为水，身因化为空桑。”故命之曰伊尹。（《吕氏春秋·孝行览·本味》）

周穆王南征，一军尽化，君子为猿为鹤，小人为虫为沙。（《太平御览》引《抱朴子》）

传说时代的悲剧人物鲧与人格典范禹，竟可化为黄熊或虯龙，[48] 连进入信史时代的伊尹与周穆王，环绕在他们周围的事迹，竟也有变形的故事。至于鲧何以能化为黄熊？禹何以变为

[48] 禹化为虯龙之事，参见杨宽：《禹勾龙与夏后后土》，《中国上古史导论》，收入吕思勉、童书业编著：《古史辨》，册 7 上，页 357—359。

虯龙？君子何以能为猿为鹤？小人何以又能化为虫为沙？这当中到底有什么样的因果关系？

如果我们从故事的具体内容去分析，恐怕注定是永远没有答案的。因为真正促使甲物变为乙物的根本原因，并非在甲物与乙物内部之间有任何理论上可以联系得上的线索。而是在初民强烈的情绪感染下，宇宙一变而为连续不断的统一体，任何事物之间都没有可以彻底分割的界限："神话的真正基础，不是一个思想的基础，而是一个感觉的基础。"既然是感觉的基础，所以不可理喻。卡西勒批判从理论或寓言的角度解释神话根本行不通，并指出其真正的基础后，进一步点明变形律则在原始宗教中何以具有枢纽的地位：

> （初民心灵）的生命观是一个综合的观点，而不是一个分解的观点。生命不被分为类和次类，它被感受为一个不断的连续的全体，不容许任何清楚明晰和截然的分别。不同领域之间的限制不是不能超越的障碍；它们是流动的和波荡的。不同生命领域之间并没有种类的区别。没有任何事物具有一定的、不变的和固定的形状。由一种突然的变形，一切事物可能转化为一切事物。如果神话世界有任何特色和突出的性格，有任何统治支配它的律则的话，那就是变形的律则了。[49]

---

[49] 卡西勒：《论人：人类文化哲学导论》，页 93。

变形的律则不是建立在理论的推演过程上，它是一个情感的、综合的观点："一种基本的不能涂抹的生命的休戚相关的深信，沟通了它的各个单一形式的多端和杂多的情形。"[50]

从变形律则是神话世界中最首出也是最突出的律则此一观点出发，我们可将庄子思想中的变形思想，从个别的单独佚事提升到体系的层次，并与盘古开天辟地的神话试作比较：

> 种有几？得水则为𣹟，得水土之际则为蛙蠙之衣，生于陵屯则为陵舄，陵舄得郁栖则为乌足，乌足之根为蛴螬，其叶为胡蝶。胡蝶胥也化而为虫，生于灶下，其状若脱，其名为鸲掇。鸲掇千日为鸟，其名为乾余骨。乾余骨之沫为斯弥，斯弥为食醯。颐辂生乎食醯，黄軦生乎九猷，瞀芮生乎腐蠸；羊奚比乎不箰，久竹生青宁；青宁生程，程生马，马生人。人又反入于机。万物皆出于机，皆入于机。(《庄子·至乐》)

> 首生盘古，垂死化身：气成风云，声为雷霆，左眼为日，右眼为月，四肢五体，为四极五岳，血液为江河，筋脉为地里，肌肉为田土，发髭为星辰，皮毛为草木，齿骨为金石，精髓为珠玉，汗流为雨泽，身之诸虫，因风所

[50] 卡西勒：《论人：人类文化哲学导论》，页94。

感，化为黎氓。[51]

把《至乐》篇的思想和盘古开天辟地的神话合起来讨论，似乎南辕北辙，难以找到共同的交会点，但实际的情况不然。《至乐》篇所述及的一连串递传的变形神话，其目的正如结尾所说："万物皆出于机，皆入于机。"主要是想表现所有生命的一体之感，用卡西勒的话说，也就是"一种基本的不能涂抹的生命的休戚相关的深信"。而由这些存在物可以不断地递衍，最后又回归到原点，我们不难推断：万物之不同只是"相"之不同，随着时地的转移，此存在相可以立刻转化为彼存在相，但不管这些存在的相貌如何转换，它的本质是一样的。这本质如进一步用庄子哲学的语言来说就是"气"，万物的本质是相同的，故曰："通天下一气耳。"（《知北游》）

盘古的开天辟地神话采录较晚，[52] 采录的地点也有可能偏于南方，[53] 因此，此神话能否拿来和庄子的比较，或许大可争

---

[51] 马骕撰：《绎史》，卷 1 引《五运历年记》（合肥：黄山书社，2008，文渊阁四库全书本），页 2。

[52] 盘古的神话，以前学界一般认为首见于《三五历纪》及《五运历年记》两书，此两书的作者徐整为三国时吴人。最近，饶宗颐考订汉献帝兴平元年，益州学馆已刻有盘古画像，因此，其神话采录的时间比以往所知的要早。然而，汉献帝兴平元年已迟至二世纪，和许多流传的神话相比之下，其年代仍是甚晚。饶先生之说参见饶宗颐：《选堂集林》（台北：明文书局，1982），册上，页 113—114。

[53] 据常任侠：《沙坪坝出土之石棺画像研究》一文所示，我国西南少数民族间一直流传着盘古的传说，中原各地则殊为少见。参见《说文月刊》，第 11 期（1939），页 61—106。

议。然而，类似从巨人身躯化生万物的神话，可说非常普遍，不独中国才有。[54] 而且盘古神话与《山海经》的神话是否无关，也不无可疑。[55] 历史的渊源问题暂且搁置不论，我们单就两者的内涵来看，《至乐》篇所述的变形神话乃是连续不断地递衍下去，最后回归源头，始卒若环。而盘古神话所述的，却是从其躯体变为万物。上一段所提的线索，至此仍然适用。因为万物虽因所从出的躯体之部位不同，其存在的形貌也就跟着不同，但形貌不同终究也只是形貌而已。如果我们转从事物的内面考量，可以发现这种神话正表现了大小宇宙符应的观念：

[54] 如美索不达米亚的神话里，马都克（Marduk）从太初妖物帝马特（Tiamat）的身躯处，创造这个世界。北欧的 Ymir 与印度的 Purusha 传说，其结构亦大体类似。参见 M. Eliade ed., *From Primitive to Zen: A Thematic Source Book of the History of Religions* (New York: Harper & Row, 1977), pp.97-109。何新《盘古、梵天与 BAU 神》一文更进而指出：盘古神话的原型是受到印度和西亚的影响，经过印度和东南亚的管道后，才分布于西南地区。此文收入何新：《诸神的起源——中国远古神话与历史》（北京：生活·读书·新知三联书店，1986），页 175—182。

[55] 袁珂《古神话选释》（页 13）已指出《山海经》里的“烛龙”（一名烛阴）其形状和功能与徐整所述的盘古神话颇相似。更重要的是女娲与盘古的关系。女娲之为创造神，殆无可疑。《说文》言：“娲，古之神圣女，化万物者也。”《楚辞·天问》王逸注云：“传言女娲人头蛇身，一日七十化。”（台北：台湾商务印书馆，1965，四部丛刊初编缩本，页 56。）“化”不指“变化”，当如袁珂《古神话选释》（页 18—19）所说与吕思勉《吕思勉读史札记》（台北：木铎出版社，1983，页 58）所说。袁珂、吕思勉两氏所解，“化”皆作“创化”之义。至于其创造宇宙的方式，据张光直、萧兵两氏所解，亦如盘古的创造模式，是从太初灵异之物之身躯化生而成的。由于盘古与女娲之创世方式相似，论者甚至认为盘古是女娲的“男性分身”。参见张光直：《商周神话之分类》，《中国青铜时代》，页 285—325；萧兵：《女娲考》，《楚辞与神话》，页 337—359。

就如盘古身躯各部乃交互作用的有机体，所以宇宙全体的事事物物也就洽会参浃，涣然同流。推而论之，每一事物因都分享了上古神圣人物的躯体，因此，它们也都分享了此神圣人物的神圣性质，任何存在物的活动，严格地说来，可以说都是同一本质（盘古之躯）的自行流转。这样的神话岂不是以更生灵活现的语言，表达出一种对“生命休戚相关的深信”。

由变形—创造（生成）的神话触类旁通，很容易令人联想到的就是“感生神话”。感生神话在汉代特别流行，纬书中留下大量的材料，譬如说：

> 大电光绕北斗枢星，照郊野，感附宝而生黄帝。
>
> 瑶光如蜺贯月正白，感女枢生颛顼。
>
> 握登见大虹，意感而生舜于姚墟。[56]

因见神圣事物（斗枢、蜺、虹等）“意感而生”者，不止黄帝、颛顼、舜几人，在汉儒看来，凡承天启运的圣明天子几乎都是透过这道程序，取得合法性的保障。[57] 汉家开国君

[56] 以上三则引文出自黄奭：《诗纬·含神雾》（台北：艺文印书馆，1971），册18，页9。

[57] 参见安居香山：《感生帝说の展开と纬书思想》，《日本中国学会报》，第20辑（1968），页63—78。安居氏此文除涉及感生帝说的源头外，更强调此说与汉代政权的关系。

王刘邦之所以得贵为天子，也是因为具有类似的奇异出身的背景。[58]

由于汉朝流行的感生神话与汉家政权的合法性之间，有相当密切的关系，因此，后人遂不免以为感生神话是汉朝儒生、方士曲学阿世下的产物。然而，实情恐怕不是如此。因为不管汉朝儒生、方士真正的意向如何，也不管他们是否真的相信他们所说的这类神话。但感生的神话绝非起于汉代，也不是汉人可以蓄意伪造出来的，这点殆难否认。我们如要追溯此类神话的源头，往上追，邹衍的“五德终始说”即含有很浓的感生色彩：每一圣明天子都是感五行之德而生的。[59]但阴阳家还不是此类神话的创造者，再往前追溯，我们可以看到周民族的始祖是如何诞生的：“姜原出野，见巨人迹，心忻然说，欲践之，践之而身动如孕者。居期而生子。”（《史记·周本纪》）这位因母亲“心悦身动”而产下的婴儿，即为周人一再歌咏的始祖后稷。

这类的感生思想在《庄子》一书中，也不陌生，《天运》篇：“夫白鶂之相视，眸子不运而风化。”《大宗师》篇“夫道，

[58]《高祖本纪》：“其先刘媪尝息大泽之陂，梦与神遇。是时雷电晦冥，太公往视，则见蛟龙于其上。已而有身，遂产高祖。”司马迁：《史记·高祖本纪》，卷8，页341。

[59] 邹衍书今无存者，然《吕氏春秋》所言：“凡帝王者之将兴也，天必先见祥乎下民。黄帝之时，天先见大螾、大蝼。黄帝曰：‘土气胜。’土气胜，故其色尚黄，其事则土……类固相召，气同则合，声比则应。”与邹衍学说颇为切近。吕不韦：《吕氏春秋·应同》，卷13，页74。

有情有信，无为无形”一段，其意也极为接近，此段结尾言：

> 狶韦氏得之，以挈天地；伏戏氏得之，以袭气母；维斗得之，终古不忒；日月得之，终古不息；堪坏得之，以袭昆仑；冯夷得之，以游大川；肩吾得之，以处大山；黄帝得之，以登云天。

和感生神话比较，我们可以发现：虽然因何物而感生的解释不同，但“因感神圣物而生”此种模式却无两样。在这种思维模式底下，万物所以会生成变化，并不需要透过肢体的接触，只要它们能感受到神圣之物，即可刹时心悦身动，应感而生。这种感生神话如要成立，显然先得预设“万物一体”的观念，因此，即使种类不同，时空阻隔，万物都可以在“神秘的参与”下，[60] 合为一体。

从变形神话谈到感生神话，我们可以看出庄子与原始宗教、神话思维间的类似性（或许应该说连续性）。[61] 说两者有类似处，并非反对庄子是先秦思想史上的一个高峰，也并非否认他的思想充满了丰盈的原创性，但此高峰与原创性的胚胎为

---

[60] 此观念之意义参见列维·布留尔（L. Levy-Bruhl），丁由译：《原始思维》（北京：商务印书馆，1981）一书，尤其是第 2 章。

[61] 感生神话不完全是政治人物可以向壁虚构的，它也见于朝鲜、满蒙、鲜卑诸民族中。参见白鸟清：《殷周の感生伝说の解釈》，《东洋学报》，第 15 卷 4 号（1926），页 485—512。

何，仍是不难爬梳出来的。他一再言及的“若人之形者，万化而未始有极也”（《大宗师》），“万物皆种也，以不同形相禅，始卒若环，莫得其伦”（《寓言》），“臭腐复化为神奇，神奇复化为臭腐，故曰‘通天下一气耳’”（《知北游》）等等，如果从卡西勒的观点看来，岂不正是表现了一种综合的观点：“不同领域之间的限制不是不能超越的障碍；它们是流动的和波荡的。不同生命领域之间并没有种类的区别。没有任何事物具有一定的、不变的和固定的形状。由一种突然的变形，一切事物可能转化为一切事物。”[62] 反过来说，如果将变形神话用体系化的、高度思辨性的语言叙述出来，岂不是与庄子以上所说的若合符契。这两者之间绝不可能是殊途导致的“同归”，而是原本就有共同的源头，所以即使在流分派别之后，仍可见出隐伏其下的原始底流。

图 7-4
人身蛇躯的伏羲、女娲图像常见于汉代画像石，图片所示出自武梁祠后石室。两人交尾缠绕，一手执规，一手执矩，显示阴阳交泰，化成天下。

[62] 卡西勒，前引书，页 93。

四　巫教的转化

如果说庄子与原始宗教思想之间有一贯的线索的话，两者间是否有差异？差异显然是有的，我们如从外缘的关系来看，庄子和初民所处的文化阶段是不一样的。初民虽然也已远离神话中的太初乐园（伊甸园、华胥国、“曰若稽古”或“绝地天通”前的时代），但他们精神活动的主要依据，基本上是绕着以“传统—神话—仪式”为中枢的结构展开的。他们如想恢复理想中的人格形态，只要透过适当的管道，进入此一中枢，即可使被世俗活动日益消磨折损的人性重获生机，成为真正的“羲皇上人”。[63] 换言之，他们是以“传统—神话—仪式”为准的，在实践上则展开耶律亚德所说的“永恒的回归”。[64] 然而，庄子所处的时代已大不相同，如按他自己的语言来说，当时是“道术将为天下裂”；如按儒者的感慨来说，则是“礼坏乐崩”的衰世时期。原本贞定人心的“传统—神话—仪式”的中枢之意义，已在时代的变迁中，异化为与精神活动相抗拮的“他

[63] 据《易经·系辞下》，伏羲氏始作八卦；据《绎史》卷3所引《古史考》，伏羲氏始制嫁娶；《楚辞·大招》王逸注则言伏羲氏作瑟。一言以蔽之，伏羲是文明的创制者。此外，伏羲母亲出于华胥氏，而《列子·黄帝》中的理想乐园正是华胥氏之国。由此看来，要成为真正的羲皇上人，不能像诗人般仅在北窗高卧，静享凉风，而当跳出历史文明的限制，才可以达到。

[64] 参见 M. Eliade, *The Myth of Eternal Return* (New Jersey: Princeton University Press, 1965), Ch.1.

者”，成为新兴的思想家（包含庄子本人）所欲转化甚或革命的目标。因此，庄子虽然从原始宗教处得到初民原始的洞见，但他证成此洞见的途径，却再也不能仅止于以往的模式。简言之，初民之相信升天、变形、不惧水火，乃是主体信仰与文化传统冥合的“在其传统”之模式。而庄子却是透过“对其传统”后，再次达成的二度和谐。所以他与原始宗教的连续性，乃是“由‘对’其传统而‘在’其传统”的模式。

落实来讲，我们可以试比较初民所追求的乐园情境与庄子所追求的，有何差异。《田子方》篇描述孔子见老聃，老聃“形体掘若槁木，似遗物离人而立于独也”。孔子极为疑惑，问他究竟所为何事？老聃回答道：“吾游心于物之初。”“物之初”一词颇堪玩味，如依初民心态判断，“物之初”所指的就是“绝地天通”以前，人可以“旦上天，夕上天”，[65] 不惧水火，任意变形的原始乐园。而要返回此乐园，虽然艰辛，但在一定的条件下，透过仪式等宗教场合，使人的基本性格（也就是身心的构造）发生转变，提升人的存在的位阶之后，也不是不可能做到的。

但庄子这里所说的“物之初”的意义及其实践的途径，却与此不同。成玄英疏云：“初，本也。夫道通生万物，故名道为物之初也。游心物初，则是凝神妙本，所以形同槁木，心若

[65] 龚自珍：《壬癸之际胎观第一》，《定庵续集》（台北：台湾商务印书馆，1965，四部丛刊初编缩本），卷 2，页 9。

死灰也。”由此段对话的脉络看来，[66] 成玄英的理解是不错的。依据成疏：

（一）“初”指的是作为万物根源的“道”，而不是时间意义（虽然是神话时间的意义）之乐园之初。

（二）到达“物之初”的途径是要透过“凝神”的程序，此程序显现在外者，即是“形同槁木，心若死灰”。在这点上，初民进入乐园的途径及其显现的外貌，都与之不同。

以上述两点为背景，我们可以分别就变形与升天、不惧水火等三项主题（后两者为处理方便起见，合在一起），检验庄子与原始宗教的差异何在。

变形法则的依据，诚如卡西勒所说的，既非逻辑的，也非道德的，而是强烈的情感。在情感坚决的执着下，万物呈现出来的是连绵一片，毫无割离的当下性质。但强烈的情感为何？我们如果采纳奥托（R. Otto）的说法，那么应当承认所有情感当中最强烈的，莫过于“神圣”的感觉。面对着绝对的“他者”，所引起的“神圣”之宗教感，可以大到使人感到“玄秘的畏怖”。[67] 但“神圣”感发生的途径有多种，中国原始宗教所体现者，极可能是接近萨满教型的——纵或不然，萨满教的型态仍是最足以充当比较分析的工具——底下且举数则为例：

---

[66] 后文又借老聃之言曰：“夫天下也者，万物之所一也。得其所一而同焉，则四支百体将为尘垢，而死生终始将为昼夜而莫之能滑。”

[67] 参见 R. Otto, *The Idea of the Holy* (New York: Oxford University Press, 1950), pp.1–40.

萨吗（按：即萨满）诵祝至紧处，则若颠若狂，若以神之将来也。诵愈疾，跳愈甚，铃鼓愈急，众鼓轰然矣。少顷，祝将毕，萨吗复若昏若醉，若神之已至凭其体也。[68]

萨玛降身亦击鼓。神来则萨玛无本色，如老虎神来狰狞，妈妈神来噢咻。姑娘神来靦腆，各因所凭而肖之……萨玛则啜羊血，嚼鲤，执刀枪白挺，即病者腹上。[69]

兰达与巴隆之战的特色，免不了是观者——从三四人以至数十人不等，随各地而异——突然为鬼灵所迷魅，因此乃陷入剧烈的恍惚状态中，“如爆竹引发般，一个接一个地发作”。观者随之即抓起短剑，冲入场内，加入战斗之中。集体的入迷，如疯狂般的展开，将每一位巴里岛的人，从他日常生活的世界，投射到兰达与巴隆所生活的最独特之场所上去。对巴里岛的人而言，入迷，即意指跨过门槛，进入到另一个存在的秩序。[70]

---

[68] 黄石：《满州的跳神》，收入钟敬文、娄子匡编：《民俗学集镌》（杭州：中国民俗学会，1932），第 2 期，页 7。

[69] 同上注，页 14。

[70] C. Geertz, *The Interpretation of Cultures* (New York: Basic Books, 1973), p.116. 格尔茨（C. Geertz）是二十世纪代表性的人类学家，他的巴里岛研究是经典著作，引文的内容很值得留意。

前两则描述萨满的入迷的景象极为生动，虽然其“凭依”的状况，与萨满教最大的特色——灵魂离体远游并不相同。但因其叙述的“入迷”（trance）过程，可供资借，故一并载录下来。

按照上面引文所示，我们可以看出“入迷”的状态应当已是一种情感活动的极致。在“诵愈疾，跳愈甚，铃鼓愈急，众鼓轰然”声中，参与者的“自我”迅速瓦解，“人”的界限亦告崩溃，迷离恍惚间，冥然与圣界合为一体。正因为在此入迷的状态时，自我已非正常状态下的自我，心灵的内容无限地扩大，神话世界与现实世界遂渺不可分。因此，原本是此时、此界的我，遂可一变而为“老虎神”“妈妈神”“姑娘神”，彼界、此界再无分别，人与动物（老虎）也可化为同一。甚至人还可以集体脱离特定的当下时空，并且剥夺此一世界内的身分认同，灵魂升空，转换成为神话世界里的神话人物，并且在此世界内执行赋予神话的情节。在入迷的心境中，宇宙一体，毫无界限的理念，显然可以成为最彻底的现实。从这种角度看，黄帝何以称为有熊氏，原住民何以能和蛇认同，[71]而南美的印第安人又何以自认为鹦鹉。[72] 似乎不是那么难以理解。

---

[71] 参见陈奇禄：《台湾“排湾群诸族”木雕标本图录（五）》，《考古人类学刊》，第 17、18 期合订本（1961），页 85—119。

[72] 卡尔·房·斯坦能（K. v. d. Steinen）引 Bororos 族人的说法，L. Levy-Bruhl 以之证明初民之“神秘参与”。

庄子变形思想与初民之差异，最明显可以察觉出来的，应当是庄子对于此一现象有明确而且极富思辨意味的解释，其中最关键性的语汇即为“气”字。在庄子思想体系中：

（一）构成万物本质的乃是“气”。

（二）“气”刹那万变，毫不暂停。

就第一点而言，万物之间并没有真正的隔阂，所有的存在事实上只是造化推移暂时呈现的“相”而已；由第二点来看，所有的存在相却又只具有暂时的稳定性，甚至于我们可以说：它只是表面的稳定，实质上却是刹那万变的。由于气的性质如是，因此，何以可以变形，为何可以感生，就不是那么难以理解。因为通天下只是一气，所有存在的分类又只具有假名的意义，并没有本体论意义下此疆彼界的鸿沟。如果我们将“气”的理论和庄子的生死观、知识论一并比较的话，气的变形，甚至气与神话思维的关系，或许可以更加突显。但即使没有如此从事，我们只要再参照前文论庄子与原始宗教变形思想之相同处，将“气”“机”“神”等概念组成概念丛，也不难厘清其间的分际。

除了理论系统的问题外，变形观的心灵依据也不一样。原始宗教的变形观建立在强烈的情感基础上，庄子则诉之于“神”的观念。“神”和构成万物本质的“气”两者颇为契近，或者该说：内涵既是连续而又是断裂的。“气”偏于自然哲学的概念，但“神”可说是心灵最深沉的妙用。人要使“神”彻底呈现，须透过层层遮拨的工夫，让情感的波动静止，使心灵从感性之炽肆及外界的对象中，游离出来，回到自体。只有达到心灵一无依傍，自主自耀时，“神”才可以和心斋境界的“听之以气”之“气”相同，而与构成万物本质之气混合同流。此处的“神”之意义，已不再是“人性论”意义底下的概念，它也蕴含了本体宇宙论的成分。因为人至乎此境时，他所接触的，已不再是日常经验下的“不定面向”。因此，人在“游乎天地之一气”时，他可以领略到万物最精微的刹那变化，这也是庄子何以认为圣人可“乘物以游心”“万化而未始有极也”。相形之下，原始宗教所显现的变形，虽也是一场变化，但其层次却显得粗了。换言之，庄子虽然假借了变形的题材，也承认它的价值，但他认为当达到至高境界时，“变形”的思想应该由“化”的概念来取代。

五　无待之逍遥

原始宗教与庄子思想中的“升天”与“不惧水火”之主题，其差异的情况与上述所说的颇为类似。

我们前文引用过《尚书·吕刑》与《国语·楚语》的记载，指出在传说中的太古时代里，人本来是有能力在空中地下自由来去的，后来因为人类的远祖犯了一项致命的错误，上帝大怒，派遣重黎“绝地天通”后，人从此只能受囿于大地，永远断绝了“向上一机”。然而，升天、飞天到底是人类日夜梦想的神技——神技虽或隶属于过去的一段神话历史，此梦想却已成了人性结构中的重要成分——但身落在俗世且为犯罪者之后代子孙的俗人，有何办法重回太初的乐园呢？我们可先观看底下的两则叙述：

> 居二日半，简子寤。语大夫曰：我之帝所甚乐，与百神游于钧天，广乐九奏万舞，不类三代之乐，其声动人心。(《史记·赵世家》)

> 黄帝……退而间居大庭之馆，斋心服形，三月不亲政事。昼寝而梦，游于华胥氏之国。华胥氏之国在弇州之西，台州之北，不知斯齐国几千万里，盖非舟车足力之所及，神游而已……入水不溺，入火不热，斫挞无伤痛，指擿无痟痒，乘空如履实，寝虚若处床……黄帝既寤，怡然自得。(《列子·黄帝》)

比较这两段话，可以发现其结构极为类似：

(一）两者都是在一场极为特殊的梦中发生的。

(二）在梦中，两者的灵魂可以离开其肉体。

(三）他们可以游于神话的时空，与神话人物睹面相照。

这样的结构所以值得注意，乃因这两则故事的情节从准备阶段到结尾，明显地是种萨满教模式。萨满要成为神职人员以前，通常需要经过一段的过渡期，在此期间内，他的生活言行日益失常，或独行入林，或喜怒无常，或言怪力乱神之事，或间可与禽兽交通。但萨满所以需要此一阶段是可以理解的，因为身为罪人的子孙如要再返回“厥初生民”的地位，他只有透过不断割舍的过程，将过去种种累积的经验排除掉，让心灵进入一种与俗世对反的圣之气氛当中。当他准备充分，进入可与“神圣”交通之前，通常意识会进入极为深沉独特的玄渊，外人如从其外表判断，大可说他此时进入昏睡的状态，而且此昏睡状态比一般睡眠时间长得多。然而，我们如依萨满自己本身的意识判断，他会认为他并非处于昏沉，相反地，他此时所从事的，却是最为费力的精神活动。因为在这段期间内，他的灵魂要到神话的世界里去，拜访神话中的人物。[73]

“灵魂离体上升”是萨满教相当重要的一个特色。但前文所说的“凭借动物之力以升举”的升天题材，除了当成神话传说外，是否也有可能发现类似赵简子或黄帝“神游”的精神意义？这一点是肯定的。张光直有几篇讨论萨满教与殷商宗教的文章，特别指出殷商青铜器所以特多龙蛇等神话动物之纹样，以及《山海经》里的人物所以常需“身操两蛇”等等，并非是出于艺术上的需要，而是反映萨满在迷离恍惚的入迷状态时，其灵魂常须凭借这些神异动物的灵力，才可以升天入地，与他界的鬼神灵物交通。张光直并援引耶律亚德的研究以及满族的宗教诗歌以为证。[74] 个人认为张光直的解说是很有说服力的，

---

[73] 参见 M. Eliade, *Shamanism: Archaic Techniques of Ecstasy*, pp.33–66.

[74] 参见注 31。

晚近有关南美洲萨满教的研究所得，与张光直的解说也恰可相互呼应。[75]

“不惧水火”发生的情况，固然也可以是进入“入迷”状态时，生理上显现的一种特殊反应。但最彻底的“不惧水火”，如果依前文《列子·黄帝》所述，恐怕还是属于灵魂离体时，迷离恍惚中感受到的“入水不溺，入火不热”。关于此点，我们不妨援引实际实验萨满活动者的报导：

> 茂林杂丛中有一弯弯曲曲的小径，我们抵达时，发现有一火山口，我们稍待片刻，巨响于焉爆发。老虎告诉我：你必须纵身跃入火山口。想到要离开我的伙伴，心里甚感悲伤，但我知道我必须独自走完这段最后的旅程。于是，我跃入火山口所喷出的焰火之中，结果竟随着焰火往上升，然后继续高飞。[76]

> 最重要的事是深潜入海底。我感受到我自己，大海在我身内外连绵一片，毫无间隔。[77]

[75] M. J. Harner ed., *Hallucinogens and Shamanism* (Oxford: Oxford University Press, 1973). 据此书作者观察所得，印第安人萨满在梦中或出神状态中所经历之幻境，最常见者厥为与蛇或美洲虎交往之经验。此幻境中的美洲虎与萨满可以沟通，偶尔还可载他到处远游。

[76] M. J. Harner, *Hallucinogens and Shamanism*, p.185.

[77] 同上注，页 188。

偶尔高高山顶立，偶尔深深海底行，不一定是比喻的用法。上述引文的叙述岂不正是黄帝的“入水不溺，入火不热”，或列子所谓的：“至人潜行不窒，蹈火不热，行乎万物之上而不栗。”舜穿鸟工衣从火中高飞，穿龙工衣从他井穿出之神话，我们如果不仅将它当成一则上古的神圣历史看待，也将它还原到“仪式”的场合时，它与萨满教之间的类似性，隐约之间已可勾勒其大要。

升天与不惧水火的神话所以如此流行，无可否认地，这反映出人类心灵的一种根本需求，如借耶律亚德的话说，这是人类本性之展现。[78] 人到底是有限的，我们都受制于大地，名副其实的是大地之子。我们也受制于一定的生理条件与物理条件，超越了这些条件，即非我们人类所能为力。初民社会所以会流传如许多的升天与不惧水火之神话，显然是与人类追求“无限”“自由”的心态有关。也就因为在这点上，庄子的思想与初民的心态可以找到密切的衔接点。

但庄子思想所以会超越初民心态，乃在于他看出：透过以上的方式所追求到的“无限”“自由”，仍然是有限制的，并不是真正的无待。所以尽管庄子屡次运用“升天”与“不惧水火”的题材，也尽管他一再肯定这些现象的存在及其超凡脱俗的性质。但庄子终究认为：工夫如仅止于此，绝对是不

[78] M. *Eliade, Myths, Dreams and Mysteries: The Encounter Between Contemporary Faiths and Archaic Realities*, pp.102–103.

够的。所以列子御风飞行，虽“泠然善也”，但庄子却以为这毕竟还是“有待”，终属不了义。不了义的原因，乃因初民对人之所以为人的认识仍未符合庄子的标准。当萨满进入“出神”状态，可以高举远游，不畏水火时，当时运作的主体，仍是“灵魂”一词。但据庄子看来，能“乘天正而高兴，游无穷于放浪”，[79] 固然称得上是逍遥。但这种境界的产生，并非透过灵魂离体的方式，而是要透过一连串的工夫，将人“俗”的性质完全转化掉（“堕肢体，黜聪明，离形去知”[《大宗师》]），达到一绝对圆满，与道契合的境界（“天地与我并生，而万物与我为一”[《齐物论》]），然后再回转至人世，畅游天地之一气（“精神四达并流，无所不极，上际于天，下蟠于地”[《刻意》]），经历过这种上下回向的阶段后才能达到的。没有经过真正的冥契体道的阶段，对于人性即不算是有真正的了悟，对于“无限”“自由”的体认，事实上也就是不足的。因此，也就是仍旧沉陷于“有限”“有待”。

庄子对于“升天”“不惧水火”的真正态度，我们可举《达生》篇的一则故事，再作进一步解说：

> 子列子问关尹曰：“至人潜行不窒，蹈火不热，行乎万物之上而不栗。请问何以至于此？”关尹曰：“是纯气之守也，非知巧果敢之列。居，予语女！凡有貌象声色

[79] 语出支道林《逍遥论》，引自郭庆藩编：《庄子集释》，页 1。

者，皆物也，物与物何以相远？夫奚足以至乎先？是色而已。则物之造乎不形而止乎无所化，夫得是而穷之者，物焉得而止焉！”

庄子这里所用的至人之意象，我们一点都不陌生，它显然出自古老的宗教传统。但庄子此时对于此一现象的解释，却完全被放置在一个新的观点上。“纯气”，其地位当如心斋时“听之以气”之“气”：修养至极时，心体扩充至无限后的一种内部之自相流转。灵魂离体所导致的至人神技如与之相比，我们可以发现他仍受限于底下的两项限制：

（一）他仍在“知巧果敢之列”。

（二）他仍是有“貌象声色”，换言之，也就是仍为“物”。

何以如此？根本的原因乃在他的修养并未“造乎不形而止乎无所化”，亦即未曾彻底转化现实的天人关系，也就是未曾真正地体过道。

话说从头，遂古之初虽有神人居焉，入水不濡，入火不热，登天游雾，变化无方，庄子曾“闻其风而悦之”，并从中汲取了甚为丰盈的源头活水。但等到他“上与造物者游，而下与外死生无终始者为友”后，他终于从恍惝鸿洞的巫教的神话、宗教世界中走出，透过了“心斋”“坐忘”“丧我”“见独”等主体转换的工夫后，重新体验到了另一种的精神世界。但在“主体转换”这个层面，上古的宗教人员（巫师、萨满）要获得方术或神技以前，也需要经过这个关口，这点与庄子所说的，显然有类似处，甚或连续性。更重要地，庄子特别重视转化后的主体（“见独”之“独体”）下回向后，在人间世之逍遥绝待，出入无碍，这点与古巫师之注重升天游雾，“灵魂之旅”，在意义上显然也有相通之处。[80] 所以庄子后来虽已超出了原始宗教的藩篱，但当他要使用形象语言表达他“逍遥”“无待”的理念时，“登天游雾，挠挑无极”的神人景象，自然而然地就随之涌上。

[80] 关于升天远游所象征的“自由”“超越”之意义，参见 M. Eliade, “Symbolisms of Ascension and ‘Waking Dreams’,” in *Myths, Dreams and Mysteries: The Encounter Between Contemporary Faiths and Archaic Realities*, pp.99–122.

捌　庄子“由巫入道”的开展[1]

一　古本《庄子》的线索

庄子思想的起源问题颇复杂，他是战国时期极难捉摸的谜样人物，我们不了解他的宗族，不了解他有无儿女，知道他大概有妻子，但不了解其妻为人如何。除了惠施之外，我们看不到他与当时在思想舞台上活动的诸子百家有较明显的接触。我们如从《庄子》三十三篇内部考量，也看不到庄子师从何人的记录。他有一位很不出名的学生，但这位学生却无法提供我们庄子思想的线索。[2] 庄子遗留下来的文字并不少，他既然没有提及师承，也没有说明他的思想的来源，他对此问题不想说或认为不值得说，这可能就是他的立场。

笔者不会怀疑庄子没有明显的师承关系，也不会怀疑庄子对这个问题没什么特别的兴趣。但不管庄子再怎么样地自成一

---

[1]《庄子“由巫入道”的开展》初稿刊于《中正大学中文学术年刊》，第11期（2008），页79—100。

[2] 他这位学生叫蔺且，参见《山木》。蔺且之名仅见于《庄子》此篇，且其相关内容无法提供我们庄子的传记之消息。

家，或者具有如何的原创性，他的思想总是在一定的历史脉络下形成的，总有些历史影响因素可谈。从司马迁以下，历代谈论庄子师承问题者，史不绝书，即缘此故。现代的学术机制建立后，这种溯源的风气更是有增无减，越演越烈。上述这些溯庄之源的论点多少有些依据，因个中细节无关本文主旨，此处姑且搁置不论。

讨论庄子思想的起源问题时，我们很难脱离其学术活动背景此一因素。庄子活动的年代是中国思想最活跃的时期，他之前大师辈出，儒、墨已形成严格意义的学派，庄子是在后代所谓的“诸子百家”这个大框架下展开他的思想活动的。除此之外，笔者认为庄子思想极重要的源头之一乃是巫文化，由于中国上古的原始文化常被视为巫文化，其涵盖面包山包海，笔者这种解说有可能因界说太泛而变得没有太大的说服力。如果原始宗教曾普遍地被视为一切文化的原始公分母，那么，“庄子出于巫文化”之说就像其他诸子百家都出于巫文化一样，既不算错，但也没有多说什么。然而，笔者认为比起其他诸子来，庄子与一种特定的巫文化，亦即萨满教文化实有较密切的关联，此事值得注意。萨满教核心要素的“出神之技”（technique of ecstasy）在《庄子》一书中表现得相当彻底，[3] 也许除了《列子》与屈原作品外，我们再也找不到这么密

[3] 参见本书第柒章《升天、变形与不惧水火：论庄子思想中与原始宗教相关的三个主题》。

集出现的类似主题之专著了。屈原与巫文化关联极密，此事当另论。至于《列子》与《庄子》，两者的思想实可视为同一型态，因非关主题，此事暂不拟再论。

有关庄子与萨满教的关系，待讨论的内涵仍多，笔者在《庄子与东方海滨的巫文化》一文中，[4] 更明确地追索出庄子的思想与殷商巫文化的关系。笔者分别从空间的形式、风—鸟的象征、主体的状态以及庄子的传记背景等处着眼，指出东方海滨的巫文化与庄子的关联甚深，而东方海滨的巫文化很可能和殷商文化系出同源。众所共知，庄子为宋国蒙人，宋乃商帝国灭后，由殷商后裔所建立的国家，庄子一生活动的背景与其家乡蒙地的殷商文化风土息息相关。该文做的事类似精神考古学的工作，笔者透过解析《庄子》文本，追究庄子思想的巫文化源头。

但笔者在该文中也指出了文章的限制，最大的限制是该文对庄子如何从巫文化中走出，也就是他如何走出原始宗教的藩篱，成为体道之士，笔者并没有说明。事实上，至今为止，大部分触及到庄子与巫文化关系的文章基本上也没有作充分的探讨。然而，我们如果以今本《庄子》为准，则庄子思想之不同于巫教的意识形态，或者说，庄子的至人、神人之不同于升天游雾的巫师，这是相当清楚的。本文接续前文，探索庄子如何

---

[4] 参见拙作《庄子与东方海滨的巫文化》，《中国文化》，第 24 期（2007），页 43—70。现收入拙著：《儒门内的庄子》，页 63—124。

走出巫文化的魔圈，这种出走可视为两种不同精神形态的转化过程，笔者称之为“由巫入道”的历程。

古书如《周礼》书中列载上古时期的宗教人员，除了“巫”以外，还有“卜”“祝”“宗伯”“掌梦”“日者”等等，本文所说的“由巫入道”的“巫”字虽以萨满教的巫文化为核心，但也取广义用法，也就是《说文解字》所说的“能事无形者”[5]的那种意义。“道”字也取广义用法，如韩愈《原道》所说的“道与德为虚位”的那种“虚位”。我们知道：先秦时期并无道家一词，道原为路途之义，天有天道，人有人道，万物各有其道。道不是“道家”的特有语汇，孔子、老子等不同思想倾向的学者皆可各弘其道。庄子也论道，但庄子本人未曾意识及他是“道家”。因此，本文所说的“由巫入道”只是意味着庄子曾转化巫文化的因素，变成一种能契入存在界实相的深刻哲思。至于庄子所入之道，到底该归属于哪一家派，并不在本文考量的范围之内。

“由巫入道”一词预设庄子曾有段“巫教时期”，然而，现行的《庄子》一书似乎没有发现特别显著的巫文化色彩。关于这个尴尬的问题，笔者简略地说明如下：现行版本的《庄子》一书是否涵摄的巫文化因素不足，姑且不论，纵然可以这么断言，但这不表示庄子的思想与巫文化的距离真的那么远。因为

---

[5] 许慎云：“巫，祝也。女能事无形，以舞降神者也。”《说文解字》，卷5上，页4。

现行的《庄子》一书与庄子本人的思想之关系如何，本身仍有争议。我们都知道直到两晋时期，《庄子》一书的篇目仍是未定的，有五十二篇本，有三十三篇本，有三十篇本，有二十六篇本。有的有内无外、杂篇，有的有内、有外而无杂篇。大概是经由郭象之手，三十三篇的名目与篇序才确定下来，后来其他的各种版本也就先后散佚了。换言之，目前流通的《庄子》三十三篇是后人的整理本，非庄子自编。而此处所说的整理本有可能是净化本，因为有些不雅驯的内容被删除掉了。

笔者的净化本之说是有依据的。陆德明在《经典释文·序录》中说道：六朝的《庄子》文本内容芜杂，颇有些文章“言多诡诞，或似《山海经》，或类《占梦书》，故注者以意去取”[6]。依据陆德明所说，原来完整的《庄子》文本包含了较多异质性的内容，其中有些内容和《占梦书》或《山海经》的性质相似。《占梦书》当是专书名，其内容应该与占梦有关，占梦固为古巫之专职。而《山海经》原即为“古之巫书也”，其内容当然特多缙绅先生所不道之怪力乱神。如此说来，古本《庄子》[7] 中当有较多巫文化内涵之文字。依据后人辑古本《庄子》佚文所得，我们发现：这些文字确实带有很强的巫文化的气息。

古本《庄子》比今本《庄子》多出来的内容也许真不足以

---

[6] 引自郭庆藩编：《庄子集释》，页 28。

[7] 此处的“古本庄子”一词是个拟设的工具概念，意指设想中的完整无缺的《庄子》文本。真正《庄子》原本的面貌如何，恐怕不可考了。

代表庄子本人的思想，被删或是合理的。问题是：由于我们无法窥测古本全貌，因此，很难判断郭象的剪刀是否只是剪掉了肿瘤，还是有殃及无辜。退而求其次，即使我们认为这些被删掉的部分不能代表《庄子》一书的精义，但作为庄子集团的一分子的著作，其内容总可以提供其他史料无法比拟的珍贵的线索。笔者认为我们作这样的揣测是合理的，可惜古本《庄子》残余的断简残篇虽然不算太少，其内容所显现的巫文化的特质也相当地显著，但其“由巫入道”具体转变的因缘仍然如雾里看花。如果古本《庄子》的文字留下来更多一些的话，转换的过程有可能可以找到更明确的轨迹。

事与愿违，我们真是别无选择。然而，笔者揣测《庄子》古本仍然有可能可以提供一些“由巫入道”的线索，这样的设想不是无稽之谈。我们仅举下面这则佚文为例：

> 游乌问雄黄曰：“今逐疫出魅，击鼓呼噪，何也？”曰：“昔黔首多疾，黄［帝］氏立巫咸，教黔首，使之沐浴斋戒，以通九窍；鸣鼓振铎，以动其心；劳形趍步，以发阴阳之气；春月毗巷饮酒茹葱，以通五藏。夫击鼓呼噪，非以逐疫出魅，黔首不知，以为魅祟也。”[8]

---

[8] 王叔岷辑：《庄子佚文》第 25 条。王叔岷的辑佚先见于《庄子校释》（台北：台联国风出版社，1972）之附录《庄子逸文》《庄子逸文补遗》《庄子逸文续补遗》。后重加考订，复收录于《庄子校诠》（台北：“中央研究院”历史语言研究所，1988），册下，页 1383—1414。

这条佚文很可能就是被郭象点名批判的《游凫》篇，而且有可能就是篇章的首节。[9] 但这篇佚文还有辑佚之外的重要的意义，因为篇中所说的“巫咸”乃是古代之大巫，此词语也是《庄子》书中仍残存的少数“巫”字的文献。从引文中，我们看到雄黄的解释基本上是采“除魅化”的手法，所有原始宗教的仪式全被解释为“以通九窍”“以动其心”“以发阴阳之气”“以通五藏”，亦即全被视为身心锻炼的方式。宗教语言变成了修行语言，佚文显现的这种手法可视为“由巫入道”的一个实例。

可惜古本《庄子》虽然巫风鼎盛，但其书中带有如此明显的“由巫入道”之历程的文字仍然偏少，更不要说净化过的现行的三十三篇本了。由于巫文化在现行《庄子》书中已退为思想舞台的后台，我们阅读此书时，一般很容易看到在前台演出的思想剧本，至于撑起这些演出舞台的后台则被忽略掉了。但仔细爬梳，我们仍不难发现现行《庄子》书中相关的记载并不是想像中的那么稀少。底下，我们将分别从（一）巫文化的作用者“巫”的地位之下降；（二）成巫的工夫论“斋戒”意义之转换；（三）得道有成的心境“游”的内涵之转化，三者着手，观看庄子如何使巫文化异质的升华成体道的论述。

---

[9]《困学纪闻》卷 10 引此文，“游鸟”作“游凫”，王叔岷认为此段佚文当是《游凫》之文。参见《庄子校诠》，册下，页 1388。

图 8–1
早期铜镜，时代或为齐家文化时期。图中有双日、双月，分居四方。另有四人，与之相配。其中隔纽相对之两人头顶及臀部似有羽毛饰物，或为巫师。整片铜镜令人联想起初民的宗教祭典。

在“巫文化的作用者”项目下，笔者将分别从掌握命运的“测运”与掌握生命的“延寿”两个观点入手，分别探讨庄子如何“由巫入道”。巫的功能很多，笔者所以特选这两个面向，乃因笔者相信巫者最重要的工作乃是对命运与生命的经营。经营命运乃和未来对赌，其作用是确定不确定性，确定命运的宗教技术即是占卜。经营生命则可视为与上帝竞赛的另一种行为，其工作之消极者为医疗，积极者则是以炼丹术为代表的各种神仙之道。经营命运与经营生命这两项工作触及了人生最根本的存在问题，它们是所有巫术主要的内容。

二　神龟刳肠

论及庄子的巫道关系，我们首先想到的就是庄子如何看待巫者。晚近有关庄子溯源的研究已显示：庄子与巫教有很深的渊源，“巫”很可能是庄子理想人格“真人”“至人”“神人”的直系远祖。但新概念所以需要被创制，很可能是旧概念已不敷使用了。底下，我们且看《庄子》书中几位涉嫌“巫”身分人物的下场为何。笔者对“巫”字将采广义的用法，原始宗教中凡以超自然方式经营命运的人都可包含在内。

首先，从将时间神秘化的“日者”谈起。《应帝王》篇提到一则故事：肩吾见到了春秋时期最有名的狂人——楚狂接舆，两人对谈起来。肩吾与接舆的对话在《逍遥游》中已出现过，可见庄子对肩吾与接舆的兴趣非比寻常。考肩吾乃神话中人物，泰山的山神也。此故事中更重要的角色是接舆，接舆在《庄子》内篇共三见，次数之多有乖常理，笔者认为庄子不免有将自己同化于接舆之嫌。[10] 回到《庄子》的文本，庄子将这位传奇人物安置在神话的叙事架构。接舆问山神肩吾道：“日中始何以语女？”肩吾回答道：“告我君人者以己出经式义度，人孰敢不听而化诸！”此“日中始”一名，前贤注解多以为人名，俞樾则认为“日，犹云日者也”。[11] 笔者认为俞樾的注语是正确的，名前冠职业名称，古书多有此例，《庄子》一书使用得尤为频繁，如梓庆、庖丁、轮扁之属皆是。“日中始”者，当指日者中始其人也。日者是安排吉凶时辰的宗教人物，他窥测天机，代大匠斫。时运来时，掌握权力；时运不济时，则易

[10] 接舆最重要的事迹和孔子分不开，“接舆和孔子”是春秋时期颇具象征内涵的故事，根据儒家最可靠的版本《论语》的记载，接舆是位与世寡谐，但却具备极高智慧的人物，他曾开导孔子，孔子对他相当尊重。庄子这么重视接舆，应该有些特别的理由，也许和孔子、庄子的关系此重要思想史议题有关。

[11] 引自郭庆藩编：《庄子集释》，页 290。

罹不测，殃及自身。掌握天时、理解天道、委顺天运，这是巫的专职，日者固为巫之苗裔也。《史记》有《日者列传》，“日者”在中国古代文明中曾扮演过重要角色。

但“日中始”的意义恐不仅于此，笔者颇怀疑庄子制造了此人，其名之象征意义固与日（太阳）之象征君权有关，但也和惠施“日方中方睨”之说有牵连。睨者，端睨之意，端睨固为最原初之始，“日中睨”因而也可视为“日中始”。此解如能成立，则肩吾与接舆的对话具有双重的构造。就显性因素的构造而言，我们知道接舆驳斥了日中始的论点，认为日中始不知道“国君无为，其民自化”的道理。接舆的驳斥出自东方式的政治观点，依孔、老的政治哲学，最高明的政治是如同尧舜般的无为而治，人君具有神秘的感应能力，治道的基础在感应能力而不在法规制度。接舆的驳斥当然是种政治学的理由。

除了政治学的观点外，笔者认为接舆的论点还有另一层的意义，它不无可能与“日中始”不知宇宙无时无刻不在变化之中的道理有关。日者此一职业之所以得以成立，其前提在于天人之间的神秘符应以及对神秘时间之先行揣测，亦即本为不相应行法的时间向度能够受到预测以至于操控。对时间的关怀乃是玄学与术数共同的关怀，但巫者所使用的术数乃是一种建立在权力意志上的伪科学；玄学则或认为时间乃虚幻（如印度传统），或认为时间非知识对象（如康德），其着眼点往往具有更深刻的理据。“日方中方睨”是惠施的理论，但庄子也支持此一论点，而且是更圆融、更具有体道基础地提出此说，不像惠施基本上是出于名学的需要。不管是出自政治学的理由，或是出自形上学的理由，在《应帝王》篇中，“日者”的地位无疑地都被“狂者”的地位取代了。

其次，论及“卜”此一行业。《大宗师》篇女偊与卜梁倚是另一组对照，此篇记载南伯子葵问女偊：你已年长，而色若孺子，到底有何秘方？女偊回答道：因为闻道了。怎么闻道呢？文后女偊提到学者如何经过长期的努力，终可入于“朝彻见独”之境界。证道的细节如何，此处暂且不表。但在讨论进德工夫之前，女偊提到“夫卜梁倚有圣人之才而无圣人之道，我有圣人之道而无圣人之才”。卜梁倚与女偊的对照颇堪玩味。考“女偊”其人，除庄子此处外，先秦其他典籍未之或见。《经典释文》认为此人当是妇女，这样的说法是很可能可以成立的。但“偊”字何解呢？看到“偊”字，我们很自然地会想到大禹，大禹是儒、墨的圣人，但也是巫教的始祖，“禹步”[12]是所有巫的基本功。“女偊”的来源不无可能是效法大禹的女巫之流的人物，但就像大禹由巫之前身化为道统人物一样，女偊也是由女巫之流蜕变为庄子的寓意人物。[13]经由蜕变的历程后，女偊和大禹同样获得了代表价值体系的“道”，但因脱离

[12] “禹步”的问题，参见藤野岩友：《禹步考》，《中国の文学と礼俗》（东京：角川书店，1976），页302—316。

[13] 《经典释文》引一说，认为女偊为“妇人”，参见郭庆藩辑：《庄子集释》，页252。赤塚忠更认为女偊与大禹相关，她是大禹女性化的人物，但其论述与笔者的着眼点不同，参见《庄子·上》，收入《全积汉文大系》（东京：集英社，1974），册16，页286。

原始的历史脉络，理性化的行程启动了，巫的地位及性质今非昔比，女偊再也不可能拥有“圣人之才”。

卜梁倚和女偊大概是同一种巫教传统下的人物，但同源而分流。考“卜梁倚”其人，前代注家多以为卜梁为姓，倚为名。然衡诸庖丁、轮扁、日中始、梓庆诸人名称之例，此处的“卜”字宜作他解。它不无可能为“姓”，就像子夏姓卜名商一样，但更可能是职业的名称，亦即梁倚此人以卜为业。[14] 以卜为业，可通神明，这是巫师世袭之职业。但前代的圣职在后代新的意识形态兴起后，往往降格或异化了。如同圣日（holy day）变成了假日（holiday）、圣迹变成了观光古迹一样，现实的圣显（hierophany）也很容易蜕变成历史的残留。卜梁倚虽然资质甚美，但毕竟有才而无道。“有才无道”之语值得留意。在巫教的世界中，“巫”的资格不是人人可得的，他不管经由天选，或经由传承下来的修炼，基本上是被决定的，这就是他的“才”，“才”与“成巫之道”合一。[15] 但到了庄子的时代，道不在巫，所以卜梁倚再也无法领略宇宙终极的奥秘。显然，庄子的思想世界所要求的精神修炼业已大幅提升，作为原始宗教人物的巫虽然还没有被“时代的巨轮”辗毙，他还保有“圣人之才”的资格，但不知不觉间已被历史抛弃到后头了。

---

[14] 赤塚忠有此说，而且说得更远：“‘卜’乃因职业而兴起之姓氏，‘梁’乃‘量’之同音字，‘倚’为‘奇’之意，‘卜梁倚’为知神意之智者。”《庄子・上》，页 286。笔者只取“姓氏”之说。

[15] 关于成巫的过程，参见 M. Eliade, *Shamanism: Archaic Techniques of Ecstasy*, pp.13–32.

“圣人之才”与“圣人之道”的分化可视为“道术将为天下裂”以后的论述。依中国传统典型的历史观，上古“至世”一向是被视为“大道之行”的黄金岁月，不管《庄子》所谓的“至德之世”或儒家的“大同世界”皆是如此。在此黄金岁月中，政道一致，福德一致，才道也一致。圣人既是道统中的传道人物，也是体道人物，道统系谱中的“大禹”与“商汤”皆是如此。但到了战国时代，大禹化身的“女偶”与继承天子巫师（商汤）的卜梁倚只能各得一偏了。

然而，最足以显示庄子“由巫入道”之文字者莫过于作为《应帝王》篇主轴的“季咸”与“壶子”之斗法。季咸是郑国的神巫，知人之死生存亡，祸福寿夭，铁口直断，殊少差错。列子见之心醉，崇拜得不得了，觉得他以往的老师壶子相形之下就不怎么高明了。壶子要列子找季咸帮他看相。首次见面，壶子故意示之以“地文”，季咸断定壶子将不久于人世。第二次相，壶子示之以“天壤”，季咸认为壶子很幸运碰到他，因为他看出壶子此时竟有一丝生机。第三次相，季咸竟无从测起，因为壶子示之以“太冲莫胜”。第四次相，季咸回头就跑，列子追都追不上。壶子此次示之以“未始出吾宗”，他的心境竟可与时推移，乍阴乍阳，神光离合。

季咸，神巫也。考中国古代最有名之巫，当是巫咸，“巫咸”之名见于《山海经·海外西经》与《大荒西经》，《庄子·天运》亦有“巫咸祒”之语，笔者认为：季咸之得名当取自“巫咸”。就巫所该具有的法力而言，季咸当已巅峰造极，穷尽“术”之最高境界。然而，当壶子“示之以太冲莫胜”时，季咸已无从测起，更不要说第四相的“未始出吾宗”了。壶子之名当取自道家重要的象征葫芦，[16] 他无疑是《庄子》一书中的至人、神人、圣人之流的人物。壶子的“太冲莫胜”是种“衡气机”，庄子用“九渊”中的“三渊”解释衡气机的模态，“九渊”之名见《列子》。“以水解心”，这是东方思想家常见的比喻手法，儒、释、道诸子皆用，通常儒者重“水”之生生不息之生机，道家诸子重水之深沉不可测。[17]“太冲莫胜”即“太冲莫朕”，“太冲”的层次中看不出一点外显的征兆，因为“衡气机”指的是气机平衡无波。“太冲”两字是关键，庄子未进一步解释这两个字的意义，《列子》亦无说明。考《淮南子·诠言训》有言“聪明虽用，必反诸神，谓之太冲”。原来“太冲”即是“徇耳目内通而外于心知”这类“身心一如”的状词，这是“官知止而神欲行”的境界，是人的意识已和生理的机能及自然的气化融通为一的极高层次。神巫至此，只能束手无策，舌挢不下，因为神巫的修养无法到达先天的“听之

[16] 参见小南一郎：《壶形の宇宙》，《东方学报》，第 61 期（1989），页 165—221。季羡林：《关于葫芦神话》，收入中国民间文艺研究会上海分会编：《民间文艺集刊》，第 5 集（1984），页 103—104。V. H. Mair（梅维恒），“Southern Bottle-Gourd（*hu-lu* 葫芦）Myths in China and Their Appropriation by Taoism”，收入李亦园、王秋桂主编：《中国神话与传说学术研讨会论文集》，册上，页 185—228。

[17] 庄子此处所以以“渊”为喻，其意当如《管子·度地》云：“出地而不流者，命曰渊水。”

以气”的层次。

先秦诸子当中，老子的学问最接近“太冲莫胜”的模式。老子以本为精，以物为粗，“淡然独与神明居”。“独与神明居”的心境显示阴平阳秘、无朕兆可寻的深层意识状态，这种状态正是“太冲莫胜”。“太冲莫胜”是精神之在其自体，这是孤子而自足的完美境界，却不是精神真正的本性。庄子认为精神的本性是不断的气化之流行，壶子最后所现，正显示他体证了随扫随立，随立随扫，一切皆纵横自在的化境。这种化境接近云门三句禅的“随波逐流”句，或王龙溪三种悟的“彻悟”。神巫再怎么神，他永远无法领略“未始出吾宗”所显现的具体逍遥。

庄子对揣测命运的巫者之评价，我们且以一则故事终结其论。《外物》篇记载：宋元君夜梦神龟诉冤，诉说自己被渔夫网住。但宋元君得到此讯息后，他最后竟然不是释放神龟，反而将它从渔夫手中接收过来，杀龟以占卜。结果“七十二钻而无遗策”，准确得不得了。孔子感慨道：“神龟能见梦于元君，而不能避余且之网；知能七十二钻而无遗策，不能避刳肠之患。如是，则知有所困，神有所不及也。”神龟就像神巫一样，庄子承认其“神”，但在“道的位阶”中之排序已不可能太高了。

三　不死之巫与外死生

巫与生命经营的关系非常密切，人之所以有大患，在于有身。有身所以才有老、病、死，巫的功能即在于克服老、病、死这些不理想的身体状态。《山海经》的动、植物常有些医疗或辟邪的作用，辟邪是避人生中非自体所能掌握的各种自然或非自然的因素，如水、火、不祥等，此义姑且不论。医疗则医治人身上的种种病痛，在此书中，我们不时看到许多草木鸟兽，如果食之或畜之，足以“已风”“已痔”“已腊”“已呕”“已疠”“已瘿”“已狂”“已劳”等等，或者足以“不疣”“不妒”“不骄”“不睬”“不眛”“不厌”“不饥”“不瘿”“不惑”“不厥”“不痈”等等。已者，治愈也；不者，断绝之也。《山海经》一书中充斥着许多治疗疾病的叙述，作为“古之巫书”的《山海经》其实也可视为“古之巫医之书也”。

上古时期，巫的功能包山包海，但与医术的关联特别深远，巫与医时常连用。巫、医关系很复杂，大体是始密终疏。事实上，中国医学的进展的一大步骤即是巫医之分化，[18]巫为巫，医为医。巫医分业是社会分化后职业分工的结果，也可说是理性化过程的一种见证。但不管东方或西方，原始医学都是巫师职业的大宗。如果“病”是人与生俱来的必然之恶，那么，作为当时掌握整体知识的主要人物，巫的功能很难和人最根本的存在问题脱离开来。

但人对生命的渴求绝不可能仅止于消极的祛病疗疾而已，对于老与死的抗衡才是巫师最重要的职责。老、死是时间在一

[18] 巫医原为一体，后来才分化，此事不仅见于中国，古代诸文明大体都经历过类似的历程。参见卡司蒂廖尼（A. Castiglioni）著，程之范主译：《医学史》（桂林：广西师范大学出版社，2003），册上，页13—22。

切存在物的生命之流中留下的疤记，是个体成长的“目的因”。凡生命不中道而夭者，即有老死的问题。巫术作为一种伪科学或原始科学，经营生命是它的主要关怀，经营生命使其保持活力，不受时间腐蚀，更是巫术关怀的焦点。不受时间腐蚀而可保青春的人物即是传说的“仙”，追求“不朽”的伪科学或准科学即是所谓的“炼丹术”。[19]

《山海经》中无仙客之名，也没有炼丹术或丹道、金丹之类的词汇，但无其名，不见得无其实。《山海经》中有“不死国”“不死民”“不死之山”之记载，[20]“不死国”之名因“不死民”之名而来，而不死国所以能有不死之民，乃因此国国人多食“甘木”或“寿木”之类的不死之树以得长生。然长生之树毕竟少见，“自然”之物通常需要提炼成药，才可脱胎换骨，蜕变成“物”。蜕变之“物”之大者即为“不死之药”，《山海经》中即有“不死之药”的记载，且此药与巫有关。《海内西经》记载“开明东有巫彭、巫抵、巫阳、巫履、巫凡、巫相，

---

[19] 炼丹术是化学的先驱，但其意义与人之追求不朽与完美有关，物之不朽者为黄金，人之不朽者则为仙人。Bynum 等人解释炼丹术如下：“一种将自然物从时间性的存在中解放出来、以趋完美的技术，此完美状态对金属而言，即为黄金；对人而言，厥为长生不老，获得救赎。”引自 Srinivasan Kalyanaraman, *Indian Alchemy: Soma in the Veda* (New Delhi: Munshiram Menoharlal Publishers Pvt. Ltd., 2004), p.18.

[20] “不死国”见于袁珂校注：《山海经校注 · 大荒南经》（台北：里仁书局，1981），页 370。“不死民”见于《山海经校注 · 海外南经》，页 196。“不死之山”见于《山海经校注 · 海内经》，页 444。

夹窫窳之尸，皆操不死之药以距之”，“距之”是“为距却死气，求更生也”。[21] 依据郭璞注，神巫不但可制长生之药，更可制成起死回生之灵丹。

《海内西经》所记载的这些神巫可以说都是神医，他们可操不死之药，以救窫窳，这种技术与炼丹术所追求者，实无二致。《海内西经》这群神巫可视为中国医药之祖，也可视为最早的炼丹师。和原始炼丹术有关的人物除了灵山这些神巫外，《山海经·西山经》下面这则叙述也很值得留意：

> 丹水出焉，西流注于稷泽，其中多白玉，是有玉膏，其源沸沸汤汤，黄帝是食是飨。是生玄玉。玉膏所出，以灌丹木。丹木五岁，五色乃清，五味乃馨。黄帝乃取峚山之玉荣，而投之钟山之阳。瑾瑜之玉为良，坚粟精密，浊泽而有光。五色发作，以和柔刚。天地鬼神，是食是飨；君子服之，以御不祥。[22]

此一叙述所以值得注意，乃因（一）玉膏乃黄帝所食，此地之玉荣也是鬼神之食物，依据纬书《河图玉版》的记载，此玉膏的功效非同凡响，“一服即仙矣！”[23]（二）黄帝相传是文明之祖，他也是后世丹道的核心人物，传说他“且战且学仙”。

[21] 袁珂校注：《山海经校注》，页 301—302。
[22] 袁珂校注：《山海经校注》，页 41。
[23] 同上注。

上述“仙膏”与“学仙”这两个因素在《西山经》此处的叙述中，都可找到相关的印记。

我们讨论庄子的巫道关系，所以提到《山海经》，提到黄帝因素，乃因《庄子》一书中即有相关的文献载录，其中最重要者厥为黄帝问道于广成子的经典叙述，这个章节对后世的丹道发生了很大的影响。《庄子·在宥》记载：黄帝立为天子十九年，往见广成子于空同山之上，向他请教“至道”。经过几度波折后，广成子才告诉他至道的内容如下：

> 至道之精，窈窈冥冥；至道之极，昏昏默默。无视无听，抱神以静，形将自正。必静必清，无劳女形，无摇女精，乃可以长生。目无所见，耳无所闻，心无所知，女神将守形，形乃长生。

广成子讲这段话时，已一千两百岁矣，而形体未曾衰老。不但如此，他尔后还要“入无穷之门，以游无极之野”，他要“与日月参光……与天地为常”。世人尽死，“而我独存乎！”比较《山海经》与《庄子·在宥》所述，主角虽由黄帝转向广成子，主题虽由“外丹”转向“内丹”，[24] 但一种透过经营身体以期长生的信念则是相同的。广成子之游无极之野与神巫之循

---

[24] 战国时期，尚无内、外丹之名，笔者只是借此词语表达“外在的服食”与“内在精微的形气修炼”这两种修行方式的区别。

宇宙山或宇宙树之“上下”于天壤间，也可看出其间追求无限之精神之相续性。我们的问题来了：为什么《在宥》篇要提出这则“黄帝问道于广成子”的故事，此事真是令人好奇。

同样令人好奇的叙述见于庄子对姑射仙人的态度，《逍遥游》篇记载：肩吾和连叔谈天时，谈到他听过接舆其人谈及姑射神人，“肌肤若冰雪，绰约若处子，不食五谷，吸风饮露。乘云气，御飞龙，而游乎四海之外。其神凝，使物不疵疠而年谷熟”。肩吾惊怖其言，不敢相信。但连叔却认为接舆的话并不怪异，天壤间毕竟有“将旁礴万物以为一世蕲乎乱”的人物，这些人物“大浸稽天而不溺，大旱金石流土山焦而不热”。依接舆、连叔所述，总计姑射神人具有：（一）青春永驻；（二）空中飞行；（三）丰饶五谷；（四）不惧水火等四项特异功能。姑射神人的能力大得不得了！

我们如果比较姑射神人与《列仙传》中的仙人之叙述，或者与《山海经》的神巫比较，很难不认为姑射神人即是游仙，而这种能游乎四海之外而又能不受水濡火焚的“游仙”，其前身很可能就是巫。[25] 后世道教中的“仙”、道教成立前的“巫”、北方游牧民族的圣者“萨满”与《庄子》书中的“神人”，四者可能是同出而异名，如果说是“一花开四叶”也未尝不可，他们的家族类似性特浓。如果依据连叔的说法，天壤

---

[25] 参见拙作：《升天、变形与不惧水火：论庄子思想中与原始宗教相关的三个主题》，收入本书第柒章。

间确有此种人物，肩吾是少所见多所怪。从文字看，庄子似乎赞成此一观点。

然而，如果广成子与连叔之语可以代表庄子的立场，亦即庄子真好仙道的话，那么，《刻意》篇中，庄子对那些“吹呴呼吸，吐故纳新，熊经鸟申”，以求长寿的人之揶揄，该如何解释？《至乐》篇提到庄子妻死，庄子“鼓盆而歌”，也提到庄子用马捶敲击空髑髅，夜晚梦见髑髅来谈死亡之乐之事，这两则有名的寓言又传达了什么样的讯息？也许《至乐》篇与《刻意》篇文字疲软，不能代表庄子的观点。然而，如果我们坚持广成子与连叔之说才能代表庄子的观点，我们马上要面临一个难题，此即这两则故事的论点与《庄子》全文的主题是否一致？如果庄子真的继承“仙学”的传统，那么，《庄子》此书不折不扣地该视为丹道之书，而且其丹道内容包含内、外丹两义，它因此可视为更早期的一本《周易参同契》。丹道中人如陆西星对《庄子》此书的认祖归宗，也就有了正当性。

图 8-2
图为商周玉器人龙图，两龙两人。此图主体为人与龙合体，作蹲形状。人脸头上有一倒挂之龙，龙口下有一人。萨满御龙以升天，人龙图可能也是种升天图。

《庄子》一书庄谐夹杂，作者的意图有时真不好把捉。但再怎么难以捉摸，总还有一致的风格，否则，何以成家。至少内七篇是一般公认最足以代表庄子论点的作品，可以作为检证的标准。我们如以内七篇的文字风格与义理为参考架构，那么，“鼓盆而歌”与“敲打髑髅”两则的叙述都失于轻佻，很难相信可以代表庄子的论点，庄子似乎不是那么乐于歌咏死亡。但对立的另一边的观点也不见得站得住脚，“黄帝问道于广成子”与“姑射神人”两则故事都很玄妙。前者如果真是出自庄子之手，其语言真是像丹道语言，后者的“姑射神人”也很有资格解作飞仙图像，而飞仙图像也见于早期的丹道著作。[26] 但庄子在这两篇文字的立场，恐怕不是正面的肯定命题，而是以神话的叙事架构融合了庄子的新解。庄子无疑对神话主题相当熟悉，对姑射仙岛的神话念兹在兹，对神话所代表的更完整的意识或生命之“真实性”也非常确信，因此，其语言有时不免在“神话的真实”与“经验世界的真实”之间滑动。但归根究柢，庄子思想不会落在巫或萨满所追求的人格层次，这是很难否认的。

笔者倾向于在工夫论的系谱内，广成子与姑射神人两节的叙述都含有丹道的部分因素，但主轴不在此，其重要性无论如何不宜放大。《在宥》篇所述黄帝问道于广成子的故事就字词

[26] 《周易参同契》即可看到类似的飞仙图像，如云：“服食三载，轻举远游。入火不焦，入水不濡。能存能亡，常乐无忧。”

的票面价值衡量，绝不能代表庄子论点。而姑射神人的情节最好的解释，则是一则有关逍遥义的“重言”。笔者所以作此宣称，并非出主入奴，故意选择对自己有利的文献，作片面的曲解。而是巫医、萨满、丹道这些概念都预设了对生理生命永续经营的执着，他们的事业都隐含了一种金丹的隐喻，亦即人的生理生命经过一种人为的努力，可以达到“金性不败朽”这样的境地。但庄子生死观最大的特色乃在于打破生死的界限，死生被视为一种连续性存在的圆环之两端，两者既非断层，因此，也就没有追求生理不朽这样的诱因。需要为发明之母，没有成仙的需要就没有仙丹的发明。

死亡不在人生的事件系列之内，但死亡却是构成人生活动的意义结构中的一大宗。先秦哲人中，庄子是最不忌讳谈论死亡的哲学家，死亡对庄子而言，只是各种存在状态变化中的一项而已。《大宗师》说：“死生，命也，其有夜旦之常，天也。人之有所不得与，皆物之情也。”没有无昼之夜，也没有无夜之昼，昼夜更迭，交相辉照。庄子是首位将死生和昼夜类比的哲人，死和生的关系就像纸张的双面一样，不存在单面的纸张，因此，没有“只生不死”这样的自然规律。“死亡”是存在物的最终因，是内在于“物”之基本属性，其自身之现象即解释了自己的存在，这就是自然。“自然”是“无称之言”“穷极之辞”，[27] 不能再追溯原因，也不可逃避。

[27] 此词语为王弼用以解释《老子・第二十五章》“道法自然”之语。

死亡既然是道家意义的“自然”事件，则一种脱离主观情意、符合客观事物的人生态度就出现了。将生死视作一体的两面，淡然接受之，这是庄子最基本的人生立场，我们不会忘了《大宗师》篇所说的真人的条件“不知说生，不知恶死；其出不䜣，其入不距；翛然而往，翛然而来而已矣。不忘其所始，不求其所终”，也不会忘了同一篇中庄子宣称的立场：“夫大块载我以形，劳我以生，佚我以老，息我以死。故善吾生者，乃所以善吾死也。”类似的语言在内篇中不时可见，最后面这两句话，隐隐然有孔子“未知生，焉知死”之风了。事实上，庄子和孔子的生死观可能比一般所了解者更接近。两人同样不追求长生或死后的灵魂之问题，而是依人处在存在秩序中的位阶，依序关怀，由生至死，不越位行事。[28]

庄子上述这些语言是决定性的，我们面对《庄子》一书中看似矛盾的语言时，只能依了义，不依不了义，长生之说在庄子成熟的体系中不会有什么地位，这是很难怀疑的。而庄子所以对生死抱着“高贵的漠然”的态度，我们知道这和庄子的气化世界观息息相关。他宣称道：“生也死之徒，死也生之始，孰知其纪！人之生，气之聚也；聚则为生，散则为死。若死生为徒，吾又何患！故万物一也。”（《知北游》）气化的世界观即意味着连续型的世界观，当代学者论中国连续型的世界观时，

[28] 参见小坂国继：《荘子の生死観》，《日本大学大学院総合社会情报研究科纪要》，第 8 号（2007），页 1—12。

最后往往会碰到气的问题，[29] 而庄子正是此种理论的奠基者之一。由气化的世界观入手，我们看到庄子与神话思维的系连，因为两者都不认为死亡是断裂，相反地，一种断裂的死亡反而是不可理解的。

依气化的世界观，世界呈现出“未分化的连续性”，不管世界之总体或存在之个体物，它们只有样态的转化，而没有本质的决裂。《庄子》书中所以有大量的变形思想，乃因“变形”正显示出依气化而衍生不穷的变貌。“变形”的古典用语乃是“物化”，“物化”可指生时万物之变形，也可指死亡之化为异物。[30] 庄子这种使用方法不是误置了范畴，而是他使用了不同模式的范畴，因而有另一种的世界秩序之图像。物化不是物灭，有物化的世界观，即很难有以长生为目标的各种知识之生存空间。

《庄子》书中两种经营生命的论述，我们显然只能择一而信之。但我们与其将两者视为矛盾的命题，倒不如将它们视为一种考古学的叠层关系，亦即庄子思想成熟后所主张的超越生死、游乎一气之命题乃建立在早期的巫道求仙的叙述上面。巫

---

[29] 参见张光直：《连续与破裂：一个文明起源新说的草稿》，《中国青铜时代（第二集）》（台北：联经出版事业公司，1990），页131—143。W. M. Tu（杜维明），“The Continuity of Being: Chinese Visions of Nature,” *Confucian Thought* (Albany: State University of New York Press, 1985), p.38. F. W. Mote, *Intellectual Foundations of China* (New York: A. A. Knopf, 1971), p.19.

[30] 前者见于《庄子》之《齐物论》篇所述庄子梦为蝴蝶，后者见于《刻意》篇所说：“圣人之生也天行，其死也物化。”

医在早期的宗教实践中，慢慢地发展出一种追求生命不朽、躯体完美的原始丹道。庄子曾闻其风而悦之，他采撷了其间的论述架构，也吸收了部分的理论，但内容已蝉蜕为一种深刻的“道”之语言。不朽的追求还是有的，但不朽不在生理的世界，而是物我同根的道之属性。

四　从“斋”到“心斋”

世界观会影响对死亡的认识，但死亡的临界感是人生中最激情的因素之一，只是“正见”尚不足以解消其力量。除了气化世界观这个关键性的因素外，庄子之所以不受巫术或原始丹道拘囿，乃因仙人或原始丹道所说的不朽仍落在此世间，世间即为时空格局，仙人乃以血肉之躯逍遥在时空中的连续性存在。庄子或庄子属意的真人却非仙人之属，他“上与造物者游，而下与外死生无终始者为友”。“造物者”与“外死生、无终始者”皆为超时间的语汇，也可以说是超越界的语汇。超时间的意识此事所以可能，应该别有源头，它可能来自某些意识变形的宗教经验。简单地说，笔者认为庄子经历过一种工夫论的转折，因而别有体悟。关于此转折的内涵，我们不妨从一则最富象征性的故事谈起。

《庄子·逍遥游》破题即提出一著名的寓言：“北冥有鱼，其名为鲲。鲲之大，不知其几千里也，化而为鸟……海运则将徙于南冥。”此寓言所说，有各种的解释，但我们有理由将此寓言解为庄子“由巫入道”的转化过程。成玄英注解此段文字云：

> 所以化鱼为鸟，自北徂南者，鸟是凌虚之物，南即启明之方；鱼乃滞溺之虫，北盖幽冥之地；欲表向明背暗，舍滞求进，故举南北鸟鱼以示为道之径耳。[31]

成玄英是道教重玄派的重要代表人物，他对于《庄子》这本重要的典籍之核心象征，不可能太陌生的。所以我们看到他很深刻地指出南北的方位乃象征明暗的意义，鱼鸟的潜跃则象征阴阳的布置。成玄英的注解背后有个五行宇宙观的图式，他显然把鱼鸟和朱雀、玄武的意象同化了。

在后世僵化的五行的宇宙图式中，鱼鸟的象征意义是被空间位置定位住的，不太会有变化的问题。但依五行图式而运作的修炼活动，则不能没有转化的历程。“鲲化为鹏”的神话即意味着为道之途径，亦即意识如何由阴沉的意识转化为光明的意识之经过。就道教的象征体系而言，成玄英的解释是很恰当的。凡对道家思想不太隔阂的人大概都可以承认水（尤其是北方之水）象征浑沌、象征黑暗、象征无意识。道家的修养工夫即是要唤醒幽暗的意识，使之全体朗现，此乃“虚室生白”之谓。白或光明是悟道者常用的隐喻，东西皆然，中印两国的精

[31] 郭庆藩辑：《庄子集释》，页 4。

神修炼传统尤善言此义，[32]“虚室生白”可视为“鹏之徙于南冥”此神话叙述的哲学命题。

鲲鹏神话可能是中国渊远流长的鱼鸟神话的一支。在仰韶文化的陶器、周代的玉器、战国的铜盘、秦汉的瓦当，以至今日流传在民间的各种图饰，我们都可看到鱼鸟图案的艺术主题。有关鱼鸟图案的象征，学者各有解释。[33]笔者倾向相信鱼鸟象征阴阳，鱼为潜藏之阴，鸟为飞升之阳，所以鱼鸟图案乃象征一种阴阳的转化关系。这样的神话艺术主题也可解成是更普遍的“鹫与蛇”类型下的一种神话。

“鹫与蛇”的原始出处之一出自《旧约·创世纪》：“上帝就造出大鱼和水中所滋生各样有生命的动物，各从其类；又造出各样飞鸟，各从其类。”但这个主题分布很广，可说是普遍性的。依据鲁克尔（M. Lurker）的分类，鹫之王国有天、阳界、上、太阳、光、白、昼、夏、风火、精神、男、生、善；相对地，蛇之王国有地、冥界、下、月、暗、黑、夜、冬、水土、物质、女、死、恶。鹫与蛇代表二元对立的系统。在许多

[32] 参见拙作：《先秦思想的明暗象征》，收入何寅主编：《中国文化与世界》（上海：上海外语教育出版社，1998），第6辑，页134—170。

[33] 参见严文明：《“鹳鱼石斧图”跋》，《文物》，第12期（1981），页79—82。陆思贤：《神话考古》（北京：文物出版社，1995），第二章《女神庙的发现和女娲神话》，第三节“伏羲女娲‘风’姓是春天季候风神话——仰韶文化‘鱼鸟纹’图案探讨”，页61—70。蒋书庆：《破译天书：远古彩陶花纹揭秘》（上海：上海文化出版社，2001），页170—209。

民族的信仰中，如果人有意识到要超凡脱俗，他即会与鸟的力量结合，向上飞升，鸟翼代表一种超越的精神。[34]Lurker 的取材遍及古代东方以及今日的人类学调查材料，笔者认为他的观察也适用于中土的文献。关于鸟翼的象征，笔者认为中国古代的羽人即有此意味，而庄子的“厌则又乘夫莽眇之鸟”之说更可视为此一普遍性象征的产物。

我们只要看到东方的“鲲化为鹏”，很容易就联想到西方的约拿（Jonah）进入鲸鱼之腹的神话。“约拿入鲸鱼腹”是个著名的神话主题，约拿一进一出鲸鱼之腹之后，脱胎换骨，人格的境界截然不同。约拿之于鲸，就像大鹏鸟之于鲲一样，此鸟一旦由鲲转化之后，即可翱翔于九万里的高空，不再拘束于黑漆漆的无意识汪洋。[35]“约拿入鲸鱼腹”与鲲鹏神话的意义应该可以相互诠释，鲸、鲲在此皆被视为一种无意识的潜在能

---

[34] 上述说法见于 M. Lurker, *Adler und Schlange: Tiersymbolik im Glauben und Weltbild der Völker*，笔者参考林捷的日译本《鷲と蛇：シンボルとしての动物》（东京：法政大学出版局，1996），页106—139、198—199。

[35] 坎伯（J. Campbell）论及“约拿入鲸鱼腹”的神话之意义时，有言道：“就心理的意义而言，鲸鱼代表在潜意识中的生命力量。从隐喻的观点说，水是潜意识，水中的生物则是无意识的生命或能量。由于潜意识的力量强过意识的人格，所以必须要被消除、克服和控制。”坎伯著，朱侃如译：《神话》（台北：立绪文化事业公司，1995），页247。引文中的“潜意识”，笔者毋宁译为“无意识”。坎伯接着说：与无意识相处的方法有二，一是杀死它，并吸收它的能量；一是转化它，并与之相处。坎伯显然欣赏第二种态度，“鲲化为鹏”显然也是第二种的模态。因为鹏不是与鲲对反，它是由鲲而化，鲲在大洋遨游的潜能变成大鹏高飞远举的动能，平面的量之扩充突变为纵贯的质之超越。

量，它提供了精神转化的材质与动力，说得更直接了当一点，“逍遥”是由“浑沌”转化出来的。

鲲代表无意识，鹏则代表觉悟的明光意识。“鲲化为鹏”的叙述意味着“转化”，也意味着“过程”，转化的过程正是传统工夫论的核心要素。这样的叙述落实到《庄子》的用语上来讲，即是由“斋”到“心斋”的故事。《人间世》篇假借颜回与孔子的有趣对话，指出真正高超的宗教境界是“心斋”，这是身心凝聚至最深层的“听之以气”的层次。至于“不饮酒不茹荤”之“斋”，其境界低矣！比较“斋”与“心斋”，我们不妨说：“斋”是原始宗教传袭下来的修炼方式，“心斋”则是哲学突破的时代之后形成的精神修炼之语言。“斋”与“心斋”两词同有“斋”字，两者原则上共享了一种集中意志并对感官作用加以剥夺的实践形式。形成“意志集中、感官剥夺”最自然的因素乃是贫穷，《人间世》篇因需要一位贫苦至极、无从食肉茹荤者的形象，所以只好向儒门借了颜回。颜回“庶乎屡

图 8-3
图为西周玉器，龟凤合体。龟体中央圆圈以 S 纹分两半，每半边各有螺旋状，整体形状类似太极图。龟凤神话、鲲鹏神话与鹫蛇神话可能同出而异名，此玉器之象征义极浓。

空”，“屡空”前贤或解作贫无一物，或解作心无一物，两解恰好构成了一组完整的颜回形象。

《庄子·人间世》对孔门的“斋”没有作太多的陈述，然而夷考其实，“斋”本是巫之常业。五斗米教的斋戒，如指教斋、涂炭斋等，其形式单纯而艰辛，持斋者要“黄土涂面，反缚悬头”，其目的大概是要经由身心的苦行以达与圣界之合一。后世道教的斋戒名目较多，灵宝派设有六斋、九斋、十二斋等等的斋目，每种斋各有其特定的目的，这显然是斋戒功能分化后的反映。从五斗米教到灵宝派以至于后世正一等各大教派，其斋戒可想见的，都是源自巫教源远流长的斋之文化。我们第一节引用的游凫与雄黄的对话，其中有言“黄［帝］氏立巫咸，教黔首，使之沐浴斋戒，以通九窍”。依据此篇所述，巫咸是斋戒此宗教仪式的始作者，他很有资格作为后世一切形式的巫教的祖师爷。

《庄子·游凫》佚文显示“斋”与“心斋”之间当有连续性，两者皆出自共同而悠久的巫教传统，两者在修行的关键时刻都要处理形、气、神的问题。我们的解释可从《庄子》另一段佚文中所言及的某种类型的斋戒得到印证，其言如下：“君子斋戒，处心掩身，身欲宁，去声色，禁嗜欲，安形性，静以待阴阳之定。”[36]“静以待阴阳之定”此语汇，透露庄子思想有一种深刻的形体哲学，形体哲学的问题姑且不论，此佚文所以

[36] 王叔岷辑：《庄子佚文》第163条，收入《庄子校诠》，册下，页1410。

值得征引，乃因其说与《吕氏春秋·仲冬纪》所述，如出一辙，两者显然同出一源。《仲冬纪》描述的是“君子”在冬至日所当实行的斋戒。传统的节令中，冬至此时令特别重要，周人实以此日作为新旧年岁交接之时。在以天道作为“永恒回归”的思维模式笼罩下，冬至斋戒的意义并不难了解，[37] 虽然《庄子》与《吕氏春秋》的语言多少用到后世流行的概念，不能看作原始的产物。但正因其说新旧两义交混，反而让我们可以看出从巫教的斋戒逐渐转化到“心斋”的过程。

除了“感官剥夺型”的“斋”外，我们还可看到另一种“积极想像”类型的斋戒。[38]《礼记》的《祭义》对此种“斋”的方法及功能有较为详细的叙述，我们不妨看《祭义》所言为何：

> 致齐于内，散齐于外。齐之日，思其居处，思其笑语，思其志意，思其所乐，思其所嗜。齐三日，乃见其

---

[37]《易经·复卦》的《大象传》说：“雷在地中，复，先王以至日闭关，商旅不行，后不省方。”此说恐有民俗的依据，而不是出自哲人凭空想像的创作。朱子注解此卦，也引《礼记·月令》之说，以为佐证。

[38]“积极想像”（active imagination）一词借自荣格（C. G. Jung），此词是原型心理学的重要术语，但荣格对此用语的界定却相当模糊，其义大致是将无意识内涵中的形象——亦即原型意象发展出来的一种技巧，笔者认为此用语与道、佛所说“存思”“存想”的修炼方法相近。荣格对“积极想像”的解释参见 C. G. Jung, *The Transcendent Function*, in *Collected Works* (New Jersey: Princeton University Press, 1975), vol.8 pp.67–91.

> 所为齐者。祭之日，入室，僾然必有见乎其位。周还出户，肃然必有闻其容声。出户而听，忾然必有闻其叹息之声。[39]

这就是“恍惚以与神明交”。恍惚也者，意识进入理性与非理性交界的用语，一种濒临解体边缘的宗教经验。儒家这种“恍惚”的修养论无疑地与祖先崇拜有关，它不见得可以解释一切的斋戒，但可想见的，也有很深远的传统。这种“恍惚伦理学”因为可以改变人的主体的状态，让学者接触到俗世之外的另一次元，并达成孝子与祖先神秘的融合，因此，就儒家的观点来看，它具备了正面的功能。

和儒家的致齐、散齐相比之下，我们可以看出《庄子》佚文所说的斋比较像遮拨型的，这种工夫是意志透过对感性主体不断的减损，损之又损，以至身心全面地无化。儒家的斋戒则一方面要减损欲望的干扰，但另一方面要透过想像，努力与观想的对象合一。儒家的斋戒是积极类型的，但致齐、散齐的功能也就是到此为止。在庄子看来，不管是原始巫教的型态，或是儒家的型态，它们都缺乏向上一机，无法触及到神明之源。

原始宗教的斋戒虽然也有意于身心状态的转化，但就后世较成熟的修炼传统来看，这样的转化并不彻底，因为巫教

[39] 郑玄注，孔颖达疏：《礼记正义·祭义》，收入李学勤主编：《十三经注疏整理本》（台北：台湾古籍出版社，2001），册 77，卷 47，页 1529—1530。

所叙述的身心层面仍旧落在个体性的知觉之灵敏上面，这种精微的虚灵知觉无疑可以扩大形体感通的范围，在儒家的致齐、散齐的情况下，修炼者还可透过意识变形的历程，触及到另一层的变形之实在界。然而，庄子的“道”已不落在彼域的变形世界里，对道的体证也不是经由巫教式的意识的变形所致，而是一种超人格化的提升。体道的历程不会只有一种途径，它或经由体而心而气，或由心而延伸至形体的体、气两面，但总归要达到形体的心气化与心气的形体化，也可以说要达到形上与形下的融化与形气神的贯通。只有一气流通，才算到家。

这种“心气形体化而形体心气化”的工夫即是所谓的“心斋”。在《人间世》有名的孔颜对话之脉络中，孔子告诉颜回：只有实行心斋的人，才可以悠游于人世间中的政治世界，而不受其害。孔子说明“心斋”的内容如下：

> 若一志，无听之以耳而听之以心，无听之以心而听之以气！听止于耳，心止于符。气也者，虚而待物者也。唯道集虚。虚者，心斋也。

心斋的内容基本上由三个步骤组成，（一）心意集中为一（若一志）；（二）由耳而心而气的深入过程；（三）虚通的境地。三个步骤贯通为一，虚通之境实即形体完全为心气渗化、全身感通无碍之境。

图 8-4
商周时期玉器，白玉玉质，抛光精致，间有土沁。人首凤尾，全身蜷曲作圆环状。凤是商周时期的神鸟，铜器与玉器中常见。此器当为宗教礼器，显示巫觋化为凤鸟，惟用途不详。

如果比较包含儒教的致齐、散齐在内的巫教之斋与心斋，我们可以看出两者间的异同。就斋戒需要集中意志而言，两者其实都是具备的，也可以说都有心斋的面向。但巫教的修行方式乃是“以心制形”，就内在面而言，也可以说是“以心制气”，至少心气很难化而为一。心斋则预设了一种无限心的修行模式，所以“若一志”的“一”可以说是由“专一”以至于“一”，也可以说是由意志的集中达到老子所谓的“抱一”或“得一”之境地。由于庄子处在哲学突破的年代，贯穿形气的心之概念已经形成，因此，作为工夫中介的心扮演了枢纽的地位，一方面它外显于感官，一方面它内渗于体气。所以工夫的途径乃由感官内转，再由意识所及进入超意识的气化流行。亢仓子所说“我体合于心，心合于气，气合于神，神合于无”，[40]恰可为此“心斋”模式作注脚。这种打通由体表到形上层次之无的模式不是巫教的格局，而是新的精神修炼模式。巫教的斋戒固有“体合于心”之义，但“心”能否合于“气”就未必那

[40] 语出《列子·仲尼》，参见杨伯峻撰：《列子集释》，卷 4，页 118。

么清楚，更不要说“气合于神”以上的层次了。因为巫者一到此心气交接的层次，意识即会翻转到变形的世界，不一定会再有深入到神、无的动能。[41]

“斋”与“心斋”的差别，实即预设了两者对“道”或真实界的理解之差别。当终极的真实由鬼神界转到道之流行时，提供真理的来源也就不一样了。巫教之斋固然也有知识之讯息可言，但提供此讯息者乃在变形界的鬼神，所谓人谋鬼谋。然而，当主体的概念转变，心气神无通而为一时，讯息的来源即改由此作为万物存在依据的“道”（亦即“无”）所提供。庄子的“道”是种动态的“无”，动态的“无”事实上也就是一种超越意义的气或神，只有这种“动态之无”才有可能达到所谓的“以无翼飞、以无知知”的玄妙境界。我们不会忘了：典型的巫教仙人是羽人，而庄子的真人却是不需要那副累赘的翅膀的。

我们将上述的线索串连起来，不难看出斋与心斋的寓言所显示的工夫论之转换过程，它揭露了一种以“常心”此无限心为基础的主体的跃升。它指出由“恍惚”的工夫到“见独”的工夫所显示的真理（道体）观之转换，这种工夫论的转变可以视为由巫入道的精神史之指标性项目。

[41] 笔者的说法意味着：（一）巫教修行的层次没有达到后世理学或丹家所说的“先天”或哲学上所谓的“超越层”之事；（二）巫教的变形经验发生在个体性的意识状态解体以后。

五　从“外游”到“游乎一气”

巫者退出了庄子的思想舞台，斋的地位被心斋取代，因为工夫论改变了。工夫论一旦改变，骨牌效应启动，人的根源性存在模式之理解也就不同了。巫文化常见的“游”的概念不得不脱胎换骨，蜕变为一种深层的与物共在的存在模式。

“游”在古书里是个常见的概念，《庄子》《列子》使用这个语词极频繁，《诗经》里也有“汉有游女”这类型的诗歌。但笔者每一念及此神韵绵绵的语词时，马上浮现于心田的图像，却是被韩愈评为“诘屈聱牙”的《尚书》所述帝尧之巡守，其相关之言如下：

> 岁二月，东巡守，至于岱宗，柴……五月南巡守，至于南岳，如岱礼。八月西巡守，至于西岳，如初。十有一月朔巡守，至于北岳，如西礼。归，格乎艺祖，用特。五载一巡守，群后四朝。

在遂古洪荒时代，传说中的圣王帝尧曾依东南西北的顺序，遍礼代表四方的圣山，五年一轮，循环不休。后来的秦皇、汉武也仿照帝尧的事迹，他们到泰山行封禅礼后，也四处巡守，遍礼名山。比起当代的新圣王，这些远古的帝王虽“略逊风骚”，但都具经天纬地之才，他们搁下政事不管，却劳师动众，遍礼名山，所为何来？

秦皇、汉武的封禅事迹，见之于《史记·封禅书》的记载，但封禅与巡守的意义仍不十分清楚。笔者相信上述东、南、西、北四岳都是圣山，它们很可能都是通天的宇宙山。泰山的通天意义当然最明显，其他的南、西、北岳的布置乃是曼荼罗式的另外三个支柱，它们与泰山共同扮演了四极的角色，因此，也具足了相同的支撑天地的功能。换言之，四极虽位于地理位置上的四方，但依神话的空间意识，四极有可能分享了“中”的职能。传说在往古一场宇宙性的灾难发生时，四极曾经折毁，后来女娲补天并断鳌足以立四极之后，宇宙才恢复平静。帝尧与秦皇、汉武之四巡，不无仿效女娲重辟天地之意。就天子之为天之元子而言，如何使空间再神圣化，这本来就是他无可推卸的天职。

对“现代西方”以外的人，[42] 尤其是对初民而言，空间绝不是等价的。空间总有圣俗之分，总有文明（开辟）与野蛮（浑沌）之分。初民只要一离开熟悉的地方，他马上面临一个未知的世界，这个未知的世界不仅是知识上的未知而已，它还是情感上恐惧之处，因为一踏入蛮荒之地，其地即遍满山精水怪，魑魅魍魉，这是与世界对照的另一个非人文的世界。[43] 如

[42] 依据耶律亚德的思维模式，现代西方代表一种和以往各种传统都大不相同的精神状态，它的时间模式是线性而非典范化的，现代西方人可以说是一种“新人”。耶律亚德的“现代西方人”可视为某种理想类型，东方世界其实也有“现代西方人”。

[43] 参见江绍原：《中国古代旅行之研究》。

果用耶律亚德的观点来说，文明与野蛮的对分，乃是圣俗的对分，这是本体论的分裂。蛮荒代表反秩序、反理解的非存在之物。校正之计，只有使这些非秩序变为秩序，不可理解的变为可以理解，亦即使浑沌变为宇宙，人才可以居焉、修焉、息焉、游焉。[44]

要达成这样的效果，世界即须圣化。蛮荒之地，必须使它可以理解，化为世界。已创造的世界，则因已有圣俗的分化，所以人每隔一段时间，总要适时地到圣地朝圣，与之更新。就圣化世界而言，我们看到战国秦汉的宇宙乃由四方主神、配上四方佐神、再配上四方风，曼荼罗化地组成。这样的设计无疑地可使中原以外的魔界变为与我同类之世界，“天下”概念遂得以形成。就圣俗已分化的历史阶段而言，不管个人、诸侯、天子，他们每隔一段时期，透过巡礼或巡守的方式，到宇宙山这类的圣地礼拜。每一次的巡礼，可以促使个人的生命不断地净化，走到圣地时，其人可以说已象征式地与圣合一。从这种观点看来，我们可以说巡礼或巡守是种“外在化的冥契主义”。[45]

我们把天子的巡守和信徒的巡礼等同齐观，相互比较，未免有些不知类。天子的巡守多少带有“代天巡守”的味道，他

[44] 伊利亚德（M. Eliade）著，杨素娥译：《圣与俗》（台北：桂冠图书公司，2001），页 71—114。

[45] V. Turner & E. Turner, *Image and Pilgrimage in Christian Culture* (New York: Columbia University Press, 1978), p.33.

不只要从圣地汲取神圣之力量，他还可以用“天子”的身分辐射此神圣力量，使在时间流逝中老化的大地重新汲取存在的能源。然而，不管个人或是天子，巡礼的关键是圣地所带来的身心之净化以及世界之神圣化，公私两便，此事殆无可疑。而这种巡礼的工作固然与人人相关，但原始的率领者当是巫师。秦皇、汉武的封禅巡狩之礼，原本即出自燕齐海滨方士的杰作；而《尧典》此篇所述尧之事迹，几乎可以确定是神话之历史化，至少是史实与神话对分。而其巡狩，自然像是巫师天子在太古之初所扮演的圣化土地之功能。

“游”的巫术因子在《庄子》书中虽已淡了许多，但未尝没有痕迹。或许我们该说：庄子还是特意留下了许多可以追索的线索，让后人得以知其始末。我们且看下列所述：

（一）云将东游，过扶摇之枝而适遭鸿蒙。鸿蒙方将拊脾雀跃而游。云将见之，倘然止，贽然立，曰：“叟何人邪？叟何为此？”鸿蒙拊脾雀跃不辍，对云将曰：“游。”（《在宥》）

（二）谆芒将东之大壑，适遇苑风于东海之滨。苑风曰：“子将奚之？”曰：“将之大壑。”曰：“奚为焉？”曰：“夫大壑之为物也，注焉而不满，酌焉而不竭，吾将游焉。”（《天地》）

（三）知北游于玄水之上，登隐弅之丘，而适遭无为谓焉。……三问而无为谓不答也，非不答，不知答也。知不得问，反于白水之南，登狐阕之丘，而睹狂屈焉。知以之言也问乎狂屈，狂屈曰："唉！予知之，将语若，中欲言而忘其所欲言。"知不得问，反于帝宫，见黄帝而问焉。（《知北游》）

（四）支离叔与滑介叔观于冥伯之丘，昆仑之虚，黄帝之所休。（《至乐》）

这几则故事的主角都不一样，游的地点也不全相同。但"云将"所游，乃在东海扶摇之枝处，扶摇之枝当是扶桑，扶桑或作空桑、亢桑，空桑此地乃上古东夷族最重要且最神秘的中心，[46] 太阳即从此作为宇宙地标的附近海域升起。谆芒所游的地域与鸿蒙所游者接近。谆芒有可能是春神勾芒，苑风则有可能是四方风的北方之风，两者会面的实质内涵当指春气游氛之转换，亦即此寓言实即季节神话的改写。谆芒此次到了东方海域，其游赏重点为"大壑"，"大壑"是后羿射日所造成的存在之大黑洞，此大黑洞曾被建构为保持大自然平衡的宇宙坐标之中心（无之极限）。至于"知"北游之处，乃是位于天地中

[46] 参见傅斯年：《夷夏东西说》，收入陈槃等校订：《傅斯年全集》（台北：联经出版事业公司，1980），册 3，页 154。

央的宇宙大山——昆仑，此由“白水”“黄帝帝宫”之语足以见之。支离叔与滑介叔所观之处与“知”北游之处恰好相同，也在昆仑山。而此两人之“观”，固为“游”也。[47]

上述四条材料，两则位于东海，两则位于西极。更确切地说，两则来自姑射神话系列，两则来自昆仑神话系列，姑射神话与昆仑神话乃是《庄子》一书的主轴神话。[48] 有关昆仑神话的诸种问题，尤其“昆仑”与泰山的关系，此处姑且不予讨论。我们如承认此处的昆仑乃神秘地理中位于中国西方而为世界中央的宇宙山，那么，不难发现上述四条材料中的前面两则叙事的活动地点乃是时间与空间肇始之地，后面两则的背景则落在俗世通向圣界之“中”，这两个地点绝对是神圣之地，也是宗教性巡游的目的地。鸿蒙、谆芒与支离叔、滑介叔才会迢递到此，游焉、观焉。庄子此处虽用寓言，但其语言无疑地仍保留了远古巫教文化的痕迹。

但庄子的“游”之主轴当然已非宗教性的巡礼，而是人与自然同属的“气”之层次之开显。学者随着修养工夫之日

[47]《列子·仲尼》有言：“务外游，不知务内观。”杨伯峻注云：“外游内观相对，则观亦游也。《孟子·梁惠王》云：‘吾何修而可以比于先王观也？’赵岐注云：‘当何修治可以比先王之观游乎？’以游释观。《吕氏春秋·季春》云：‘禁妇女无观。’高注：‘观，游。’皆其证也。”杨伯峻撰：《列子集释》，卷 4，页 128。

[48] 参见顾颉刚：《〈庄子〉和〈楚辞〉中昆仑和蓬莱两个神话系统的融合》，收入朱东润等主编：《中华文史论丛》，第 2 辑（总第 10 辑），页 31—57。

益深入，意识的底层也日益活化。而根据战国时期业已形成的身体观，意识（心）的底层乃是与世同在的气之流通，一旦学者工夫有成，心气同流，则意识所至，气亦随之，心气所至，我们可以说某种超个体意识的意识已随之而游。简言之，庄子的“游”是和“物我同体的气”之开展同时呈现的。他说：“（至人）游乎万物之所终始。”（《达生》）“一上一下，以和为量，浮游乎万物之祖。”（《山木》）“彼方且与造物者为人，而游乎天地之一气。”（《大宗师》）“向者先生形体掘若槁木，似遗物离人而立于独也。老聃曰：‘吾游心于物之初。’”（《田子方》）“上与造物者游，而下与外死生无终始者为友。”（《天下》）庄子描述的“游”之层次甚深，“游”所至者乃是“祖”“初”“独”“终始”“造物者”，这些语词皆描述物我一气之始源状态，“游”立足在此一层次上。

庄子这样的“游”借自巫文化，但意义完全改变了。改变的重点有二，一是圣界的改变。在巡守的传统中，“神圣”被界定在圣化的时空结构之中，一种时间转折点的冬至或除夕，或者一种天人交界的宇宙山、宇宙树，特别容易被视为“神圣”所钟，因此，如何浸渍于此神秘的时空结构遂成为巫者工夫论的重点。但庄子的“游”侧重于“物之初”“万物之祖”云云，“神圣”已变成存有论的语汇，其实质内涵乃落在求道者的深层意识上。圣界由外转内，由粗转精，这是“游”概念转变第一个重要的层面。

改变的第二个重点在于主体性格的转换，我们如反用列子的话讲，也就是“不务外游而务内观”。“外游”是宗教仪礼的行为，是以形体为中心在空间移动的事件；“内观”其实不怎么内，它是一种经由反身逆转，主体透向物我同层的真实之呈现。此“内观”所以还能称作“游”，乃因庄子的世界观是个气化的世界观，气化是世界的实相。但一般人因为受限于知觉、记忆、语言、意识形态，他总是无法体验流动的世界之真实面目。一旦他的身心状态完全转化，物我一气，只要其形气主体一有自觉的发动，则其人不期游而自游，世界不期化而自化，自然不期美而自美。此际，“游”不再是一种有意识的形体在空间之移动行为，而是人的存在之开显。由于人的本质是气化的，也是游化的，在基本存有论的意义下，人必然是“游之人”。

“游”是庄子思想的核心概念，孔子是首位深化此概念的哲人，[49] 庄子则作了更浩瀚无涯的发挥。“游”字来头甚大，显然已非一节短文所能穷尽其义，我们在此只能放在巫道关系的格局下考量，先作初步的探讨。最后，我们且看庄子对于“游”如何礼赞，以终结本节：

> 出入六合，游乎九州，独往独来，是谓独有。(《在宥》)

---

[49]《论语·述而》记载孔子说：“游于艺。”《礼记·学记》也说：“君子之于学也，藏焉！修焉！息焉！游焉！”儒家的“游”与庄子所述，颇有相承之处。

汝游心于淡，合气于漠，顺物自然而无容私焉，而天下治矣。(《应帝王》)

夫得是，至美至乐也。得至美而游乎至乐，谓之至人。(《田子方》)

《在宥》所述还有些巫风仙话的气息，可视为从巫教之外游过渡到神气之游化的论述。另两篇则是相当庄子式的，是在神气朗现下的世界之开显。三篇的内容其实可视为一种“互文性”，彼此的主旨可相互补充。上述所说的“游”不但已非巡礼之游所能望其项背，它也不是泛泛而指的“神游”所能得其仿佛的，这是一种人的本质的回复，其细节笔者已有专文处理。[50]

六　结论：两种主体的转折

天下之治方术者多矣，其源皆出自“古之道术”。古之道术者，巫师之常业也。在知识形态与知识阶层尚未分化的时代，巫师垄断了所有的知识，而所有的知识基本上是一种巫教知识的变形，巫教知识是巫教意识或神话意识的产物。巫教一

[50] 拙作：《游之主体》，原稿刊于《中国文哲研究集刊》，第45期（2014），页1—39。现在收入拙著：《儒门内的庄子》，页173—264。

神话意识的特色是整体性的，其母胎乃是强烈情绪的一体之感。[51] 而三代精神史的发展大体上乃是从此种强烈情绪中走出，其轨迹见之于道德意识与理性意识不断的加强。远从颛顼使重黎绝地天通，以至周公之制礼作乐，我们看到精神的发展趋势都是要使学者对身心内部的意识与对外在情境的认识固定化、条理化、道德化。重黎绝地天通使得颛顼统治下的人民再也不能“旦上天，夕上天”；天和人也不能“旦有语，夕有语”。[52] 周公制礼作乐以后，周朝臣民再也不能像殷商末期的君臣一样，整日沉湎酒中，亦即不能再度沉迷在饮酒后所释放出来的解体合一之感。[53] 文明的进展与巫教意识的强度成反比，一旦人的意识更趋于明确，巫术的因子即会反向地日益被逐出身心之外，也日益被逐出自然之外——至少对主流的学派来说，“除魅化”是个明显的历史行程之特色。

巫的社会地位随着历史的向前行而不断地往下掉，战国中晚期的巫早已不再活在美好的岁月。但庄子与屈原却是其时少

[51] 请看卡西勒（E. Cassirer）下列话语：“它（初民心灵）的生命观是一个综合的观点，而不是一个分解的观点。生命不被分为类和次类，它被感受为一个不断的连续的全体，不容许任何清楚明晰和截然的分别。不同领域之间的限制不是不能超越的障碍；它们是流动的和波荡的。……由一种突然的变形，一切事物可能转化为一切事物。”刘述先译：《论人：人类文化哲学导论》，页 93。

[52] “旦上天，夕上天”，“旦有语，夕有语”引自龚自珍，《壬癸之际胎观第一》，《定庵续集》，卷 2，页 9。

[53] 关于殷商晚期纵酒文化的宗教意义，参见张光直：《中国青铜时代（第二集）》，页 61—63。谢选骏：《神话与民族精神》（济南：山东文艺出版社，1986），页 358—364。

数仍被巫风价值吸引住的大人物，屈原的问题当另论（见本书第玖章）。庄子面对“除魅化”的历史行程，所看到的却不是哲学突破所带来的精神之发展，而是伴随社会日益分化所招致的人之日益异化，庄子认为这样的现状与其说是理性的抬头，毋宁是“历史的恐怖”。[54] 相对之下，巫教所代表的那种未分化的原始整全反而和他所追求的理想较接近。庄周曾闻其风而悦之，“以谬悠之说，荒唐之言，无端崖之辞，时恣纵而不傥”，谬悠、荒唐、无端崖之大者莫过于巫教的神话宗教知识，庄子曾假借其言作为论述的架构；他也吸收了巫的原始智慧，作为精神转化的母胎。

但假借终归是假借，庄子之借用巫教叙述，乃是借道经过，两者文字之相通，不足以掩盖两者所代表的精神之差异。庄子与巫文化的关系在 19 世纪前，基本上没有被严肃讨论过。20 世纪之后，由于刘师培、王国维、闻一多诸人的努力，我们知道巫文化在上古所扮演的关键性角色，也知道道家与巫的密切关系。然而，或许出自对旧论述的反动，或者由于人类学的神话论带有较多同情异文化的因素，此支神话理论被引进中国并带来相当冲击后，上古巫教多少被美化了，一种带着浪漫幻想的神话美学已不再是陌生的声音。然而，庄子的案子需要

[54] “历史的恐怖”乃 M. Eliade 历史哲学的一个重要概念，意指对具初民心态的人而言，价值存在于对“原型”的永恒回归，线性的时间只会带来无意义化，因而造成“历史的恐怖”。M. Eliade 之说参见拙译：《宇宙与历史：永恒回归的神话》。

仔细审视，他恐不宜笼统地视为巫文化的代言人，而当视为转化者兼批判者。庄子诚然没有像孔子那般对神话（尤其是政治神话）有那么高的敏感。但庄子用了那么多的神话母题，其题材之沿承与宗旨之差异都是那么明显，这样的现象不会是无意的，他的选择其实已作了消极但确切的批判工作。

庄子之由巫入道，其个人的传记背景不得而知，但关键性的转折在于他作了主体的批判工作。巫教的意识基本上是强烈的集体性之情感，也可以说是强烈情感的无意识，道之意识则是超感性与智性的悟觉。所以庄子思想的转折，也可以说是主体观的转换，亦即人的主体由情绪情感的无意识转到神化的无之意识。所以我们如单看表面文字之同，固然可以说庄子仍像古代的巫一样，好游，好化，但我们不宜忘了：庄子所重之游乃是虚灵主体连着气化流通的精神之游，游的主体不再是离开身躯的灵魂。要达到此一具体的逍遥，自然也要有各种的工夫，以期转化主体。在工夫的初阶，庄子与巫大概可以使用相当多共通的语言，但工夫进入性天交界处时，“斋”必然要由“心斋”取代。“巫”的色彩渐渐融入“道”的运作，巫教因素残存在《庄子》书中主要的痕迹，乃是大量的逍遥之意象，它由实际存在的原始宗教时期之文化，一变而为精神自由之象征。至于实际的巫术操作者如日者、占卜者、相命者，庄子从不曾赋予这些人物太高的地位。

庄子赋予崇高地位的是至人、真人、神人、圣人，前三者的形象尤其突显。我们前文业已说过：庄子的至人、真人、神

图 8-5
原始宗教有些修行方式影响到后来体制型的宗教，此玉器当为商周玉器，人物双掌相合于胸前，两腿脚掌心相抵，紧贴地面。此造型不无可能是早期巫师的行功图，当有太初的工夫内涵，庄子的工夫论已超出此图所示境界。

人的意象乃由神巫转化出来，但神人等理想人物毕竟不同于神巫，就像鲲既已化为鹏，鹏即不再是鲲。庄子虽然因我们现在还不知道的途径，受益于巫文化的知识匪浅，但他的知识来源是多元的，我们知道他还经历过各种学问的考验，由慎到、彭蒙而至关尹、老聃，一波高似一波，一层更深一层。他的思想既扎根于太初的土壤，但也冲浪于战国思潮的波峰。知识资源不同，他的造诣自然也就远非洪荒太古的巫咸所能比拟。庄子说他自己“上与造物者游，而下与外死生无终始者为友”，亦即他已进入“先天而天弗违”的超越向度，更确切地说，当是“六通四辟，小大精粗，其运无乎不在”的游戏神通之层次。大鹏九万里凌空，俯视尘埃，所见者唯清蒙一气，俗物茫茫。此时纵有精于“古之道术”者再现于世，他除了仰视长空，徒呼负负外，还能多说什么！

玖　巫风笼罩下的性命之学：屈原作品的思想史意义[1]

一　屈原思想的解释问题

屈原是位伟大的作家，但我们不方便说他是位伟大的哲学家。屈原对中国诗歌，甚至整体中国文学的巨大影响是无庸置疑的，刘勰将他的作品列为文学的枢纽，一切创作的总源头之一，这样的评价很难被动摇。但如果说屈原对中国思想史有什么重大的影响，这样的命题似乎就不太好谈了。然而，屈原的主要身分虽然不是位思辨取向的哲学家，他对中国思想的主要课题似乎没有表现出太多概念上的兴趣，但这不表示他与当时的主要思潮没有瓜葛。事实恰非如此，屈原诚然不作哲学的论辩，但他对当时哲人感到兴趣的论题确实有过文学的体现。由于他身处文化交流十分密切的战国晚期，由于楚地巫风特盛但又深受儒道思想的浸润，由于他的职业、知识、命运等等使得

[1]《巫风笼罩下的性命之学——屈原作品的思想史意义》初稿刊于中兴大学古典文学研究会编：《第四届通俗文学与雅正文学全国学术研讨会论文集》（台中：中兴大学中文系，2003），页 219—258。

他对灵魂之变形转化有极为深刻的感受，上述种种的原因重层交叉的结果，屈原遂得以自己的作品，深刻地体现了另一种型态的“性命之学”。

本文认为屈原扮演从“萨满教文化”转到“心性论文化”此过程中典型的过渡性角色；如果放在“性命之学”的角度考量的话，屈原可视为从“灵魂论”转到“心性论”此大转向中最重要的中介人物。即使我们认定屈原不是哲学家，我们不想将他的作品列入哲学的范围内考量，但我们如果愿意从思想史或精神史的观点考量的话，“屈原现象”仍是我们无法不予以正视的关键性因素，屈原作品所反映的思想史意义之丰富恐怕会大大出乎一般人意料之外。

屈原的思想虽然在晚近有日渐受到重视的趋势，但如实说来，这是个老问题，而非晚近开发出来的新议题。这样的问题意识至少可上溯两千多年前司马迁为屈原立传，甚至司马迁之前的淮南王刘安解释楚骚时，已触及此义。刘安与司马迁都已经给屈原冠上儒者的衣冠：“《国风》好色而不淫，《小雅》怨诽而不乱，若《离骚》者，可谓兼之矣！”[2]这样的语言固然是用以描述屈原文章的特色与来源，但在中国传统“言为心声”“文如其人”的思想模式笼罩下，文章的批评与人格的批评可以视为一体的两面。我们看到《屈原贾生列传》的屈原，他娴熟辞令，敏于政事，虽然忠贞不二，却见谗于小人，最后

[2] 司马迁：《史记·屈原贾生列传》，卷84，页2482。

的结果我们都知道，他选择相当儒家价值导向的以死明志之途径。司马迁眼中的屈原，不折不扣是儒家价值体系的传播者。

刘安、司马迁以下，大肆臧否屈原其人其事者不在少数。大体说来，正面赞扬屈原者，大抵认为屈原的行事符合儒家正统的道德标准，其人虽与日月争光可也。而批判屈原者，亦非全盘否定屈原的儒家义理血统，他们只是认为屈原虽有至情，个性却不够中庸，他逞才率气，怨怼沉江，一生的行事偏离了儒家的正统。汉代儒者从扬雄、班固以下直至刘勰、颜之推，[3]他们批评屈原的标准虽有宽严之别，但基本立场其实大同小异。他们的批判显然是从儒家的立场出发，他们看屈原，基本上也是将他放在儒家的范围内定位，所以才有刘勰那种同于风雅者四事，不合于典诰者四事的说法。

有儒家说，自然相应的也有道家说。道家说虽然从来不是"屈原学"的主流，但民国以来提出此案的学者如蒙文通、冯友兰皆为国学巨擘，其论证殊难轻忽。蒙文通的晚周仙道分三派说，[4]冯友兰的精气论，[5]其切入点皆有理据，它们确实突显屈原作品中长期受到忽视的一个面向。本文在底下的章节还会回到此一理论。儒家、道家说是传统学派的分类法，由于屈原是文学史的大家，可想像地，各种奇怪的论点都会出现的，但

[3] 这些人的论点散见他们的著作，方便的参考见马茂元编：《楚辞评论资料选》（武汉：湖北人民出版社，1985），页5—29。

[4] 蒙文通：《晚周仙道分三派考》，《古学甄微》，页335—342。

[5] 冯友兰：《中国哲学史新编（修订本）》（北京：人民出版社，1984），页241—247。

其说大多无据，似可不予考虑。[6] 然而有一种说法相当流行，其势力足以和儒家说相比美，它虽然没有列入大传统的知识范畴内，但其特征却相当显著，其诠释也构成了一个绵延不绝的传统，所以我们也可以将它视为重要的文化概念，这就是"巫文化说"。有关此说的内涵，我们下文还会细论，此处姑且先作个提示。

如果学者探讨屈原思想的特色而不想从学派的观点立论的话，我们马上想到"楚文化"或"南方文化"说这样的代用品，这是从地域的角度界定思想，这样的手法极常用。屈原楚人，言楚物，歌楚声，这是很明显的事实，所以历代学者多有持屈原为楚文化代表之说者。但晚近从区域观点立论者，其视野似更宏阔，其论点多已非传统的禹域地理所能拘囿，如凌纯声 [7]、饶宗颐 [8] 等人所说的"环太平洋文化说"，或苏雪林的"两河流域说"，[9] 其涉及之问题更复杂，其涉及之文化传播路线更难寻觅。从人类学的观点考察，屈原的思想是否有可能受到

[6] 如在批孔扬秦时期，中国史上凭空多出一位重要的法家人物，他就是屈原。当时这类的文章很多，随便举个例子，请参见王运熙等:《试论屈原的尊法反儒思想》，《学习与批判》，第 1 期（1973），页 53—59。

[7] 参见凌纯声《中国古代海洋文化与亚洲地中海》《太平洋上的中国远古文化》《台湾土著族的宗庙与社稷》《中国祖庙的起源》诸文，收入《中国边疆民族与环太平洋文化》，册上，页 335—344，409—415。册下，页 1117—1191，1193—1242。

[8] 饶宗颐:《荆楚文化》，《"中央研究院"历史语言研究所集刊》，第 41 本第 2 分（1969），页 273—315。

[9] 参见苏雪林:《屈赋论丛》，页 1—62，575—728。

西亚文明的影响，或是他是否和环太平洋地区的人民分享共同的文化传统，此事牵涉到专业问题，笔者无能赞一词。但本文不是人类学的提法，其重心不在此处。所以除非是像张光直所提出的足以和本文“性命之学”的主旨相呼应的论点，我们必须正面回应外。否则，地域论述的是非得失，我们可姑且不予以讨论。

如果学派的分法太传统，容易模糊焦点；地区的分法太笼统，容易分散焦点，那么，从主题入手，探讨屈原思想的特色，这似乎是条可行之路。事实上，近代学者即颇有人从此种观点入手，进行讨论。名家如游国恩即将《屈赋》分成四大观念：（一）宇宙观念，（二）神仙观念，（三）神怪观念，（四）历史观念。[10] 另一名家姜亮夫的分法更细，他将屈原的主要思想分成底下六点：（一）特重视觉的官能作用，（二）重物质由无至有的变化，（三）重心理状态之认识，（四）中、贞、修、德之道德观，（五）“美政”之政治观，（六）天德与天命观。[11] 类似游国恩与姜亮夫这种分法是有优胜之处，它们无疑地可以突显屈原思想的具体内涵，而不必笼统地依附在学派或地域的范畴下。但归纳的做法虽然较周延，却常不免沦于浮泛，未必能切入经典文本独特的作者风格的内涵，游、姜两

[10] 游国恩：《读骚论微初集》（台北：台湾商务印书馆，1972），页 4—63。

[11] 姜亮夫：《屈原思想简述》，《楚辞学论文集》（上海：上海古籍出版社，1984），页 239—259。姜亮夫、姜昆武：《屈原与楚辞》（合肥：安徽教育出版社，1991），页 23。

先生的归纳亦不能免。

上述依传统学派、地域或主题所作的区分，当然不是互斥的。我们看到“道家说”通常和“楚文化说”或“南方文化说”可以互训，它和所谓的四大观念或六大观念的某些观念（如宇宙观念、神仙观念）也可以相融。本文采取的立场比较接近第三种，亦即从主题出发，直截了当地说，笔者认为屈原作品的最大特色，乃是他使用诗歌的形式深刻地表达了一种深刻的灵魂的学问。如果借用后世儒佛的语言表达，我们可以说这也是一种“性命之学”，只是这种“性命之学”不是以某种形上的本心或宇宙心为核心，它是建立在三代固有的形气神、魂魄之类的人身观上，但它也慢慢地向着心性论的方向转进。

这种性命之学建立在形气神、魂魄身体观上，它不见得是某家、某派或某国、某地才有的特色，但它无疑地与道家及巫教的精神较接近，它也与楚风或南方文化高度地重叠。但笔者由于预设了：（一）魏晋以后，心性论是中国思想的大论述，它是儒释道三教共同的核心；（二）三代以前及三代某些时段，一种以灵魂可以离体为主要特色的文化占主流位置，这样的文化可笼统地称作“巫”文化，现在则可将之具体化定位为“萨满教”。[12] 从离体的灵魂观如何过渡到具有形上意义的心性论，

[12] 参见 D. Hawkes, *Ch'u Tz'u: The Songs of the South: An Ancient Chinese Anthology* (London: Clarendon Press, 1959). A. Waley, *The Nine Songs: A Study of Shamanism in Ancient China* (London: G. Allen and Unwin, 1955).

这是个极重要的思想史课题，而屈原恰好处在这样的关键点上。笔者选择“性命之学”一词描述出现在前后两个历史阶段最重要的精神修炼传统，这两阶段的巫觋或学者所欣赏、所体现的“性命”之层次不太一样，但这无碍于我们使用“性命”一词的合法性（见下面第五节）。屈原的作品是个窗口，视野极佳，它恰好提供我们观看这两种性命之学如何转变的历程。

二　灵魂升天与萨满教精神

我们前文已提过，“巫教说”是屈原研究一种主流的论述，笔者同意这种解释有相当深刻的洞见。但“巫”字用之者众，其指涉的范围太广，其核心的内容反而容易被忽视了。为了方便起见，笔者先行定义本文所需要的内容，简单地说，笔者接受耶律亚德（M. Eliade）与张光直的说法，[13] 他们认为夏商时期的巫的主要特色之一乃是一种可以掌握灵魂神游技术的巫师。巫教之所以可称为教，或巫风之所以成风，其前提当然不只巫师个人的体质而已，它也要包括一些文化的特色。但不管巫教的特色要怎么归纳，其文化的核心要义乃在其宗教人员具

[13] M. Eliade 对萨满教的著名定义即是“灵魂出神之技”（technique of ecstasy），参见 M. Eliade, *Shamanism: Archaic Techniques of Ecstasy*，页 4。他对中国萨满教的解释参见同书，页 447—461。张光直的论点散见他的许多著作，简要的解释参见《连续与破裂：一个文明起源新说的草稿》，《中国青铜时代（第二集）》，页 131—143。

有某种离体神游、灵魂出窍的人格特质。

离体神游恰好是屈原作品极重要的内容，屈原在其代表作《离骚》一文中即详细地描述了诗中主人翁二次离体远游的内容，[14] 我们不妨回忆其过程。

第一次是屈原在人世间饱受挫折后，乃向女嬃请教自处之道。女嬃向他百般地开导，屈原不知听进去没有。总之，他随后再度向“重华”陈词，抱怨历史之不公，以及自己对正义的坚持。跪着铺陈完毕后，屈原自觉自己“既得此中正”，由此即展开第一次的神秘之旅。他乘着神话中的动物“玉虬”与“鹥鸟”上升，日暮时节，到达“悬圃”，这是第一天的行程。由于日暮途远，所以他就暂时于此地打尖休息了。接着三天，他都在神秘的昆仑山区上下神游。第四天时，他又“览相观于四极兮，周流乎天余乃下”。由最后一句看来，他似乎回到人间来，升天之旅至此结束。屈原这一次的升天远游，其日程可由“朝”“夕”这样的语词厘清之，这种飞行当然不是真的物理性的升空远游，而当是一种“变形的意识经验”（所谓的

[14] 《离骚》里的远游事件到底是二或是三，颇有争议。主三次说者，是将“高丘求女”一段视为独立的事件，我则认为它当是第一次的“苍梧之行”的连续性动作，两者不必划分。三次说者参见李金锡：《〈离骚〉遨游日数与次数辨》，《鞍山师范学院学报》，第 2 期（1987），页 18—21、53。萧兵：《〈离骚〉的三次飞行》，《四川师范大学学报（哲学社会科学版）》，第 14 卷第 4 期（1978），页 11—18。相关说法另参见金开诚：《〈离骚〉“周游三日”辨》，收入哈尔滨师范大学北方论丛编辑部：《北方论丛》（哈尔滨：北方论丛编辑部，1983），第三辑《楚辞研究》，页 134—141。

ASC［Altered States of Consciousness］现象）。他最后由天而降，恐怕也不是发生在物理时空的事，更可能的情况是他由出神的昏迷状态中苏醒过来。

第二次的远行紧接在有名的求女不成的阶段之后，屈原乃拿起藑茅、筳篿，向灵氛请教尔后出处。灵氛的态度和女媭一样，两人都是先开导屈原一番。屈原的反应也一样，心中仍是犹豫狐疑。灵氛之言既然无效，屈原另请高明，所以又献上香物、精米向商周时期最有名的神巫——巫咸请教，请教的结果还是很暧昧，屈原事实上不可能从巫咸的规劝中得到任何行为的指引的，因为这是生命价值抉择之事，而不是祸福之事。所以他只好将生命调了一个大方向，决定“周流观乎上下”，所以有第二次的离体远行。这次的远行极壮观，飞龙、瑶象、玉鸾、凤凰都参与了这次神秘的远征。远征到高潮处，主人翁与神话动物一起处在神情最亢奋的顶点时，他们从遥远的天界“忽临睨夫旧乡”，结果思乡的情绪顿时翻转了神游的性质，人马皆悲伤到“蜷局顾而不行”。《离骚》主人翁的“灵魂之旅”也至此告一段落。

比较前后这两段文字，我们不难发现两段灵魂之旅的结构极为相似：

（一）最明显的特色是屈原升天远游，远游的目的乃是为了慰藉自己疲惫的灵魂。

（二）远游前，他先后向两位神秘人物请教，第一次请教的是女媭与重华，第二次请教的是灵氛与巫咸。重华与巫咸皆

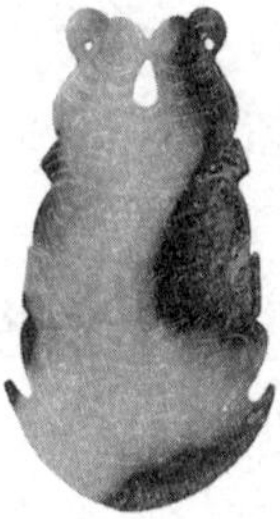

图 9-1
图为商周人凤同体玉器，两面雕工。此件玉器的神人造型常见，面貌狰狞，其人当为上古著名神人。神人头上两凤鸟相背朝外，本器物呈现的当是升天主题。

为往古之大人物，半人半神。笔者怀疑女嬃与灵氛或许是作为天人间媒介的灵媒，而重华与巫咸之降临人世，大概类似南方社会常见的扶鸾时神灵附身之状况。

（三）远游时，他必须借助鸾凤、龙、马、瑶象这些动物的神力。这些动物不管在现实的世界里是否存在，但在神话或神游的世界中，它们活生生地呈现出来，成为远游者在他界不可或缺的伙伴。

（四）两次远游的目的地都是位居天地中央的宇宙大山昆仑山，宇宙山是沟通天人两界的宇宙轴。

这四点构成一完整的世界图像，《离骚》的内容显然反映了一组意义完整的价值理念，这组完整的世界图像为何？我们且将上述归纳出来的顺序颠倒一翻，直接从第四点的神秘地理谈起。

（一）昆仑山：此山是屈原作品中最重要的地点，是屈原永恒的家园，屈原每当挫折至极时，都渴求到此山一游，以期脱胎换骨。有关昆仑山的叙述及第二手研究已经过多了，为方便起见，我们且举洪兴祖的归纳为例，以见一斑。

《禹本纪》言：昆仑山高三千五百余里，日月所相避隐为光明也。其上有醴泉华池。《河图》云：昆仑，天中柱也，气上通天。《水经》云：昆仑虚在西北，去嵩高五万里，地之中也，其高万一千里。河水出其东北陬。[15]

依据《河图》《水经》所言，世间似真有昆仑其山。没有错，后世确有大山以昆仑名之，但此山非彼山。坐落在“地之中”，有“中柱，气上通天”者绝不可能是地理的山岳，它只能是普见于各民族神话传说中的宇宙山。

宇宙山位在天上、地上、地下三界交界处，它是通向彼界唯一的管道，这也是昆仑山最重要的作用。但昆仑山的作用多得很，根据《山海经》《淮南子》诸书所示，此山具有人世间梦幻所求的质性，其中有“视肉、珠树、文玉树、玗琪树、不死树”，有凤凰、离朱，有甘水、圣木（郭璞注曰：食之令人智圣也）。难怪屈原认为他“登昆仑兮食玉英”以后，即可“与天地兮同寿，与日月兮同光”（《九章·涉江》）。无疑地，昆仑山是人世间再也不存在的乐园，它是蚩尤犯错、绝地天通以后的人的永恒乡愁的场所。

（二）神秘动物：宇宙山的概念当然不仅见于巫教，但它却是构成巫文化相当重要的一环。《离骚》与巫教更密切的关系当见于动物在神游于神话世界中时所扮演的角色，这也是我

[15] 洪兴祖：《楚辞补注》，页 43。

们上文列出的第三点特色。屈原每次升天远游，他都要借助龙、凤、马、象的力量。象为南方动物，传闻舜有服象，也有象弟之说，驯服象或其弟为象，当是一事之分化。屈原曾“就重华而陈词”，《九章》中“重华”亦一再出现，可见舜与楚文化两者间当有密切之关联。屈原驾驭瑶象，其来有自。马为升天常见之载体，马德刚健，在中国文化体系中，它近似乾天之力量；在原始时期，它又是最迅疾之交通工具。至于凤凰，此鸟为东夷族最核心之象征，和“风”的关系又特别密切，动能特大。至于龙，此物“能幽能明，能细能巨，能短能长”，它自然是登天最理想的动物。

《离骚》中的动物不但扮演登天的工具，它们往往也是彼界的向导。屈原第一次远游时，“鸾皇为余先戒兮”，“吾令凤鸟飞腾兮，继之以日夜”，这样的述词显示往乐园的路并不好走，途中充满了重重的危机，凤凰在此扮演的是“助灵”的角色。在有名的求女章节中，鸩鸟与凤凰大概都曾扮演媒人，只因鸩鸟“其性谗贼，不可信用”，误了大事，害得屈原求女不成。此段叙述，看似诡异，乖异常理，最多似乎只能视为不成功的文学技巧，刘勰所谓“诡异之辞也”。殊不知在萨满教的世界里，人与动物沟通无碍，这正是彼界的常态。动物与人不但可以对谈，最亲密者甚至可以是人的“分我”（alter ego）。当然，坏的动物也是免不了的，《离骚》的鸩鸟大概就是这种反面性的鸟类。

（三）巫：一桩完整的巫术飞行，除了要有神话的时空与神话的动物作为辅助外，由于此种飞行牵涉到当事者整体人格的解体与转型，也牵涉到进入秘境时种种复杂的情况，因此，我们上文列举的第二点特色，亦即精通宗教知识的“巫”之辅助是不可免的。我们看屈原第一次远游时，先是向“女媭”请教，接着再向“重华”陈词，“重华”为舜。舜与屈原或楚国之关系，详情不得而知，但其传说多与南方有关，如“服象”之传闻，而其人之形象亦多沾有“巫”之气息。[16] 屈原对“舜”甚为尊敬，他陈词时是用跪拜的姿势的，看来“重华”不管是否真有巫师扮相以象征其人，但至少屈原自认为是可以从他那边得到必要的彼界消息，这点是无疑的。

“女媭”，王逸注为屈原姊。后代注家对此说或从或否，然不管从之者或否定者，皆无实据。不管女媭是什么人，但我们有很强的理由相信她当是“女巫”之类的人物。事实上，历代以“女媭”之名名女巫者，不乏其人，汉代宫廷即有“李女媭”这样的女巫。依据古代命名习惯，我们当然有理由假设：这样的命名远有所承。何况由女媭星及晚近出土的一些文献来看，“女媭为女巫”之说成立的可能性是很高的。[17]

[16] 舜父瞽叟想谋杀舜，使他“登廪”，尧女事先知道，通知舜，舜衣“鸟工”，得飞去。瞽叟又要舜穿井，舜衣“龙工”，又得遁去。“鸟工”“龙工”的原始意象不无可能是“化为鸟”“化为龙”的变形神话。舜与瞽叟的故事参见刘向：《列女传》，卷 1，页 8—9。

[17] 刘永济：《屈赋通笺》（北京：人民文学出版社，1961），页 24。何锜章先生有女媭为“舜庙神女”之说，其说颇新鲜可喜，参见《离骚“女媭之婵媛兮”新释》，《大陆杂志》，第 31 卷 11 期（1965），页 28—29。

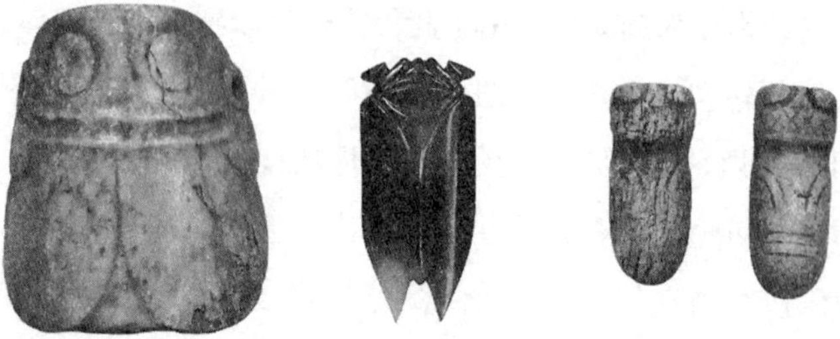

图 9-2
蝉是新石器时代及三代常见的图式，普见于青铜器及玉器之中。蝉的象征意指变形且升天，此图为新石器时代至汉代的各种玉蝉。

如果“女媭”与“重华”的角色还有待我们加以解释的话，屈原第二次远游时请教的“灵氛”与“巫咸”，他们的角色就相当地清楚了。“灵氛”拿着藑茅和筳篿，为屈原决疑。灵氛，据王逸注，“古明占吉凶者”。“灵”字本来即有“巫”的涵义，屈原所请教的灵氛，很可能是以古巫“灵氛”之名名其职业的世传之巫。“巫咸”名气更大，屈原向他请教的前提是他要在晚上“降”，此处的“降”不会仅是空间位置的移动，它应该就是“降神会”之“降”。神降于某巫，某巫即代表其神，巫咸降于某巫，其巫即可以视同为巫咸。[18]

（四）离体远游：上述所说三个特点都是屈原作品中极显著的特色，但最突显的特征当在此处：“升天远游”。“升天远游”是屈原作品最常见的主题，也是屈原作品可以视为萨满文

[18] 关于“降”字的解释，参见张怀瑾：《离骚降字解》，《国文月刊》，第72期（1948），页24—32。

学最重要的凭证。除《离骚》可见到此主题外，《九章》诸篇亦多见此义，如《惜诵》言："昔余梦登天兮，魂中道而无杭。吾使厉神占之兮，曰：有志极而无旁。"《涉江》言："世溷浊而莫余知兮，吾方高驰而不顾。驾青虬兮骖白螭，吾与重华游兮瑶之圃。登昆仑兮食玉英，与天地兮同寿，与日月兮同光。"《悲回风》言："上高岩之峭岸兮，处雌蜺之标颠。据青冥而摅虹兮，遂倏忽而扪天。吸湛露之浮源兮，漱凝霜之雰雰。依风穴以自息兮，忽倾寤以婵媛。冯昆仑以瞰雾兮，隐岷山以清江。"

《惜诵》所言虽是梦境中所作，然巫教传统中，梦境所遇之事不必为梦幻，梦中之我亦可视为正常意识之主体。《涉江》所述除言及升天主题外，更明言其升天之目的与长寿之追求相关。至于《悲回风》一文所涉及之登天远游及个人情境之主题更是壮观，除《离骚》《远游》两文外，屈原其他作品难与比肩。值得注意的是：此文远游的关键性地理位置之一乃是昆仑。

屈原作品言及"升天"者比比皆是，连《招魂》《天问》诸篇亦不免此习，否则其文无法成立。"升天"是极醒目的题材，为什么呢？我们如将《九章》这些篇章所述升天情节与《离骚》所述者作一对照，其结构之一致相当清楚："升天"的主题当然不用再多说了，我们看到《九章》这些段落同样有神话动物，也有引导屈原灵魂的"厉神"与"重华"，而且屈原远游的目的仍是一贯神往的昆仑山。即使我们暂时不把下文还要讨论的《远游》内容带进来，我们仍然不得不讶异于屈原作品中这种神秘远游的叙事结构，它们居然如此一致，如此频繁，显然，屈原想要传达某种特殊的消息。

归纳出上述《离骚》升天远游的相关子题，我们认为屈原所继承的巫文化即包含这些要素。域外学者讨论屈原作品时，则认定屈原作品中多含有萨满教的成分。萨满教当然也是内涵复杂的词语，也可以说是一个被用滥的词语。但这个被一用再用的语词如果仔细检证的话，它却可以传达极重要的内涵。我们不妨参考耶律亚德、佛尔斯托（P. T. Furst）及相关材料，其所罗列的萨满教特色如下：

（一）萨满式的宇宙乃是巫术性的宇宙，而所谓自然的和超自然的环境这种现象乃是巫术式变形的结果，宇宙的诸层之间为中央之柱（所谓“宇宙轴”）所穿通。这个神秘的通天之柱与萨满的各种向上界与下界升降的象征物在概念上与在实际上都相结合。

（二）萨满教相信人和动物在地位及性质上是相等的，他们可以相互沟通。而且，人与动物之间可互相转化变形，自古以来，人和动物彼此即可以对方的形式出现。萨满们一般都有动物助手，这些助手可称作助灵，助灵可帮助萨满到彼界作神秘之旅。

（三）自然环境中的所有现象都被一种生命力或灵魂赋予生命，因此在萨满世界里没有我们所谓“无生物”这种事。

（四）灵魂可以与身体分开并且可以到各处旅行，甚至旅行到天界或地下的鬼魂世界。[19]

除了上述四个特点之外，萨满教当然还有些重要的特性，如不怕火烧、灵魂或生命力常驻骨头，以及嗜食麻醉性强易导致幻象的植物等等，但上述四个要点——空间形式、空间的鸟兽、世界的本质、主体，与我们要探讨的主题最为相关，也特具思想史趣味。第四点离体远游的人格型态更是特殊，它与后来佛教与理学追求的圆满人格相去绝远，但在国史的发轫期，它却非常重要，所以我们将它特别标明出来。

我们如果将《离骚》升天主题所包含的四个子目和此处的萨满教特色作一对照，我们很难不被它们的相似处吸引住。它们同样有升天远游、作为助灵的神秘动物以及宇宙山的概念，萨满教教义主张的"宇宙一切现象弥漫生命力"此义虽不见于我们上文归纳出的《离骚》之四个论点当中，但这个观点却是屈原作品极大的特色，我们在下文第三节将会论述此义。显然，就屈原作品的解释而言，将"巫"视同"萨满"看待，再由巫教—萨满教的角度切入其作品之内涵，这样的途径是颇有说服力的。

三　人格解体与秩序重整

屈原作品与巫教文化关系颇深，其中与升天主题相关者牵

[19] M. Eliade, *Shamanism: Archaic Techniques of Ecstasy*, pp.93–95, 259–274. 张光直：《中国青铜时代（第二集）》，页135—137。

涉尤广，升天也是作为宗教学概念的萨满教的主要核心内涵，这样的论述似乎已越来越有说服力。除了作品本身提供了这样的主题外，底下，我们分别从屈原的几处传记背景考量，以证成此义。

首先，就屈原的职业考量。屈原曾为楚“左徒”，又为“三闾大夫”。“左徒”之名，先秦典籍罕见。考楚国有左史倚相，其人“能上下说于鬼神，顺道其欲恶，使神无有怨痛于楚国”。(《国语·楚语》)“左徒”不知是否即为“左史”，但细观屈原与左史倚相之地位，颇为相当；两人“上下说于鬼神”之能力，又大可相互比埒，然则，两者或有关联之处。或云“左徒”当为“莫敖”，[20]“莫敖”楚语，其义难详。徐嘉瑞认为“敖”当与西南各族所说的“豪”，亦即“耆老”相近，其人多为一族之大老，社群之宗教领袖，实即为祭司之巫师。[21]徐说多牵涉到语音的音变等等的问题，能否成立，恐需通人进一步认证。但其义似乎颇可自圆，此亦一说。

至于三闾大夫，乃掌管楚王室贵族昭、屈、景三姓之事。此官之名亦仅见于屈原《渔父》一文，其职务难详。姜亮夫认为其职务大概类似汉制之太常，太常管祭祀之事。理性时代的

[20] 战国时期，楚人为官至左徒而可考者仅屈原与春申君两人，其地位崇高可想而知。姜亮夫举五事为证，说明左徒即为莫敖。参见姜亮夫：《史记屈原列传疏证》，《楚辞学论文集》，页618。

[21] 引自萧兵：《〈楚辞〉“灵保”“灵修”“莫敖”通考——兼论〈楚辞〉文化的南方因子》，《华南师院学报（哲学社会科学版）》，第3期(1980)，页107—115。

祭祀官，其人格及职业亦多理性意识安排之事；巫风时代的祭祀官，其人格及其职务恐亦多沾上巫风之习。笼统而论，屈原的“左徒”与“三闾大夫”之职恐多与宗教仪式有关，其职大概是“祭政一致”风气下的产物。否则，我们如何解释屈原作品中有《大招》《招魂》这类的文章？我们很难不好奇：担任何种职务的官吏才可行招魂之礼？王逸又言屈原所以作《天问》，乃因他被放逐后，忧心愁悴，彷徨山泽，不知不觉间，走到楚“先王之庙及公卿祠堂”，为什么屈原直觉中会走到先王之庙？是否他有些特殊的职业癖习？如果屈原真的担任“上下说于鬼神”这样的官职，上述的疑惑即可解释得通。这种官职恐非泛泛之辈可以胜任，依照当时楚国的精神风尚，屈原本人恐怕多少要有承担这样的职务的特殊才能。简言之，屈原有可能是“巫官”，而“巫官”的前提乃是“巫”。

如果说屈原的官职与升天的主题仍有段距离的话，我们不妨看看屈原对他自己出身的认定。《离骚》破题即言“帝高阳之苗裔兮，朕皇考曰伯庸。摄提贞于孟陬兮，惟庚寅吾以降。皇览揆余初度兮，肇锡余以嘉名。名余曰正则兮，字余曰灵均”。这段话是屈原的夫子自道，资料极为可靠。我们可将里面的内涵分为两组：

（一）屈原的始祖：高阳。

（二）屈原的出生时辰及名字。

我们先从第二点谈起。“摄提贞于孟陬兮，惟庚寅吾以降”，此句的解释向来有两种，一是最早的注家王逸所说“太岁在寅曰摄提”，这是以岁星所在的年次而言的，此“摄提”即传统天文学所说的“摄提格”。另一种说法是朱子提出来的，他认为摄提是星名，摄提星随斗柄旋转，指向十二辰，所以屈原此处所说乃指月份而言。现代的注家大多采王逸解，意即屈原在寅年寅月的庚寅日诞生。据姜亮夫的考证，“庚寅”[22]是良辰吉日。事有凑巧，湖北云梦出土秦简《日书》875 简云：“庚寅生子女为贾，男好衣佩而贵。”“贾”字据《日书》1137 简所说，此字当为“巫”字。[23]云梦秦简《日书》的年代及地点距离屈原活动的时地不远，习俗的沿袭性一般都很强，我们很有理由相信屈原时期的宗教概念与《日书》所说相去不远。875 秦简简直就是天上掉下来的礼物，为我们揭开了屈原特别嗜好炫丽的服饰的理由。[24]倔强孤傲的屈原却有“扈江离与辟芷兮，纫秋兰以为佩”这类相当女性化装扮的习性，这类绮丽的装扮贯穿了屈原所有的作品，它是楚骚中极鲜明的意象，此事费人猜疑。现在我们知道屈原何以作此打扮了，因为这是他的职业使然，他是巫官，而且这种职业还是天生注定的，不是他有意为之。屈原良辰吉日出生，天生就有巫的资格。在初民

[22] 参见姜亮夫：《楚辞学论文集》，页 83—84。

[23] 参见陈桐生：《二十世纪考古文献与楚辞研究》，《文献》，第 1 期（1998），页 168—182。

[24] 其实不当说“揭开”，而当说“再度确认”。屈原好装扮与巫风有关，此现象并不难了解，沈亚之《屈原外传》一文已很形象地勾勒出此义。进一步的情况参见李丰楙：《服饰、服食与巫俗传说——从巫俗观点对〈楚辞〉的考察之一》，《古典文学》第三集（台北：台湾学生书局，1981），页 71—99。

社会，最重要的宗教神职人员多由“天选”，非关人力，这毋宁是宗教史的常态。

出生时辰迥异常人，屈原的名字也呼应了他的天赋异禀。王逸在“字余曰灵均”下有注：“言正平可法者，莫过于天；养物均调者，莫神于地；高平曰原，故父伯庸名我为平以法天，字我为原以法地。”他又说屈原的名字非常重要，因为“名所以正形体，定心意也；字者所以崇仁义，序长幼也”。在初民社会，名字从来就不只是指称的概念而已，它含有魔力，会召来相应的真实，不，应当说它本身即真实之呈现。[25] 王逸的注解看似笼统，却是经得起检证的。而所谓法天法地之说，这在当时的思想家的著作里也可以找到相应的论述，《管子·内业》有言“凡人之生也，必以平正”，《庄子·达生》也说“无累则正平”。“平正”“正平”，这样的概念在战国晚期大概被视为人生命中极美好的本质，所以庄子、管子论人的心性问题时，才会将这个概念带出来，而屈原也才会

[25] 参见卡西勒底下的说法：“语言意识和神话——宗教意识之间的原初联系主要在下面这个事实中得到表现：所有的语言结构同时也作为赋有神话力量的神话实体而出现；语词（逻各斯）实际上成为一种首要的力，全部‘存在’（being）与‘作为’（doing）皆源出于此。在所有神话的宇宙起源说，无论追根溯源到多远多深，都无一例外地可以发现语词（逻各斯）至高无上的地位。”他论及姓名与人的本质的关系时又说：“在神话思维中，甚至一个人的自我，即他的自身和人格，也是与其名称不可分割地联系着的。这里，名称从来就不单单是一个符号，而是名称的负载者个人属性的一部分；这一属性必须小心翼翼地加以保护，它的使用必须排他地审慎地仅只归属于名称负载者本人。”卡西尔（E. Cassirer）著，于晓等译：《语言与神话》，页 70、73。

在表露自己尊贵的出生背景时，自然而然地将这种想法倾泻而出。[26]

王逸注解屈原这些语句时，背后常有“屈原得天地中和之气以生”的想法，如在“肇锡余以嘉名”下，王注云：“父伯庸观我始生年时，度其日月，皆合天地之正中，故赐我以美善之名也。”在“惟庚寅吾以降”句下，王注云：“得阴阳之正中也。”最明显的例子是在《离骚》文中“耿吾既得此中正”句下，王注云“得此中正之道，精合真人，神与化游”，注解似乎有些汗漫无涯了。类似的意思在王逸的注解中不时可见，“中”是王逸赋予屈原其人其道的主要标签，笔者认为王逸的注解是有道理的。屈原对于一种先天的中正之道的追求确实非常狂热，我们在第一节已提过：屈原一生向往的原乡乃是昆仑山，昆仑山固为位居天地中央之宇宙山也。由他的出生背景以及他后来在政治及宗教上的追求，我们都可以看到“中正”一直是他永恒的绳墨，他不管受到如何的挫折，他首先想到的就是：自己得天独厚的中和之本质是否已有亏损？自己何时才可以站在这个先天的中和之气的美质上，再度出发？“中”是联系屈原的无意识与意识的主线索，也是贯穿屈原一生行事的宗教情感与道德理念。

[26] 参见冯友兰：《再论〈楚辞〉中的哲学思想》，收入中国社会科学院哲学研究所中国哲学史研究室编：《中国哲学史论》（太原：山西人民出版社，1981），页172—180。

“中”是中国思想史里极重要的一个概念，[27] 它从原始宗教一路走来，一路威风，即使化身入了诸子百家，它仍然发号施令，举足轻重。关于此观念与诸子百家的关系，此事不在本文的考量之列。我们所以要在此提出“中”的理念，乃因对“中”的认识，并非只有“中国”人民才有此雅癖。耶律亚德宗教史学一个极核心的概念乃是对“中”的追求，此事是近代西方社会以外的传统社会及非西方社会共同的特征。因为“中”即是“宇宙轴”，是人身处在历史恐怖、乐园断绝的时代里，唯一可以重新与上天取得联系，再度汲取意义之源的管道。

如果说近代西方强调的是种单线进行的，每个事件都是独一无二、不可重复的历史的话，其他的社会则强调历史是循环的，每个事件如果要有意义，它一定非得重复神话时代发生的原型事件不可。世人只有对原型事件效法之，实践之，他所从事的世间的对应事件才可以变得有质量，意义迥然不同。[28] 然

[27] 有关汉文化中的“中”的问题，参见田树生：《释中》，《殷都学刊》，第 2 期（1991），页 1—5。姜亮夫：《“中”形形体及其语音衍变之研究》，《杭州大学学报（哲学社会科学版）》，第 14 卷增刊“古籍研究所论文专辑”（1984），页 1—48。金谷治：《中と和》，《文化》，第 15 卷第 4 期（1951）。高桥峻：《中の思想について》，《汉学会杂志》，第 7 卷第 3 号（1939），页 314—324。笠原仲二：《“中”にまつわる様々の想念》（一）～（六），《立命馆文学》，第 133、135、142、145、147、152 诸期，1956—1958。最详细但也最庞杂的研究，参见萧兵的近著：《中庸的文化省察》（武汉：湖北人民出版社，1997）。

[28] 以上论点散见耶律亚德许多著作之中，简要的概念参见台湾两本中文译本：拙译《宇宙与历史：永恒回归的神话》，杨素娥译《圣与俗》。尤其两书的《序论》与《第一章》，以及后书的译者导读。

而，我们生活的时代早就不是神话的时代，我们已经没有机会活在传说中的原始乐园里，那是个天真无邪，没有疾病、衰老、死亡的香格里拉，是永难进入其境的瑰丽桃源。因为我们都是罪人的后代，我们的先祖在传说中的某一时代犯了一项严重的错误，上帝（或先祖或其他的神祇）因而大怒，祂下令天地分开，乐园此后只能存在于天界，人世唯存苦难。如何重回神话的乐园，此事遂成了世人永恒的乡愁；如何寻得接续天人的管道，此事遂成为人世间一极庄严的事业。[29]

我们所以提出此重续宇宙轴的概念，乃因此事与屈原一生的志业息息相关。《离骚》破题即言“帝高阳之苗裔兮”，我们先前没有解释其义，现在可以开始检讨此一句子了。高阳者，颛顼有天下之号也。颛顼者，楚人之宗神也。[30]《史记 · 五帝本纪》记载颛顼“养材以任地，载时以象天，依鬼神以制义，治气以教化，絜诚以祭祀。北至于幽陵，南至于交址，西至于流沙，东至于蟠木。动静之物，大小之神，日月所照，莫不砥属”。这种性格的“帝”，明显地带有天神的属性，他绝非政治层面的君王角色。屈原的先祖为颛顼，屈原难免要受到一点祖先的影响。然而，颛顼最重要的事迹不在此，他对屈原最大的意义也不在此，而是在有名的“绝地天通”的故事。

---

[29] 参见本书第三章《道家的原始乐园思想》。胡万川：《失乐园——中国乐园神话探讨之一》，收入李亦园、王秋桂主编：《中国神话与传说学术研讨会论文集》，册上，页 103—124。

[30] 参见《史记 · 楚世家》，又见抗战时期长沙子弹库出土之楚帛书。详情参见姜亮夫：《说高阳》，《楚辞学论文集》，页 65—75。

“绝地天通”最早的文献见于《尚书·吕刑》，但这样的故事是普遍的，[31] 它见于文本的时间与它的发生期有段落差。《吕刑》提到遥远的上古时期，天人相通，世界一体，神民往来，朝夕自在。当时盈满天地间者，唯是德馨，一片祥和。后来蚩尤作乱，整个世界的秩序大乱，空气中弥漫了血腥的气味，上帝因而震怒，乃命重黎绝地天通，此后人神异业，各就各位。天上、地上、地下的畛域形成了，乐园就此消失不见。故事还没结束，不知过了多少个千百年，楚昭王知道了这个故事，他就问起智慧如海的臣子观射父：经书所述到底怎么回事，难道上古时期天地真的相连，神民真的可以随意来往吗？观射父回答道：这是颛顼时代的大事云云。其细节不必在此细说，但我们知道观射父是位理性的儒者，透过了回答，观射父对故事的性质也作了改造。但他点出了一个要点，此即这个世界极需要某些特殊人格的人，这种特殊的人可以重续神人相沟通的工作，这样的人就是巫觋。所谓巫觋，诚如《国语·楚语》所说乃“民之精爽不携贰者，而又能齐肃衷正，其智能上下比义，其圣能光远宣朗，其明能光照之，其聪能听彻之，如是则明神降之，在男曰觋，在女曰巫”。如果我们把“明神降之”改为

[31] 参见马伯乐（H. Maspéro）著，冯沅君译：《尚书中的神话》，《书经中的神话》，页 49—52。波德（D. Bodde）著，程蔷译：《中国的古代神话》，收入中国民间文艺研究会上海分会编：《民间文艺集刊》，第 2 集（1982），页 267—300。铁井庆纪：《中国古代の重黎天地分离说话について——比较民族学的考察》，收入铁井庆纪著，池田末利编：《中国神话の文化人类学的研究》，页 196—207。

“上参神明”，那么，观射父所描绘的人物大概就是屈原了，屈原的使命正是要重续业已断绝的天人两界之工作。

为什么楚昭王、观射父对绝地天通的神话特别着迷？为什么屈原在《离骚》一破题即要追溯到远古的这位神秘帝王？我们现在大概知道答案了。颛顼是楚国的先祖，绝地天通是楚国“史”上最重要的事件。对于一个圣俗尚未彻底绝裂的国家而言，神话事件多少也是个历史事件。如何弥补神话时代发生的缺憾，这样的要求仍是存在的，而且这样的要求仍是合法的，它是“国之大事”，而这样的责任就落在屈原这样的巫官之肩膀上。初民一般要围绕在神话的气氛之下，他的生活才有意义，神话是原始社会的宪章。换言之，他所牵连到的人世间之所有活动都要和作为意义与存在源头的神话事件有了联系，这些事件才有存在的价值，这是种普见于非西方世界的“太初存有论”。[32] 如果这样的论述可以成立的话，由于“绝地天通”以前的世界天人一体，存在即是意义，它是我们所能设想到的人类最完美的象征，所以它也变成人类社会追求完美最好的范例。准此，如何让“绝地天通”再变回“天地相通”，此事变得极为重要。屈原缅怀高阳，登天游雾，他就是要重作安顿宇

---

[32] “太初存有论”的意义大概可以简要归纳如下：1. 古人所认识的实在，乃是模仿上天原型的一种功能。2. 参与“中心之象征”后，实在乃得展现出来，亦即城市、寺庙、家屋等唯有与“世界的中心”合一后，才能变为真实。3. 最后，仪式及重要的世俗行事所以能获得意义，及体现其意义，乃因下民小心翼翼，重复诸神、英雄或先祖们在创始之际所设定的行为。参见耶律亚德著，拙译：《宇宙与历史：永恒回归的神话》，页 3—4。“太初存有论”在中译本里译作“上古存有论”。

宙秩序的工作，他希望业已疲惫的大地能因他在天界的冒险，汲取了神圣的资源，因而也获得了生机。

屈原在《离骚》、在《涉江》、在《悲回风》、在《远游》诸篇所以不惮一而再、再而三地描述升天之景象，原来是有深层的文化意义的，这不是逃避，也不仅是为自己考虑。屈原登天远游后，理论上他当然可以使自己涤除俗质，生机涌现，重新作人。但屈原之神秘飞行之旅，他的目的不仅是个人的，他作的还是整个楚国民族期盼的事业。屈原在宦海中载浮载沉，或许他曾一度忘掉自己除了管人间凯撒的俗事外，他还要管理另外一个更重要的神圣世界的大事。楚国设立"左徒""三闾大夫"这样的官职不会没有作用的，当时的巫文化显然仍介入人间秩序的运作。何况屈原天生美质，他事实上也不能逃避上天赋予他的特殊任务。屈原所以不得不屡上天界或昆仑仙山远游，这是体制的必然，也是命运的必然，因为他被期盼可以从彼界获得最新而神圣的讯息。

屈原升天，他当然不是真的在天堂中翱翔，而是他有一解体的灵魂，因此有灵魂出窍（out of body）的能力与经验。这样的型态是萨满教式的，"萨满"最明显的人格特质乃是"解体的人格"，萨满教的最大特质乃是某种的"出神之技"（technique of ecstasy）。[33] 一种可以被宗教教义与体制支持

---

[33] 这是耶律亚德（M. Eliade）著名的定义，他的名著 *Shamanism* 的副标题即是"Archaic Techniques of Ecstasy"。简要的概说参见 *Shamanism: Archaic Techniques of Ecstasy*, pp.3–13.

的出神之技即是“游仙”，一种可以被宗教教义与体制支持的解体之人的人格即是“仙”。从屈原后，模仿《离骚》升天主题的作品一直延续着，此类作品见于司马相如的《大人赋》，见于秦帝国的《仙真人诗》（已失传），见于汉代许多的铜镜镜铭，也见于《王子乔》《仙人骑白鹿》这类的乐府诗。这样的题材到了曹魏的曹操父子以及晋代的郭璞手中后，即成了典型的游仙诗。

从屈原的《离骚》到郭璞的《游仙诗》，升天的主题是连续的，逃避红尘的动机仍是存在的。但屈原作品隐含的强烈的萨满教之因素，其内容却已日渐被稀释掉。屈原作品中可见到的那种九死不悔的追求宗教真理的精神，到了《游仙诗》也已明显地退化，甚至淡化成诗文叙事的背景。这样的趋势大概由战国以下，逐日地倾颓。如果从另一种角度看的话，我们也可以说理性的建构力量不断地加强，它压缩了解体性格的萨满教之表现空间。《游仙诗》虽然可上溯到屈原作品，但它终究要从广大的宗教园地中撤退，撤退到书斋，到文人脑海里，终于变成和《离骚》只有远亲关系的一种诗体，缺少强烈的宗教性追求。[34]

---

[34] 笔者相信后代的一些“游仙”诗，如汉魏乐府或郭璞所作者，不可能没有宗教实践的涵义。但由于历史进程—文明结构—人类理性意识三者必然一体向前演进，我相信“解体性人格”在三代之前、战国时的楚国以及秦汉之后，它所占有的地位是不可能一样的。所以即使个别作家如郭璞有很强的巫教倾向，但他本人的“解体性人格”或“解体性人格之思想”之动能，比起得到文化体系支持的屈原，恐不免逊色许多。

四　《远游》的内在意识之旅

屈原的出身与屈原的作品在在令人想起巫教—萨满教的影子，《离骚》无疑地呈显了萨满教文学的结构，它事实上可视为中国的巫文化以及普世的萨满教文化的典型的文字代表。[35]但如果说屈原的主要身分是巫，他的作品就等于是巫系文学，这样的断言又未免太早计了。屈原在思想史上的意义比较复杂，底下，我们从他的一篇作品《远游》入手，[36]探讨他的思想转折的轨迹。王逸注解《远游》时说道：屈原方直，不容于世，（一）“乃深惟元一，修执恬漠”；（二）“遂叙妙思，托配仙人，与俱游戏，周历天地，无所不到”；（三）“然犹怀念

[35] 萨满教对早期文明的各种因素如音乐、戏剧、歌舞影响甚巨，但其过程如何，却未受到足够的重视。耶律亚德在*Shamanism: Archaic Techniques of Ecstasy*一书的结尾处（页508—511）概乎言之。可惜，他对《楚辞》不甚了解，否则，其感慨与解释可能会更深刻。

[36]《楚辞》最早的注家王逸将《远游》列为屈原作品，《远游》一篇本来不应当存在“作者何人”的问题，但由于《远游》与《大人赋》文字颇有承袭之迹，民国以来学界遂有“谁抄谁”的疑惑。但我们不管就内容，就文字，或就韵脚来看，都只能再度肯定王逸的断语。参见包景诚：《〈远游〉作者、辞章考释》，收入中国屈原学会编：《楚辞研究》（济南：齐鲁书社，1988），页304—319。郝志达：《〈远游〉与〈大人赋〉之比较研究》，收入中国屈原学会编：《楚辞研究》，页320—333。姜昆武、徐汉澍：《〈远游〉真伪辨——屈赋思想、语言与〈远游〉》，《文学遗产》，第3期（1981），页30—44。后收入姜亮夫：《远游为屈子作品定疑》，《楚辞学论文集》，页507—544。

图 9–3
蚕也是新石器及三代时期文物常见的圣物，玉器中常见。蚕蜕变为蛾，象征凡人蜕变为仙人的变形作用，也显示初民对飞翔的渴望。

楚国，思慕旧故，忠信之笃，仁义之厚也”。[37] 第三点是屈原的传统形象，从司马迁到郭沫若，他们看到的屈原首先就是道德意识极浓的烈士，这样的形象当然有很强的证据，屈原的作品如果抽离掉道德意识的成分，屈原其人可能会沦为一位二流的诗人，其作品最多也只能是郭璞的游仙诗之一型而已。然而，屈原这种道德形象极清楚，学界的共识也高，此事似可不必再论。倒是王逸所说的第一、二点之间的关系，犹可深究。

《远游》“托配仙人，与俱游戏，周历天地，无所不到”，这个特色确实是相当清楚的。如就“托配仙人，与俱游戏”而言，《远游》的主题与《离骚》之两次远游，或与前面第三节所引《涉江》《悲回风》的内容没有两样。但如就“周历天地，

[37] 洪兴祖：《楚辞补注》，页 163。

无所不到”而言，《远游》与屈原的其他著作仍有不同。屈原其他作品的离体远游，不管是《离骚》所见，或是《涉江》与《悲回风》所见，其远游的目的皆是到昆仑山。昆仑山是作为世界轴的宇宙山，它是重黎绝地天通以后、圣俗两界唯一的联系管道，但这样的联系管道却不是对人人开放的，唯有少数天赋异禀而且具备足够的神话知识之“巫”才可以登上此山。登上此山的意义就是巫可以重新汲取“神圣”的性质，可以涤除凡俗的一切挫折、不幸、龌龊，他甚至可以取得“天界”传递的讯息。屈原大部分作品的离体远游之意义，大概都是“绝地天通”以后“巫”所作的“永恒回归”之努力。《远游》有此向度，但其“周历天地”之作用似犹不仅止于此。

《远游》的“周历天地”有个结构，我们不妨将屈原神秘天空之旅的相关文字依序罗列如下：

> 载营魄而登霞兮，掩浮云而上征→过乎句芒，历太皓以右转兮→遇蓐收乎西皇→指炎神而直驰兮，吾将往乎南疑→祝融戒而跸御兮→从颛顼乎增冰，历玄冥以邪径兮。

句芒、太皓是东方神，蓐收、西皇是西方神，祝融是南方神，颛顼、玄冥是北方神。屈原接着到达天之极高（列缺）与地之极深处（大壑），终点则是“与泰初而为邻”。屈原此次的远游当然还是巫术之旅，他们一行人前呼后拥，“驾八龙之婉婉兮，载云旗之委蛇”，阵容极为可观。但这次的远游似乎颇为成功，不像《离骚》充满了迂回挫折，郁抑歔欷。他们先是直冲而上，径趋天庭。接着由东而西而南而北，四方巡视完毕后，车队更上一层，直至超乎时空之境，与泰初而为邻。

四方配上四方神，这是种曼荼罗式的构造，也是对浑沌的空间的一种理性化的设计。这样的设计在先秦的文献中也可找到类似的纪录，《尚书·尧典》记载帝尧命令羲和四兄弟分居四方，寅宾出日等等，这是四方的文明化，四方由漫无秩序的荒服变为可理解的王土。《左传》记载尧流放浑沌等四凶至四郊城门之外，这也是一种空间意义的创造，蛮荒不可解的成分逐渐地被排挤到四隅，城门之内即化为洁净的空间。我们不会忘了：城门也是常见的曼荼罗的构造。[38] 最完整的宇宙化曼荼罗之构造当是《吕氏春秋·月令》或《山海经》《远游》的四方主副神之配置：东方帝太皞，其神句芒；西方帝少昊，其神蓐收；南方帝炎帝，其神祝融；北方帝颛顼，其神玄冥。东、西、南、北方皆有帝、有神坐镇。透过这样的设计，原始空间即变为宇宙化，它不再是不可解的妖魔、魍魉盘据之地，而是

[38] “城门”在荣格“曼荼罗”思想中常出现。荣格在 *Alchemical Studies* 一书所附的绘图 A10 即绘城墙环绕圆心。荣格几次著名的“梦”事件，也都是在城墙的背景下发生的。参见刘国彬、杨德友译：《回忆·梦·思考——荣格自传》，页 409—411。另见 H. Wilhelm, “The ‘Own City’ as the Stage of Formation, ” in *Heaven, Earth and Man in the Book of Changes* (Seattle: University of Washington Press, 1977), pp.89–125.

有意义的空间。[39]

《远游》空间观无疑地反映了战国时期的一时风气，当时的思想家如庄子、荀子、惠施甚至不出名的黄缭等人对于天地开辟、宇宙范围的议题都相当地感兴趣，屈原也是“预流”[40]之人物，他没有和一个时代的理论关怀脱节。[41]天地开辟、宇宙范围这类的议题可以划归为天文学的问题，也可以视为诗歌的创作题材，但对哲人而言，这类的关怀最容易将他们导向哲学上宇宙论或宇宙本体论的问题，[42]我们看屈原“远游”此作

[39] 为什么我们不能活在矛盾不明的世界，而一定要使空间秩序化，变得可理解呢？我们且看列维·斯特劳斯（C. Levi-Strauss）引用一位现代分类学家的观察：“科学家们对于怀疑和挫折是能容忍的，因为他们不得不如此。他们唯一不能而且也不应该容忍的就是无秩序。理论科学的整个目的就是尽最大可能自觉地减少知觉的混乱。”李幼蒸译：《野性的思维》（北京：商务印书馆，1987），页 14。笔者认为不只科学家没办法容忍“无秩序”，所有理性的人都无法容忍，所以任何文明的设计，“形成秩序本身”都先于“形成具体的秩序内涵”。

[40] 借用陈寅恪的语言：“一时代之学术，必有其新材料与新问题。取用此材料，以研求问题，则为此时代学术之新潮流。治学之士，得预于此潮流者，谓之预流。”《陈垣燉煌劫余录序》，《陈寅恪先生文集·金明馆丛稿二编》（台北：里仁书局，1981），册 2，页 236。

[41] 参见罗漫：《战国宇宙本体大讨论与〈天问〉的产生》，《文学遗产》，第 1 期（1988），页 45—53。藤野岩友：《巫系文学论》（东京：大学书房，1969），页 62—68。

[42] 陆九渊年谱记载他十三岁时因思“宇宙”之义，忽然大悟“人与天地万物，皆在无穷之中者也”即是一例。《陆九渊集》（台北：里仁书局，1981），页 482—483。朱子年幼甫能言，其父指上曰天，朱子回答：“天之上何物？”两说虽异，但可相互发挥。笔者认为时空之感确易引发疑情，并导致觉悟。朱子幼年事见黄榦：《朝奉大夫文华阁待制赠宝谟阁直学士通议大夫谥文朱先生行状》，陈俊民校编：《朱子文集》（台北：德富文教基金会，2000），册 10，页 5383。另《宋史》本传亦有是言。

品主要的着眼点之一，即是此作品蕴含了宇宙论的趣味，虽然这种宇宙论往前看，它充满了巫教的色泽；往后看，它又和战国中晚期的心性形上学分不开，《远游》是各种精神向度奇妙地绾合在一起的诗篇。

从空间的观点着眼，《离骚》与《远游》的空间是不相同的，其意义也不一样。《离骚》以昆仑山为中心，昆仑山三层，层层上升，层层圣化，最上一层即安抵太帝之居。在广大的昆仑山区，充斥着形形色色奇妙的建筑物——倾宫旋室、玄圃之台、昆仑之宫、增城九重，还有一大群的神奇的动、植物——木禾、珠树、沙棠、琅玕、青鸟、九尾狐、开明兽等等。我们前文业已说过：这是种萨满教的世界观。萨满教的宇宙是个变形的宇宙，宇宙的结构及宇宙中的生物、建筑物都是巫术变幻的结果，这是个充满着力动、冲动、非理性力量争扰的场域。《离骚》的主人翁屈原飞行到此地，他要重续天地相通之梦，这是种萨满教意义的精神冒险之旅。冒险之旅的主角是离体的灵魂，冒险的场域是变形的、巫术的神话空间，启动冒险机制的关键是强烈感性的无意识力量之解放与变形。

昆仑山虽然仍盘据《远游》的“空间”，但它的意义已有所改变。我们发现《远游》已有明显的天地四方的区分，虽然天地四方都要有诸神坐镇，不脱巫术色彩。然而，毕竟战国中晚期的思潮已将“宇宙作为一个整体”的概念推到历史的舞台。宇宙是时空之大者也，是一切经验发生的托体，它也是人类理性思考不能不预设的形式——就像康德所说的智性之时空形式一样。《远游》里的屈原虽然仍从事巫术的飞行，但他行进的途径和《离骚》里的屈原不一样，他先上冲云霄，接着由东而西而南而北，最后再更上一层。他从事的是宇宙之旅，这个图式显然与昆仑山之旅大异其趣，我们可以与之比较的例子反而是上古帝王（如尧、舜）之“四方巡阅”，或者如五术传统中的“太一行九宫”的形式，这样的空间巡视模式具体地反映在“式盘”这样的道具上面。《远游》的屈原所做的工作，接近于“太一行九宫”，这是种圣化宇宙的工作，或者说参与圣化宇宙的工作，他往东礼太皓，往西礼西皇，往南礼祝融，往北礼颛顼，他的灵魂即与神圣之四方合而为一。这四神所在之地，即被屈原及其同代人视为宇宙之四极，四极一一礼遍，则表示“宇宙整体”与人的内在灵魂有种奇妙的绾合。

“昆仑山为中心”与“宇宙为中心”可划分《离骚》与《远游》的旨趣之差别，但同样以“宇宙为中心”，屈原《远游》的表现模态和战国时期半科学半巫术的一些论述，恐怕旨归也不太相同。简单地说，《远游》表现的是内在空间之旅。[43]虽然屈原作品中所有离体远游的主题，大概可以确定描述的都是变形意识下的内容，但同样由变形意识所产，其内涵却大不相同。《离骚》所述的内容明显地是萨满教的型态，萨满教虽

[43] 一个可以与之比较的例子是坎伯（J. Campbell）所描述的印度瑜珈所显现出来的意识变形状态，参见 J. Campbell, *The Inner Reaches of Outer Space: Metaphor as Myth and as Religion* (*The Collected Works of Joseph Campbell*), pp.63-68.

无组织，但确有承袭性甚强的文化内涵，这些内涵反过来可以证成变形意识所产生的内容。但《远游》已将“昆仑山”收到“整体宇宙”的一个区域——虽然是最重要的一个区域，而且内在化了。[44] 因此，远游所及之解释架构，当依屈原的思维习惯与战国时期的知识型态重新拣别。[45]

由于战国中晚期时，“宇宙是一整体”甚至“宇宙是否有本体”[46] 已被视为重要的思考主题，而“意识”的探究在儒道诸子中已达到了极透彻的境地。空间就像时间一样，不问还懂，问了反而不懂。但不管怎么说，在神秘的修行传统中，空间与意识的构造极为密切，意识的修炼到了极处，它势必要触发空间的形式之问题。《远游》对意识的构造极为了解，它也

[44] 在后世《黄庭内景经》与《黄庭外景经》中，昆仑皆被收到深层的意识中来，《黄庭外景经·明堂章》言“子欲不死修昆仑”，更将长生之说与人头脑部分之修行结合在一起。

[45] 屈原在《远游》中对人的主体构造与神秘空间，有种神话式的呈显。这样的手法不仅见于《远游》，《九章》中许多篇章也可见到，尤其《悲回风》一章描述屈原的意识沉潜到底，沉潜到“入景响之无应兮，闻省想而不可得”，“穆眇眇之无垠兮，莽芒芒之无仪”，“藐蔓蔓之不可量兮，缥绵绵之不可纡”之后，即有登天之旅。《悲回风》论意识，可论到极深之处，它文学性地呈现了“无”的向度。但它所呈现的主体构造与空间形象，恐怕仍是离体灵魂游走于巫术空间的模态。就“精神之旅”的角度观察，《悲回风》的地位介于《离骚》与《远游》之间，它的“意识与空间”的关系也介于《离骚》的分离观与《远游》的合一观之间。

[46] 《老子·二十五章》云“有物混成，先天地生”；《庄子·天运》问：“天其运乎？地其处乎？日月其争于所乎？孰主张是？孰维纲是？”皆蕴含了本体论的提问。

涉及了工夫的修炼问题，加上“宇宙整体”已被视为思考的对象。笔者猜测：在屈原修炼的某个阶段，意识与空间合而为一了，意识神秘空间化了，空间也内在意识化了。所以屈原此时所作的神秘空间之旅，其实是种扩大化的内在意识之旅——只是此时的“内在”已不太好说有多“内”，因为“内”“外”已合而为一了。笔者认为《远游》所述近于早期丹道典籍所述的精神修炼型态，《远游》可视为中国最早的炼丹典籍，它无其名而有其实。

屈原为什么要远游四方，最后还要向上一跃呢？这样的行径在当时的精神修炼法门中，到底有何意义呢？我们且看《周易参同契》的文字：

> 天地者，乾坤之象也。设位者，列阴阳配合之位也。易谓坎离，坎离者乾坤二用。二用无爻位，周流行六虚，往来既不定，上下亦无常。幽潜沦匿，变化于中，包囊万物，为道纪纲。[47]

俞琰在此有注：

> 乾为天，坤为地，吾身之鼎器也；离为日，坎为月，

[47] 俞琰：《周易参同契发挥》（台北：台湾商务印书馆，1980），卷上，页 5b、6b。

吾身之药物也。先天八卦，乾南坤北，离东坎西，南北列天地配合之位，东西分日月出入之门。反而求之吾身，其致一也。乾坤其体也，坎离其用也，坎离二者周流升降于六虚，往来上下，盖无爻位，吾身之坎离运行乎鼎器之内，潜天而天，潜地而地，亦岂有爻位哉！[48]

《周易参同契》是所谓的万古丹经王，此书的性质向来有内丹说与外丹说之争议。笔者认为此书不管有无外丹的成分，至少内丹多半是讲得通的，而且是可以实践的。依据经文所说，则炼丹时所见之飞升远游现象与其说是外在的大宇宙之旅，还不如说是内在的小周天之游。当炼丹者以己身为鼎炉，以阴阳为炭火，取坎填离，水火相济，其时的空间意识是种变形的空间意识，内外混合，大小互渗，昆仑既在内，亦在外，四方既是空间的概念，但也是心理的概念。笔者认为屈原在《远游》的远游，其内涵即是初期内丹学的内在神秘之旅。

张伯端的《悟真篇》又是一本丹学名著，张伯端总论此书之大要时说道：

夫炼金液还丹者，则难遇而易成，要须洞晓阴阳，深达造化，方能追二气于黄道，会三性于元宫，攒簇五行，和合四象，龙吟虎啸，夫唱妇随，玉鼎汤煎，金炉火

[48] 俞琰：《周易参同契发挥》，卷上，页6a。

炽，始得玄珠有象，太乙归真，都来片饷工夫，永保无穷逸乐。[49]

心性论的语言和宇宙论的语言合而为一，这种合一与其说是类比，还不如说是在独特的意识状态底下，宇宙的生化和个人的自性（由超越的天性摊展至气化氤氲的人性）有种奇妙的混同。但要达到此种境界，张伯端强调工夫还是要作的："养正持盈，要在守雌抱一。自然复阳生之气，剥阴杀之形，节气既周，脱胎神化。"[50]这样的语言真可归入《远游》一族。

笔者这种说法看似离奇，其实卑之无甚高论，王夫之注解《楚辞》远游的章句，尤其是《远游》一篇，早已说得够明白了。[51]王夫之为丹道通人，他对屈原作品的理解迥非一般的文人或经生所能到。我们如果依循王夫之的理路，确实可以找到从萨满教到内丹的线索，屈原在先秦精神修炼史的特殊地位，也可以得到合理的解释。[52]

如果《远游》是神秘的内在意识之旅，而不是巫术的空

[49] 张伯端：《原序》，《悟真篇》（台北：台湾商务印书馆，1983，景印文渊阁四库全书），页2—3，总页438—439。

[50] 同上注，页3，总页439。

[51] 王夫之言此篇"所述游仙之说，已尽学玄者之奥。后世魏伯阳、张平叔所隐秘密传，以诧妙解者，皆已宣泄无余"。《楚辞通释》（台北：里仁书局，1981），卷5，页101。

[52] 讨论王夫之与丹道关系，甚至是《远游》与丹道关系最好的一篇文章当是柳存仁先生的《王船山注〈楚辞·远游〉》，收入朱晓海编：《新古典新义》（台北：台湾学生书局，2001），页255—282。

间之旅的话，那么，“元一”与“仙人”之间的紧张关系不但可以解消，而且两者还可以视为工夫历程中的两个阶段。亦即真正的逍遥必须由方内超乎方外，由时空至于超时空，由两仪四象至于超仪象。一个可以比较的例子是庄子，笔者曾撰文提出：庄子思想的来源与巫教颇有交涉，但他虽用了巫教的叙事结构，其内涵却已脱胎换骨。[53] 屈原亦然，而且他的论点显然还受到庄子的影响，至少两人在精神修炼上属于同一传统。屈原要离体远游前，他也是要作工夫的，否则，他的俗质之躯即无法完成此任务（所谓“质菲薄而无因兮，焉托乘而上浮”）。屈原的工夫大致从两方面入手，一方面是以修炼形气为主，用后世丹家的语言类比的话，也就是修命。如“餐六气而饮沆瀣兮，漱正阳而含朝霞。保神明之清澄兮，精气入而粗秽除”，[54] 此工夫大约是服气法的一种，战国秦汉时期，服气的方法极为流行，后世道教徒之修炼亦多沿袭此法。

除了“修命”的方法外，屈原和庄子一样，而且可能受到庄子的影响，他们都发现了透过遮拨的途径以证成先天的本性。用后世的语言讲，也就是有“修性”之说。屈原要“托乘而上浮”之前，他要“漠虚静以恬愉兮，淡无为而自得”，这

[53] 拙作：《庄子与东方海滨的巫文化》，《中国文化》，第 24 期（2007），页 43—70。现收入《儒门内的庄子》，页 63—124。

[54] 根据王逸的注，它符合《陵阳子明经》的内容。《陵阳子明经》已佚，有关此经最新的消息参见饶宗颐：《马王堆医书所见〈陵阳子明经〉佚说——广雅补证之一》，收入中华书局编辑部编：《文史》（北京：中华书局，1983），第 20 辑，页 251—253。

是道家标准的“致虚守静”；《庄子·刻意》云“夫恬惔寂漠虚无无为，此天地之平而道德之质也”，其言与屈原所说尤为相近。《远游》最重要的工夫论语言当是王子乔所说的：“道可受兮，而不可传；其小无内兮，其大无垠；毋滑而魂兮，彼将自然；壹气孔神兮，于中夜存；虚以待之兮，无为之先；庶类以成兮，此德之门。”除了“壹气孔神兮，于中夜存”牵涉到修行与时辰的关系，此说在庄子文献里找不到对应的文句外，其他的句子如移之于庄子著作中，可以说如泥牛入海，浑融无别。至于“壹气孔神兮”的方法虽可视为修命之说，然此一气当是先天之气，在亥子之际静待先天气升起，由此透悟先天境界之消息，这在后世修行者看来，可谓常规。《远游》可能是最早记载此法之文献，但屈原不会是首先发现此法者，“中夜候气”更不可能是他创造出的理论。

由“性”“命”两路途入手，精之又精，深之又深，屈原不但体验到变形的空间构造，大宇宙融于一己的意识之中，更重要地，他远游东西南北方后，最后要“超无为以至清兮，与泰初而为邻”，此语因为紧接在“上至列缺兮，降望大壑”之后，所以论者不自觉地会将它视为上古巫教的神秘时空论。然而，“无为”“至清”“泰初”这些语词皆是老庄常句，其意或对道体之描述，或作为至人本地风光之状词。如言“无为而万物化，渊静而百姓定。记曰‘通于一而万事毕。无心得而鬼神服’”（《天地》）；又如“泰初有无，无有无名……性修反德，德至同于初”（《天地》）。这样的“无为”“泰初”皆指涉道原之层次，它不落于经验界。屈原的“远游”，就像庄子的“游”一样，最终也是心有天游，它是意识层的超越转化，而不是个体性的灵魂之纵浪于巫术的变形时空。

五　另类的性命之学

笔者在第一节论及前人对屈原思想的各种解释，这些解释大抵皆有所见，不管就传统学派分，就地域分，或就主题分，它们对我们了解诗人屈原的思想成分皆有所助益。笔者的着眼点与之不同，但不一定冲突。笔者采取的是宏观论述的方式，屈原的思想被置放在一个相当长远的历史纵深作定位。就像本文标题所说的，笔者认为屈原的思想也是种性命之学。

笔者选择的“性命之学”一词自然是个较宽松的提法，但亦非隐喻技巧之事。“性命”一词在唐宋的高僧、高道及儒者的文集中常常出现，如果我们以程朱的用法作为典型的论述的话，他们主张“性”有两种，一是先天的义理之性，一是后天的气质之性；“命”事实上也有两种，一种是天道下贯之命，一种是气化之命。[55]学者的工作乃是要在人必然会秉受的气质之性的基础上，让义理之性彻底在心灵上体现出来，这时的心灵状态即是所谓的“道心”。理学家在心性的关系上着墨甚

[55] 简便的资料请参考陈淳：《北溪字义》（台北：台湾商务印书馆，1985，景印文渊阁四库全书），卷上，页1—9。

深，不同学派的儒者所理解者自然不会一样，但主流理学家不管程朱陆王，他们都将人性问题提到天人之际、宇宙幽明的层次。笼统地说，也就是宗教的层次。而现实人性与理想人性之整合、贯通、先后天之浃会，则被他们视为学者一生最根本的呼唤，用现在的语言表述，这种尽心知性或复性的要求是种终极的关怀。

相对于理学家的性命之学，我们知道清儒有另外一种性命之学。乾嘉年间，阮元著有《性命古训》一书，[56] 阮元的用意是想要将理学家架设在先天境界的性理帝国拔掉，他借着语言学的方法，证明上古所说的“性”皆是“生之谓性”的气性之谓，没有义理之性这回事。而所谓的命则类似上天之命的用法，没有“以理言之”的“命”这样的用法。“性”“命”皆自然气化之事。阮元的解释显然不是出自语言学的兴趣，他毋宁认为气化的、经验的人性才是唯一的真实，在此真实基础上所开展出来的道德才是可靠的。阮元的解释影响甚大，往上，他替汉儒出一口气；往下，他更引发当代反性理学甚至反哲学的学者之共鸣。[57]

如果我们将理学家所说的性命论视为超越的性命学，那么，清儒以及汉儒所说者，则可视为气化的性命论。这两种性

[56] 《性命古训》收入阮元：《揅经室一集》（台北：新文丰出版公司，丛书集成新编，1985），卷 10，页 190—214，总页 206—212。

[57] 参见傅斯年：《性命古训辨证》，收入陈槃等校订：《傅斯年全集》，册 2，页 161—404。

命论无疑地是秦汉以后中国人性论，甚至是中国思想的主流论述。它们的立足点当然相当不同，但如果我们再仔细考量它们立论的依据，我们发现它们都是“心性论”的论题，亦即它们都是在中国式的意识哲学上所展开的论述，差别只在层次不同而已。它们谈性命，自然也会提到与自然气化的关联，也会谈到与身体的连续性，但这无碍于“意识”是问题的焦点。

然而，我们如果反省“心性论”的历史行程，我们不得不思考：为什么这种可以作为工夫论基础的心性论可以如此风光地呈现？秦汉以后，尤其魏晋以后，心性论大行，这种现象预设着当时的“心性论”已经是整体精神活动的中心，它的重要性被视为远远超过构成人格其他的成分，比如说“灵魂”的概念。

我们这里提到的“灵魂”一词，六朝的说法称作“神”，先秦时期的流行称谓则是“魂魄”。我们这里所以把“灵魂”一词带进来，乃因人格的主要因素当在意识或灵魂，不同时期或不同文化的人是有不同的理解的。很明显地，玄学、理学占主导力量的时代，“魂”的问题固然还是存在，但它在思想上的重要性早就让给了心性的概念，这样的断语如果移到先秦的儒道两家巨子身上，大抵亦可成立。孔孟老庄不一定反对，甚至不一定不关心灵魂的问题，但他们学问的重心无疑地是在人的身心问题上面，而非身心之外或附着于身心之内的灵魂概念。

然而，在三代之前，或者三代的某些时段、某些区域，人格的重心是否落在后世所谓的“心性”之上，这是相当可疑的。现代新学术典范奠定以来，有越来越多的研究显示巫文化曾是中国早期的主导性思潮，[58]这个论述自从张光直将它显题化以后，更是日益受到重视。虽然这个假说如果作为历史的叙述的话，它有太多需要补充的空间，但笔者认为从各种残存的文献以及比较宗教史的平行现象看来，我们没有理由怀疑一种解体型的宗教型态曾是中国文化一个主要的成分。萨满教拥有的主要意识形态的成分，我们都可以在先秦的文献里找到相应的因素：绝地天通的神话，以昆仑山为中心的神秘地理学，不怕水火的神通力量，升天入地的动物助灵，一、四、五、七的神秘数字系统，以及琮、璜等祭仪符号体系之建立。此外，还有更重要的一个因素，此即解体人格型态的思想极为发达。

解体人格的型态曾是华夏地区一个显著的特色，这样的假说大概很难被推翻。现代学者对巫的研究，几乎皆指出：三代的巫往往有升天的能力，这样的记载密集地集中在《山海经》一书中。上古时期巫、仙难分，类似的记载也见于中国最古的神仙传记《列仙传》书中，此书述及的古代神仙往往都拥有升天的神通，只是有的仙需借风火等自然力量，有的需假借神

[58] 参见陈梦家：《商代的神话与巫术》，《燕京学报》，第20期（1936），页485—643。饶宗颐：《巫的新认识》，收入郑志明编：《宗教与文化》（台北：台湾学生书局，1990），页1—15。周策纵：《古巫医与六诗考》（台北：联经出版事业公司，1984）。

话动物之能耐，有的则可自由出入。[59] 除了巫、仙的叙述外，更重要地，我们不会忘了见于《尚书 · 吕刑》及《国语 · 楚语》有关“绝地天通”的记载。依据儒家最重要的神圣典籍以及楚国见闻最广博的君子观射父的解说，我们知道在遥远的上古时期，地界的子民时常可以上天的，天人之间毫无隔阂。在此时期，人人皆巫，人人皆仙，这是天地尚未断绝前的黄金时代。

人人皆巫，人人皆仙，天人相续，此事如何可能？这样的叙述如果可以理解的话，那就是：这样的世界只能发生在变形意识下产生的状况。“变形意识”的发生如果用先秦思想的语言解释的话，那就是“魂”与身分离，“魂”离开此一经验性的世界，它到另外一个的时空里去见证另外一个存在次元的事事物物。

中国的身体观当中，魂魄是形神此组概念之外的另外一组重要辞语。《左传 · 昭公七年》记载子产云：“人生始化曰魄，既生魄，阳曰魂。”《礼记 · 郊特牲》云：“魂气归于天，形魄

[59] 我们且看《列仙传》排名前六名的人物之事迹：（一）赤松子：“能入火自烧，往往至昆仑山上……随风雨上下。”（二）宁封子：“积火自烧，而随烟气上下。”（三）马师皇：“一旦，龙负皇而去。”（四）赤将子舆：“能随风雨上下。”（五）黄帝：“有龙垂胡髯下迎帝，乃升天。”（六）偓佺：“形体生毛，长数寸。两目更方，能飞行逐走马。”这六位神仙或自力，或靠他力，但皆有升天飞行之能力。由排序来看，似乎越是早期的“仙”，其萨满的性格越强。以上引文见王叔岷：《列仙传校笺》，页 1、4、6、7、9、11。

图 9-4
晚明画家陈洪绶画的“屈子行吟图”，雕版一再被引用。此图的屈原高冠岌岌，长佩陆离，神情却又苦寒凄沧，行吟于泽畔山隅。这是儒家价值奉行者的屈原，而不是巫风体现者的三闾大夫。

归于地。”“魂魄”的问题颇复杂，[60]笼统说来，魄往往与形躯结合，魂则与阳气相合，我们提到的“解体性人格”指的即是“魂”此一因素从形躯中游离出来。一般而言，魂会离体远游，通常只见于梦中，或死亡之后，平常不与焉。三代时期，礼制特重，礼制当中，祖先崇拜尤其占有重要地位。由于魂魄的身体观得到当时主要文化价值的祖先崇拜—孝道—宗法等观念丛的支持，所以“魂魄”之说遂蔚为当时的主流概念。笔者当然同意：“魂魄”观念与礼制结合后，它即伦理化、理性化了，因此，它有可能和人格的同一性结合得更紧密，除了死亡之外，它不容易再跑出去。但事情总有另一面，此即“魂魄”既

[60] 参见池田末利：《魂魄考》，《中国古代宗教史研究》（东京：东海大学出版会，1981），页 199—215。笔者怀疑魂魄分立和阴阳、乾坤之对分有关，细节待考。

然是当时主导性的文化概念，这表示它是显性的因子，因此，在一些边际的情况下，“灵魂离体远游”的论述仍然是活生生的，它以某些人眼中的活化石的身姿凝聚了往古的精神价值。

屈原思想的特色在于它的过渡性格，它可视为萨满教文化的代表，屈原是离体神游人格型态的后劲；屈原作品也含有内丹学的一些因素，因此，它又可视为心性论论述的前驱。前者以《离骚》为代表，后者则见于《远游》此篇奇文之中。

中国思想史的主轴无疑是越来越理性化，但心性化的趋势也是很明显的，或者说：中国的理性化的历史行程是伴随心性化的行程展现出来的。自传说中的重黎绝地天通，以及周初周公的制礼作乐，还有孔子“仁”说的强烈影响以后，巫文化显然慢慢退出中国思想舞台。到了战国时期，扮演一代思潮要角的是诸子百家，而不是离体远游的巫，这一点是相当清楚的。但在比较偏远地区的庄子与屈原身上，我们却看到巫文化仍构成他们精神的一个重要面相，[61] 屈原尤其明显。如果说庄子曾受巫文化启发，但他最后走了出来；屈原却始终没有走出来，他始终在巫文化、中原文化与新兴的修炼方式之间徘徊，终其一生未得解脱。他的作品反映了这种复杂的情况。本文认为庄子和屈原是中国“解体人格文化”最后的体现者，但两人也同

[61] 戴密微（P. Demiéville）指出《庄子·天运》与《楚辞·天问》以及巫咸的关系，同时也指出这种天文学的发问方式与萨满教的关联，此亦一说。参见戴密微著，吴岳添译：《道家的谜》，收入马茂元编：《楚辞资料海外编》（武汉：湖北人民出版社，1986），页 209—215。

图 9–5
三代之前的玉器多为礼器，礼器人物的造型反映了思潮的演变，也就是从巫文化到君子文化。左为红山文化时期神人玉器，双角高耸，双耳招风，双眼斜扬，双手抚膝而坐。右为西周圆雕人像玉器，高冠长服，双手拱立，两眼平视，神情安详，“言念君子，温其如玉”的造型。屈原同时接受了这两个传统。

样是一种最早的修炼之道的心性论的倡导者。

屈原与庄子可以相互比较之处确实不少，[62] 本文仅能从精神史的角度稍微触及。简单地说，屈原在思想的深度上不如庄子深刻，这是他作为思想家不足之处，却是他身为诗人得以迷住后世千万人的魅力所在。屈原身上有许多无法化解的冲突，他比庄子浸润更深的巫文化因素，他好奇服也喜好精神（甚或灵魂）之旅游于昆仑悬圃之间。但不管屈原与巫风有何等密切的关系，屈原的个性与职务，使得他的精神，自然而然地与三

[62] 庄子与屈原并列，此说不会太早。但至少在明清时期，已有人将两人拉在一起，认为两人同样救世心切，同样不得志于世，同样以另类的儒者形象坚守儒门的价值体系，如钱澄之、林云铭等人皆有此说。清末民国之际，学者论南北文化或文学之差异时，蒙庄与屈平又往往被归类为一类，同样可作为南方文学的代表。刘师培说：“屈平之文，音涉哀思……而叙事、纪游，遗尘超物，荒唐谲怪，复与庄、列相同。南方之文，此其选矣。”刘师培：《南北学派不同论》，收入《刘申叔先生遗书》（台北：华世出版社，1975），册 1，页 24，总页 670。刘说可代表一时之风气。以上两种说法各表一代学风，其言亦非无理据，但本文的脉络不是顺沿着他们的说法而来的。

代大传统的道德意识合符同拍。另一方面，屈原虽然羡慕往圣之得仙，但他也知道巫之远游已非究竟，昆仑之外另有超乎死生、变化、时空格局之上的“泰初”境界。他无疑曾从道家，甚至有可能包括庄子在内，获得精神修炼的方法，这种方法使得他的著作弥漫了相当多内丹学的因素，这些因素已不是早期的巫教所能拘囿的了。屈原在思想史上的意义，应当就是他的作品具体地呈现了他在巫、道、儒之间的徘徊复徘徊。

参考书目

中文书目

传统文献

《十三经注疏》整理委员会整理，李学勤主编：《孟子注疏》。北京：北京大学出版社，1999。

干宝著：《搜神记》。台北：新文丰出版公司，1985，丛书集成新编。

孔鲋：《孔丛子》。台北：台湾商务印书馆，1971。

王夫之：《庄子解》。台北：里仁书局，1984。

王夫之：《楚辞通释》。台北：里仁书局，1981。

王充：《论衡》。台北：台湾商务印书馆，1965，四部丛刊初编缩本。

王冰注：《黄帝内经素问》。上海：商务印书馆，1975，四部丛刊初编缩本。

王叔岷：《列仙传校笺》。北京：中华书局，2007。

王叔岷：《庄子校诠》。台北："中央研究院"历史语言研究所，1988。

王叔岷：《庄子校释》。台北：台联国风出版社，1972。
王云五、张元济创编，方鹏程总编：《左传》。台北：台湾商务印书馆，1965，四部丛刊初编缩本。
王云五、张元济创编，方鹏程总编：《尚书》。台北：台湾商务印书馆，1965，四部丛刊初编缩本。
王云五、张元济创编，方鹏程总编：《国语》。台北：台湾商务印书馆，1965，四部丛刊初编缩本。
王云五、张元济创编，方鹏程总编：《管子》。台北：台湾商务印书馆，1979，四部丛刊初编缩本。
王云五、张元济创编，方鹏程总编：《墨子》。台北：台湾商务印书馆，1979，四部丛刊初编缩本。
王聘珍：《大戴礼记解诂》。北京：中华书局，1983。
王嘉：《拾遗记》。台北：新文丰出版公司，1985，丛书集成新编。
司马迁：《史记》。台北：鼎文书局，1979。
朱右曾：《逸周书集训校释》。台北：艺文印书馆，1958。
朱熹：《周易参同契考异》。台北：新文丰出版公司，1985，丛书集成新编。
朱熹集注，赵顺孙纂疏：《四书纂疏·论语纂疏》。台北：新兴书局，1972。
朱骏声：《说文通训定声》。台北：艺文印书馆，1966。
吴澄著，严灵峰辑：《道德真经注》。台北：艺文印书馆，1965，无求备斋老子集成。
吕不韦：《吕氏春秋》。台北：台湾商务印书馆，1965，四部丛刊初编缩本。
宋衷注，秦嘉谟等辑：《世本八种》。北京：北京图书馆出版社，2008。
李孝定编述：《甲骨文字集释》。台北："中央研究院"历史语言研究所，1965。
李定生、徐慧君校注：《文子要诠》。上海：复旦大学出版社，1988。
李昉等撰：《太平御览》。北京：中华书局，1960。
李涤生撰：《荀子集释》。台北：台湾学生书局，1979。
阮元：《揅经室一集》。台北：新文丰出版公司，1985，丛书集成新编。
阮籍著，陈伯君校注：《阮籍集校注》。北京：中华书局，1987。
屈原：《楚辞》。台北：台湾商务印书馆，1965，四部丛刊初编缩本。
河洛图书出版社编辑部编：《帛书老子》。台北：河洛图书出版社，1975。
俞琰：《周易参同契发挥》。台北：台湾商务印书馆，1980。
段玉裁：《说文解字注》。台北：艺文印书馆，1970。
洪兴祖：《楚辞补注》。台北：长安出版社，1984。
班固：《汉书》。台北：鼎文书局，1978。
袁珂校注：《山海经校注》。台北：里仁书局，1981。
马骕：《绎史》。合肥：黄山书社，2008，文渊阁四库全书本。
张伯端：《悟真篇》。台北：台湾商务印书馆，1983，景印文渊阁四库全书。
许慎:《说文解字》。台北：台湾商务印书馆，1965，四部丛刊初编缩本。
郭庆藩辑:《庄子集释》。台北：河洛图书出版社，1974。
陈奇猷:《韩非子集释》。台北：河洛图书出版社，1974。
陈俊民校编:《朱子文集》。台北：德富文教基金会，2000。
陈淳:《北溪字义》。台北：台湾商务印书馆，1985，景印文渊阁四库全书。
陆九渊:《陆九渊集》。台北：里仁书局，1981。
陆西星著，严灵峰辑:《南华真经副墨》。台北：艺文印书馆，1974，无求备斋庄子集成续编。
陆佃注解:《鹖冠子》。台北：台湾商务印书馆，1965，四部丛刊初编缩本。
陆德明:《经典释文》。台北：台湾商务印书馆，1965，四部丛刊初编缩本。
黄奭辑:《诗纬》。台北：艺文印书馆，1971。
杨伯峻撰:《列子集释》。北京：中华书局，1979。
葛洪:《抱朴子》。台北：台湾商务印书馆，1965，四部丛刊初编缩本。
贾谊:《新书》。台北：艺文印书馆，1977。
刘向:《列女传》。台北：台湾商务印书馆，1965，四部丛刊初编缩本。
刘安:《淮南子》。台北：台湾商务印书馆，1965，四部丛刊初编缩本。
刘义庆著，刘孝标注：《世说新语》。台北：台湾商务印书馆，1965，四部丛刊初编缩本。
郑玄注，孔颖达疏：《礼记正义》，李学勤主编：《十三经注疏整理本》。台北：台湾古籍出版社，2001，册 77。
黎靖德编，王星贤点校：《朱子语类》。北京：中华书局，1986。
萧统编，李善注：《文选（附考异）》。台北：艺文印书馆，2003。
韩愈：《昌黎先生文集》。上海：上海古籍出版社，1994。
罗泌：《路史》。台北：台湾商务印书馆，1983，景印文渊阁四库全书。
龚自珍：《定庵续集》。台北：台湾商务印书馆，1965，四部丛刊初编缩本。
龚自珍著，刘麒子整理：《龚自珍全集》。杭州：浙江古籍出版社，2014。

近人研究

A. 专书

王孝廉：《东北、西南族群及其创世神话》。台北：时报文化出版企业公司，1992。
王葆玹：《黄老与老庄》。北京：中国人民大学出版社，2012。
王梦鸥：《邹衍遗说考》。台北：台湾商务印书馆，1966。
王献唐：《炎黄氏族文化考》。济南：齐鲁书社，1985。

江绍原:《中国古代旅行之研究》。台北:台湾商务印书馆,1970。
牟宗三:《才性与玄理》。台北:台湾学生书局,1975。
牟宗三:《中国哲学十九讲》。台北:台湾学生书局,1997。
牟宗三:《名家与荀子》。台北:台湾学生书局,1979。
何新:《中国远古神话与历史新探》。哈尔滨:黑龙江教育出版社,1988。
余明光:《黄帝四经与黄老思想》。哈尔滨:黑龙江人民出版社,1989。
吕思勉:《先秦史》。上海:上海古籍出版社,2005。
吕思勉:《吕思勉读史札记》。台北:木铎出版社,1983。
李学勤:《古文献丛论》。上海:远东出版社,1996。
杜而未:《中国古代宗教系统》。台北:华明书局,1960。
周策纵:《古巫医与六诗考》。台北:联经出版事业公司,1984。
姜亮夫:《楚辞学论文集》。上海:上海古籍出版社,1984。
姜亮夫、姜昆武:《屈原与楚辞》。合肥:安徽教育出版社,1991。
茅盾:《中国神话研究初探》,《神话研究》。天津:百花文艺出版社,1981。
凌纯声:《中国边疆民族与环太平洋文化》。台北:联经出版事业公司,1979。
唐君毅:《中国哲学原论·原教篇》。台北:台湾学生书局,1986。
唐兰:《天壤阁甲骨文存并考释》。北京:北京图书馆出版社,1953。

孙作云:《孙作云文集·中国古代神话传说研究》。河南：河南大学出版社，2003。
徐复观:《两汉思想史》。台北：台湾学生书局，1982。
袁珂:《古神话选释》。台北：长安出版社，1982。
袁珂编:《中国神话资料萃编》。成都：四川省社会科学出版社，1985。
马承源主编:《上海博物馆藏战国楚竹书（二)》。上海：上海古籍出版社，2002。
马茂元编:《楚辞评论资料选》。武汉：湖北人民出版社，1985。
张心澂编著:《伪书通考》。上海：商务印书馆，1939。
张光直:《中国青铜时代》。台北：联经出版事业公司，1983。
张光直:《中国青铜时代（第二集)》。台北：联经出版事业公司，1990。
张亨:《思文之际论集：儒道思想的现代诠释》。台北：允晨文化实业公司，1997。
郭锡良:《汉字古音手册》。北京：北京大学出版社，1986。
陈鼓应注译:《老子今注今译及评介》。台北：台湾商务印书馆，1970。
陈鼓应注译:《黄帝四经今注今译——马王堆汉墓出土帛书》。台北：台湾商务印书馆，1995。
陆思贤:《神话考古》。北京：文物出版社，1995。
傅斯年:《性命古训辨证》，陈槃等校订:《傅斯年全集》。台北：联经出版事业公司，1980。

彭国翔:《儒家传统：宗教与人文主义之间》。北京：北京大学出版社，2007。
游国恩:《读骚论微初集》。台北：台湾商务印书馆，1972。
汤用彤:《魏晋玄学论稿》。台北：庐山出版社，1972。
童书业著，童教英校订:《春秋左传研究（校订本)》。北京：中华书局，2006。
冯友兰:《中国哲学史新编（修订本)》。北京：人民出版社，1984。
杨幼炯:《中国政治思想史》。台北：台湾商务印书馆，1973。
杨希枚:《先秦文化史论集》。北京：中国社会科学出版社，1995。
杨宽:《中国上古史导论》，吕思勉、童书业编著:《古史辨》。上海：上海古籍出版社，1982。
杨儒宾:《五行原论：先秦思想的太初存有论》。台北：联经出版事业公司，2018。
杨儒宾:《儒门内的庄子》。台北：联经出版事业公司，2016。
叶舒宪:《中国神话哲学》。北京：中国社会科学出版社，1992。
叶舒宪:《神话——原型批评》。西安：陕西师范大学出版社，1987。
詹石窗:《道教与女性》。上海：上海古籍出版社，1990。
闻一多:《古典新义》，朱自清等编:《闻一多全集》。台北：里仁书局，2000。
闻一多:《神话与诗》，朱自清等编:《闻一多全集》。台北：里仁书局，2000。
蒙文通：《古学甄微》。成都：巴蜀书社，1987。
刘永济：《屈赋通笺》。北京：人民文学出版社，1961。
蒋书庆：《破译天书：远古彩陶花纹揭秘》。上海：上海文化出版社，2001。
萧公权：《中国政治思想史》。台北：联经出版事业公司，1982。
萧兵：《中庸的文化省察》。武汉：湖北人民出版社，1997。
萧兵：《太阳英雄神话的奇迹》。台北：桂冠图书公司，1992。
萧兵：《楚辞与神话》。南京：江苏古籍出版社，1987。
萧兵、叶舒宪：《老子的文化解读——性与神话学之研究》。武汉：湖北人民出版社，1993。
赖锡三：《当代新道家：多音复调与视域融合》。台北：台湾大学出版中心，2011。
钱穆：《先秦诸子系年》。台北：联经出版事业公司，1998。
钱穆：《庄老通辨》。台北：三民书局，1971。
钱穆：《黄帝》。台北：东大图书公司，1978。
谢选骏：《神话与民族精神》。济南：山东文艺出版社，1986。
苏雪林：《屈赋论丛》。台北："国立"编译馆，1980。
饶宗颐：《中国史学上之正统论》。台北：宗青图书出版公司，1979。
饶宗颐：《固庵文录》。台北：新文丰出版公司，1989。
饶宗颐：《楚地出土文献三种研究》。北京：中华书局，1993。
饶宗颐：《选堂集林》。台北：明文书局，1982。

B. 篇章论文

丁山:《由陈侯因資镎铭黄帝论五帝》,《“中央研究院”历史语言研究所集刊》,第 3 本第 4 分,1943,页 517—535。

王以中:《山海经图与职贡图》,《禹贡》,第 1 卷第 3 期,1934,页 5—10。

王仲孚:《黄帝制器故事试释》,《中国上古史专题研究》。台北:五南图书公司,1996,页 231—276。

王利器:《汉代的黄老思想》,《晓传书斋文史论集》。香港:中文大学出版社,1989,页 159—166。

王叔岷:《黄老考》,《先秦道法思想讲稿》。台北:“中央研究院”中国文哲研究所,1992,页 349—369。

王运熙等:《试论屈原的尊法反儒思想》,《学习与批判》,第 1 期,1973,页 53—59。

包景诚:《〈远游〉作者、辞章考释》,中国屈原学会编:《楚辞研究》。济南:齐鲁书社,1988,页 304—319。

田树生:《释中》,《殷都学刊》,第 2 期,1991,页 1—5。

朱越利:《炁气二字异同辨》,《世界宗教研究》,第 1 期,1982,页 50—58。

江世荣:《先秦道家言论集、〈老子〉古注之一——〈文子〉述略》,《文史》,第 18 辑,1983,页 247—259。

何幼琦:《〈海经〉新探》,中国《山海经》学术讨论会编辑:《山海经新探》。成都:四川省社会科学院出版社,1986,页 73—92。

何新:《盘古、梵天与 BAU 神》,《诸神的起源——中国远古神话与历史》。北京：生活·读书·新知三联书店，1986，页 175—182。

何锜章:《离骚“女媭之婵媛兮”新释》,《大陆杂志》，第 31 卷第 11 期，1965，页 28—29。

余英时:《反智论与中国政治传统——论儒、道、法三家政治思想的分野与汇流》,《历史与思想》。台北：联经出版事业公司，1976，页 1—46。

李子贤:《傣族葫芦神话溯源》，中国民间文艺研究会上海分会编:《民间文艺集刊》。上海：上海文艺出版社，1982，第 3 集，页 50—66。

李定生:《〈文子〉非伪书考》,《道家文化研究》，第 5 辑，1994，页 462—473。

李金锡:《〈离骚〉遨游日数与次数辨》,《鞍山师范学院学报》，第 2 期，1987，页 18—21、53。

李伟泰:《〈史记〉叙事何以始于黄帝诸说述评》，黄帝与中国传统文化学术讨论会编辑部编:《黄帝与中国传统文化学术讨论会文集》。西安：陕西人民出版社，2001，页 16—24。

李济:《〈记小屯出土之青铜器（中篇）〉后记》，张光直主编:《李济文集》。上海：上海人民出版社，2006，卷 5，页 133—134。

李丰楙:《服饰、服食与巫俗传说——从巫俗观点对〈楚辞〉

的考察之一》，中国古典文学研究会编：《古典文学》。台北：台湾学生书局，1981，第 3 集，页 71—99。
李丰楙：《服饰与礼仪：〈离骚〉的服饰中心说》，《中国文哲研究集刊》，第 14 期，1999，页 1—49。
沈松侨：《我以我血荐轩辕——黄帝神话与晚清的国族建构》，《台湾社会研究季刊》，第 28 期，1997，页 1—77。
周凤五：《郭店楚墓竹简〈唐虞之道〉新释》，《“中央研究院”历史语言研究所集刊》，第 70 本第 3 分，1999，页 739—759。
季羡林：《关于葫芦神话》，中国民间文艺研究会上海分会编：《民间文艺集刊》。上海：上海文艺出版社，1984，第 5 集，页 103—104。
金开诚：《〈离骚〉“周游三日”辨》，哈尔滨师范大学北方论丛编辑部：《北方论丛》，1983，第 3 辑，“楚辞研究”，页 134—141。
姜昆武、徐汉澍：《〈远游〉真伪辨——屈赋思想、语言与〈远游〉》，《文学遗产》，第 3 期，1981，页 30—44。
姜亮夫：《“中”形形体及其语音衍变之研究》，《杭州大学学报（哲学社会科学版）》，第 14 卷增刊“古籍研究所论文专辑”，1984，页 1—48。
柳存仁：《王船山注〈楚辞 · 远游〉》，朱晓海编：《新古典新义》。台北：台湾学生书局，2001，页 255—282。
胡厚宣：《甲骨文商族鸟图腾的遗迹》，中国科学院历史研究所编:《历史论丛》, 第1辑, 1964, 页131—160。
胡家聪:《黄老新学的时代精神》,《稷下争鸣与黄老新学》。北京: 中国社会科学出版社, 1998, 页143—202。
胡万川:《失乐园——中国乐园神话探讨之一》, 李亦园、王秋桂主编:《中国神话与传说学术研讨会论文集》。台北: 汉学研究中心, 1996, 册上, 页103—124。
胡适:《诸子不出于王官论》,《胡适文存》, 欧阳哲生编:《胡适文集》。北京: 北京大学出版社, 1998, 册2, 卷2, 页180—186。
唐君毅:《论中国原始宗教信仰与儒家天道观之关系兼释中国哲学之起源》,《中华人文与当今世界补编》,《唐君毅全集》。台北: 台湾学生书局, 1988, 册上, 卷9, 页150—181。
孙广德:《我国正史中的政治神话》,《政治神话论》。台北: 台湾商务印书馆, 1990, 页218—288。
荆州地区博物馆:《江陵王家台15号秦墓》,《文物》, 第1期, 1995, 页37—43。
袁保新:《再论老子之道的义理定位》,《中国文哲研究通讯》, 第7卷第2期, 1997, 页145—159。
袁珂:《〈山海经〉“盖古之巫书”试探》, 中国《山海经》学术讨论会编辑:《山海经新探》。成都: 四川省社会科学院出版社, 1986, 页231—240。
郝志达:《〈远游〉与〈大人赋〉之比较研究》,《楚辞研究》。

济南：齐鲁书社，1988，页320—333。
高亨、池曦朝合著：《试谈马王堆汉墓中的帛书〈老子〉》，《文物》，第11期，1974，页1—8。
常任侠：《沙坪坝出土之石棺画像研究》，《说文月刊》，第11期，1939，页61—106。
张怀瑾：《离骚降字解》，《国文月刊》，第72期，1948，页24—32。
陈奇禄：《台湾“排湾群诸族”木雕标本图录（五）》，《考古人类学刊》，第17、18期合订本，1961，页85—119。
陈桐生：《二十世纪考古文献与楚辞研究》，《文献》，第1期，1998，页168—182。
陈寅恪：《陈垣燉煌劫余录序》，陈寅恪：《陈寅恪先生文集·金明馆丛稿二编》。台北：里仁书局，1981，册2，页236—237。
陈梦家：《商代的神话与巫术》，《燕京学报》，第20期，1936，页485—643。
陈荣捷：《朱子评老子与论其与“生生”观念之关系》，《朱学论集》。台北：台湾学生书局，1982，页99—121。
陈丽桂：《黄老帛书里的道法思想》，《战国时期的黄老思想》。台北：联经出版事业公司，1991，页39—108。
陆思贤：《新石器时代的鸟形装饰与太阳崇拜》，《史前文化》，第1—2期合刊，1986，页55—62。
傅斯年：《夷夏东西说》，陈槃等校订：《傅斯年全集》。台北：

联经出版事业公司，1980，册 3，页 86—157。

贺次君：《“山海经图与职贡图”的讨论（附表）》，《禹贡》，第 1 卷第 8 期，1934，页 28—34。

冯友兰：《再论〈楚辞〉中的哲学思想》，中国社会科学院哲学研究所中国哲学史研究室编：《中国哲学史论》。太原：山西人民出版社，1981，页 172—180。

黄石：《满州的跳神》，钟敬文、娄子匡编著：《民俗学集镌》，第 2 期，1932，页 1—18。

杨希枚：《国语黄帝二十五子得姓传说的分析（上篇）》，《“中央研究院”历史语言研究所集刊》，第 34 本册下，1963，页 627—648。

杨儒宾：《先秦思想的明暗象征》，何寅主编：《中国文化与世界》，第 6 辑，1998，页 134—170。

葛兆光：《众妙之门：北极与太一、道、太极》，《中国文化》，第 2 期，1990，页 46—65。

裘锡圭：《马王堆〈老子〉甲乙本卷前后佚书与“道法家”——兼论〈心术上〉〈白心〉为慎到田骈学派作品》，《文史丛稿：上古思想、民俗与古文字学史》。上海：上海远东出版社，2011，页 59—80。

赵铁寒：《少皞氏与凤鸟图腾》，庆祝朱家骅先生七十岁论文集编辑委员会编：《大陆杂志特刊》，第 2 辑，“庆祝朱家骅先生七十岁论文集”。台北：大陆杂志社，1962，页 441—450。

齐思和:《黄帝之制器故事》, 吕思勉、童书业编著:《古史辨》。上海: 上海古籍出版社, 1982, 册 7 中编, 页 381—415。

刘师培:《南北学派不同论》,《刘申叔先生遗书》。台北: 华世出版社, 1975, 册 1, 总页 657—672。

刘笑敢:《关于老子之道的新解释与新诠释》,《中国文哲研究通讯》, 第 7 卷第 2 期, 1997, 页 1—40。

刘尧汉:《论中华葫芦文化》,《民间文学论坛》, 第 3 期, 1987, 页 9—14。

蔡哲茂:《甲骨文考释两则》,《第三届中国文字学国际学术研讨会论文集》。台北: 辅仁大学出版社, 1992, 页 27—36。

郑振铎:《汤祷篇》, 马昌仪编:《中国神话学文论选萃》。北京: 中国广播电视出版社, 1994, 上编, 页 191—221。

鲁迅:《阿长与山海经》, 王世家、止庵编:《鲁迅著译编年全集》。北京: 人民出版社, 2009, 册 7, 页 72—76。

鲁迅:《神话与传说》,《中国小说史略》。南京: 译林出版社, 2014, 第 2 章, 页 9—16。

萧兵:《〈楚辞〉"灵保""灵修""莫敖"通考——兼论〈楚辞〉文化的南方因子》,《华南师院学报(哲学社会科学版)》, 第 3 期, 1980, 页 107—115。

萧兵:《〈离骚〉的三次飞行》,《四川师范大学学报(哲学社会科学版)》, 第 14 卷第 4 期, 1978, 页 11—18。

戴君仁:《阴阳五行学说究原》,《梅园论学集》。台北：开明书店，1970，页345—364。

罗梦册:《说浑沌与诸子经传之言大象》（上、下），《东方文化》，第9卷第1、2期，1971，页15—56、230—305。

罗漫:《战国宇宙本体大讨论与〈天问〉的产生》,《文学遗产》，第1期，1988，页45—53。

庞朴:《说“无”》,《稂莠集——中国文化与哲学论集》。上海:上海人民出版社，1988，页321—336。

严文明:《“鹳鱼石斧图”跋》,《文物》，第12期，1981，页79—82。

苏建洲:《容成氏译释》，季旭昇主编:《上海博物馆藏战国楚竹书（二）读本》。台北：万卷楼图书公司，2003，页103—180。

饶宗颐:《巫的新认识》，郑志明编:《宗教与文化》。台北：台湾学生书局，1990，页1—15。

饶宗颐:《帛书〈系辞传〉“大恒”说》,《饶宗颐二十世纪学术文集》。台北：新文丰出版公司，2003，册5，页68—86。

饶宗颐:《荆楚文化》,《“中央研究院”历史语言研究所集刊》，第41本第2分，1969，页273—315。

饶宗颐:《马王堆医书所见〈陵阳子明经〉佚说——广雅补证之一》，中华书局编辑部编:《文史》。北京：中华书局，1983，第20辑，页251—253。

顾颉刚:《〈庄子〉和〈楚辞〉中昆仑和蓬莱两个神话系统的融

合》，朱东润等主编：《中华文史论丛》。上海：上海古籍出版社，1979，第 2 辑（总第 10 辑），页 31—57。

顾颉刚：《禅让传说起于墨家考》，吕思勉、童书业编著：《古史辨》。上海：上海古籍出版社，1982，册 7 下，页 30—107。

龚维英：《嫦娥神话面面观》，《民间文学论坛》，第 4 期，1987，页 61—69。

C. 译著

上山安敏著，孙传钊译：《理性与神话》。上海：上海人民出版社，1992。

卡司蒂廖尼（Castiglioni, Achille）著，程之范主译：《医学史》。桂林：广西师范大学出版社，2003。

卡西勒（Cassirer, Ernst）著，黄汉青、陈卫平译：《国家的神话》。台北：成均出版社，1983。

卡西勒著，刘述先译：《论人：人类文化哲学导论》。台中：私立东海大学出版社，1959。

卡西尔（Cassirer, Ernst）著，黄龙保等译：《神话思维》。北京：中国社会科学出版社，1992。

卡西尔著，于晓等译：《语言与神话》。北京：生活 · 读书 · 新知三联书店，1988。

弗雷泽（Frazer, James G. ）著，汪培基等译：《金枝》。台北：桂冠图书公司，1991。

伊利亚德（Eliade, Mircea）著，杨素娥译：《圣与俗》。台北：桂冠图书公司，2001。

耶律亚德（Eliade, Mircea）著，杨儒宾译：《宇宙与历史：永恒回归的神话》。台北：联经出版事业公司，2000。

列维·布留尔（Levy-Bruhl, Lucien），丁由译：《原始思维》。北京：商务印书馆，1981。

列维·斯特劳斯（Levi-Strauss, Claude）著，李幼蒸译：《野性的思维》。北京：商务印书馆，1987。

江文也著，杨儒宾译：《孔子的乐论》。台北：台湾大学出版中心，2004。

艾兰（Allan, Sarah）著，汪涛译：《龟之谜：商代神话、祭祀、艺术和宇宙观研究》。成都：四川人民出版社，1992。

坎伯（Campbell, Joseph）著，朱侃如译：《神话》。台北：立绪文化事业公司，1995。

李约瑟（Needham, Joseph）著，陈立夫主译：《中国之科学与文明》。台北：台湾商务印书馆，1980。

林毓生著，穆善培译：《中国意识的危机："五四"时期激烈的反传统主义》。贵阳：贵州人民出版社，1988。

波德（Bodde, Derk）著，程蔷译：《中国的古代神话》，中国民间文艺研究会上海分会编：《民间文艺集刊》。上海：上海文艺出版社，1982，第 2 集，页 267—300。

马伯乐（Maspéro, Henri）著，冯沅君译：《书经中的神话》。北平：国立北平研究院史学研究会，1939。

马赛尔（Marcel, Gabriel）著，陆达诚译：《是与有》。台北：台湾商务印书馆，1983。

浅野裕一著，佐藤将之监译：《〈容成氏〉的禅让与放伐》，《战国楚简研究》。台北：万卷楼图书公司，2004，第5章，页85—111。

陈荣捷编著，杨儒宾等译：《中国哲学文献选编》。台北：巨流图书公司，1993。

森安太郎著，王孝廉译：《黄帝的传说：中国古代神话研究》。台北：时报文化出版企业公司，1988。

费尔巴哈（Feuerbach, Ludwig）著，荣震华译：《基督教的本质》。北京：商务印书馆，1995。

黑格尔（Hegel, Georg W. F. ）著，贺麟、王太庆译：《哲学史讲演录》。北京：商务印书馆，1995。

奥弗（Van Over, Raymond）编，毛天祐译：《太阳之歌：世界各地创世神话》。北京：中国人民大学出版社，1989。

荣格（Jung, Carl G. ）著，刘国彬、杨德友译：《回忆·梦·思考——荣格自传》。沈阳：辽宁人民出版社，1988。

诺伊曼（Neumann, Erich）著，李以洪译：《大母神：原型分析》。北京：东方出版社，1998。

戴密微（Demiéville, Paul）著，吴岳添译：《道家的谜》，马茂元编：《楚辞资料海外编》。武汉：湖北人民出版社，1986，页209—215。

罗兰·巴特（Barthes, Roland）著，刘森尧译：《我们敢于懒惰》，《罗兰・巴特访谈录》。台北：桂冠图书公司，2004，页 431—440。
让・皮埃尔・韦尔南（Vernant, Jean-Pierre）著，余中先译：《神话与政治之间》。北京：生活・读书・新知三联书店，2001。

日文书目

ジョルジュ・ギュスドルフ（Gusdorf, Georges）著，久米博译：《神话と形而上学：哲学序说》。东京：せりか书房，1985。
ヨハン・ヤーコプ・バッハオーフェン（Bachofen, Johann J.）著，冈道男、河上伦逸监译：《母権论：古代世界の女性支配に関する研究——その宗教的および法的本质》。东京：みすず书房，1993。
マンフレート・ルルカー（Lurker, Manfred）著，林捷译：《鷲と蛇：シンボルとしての动物》。东京：法政大学出版局，1996。
小川琢治：《支那历史地理研究》。东京：弘文堂，1928。
小坂国继：《荘子の生死観》，《日本大学大学院総合社会情报研究科纪要》，第 8 号，2007，页 1—12。
小南一郎：《壶形の宇宙》，《东方学报》，第 61 期，1989，页 165—221。

山县三千雄:《神秘主义者としての老子の新解釈》,《神秘家と神秘思想》。东京：创文社，1981，第 2 章，页 87—127。

中钵雅量:《神话、祭祀と老庄》,《中国の祭祀と文学》。东京：创文社，1989，页 297—316。

中钵雅量:《神话と老庄——古代人の宗教体验について》，森三树三郎博士颂寿记念事业会编:《东洋学论集：森三树三郎博士颂寿记念》。京都：朋友书店，1979，页 203—218。

尤仁德:《商代玉雕龙纹的造型与纹饰研究》,《文物》，第 8 期，1981，页 56—60。

加藤常贤:《真古文尚书集释》。东京：明治书院，1964。

加藤常贤著，水上静夫补:《中国の修験道：翻訳老子原义》。东京：雄山阁，1982。

白鸟库吉:《支那古传说の研究》,《白鸟库吉全集》。东京：岩波书局，1971，册 8，页 381—391。

白鸟清:《殷周の感生伝说の解释》,《东洋学报》，第 15 卷 4 号，1926，页 485—512。

安居香山:《感生帝说の展开と纬书思想》,《日本中国学会报》，第 20 辑，1968，页 63—78。

安居香山、中村璋八编:《重修纬书集成》。东京：明德书店，1978。

池田末利:《魂魄考》,《中国古代宗教史研究》。东京：东海大学出版会，1981，页199—215。

西川靖二:《“文子”略攷》,《东方宗教》，第61辑，1983，页49—64。

赤塚忠:《“老子”中における虚静说の展开》,《东京支那学报》，第9号，1963，页59—84。

赤塚忠:《古代の信仰体验と道家の思辨法》,《斯文》，第35期，1936，页11—35。

赤塚忠:《道家思想の原初の形态》，东京大学文学部研究报告刊行委员会编:《东京大学文学部研究报告・哲学论文集》。东京：东京大学文学部，1968，页315—382。

赤塚忠:《庄子》。东京：集英社，1974，全积汉文大系。

金谷治:《中と和》,《文化》，第15卷第4期，1951，页80—103。

宫川尚志:《道教成立前史再论》,《东海大学纪要文学部》，第35辑，1981，页1—13。

高木敏雄:《比较神话学》。东京：武藏野书院，1924。

高桥峻:《中の思想について》,《汉学会杂志》，第7卷第3号，1939，页314—324。

御手洗胜:《黄帝传说について》,《广岛大学文学部纪要》，第27卷1期，1967，页33—59。

御手洗胜:《古代中国の神々：古代传说の研究》。东京：创文社，1984。

笠原仲二:《“中”にまつわる様々の想念》（一）～（六）：

《立命馆文学》，第 133、135、142、145、147、152 诸期，1956—1958。
福永光司：《庄子》。东京：朝日新闻社，1966。
藤堂明保：《“无”という思想の本质——そのコトバの派生法から》，《东京支那学报》，第 12 号，1966，页 44—54。
藤堂明保：《汉字语源辞典》。东京：学灯社，1965。
藤野岩友：《禹步考》，《中国の文学と礼俗》。东京：角川书店，1976，页 302—316。
藤野岩友：《巫系文学论》。东京：大学书房，1969。
铁井庆纪：《黄帝伝说について》，《支那学研究》，第 34 号，1969，页 78—89。
铁井庆纪著，池田末利编：《中国神话の文化人类学的研究》。东京：平河出版社，1990。

英文书目

Altizer, Thomas J. J. *Mircea Eliade and the Dialectic of the Sacred*. Philadelphia: The Westminster Press, 1963.
Campbell, Joseph. *Occidental Mythology: The Masks of God.* London: Penguin Books, 1988.
Campbell, Joseph. *The Inner Reaches of Outer Space: Metaphor as Myth and as Religion (The Collected Works of Joseph Campbell)*. New York: Harper &

Row, 1988.

Campbell, Joseph. *The Mythic Images*. New Jersey: Princeton University Press, 1974.

Campbell, Joseph. *The Power of Myth*. New York: Doubleday, 1988.

Cassirer, Ernst. *The Philosophy of Symbolic Forms*, Ralph Manheim (trans.). New Haven: Yale University Press, 1955, vol.2.

Eliade, Mircea (ed.). *From Primitive to Zen*. New York: Harper & Row, 1977.

Eliade, Mircea. "Prolegomenon to Religious Dualism: Dyads and Polarities, " in *The Quest: History and Meaning in Religion.* Chicago: The University of Chicago Press, 1969, pp.127–177.

Eliade, Mircea. *Images and Symbols: Studies in Religious Symbolism*. New Jersey: Princeton University Press, 1991.

Eliade, Mircea. *Myth and Reality*, Willard R. Trask (trans.). New York: Harper & Row, 1975.

Eliade, Mircea. *Myths, Dreams and Mysteries: The Encounter Between Contemporary Faiths and Archaic Realities*. New York: Harper & Row, 1960.

Eliade, Mircea. *Patterns in Comparative Religion.* New

York: Sheed & Ward, 1958.

Eliade, Mircea. *Rites and Symbols of Initiation.* New York: Harper & Row, 1958.

Eliade, Mircea. *Shamanism: Archaic Techniques of Ecstasy.* New Jersey: Princeton University Press, 1972.

Eliade, Mircea. *The Myth of Eternal Return.* New Jersey: Princeton University Press, 1965.

Eliade, Mircea. *The Sacred and the Profane: The Nature of Religion.* New York: Harcourt, Brace & World, 1959.

Geertz, Clifford. *The Interpretation of Cultures.* New York: Basic Books, 1973.

Girard, Rene. *Violence and the Sacred*. Baltimore: The Johns Hopkins University Press, 1977.

Girardot, Norman J. "Part of the Way: Four Studies on Taoism, " *History of Religion*, 11(1972): 319–337.

Girardot, Norman J. *Myth and Meaning in Early Taoism: The Theme of Chaos*. Berkeley: University of California Press, 1983.

H. B. Partin. "*Paradise*," in Mircea Eliade (ed.), *Encyclopedia of Religion*. New York: Macmillan, 1987, vol.11.

Harner, Michael J. (ed.). *Hallucinogens and Shamanism*. Oxford: Oxford University Press, 1973.

Hawkes, David. *Ch'u Tz'u: The Songs of the South: An*

Ancient Chinese Anthology. London: Clarendon Press, 1959.

Jung, Carl G. *Psychology and Religion: West and East*. New Jersey: Princeton University Press, 1969.

Jung, Carl G. *The Transcendent Function*, in *Collected Works*. New Jersey: Princeton University Press, 1975, vol.8.

Jung, Carl G. *Word and Image*. New Jersey: Princeton University Press, 1979.

Kalyanaraman, Srinivasan. *Indian Alchemy: Soma in the Veda*. New Delhi: Munshiran Menoharlal Publishers Pvt. Ltd. , 2004.

Kristeva, Julia. *About Chinese Women*, Anita Barrows (trans.). London: Marion Boyars Publishers Ltd, 1997.

Mair, Victor H.（梅维恒）. "Southern Bottle-Gourd (*hu-lu* 葫芦) Myths in China and Their Appropriation by Taoism"，李亦园、王秋桂主编：《中国神话与传说学术研讨会论文集》，台北：汉学研究中心，1996，册上，页185–228。

Maspéro, Henri. *Taoism and Chinese Religion.* Amherst: University of Massachusetts Press , 1981.

Mote, Frederick W. *Intellectual Foundations of China*. New York : A. A. Knopf, 1971.

Neumann, Erich. *The Great Mother: An Analysis of the Archetype.* New Jersey: Princeton University Press, 1974.

Neumann, Erich. *The Origins and History of Consciousness*. New Jersey: Princeton University Press, 1973.

Otto, Rudolf. *The Idea of the Holy.* New York: Oxford University Press, 1950.

Robinet, Isabel. "The Taoist Immortal: Jesters of Light and Shadow, Heaven and Earth, " *Journal of Chinese Religion* 13/14(1985–86): 87–105.

Sivin, Nathan. "On the Word 'Taoism' as a Source of Perplexity, " *History of Religion*, 17(1978): 303–330.

Tu, Weiming. "The Continuity of Being: Chinese Visions of Nature, " *Confucian Thought*. Albany: State University of New York Press, 1985.

Turner, Victor. *Image and Pilgrimage in Christian Culture.* New York: Columbia University Press, 1978.

Waley, Arthur. *The Nine Songs: A Study of Shamanism in Ancient China*. London: G. Allen and Unwin, 1955.

Wilhelm, Hellmut. "The 'Own City' as the Stage of Formation, " in *Heaven, Earth and Man in the Book of Changes.* Seattle: University of Washington Press, 1977, pp.89–125.

人名索引

名词索引